「元晖学者教育研究丛书」

A NEW PERSPECTIVE
INTO THE RESEARCH
OF TEACHER EDUCATION

教师教育研究
新视界

曲铁华 等 / 著

NORTHEAST NORMAL UNIVERSITY PRESS
WWW.NENUP.COM
东北师范大学出版社
长 春

丛书序言

在实践领域，教育在全球化、信息化、现代化的背景下，不再呈现为简单有序、线性透明的样态，而是出现了各种各样的复杂样态。因此，这就需要我们更为审慎地思考和更为敏感地把握。在现实生活中，从教育与社会的发展来看，教育越来越多地成为实现国家目的的重要工具，成为实现理想的重要手段；从教育与人的发展来看，教育在满足人的发展需要、培养理想人格方面还有很大提升空间。综观教育的发展，教育的改革不再仅仅是地方性质的，而是成了世界各国政府为实现国家利益和国际诉求的重要手段。教育在应对人的发展的不确定性、人的发展需要的变化性等方面面临着各种各样的挑战。另外，教育的复杂性吸引着思考者不断地进行探索，试图去发现教育世界的"秘密"，找到变革教育世界的"钥匙"，从而使我们更好地认识和改造这个丰富多彩而又纷繁复杂的领域。

东北师范大学教育学部召集十余位教授，整理了近二十年的研究成果，系统诊断教育实践问题，不断追问教育的真理，并创新教育理论。这些研究既有理论模型的构建，又有实践领域的深刻探究；既诊断问题、分析原因，又提出对策、措施；既追本溯源有历史大视野，又关心现实展望未来；既关心国家宏观政策制度，又在微观层面提出具体可操作的方法；既扎根本土研究注重原创，又注重以国际视野进行深度学习。

本套丛书是东北师范大学教育学部教育研究的总结，是十余位教授多年教育研究的记录，是他们对中国教育改革的独特认识。我们希望以这套丛书为支点，与读者展开对话，共同探寻教育的真理，在对教育的凝视中不断地思辨、判断、检视。

吕立杰

2019 年 11 月

于东北师范大学田家炳教育书院

前　　言

　　国运兴衰，系于教育；教育成败，系于教师。教师教育是教育事业发展的基础性和关键性工程。我国教师教育事业肇始于1897年南洋公学师范院的设立，迄今已走过一百二十余年的风雨历程。无论世事如何变幻，教师教育始终担负着为国家各级各类教育培养师资的重要任务。随着社会发展进程的加快，教师教育事业也顺势不断转型升级。尤其自1949年以来，我国教师教育事业取得了举世瞩目的成就，师资队伍实现了质和量的双重飞跃，并实现了由传统师范教育向现代教师教育的转型，构建了具有中国特色的现代教师教育体系。但在长期发展过程中，我国的教师教育事业也累积了一些深层次问题，面临诸多改革的困境。展望未来，教师教育依然任重而道远。

　　教师教育事业的发展，离不开相关教师教育理论的指引。当下我国教师教育的主要困境，是人们对于高质量师资的需求与教师教育事业发展不充分、不平衡的现状之间的矛盾。新时期，只有充分了解我国教师教育发展与转型的历史，才能更加明晰教师专业化发展的困境和路径，预测我国教师教育改革动向。在凝练中国教师教育经验的同时，应注意借鉴国外先进经验，以不断推进教师教育制度的改革和创新，大力培育高素质、专业化、创新型的教师队伍，"办好人民满意的教育"，为全面建设小康社会和实现中华民族伟大复兴的事业，提供源源不断的人才保障和智力支持。

　　本书共分为五个专题。第一专题为教师教育发展史研究，主要考察了中国近现代以来各级各类师范教育制度和思想的历史沿革，进一步分析阐述其演进路径、影响因素及基本特征等。第二专题为教师教育政策研究，主要对师范生免费教育政策、中小学教师培训政策、学前教师教育政策、教师教育政策价值取向等进行了梳理与探究，揭示了教师教育政策的演进历程、价值取向、基本特点、存在的问题及改革路径等。第三专题为教师专业发展研究，主要包括教师教育理念的创新、教师专业化与职前教师教育课程改革以及教师专业发展路径的建构等。第四专题为教师教育改革与发展研究，主要对教师教育资源均衡发展、教师教育制度创新、教师教育改革的困境以及高校师德建设等进行了多方面的探讨和研究。第五专题为国外教师教育研究，主要撷取了美、日、德、法、俄等国家关于教师教育改革的有益经验。

本书是曲铁华教授等学者多年来关于教师教育相关研究的结晶。本书中各篇目的观点与内容，均是作者基于写作时的现实和研究现状而进行的思考与分析，在时间跨度上，既有近现代，又有当代；在空间上，既有国内，又有国外；在内容上，既有教师教育制度、教师教育政策理论，又有教师教育实践。希望本书能为教师教育学术研究和教师队伍建设事业提供一些启示和借鉴。

感谢参与本书编撰的各位作者，感谢东北师范大学教育学部领导的支持，也感谢东北师范大学出版社编审为本书出版所付出的辛苦。

另外，由于本书中各篇目的写作过程，也正伴随着我国教师教育事业的改革过程，不同时期我国教师教育事业总会面临不同的挑战，本书虽涉及面广，但也难以面面俱到。再加上时间和精力的限制，书中难免有疏漏与不足之处，恳请各位读者和专家不吝指正。

曲铁华

2019 年 9 月 30 日

目　　录

第五专题　国外教师教育研究　/345

主要参考文献　/ 402

第一专题

教师教育发展史研究

中国近现代师范教育发展嬗变及启示

在 21 世纪，人才是决定性的因素，谁掌握了教育的主动权，谁就能在国际竞争中取胜。一个国家教育办得好坏，关系到这个国家的强弱和民族的盛衰，而师范教育又关系到一个国家整个教育的好坏，关系到能否打好普通教育的基础。因此，我国为了早日实现社会主义现代化，明确提出：科教兴国，科学技术是关键，基础在教育。而师范教育是教育系统的"工作母机"，应该倍受重视。为了研究当代师范教育的改革，就有必要对我国近现代师范教育的发展嬗变做一番探讨，以便获得一些启示。

一、中国近现代师范教育的发展嬗变

中国近现代的师范教育是伴随着中国近代新教育的产生发展而拉开序幕的。它的发展历程是倡议在前局部设施于后，继而形成比较完备的师范教育体系。因此，本文对中国近现代师范教育的发展嬗变的分期，是以师范教育发展的几个重要历史时期的发展特点为依据来划分的。

（一）清末独立师范教育体系的确立

清朝末年，由于帝国主义的侵略，中国变成了半殖民地半封建的社会。帝国主义不但操纵了中国的财政、经济、政治和军事，并且利用办学校、报刊和传教等手段，对中国进行文化教育侵略。清政府迫于国际国内的形势，为了缓和阶级矛盾和讨好各帝国主义国家，宣布实施"新政"。在教育方面，将戊戌变法期间要求广兴学堂、改革书院、建立新学制的设想，又重新提到日程上来。中国近代有系统的师范教育，是伴随着近代新学制的诞生而开始的。

1902 年前，中国尚无统一的学制规定，也没有系统的师范教育制度。1897 年（光绪二十三年）上海南洋公学设立的"师范院"，是中国新式师范教育的开端。1898 年京师大学堂附设"师范馆"，培养"教习之才"，开中国新式高等师范教育的先河。1902 年，张謇在南通创办的通州师范学校，则是中国第一所中等师范学校。使师范教育自成体系、取得独立地位并付诸实施的，是 1904 年 1 月颁布的《奏定初级师范学堂章程》和《奏定优级师范学堂章程》。

按照两个章程规定的办学体制，师范学堂分为初级师范学堂与优级师范学堂两级。初级师范学堂与中学堂平行，以培养高等小学堂和初等小学堂教员为目的。优级师范学堂与高等学堂平行，以"造就初级师范学堂及中学堂之教员管理员"为宗旨。此外，尚有简易师范科、师范传习所及实业教员讲习所等机关，使师范教育自此成为一个独立体系，以完成培养各级各类学堂师资的任务。

据统计：1907 年全国有师范学堂 541 所，学生 36091 人，其中属于速成性质的简易科和传习所有 455 所，占总数的 84％，学生有 25671 人，占总数的 71％[①]。

这个时期师范教育的主要特点：

第一，明确了师范教育在整个教育事业中的特殊地位，国家统一管理师范教育。

第二，明确了师范教育的培养目标，建立起优、初两级并存的师范教育体制。

第三，重视理论课程的学习和师范生的教学实习。

第四，重视对师范生的道德教育和人格培养。

第五，注意适时调整师范教育的发展规模和形式，以适应普通教育的需要。

（二）民国初年的师范教育改革

辛亥革命推翻了清朝统治，结束了两千多年的封建帝制。1912 年元旦，孙中山在南京组成中华民国临时政府，临时政府任命资产阶级教育家蔡元培为教育总长。在蔡元培的领导下，以资产阶级民主主义精神为指导，确立了"五育并举"的师范教育改革指导思想，创设了师范区制。在1912—1913 年间制定的"壬子癸丑学制"中，把师范教育分为两级，即师范学校和高等师范学校。"壬子癸丑学制"中关于师范教育的法令规程主要有《师范教育令》（1912 年 9 月）、《师范学校规程》（1912 年 12 月）、《高等师范学校规程》（1913 年 2 月）、《师范学校课程标准》（1913 年 3

---

① 陈翊林. 最近三十年中国教育史 [M]. 上海：太平洋书店，1930：148-149.

月）、《高等师范学校课程标准》（1913 年 3 月）等，这些法令为民国初年的师范教育改革提供了法律依据和保障，为民国师范教育奠定了基石，从而使中国教育走向近代化，促进了民国教育事业的迅猛发展。

"壬子癸丑学制"中关于师范教育的主要法令规程《师范教育令》共 13 条，对师范学校和高等师范学校的任务和建制进行了总体设计，是民国初年师范教育改革的纲领性文件。它规定师范教育分为：师范学校、女子师范学校、高等师范学校、女子高等师范学校和私立师范学校。同时规定了各级各类师范学校的培养目标，以及师范学校应附设小学校，女子师范学校应附设小学校、蒙养园和保姆讲习科，以供教育实习用等事项。

《师范教育令》与清末对师范学堂的有关规定相比，有以下重大的变革：

第一，将以前的初级师范学堂改为师范学校，由府立改为省立；优级师范学堂改为高等师范学校，由省立改为国立。它使师范教育行政集中统一，提高了师范教育的地位。

第二，在目标定位上，注重师范生在德智体美诸方面的和谐发展，并将人格陶冶、志趣培育放在重要位置，表达了民初政府对未来师资队伍的高度期望和对普及国民教育的热切意愿。

第三，提高女子师范的教育程度，使其与师范学校教育程度相当，且可设女子高等学校以造就女子中学校、女子师范学校教员为目的，使女子教育可在高等教育中取得相当地位。女高师的开创，提高了女子受教育的层次，在一定程度上折射了民初男女平等和教育平权的新气象。

第四，它将以前师范学堂的完全科改为师范学校的第一部，简易科改为第二部，又为师范学校添设了预科，使之达到专门学校的预科水平；将以前优级师范的公共科改为高等师范学校的预科，分类科改为本科，加习科改为研究科，使之达到大学专科水平。

民国初年师范学校的发展时进时退。1912 年全国有师范学校 253 所，学生数 28525 人；至 1915 年，师范学校减为 211 所，学生数降为 27975 人[①]。

民国初年的师范教育改革，为师范教育的进一步发展创造了必要条件，提高了师范教育的教学层次及其在教育系统中所占的地位，而各级师范学校规程的制定，使师范教育制度比较完善，师范教育的地位进一步提高。

---

① 教育部教育年鉴编纂委员会. 第二次中国教育年鉴［Z］. 上海：商务印书馆，1948：1428.

（三）"五四"运动前后的师范教育改革

民国初年的资产阶级教育改革，虽然遭到了袁世凯的严重破坏，但它在文化教育领域中毕竟产生了相当的进步影响。尤其是 1915 年兴起的新文化运动，为新教育思想的传播和教育制度的建立开辟了道路。而这种划时代的教育改革，又必然反映到师范教育之中，对师范教育的形式和内容都提出了新的要求，促使我国师范教育做出了相应的改革。

随着新文化运动的深入发展，师范教育制度的整体改革问题也提上了议事日程。许多教育家个人和教育团体，都认为现行的师范教育制度应当改革，并分别提出了改革设想，其中浙江省教育会 1919 年 10 月在第五届全国教育会联合会上提出的《改革师范教育议案》，认为现行师范教育制度，在学校的设置与名称，学校的培养目标与课程设置，整个师范教育与普通教育的联系，以及师范教育本身的联络等各个方面，都存在较严重的问题，必须进行全面改革，并拟定了一个上下衔接的独立的"师范学制系统"。这个系统包括师范大学、甲种师范学校和乙种师范学校这样三级的师范教育体系，并对各级师范学校的设置原则、培养目标、学科设置等，都提出了比较周密的筹划。

《改革师范教育议案》提出的改革措施有其合理的因素。尽管由于某种原因，它未能得到教育部的核准而成为当时改革师范教育的法令，但它的一些改革措施与设想，对当时的师范教育实践产生了一定的影响。如：1920 年北京高等师范学校开办教育研究科，招收高师和专门学校的毕业生及大学三年级的学生，学制 2 年，毕业后授予"教育学学士"学位，开了我国高师招收研究生的先河。

新文化运动促使教育观念更新，使人们开始重新认识师范教育的内涵、作用与地位。为了适应当时普通中小学教育内容改革的需要，人们对师范教育的课程设置和教学方法进行了必要的改革；在各种新的社会思潮（尤其是教育思潮）的影响下，广大高师学生为了寻求救国救民的真理和探索新教育，进行了许多可贵的尝试。

（1）新文化运动促进了人们对现行师范教育制度的反省，这主要表现在人们对男女受教育的权利是否平等的思考上。

（2）新文化运动推动了我国师范教育的课程设置与教学内容的改革。

（3）在学校行政管理方面，由于受资产阶级民主主义的影响，各师范学校普遍废除"学监制",设训育主任,采取"导师制",由教师分担训育责任,提倡学生自治。

（4）新文化运动唤起了各级师范学校青年学生的觉醒,使师范学校尤其是高等师范学校师生的思想大大活跃起来。

（四）壬戌学制与我国师范教育体制的变迁

20 世纪 20 年代初,壬戌学制的颁行,使我国师范教育的发展进入了低谷阶段,失去了它的独立性甚至继续存在的地位。以留美归国的教育专家为骨干的一批人士,在全国教育会联合会第六次、第七次和第八次代表大会上提出并通过讨论制定了《学制系统草案》（其中附有《师范教育说明》）。根据此草案,1922 年 11 月 1 日,以大总统名义颁布了《学校系统改革案》（以下简称《改革案》）,这就是"壬戌学制",当时亦称"新学制"。

"新学制"对高、中等师范教育体制做了如下规定：（1）设立 6 年制的师范学校；（2）师范学校得单设后 2 年或后 3 年,收受初中毕业生；（3）高中设师范科,与普通、农、工、商、家事等科并列；（4）为补充初级小学教员的不足,得酌设相当年限之师范学校或师范讲习科；（5）师范大学修业年限 4 年；（6）于大学设教育科或师范大学附设 2 年制师范专修科。这种专修科亦得设于师范学校或高中[①]。

"壬戌学制"给师范教育带来了严重的不良后果：

第一,高等师范教育被削弱。几经周折,北京师范大学成为"仅存的硕果"。

第二,中师地位降低。例如,依据《改革案》制定的《中学暂行条例》第四条规定,高级中学分设普通师范等各科；大学院时期制定的《区立中学校组织暂行条例》第三条也规定,高级中学设师范科,不单独设立师范学校。对此,除浙江省早已改制外,安徽、江西等省也都先后实行,如依 1927 年统计,江西省只有省立中学附设师范科和私立中学附设师范科,没有一所普通师范学校。安徽省依 1930 年统计,全省只有乡村师范 2 所,其余 14 所全是义务教育师资养成所。浙江省除省立中学外,一律设立三年师范讲习科,招收旧制高小毕业生,可知其学业程度之低。

---

① 教育部中国教育年鉴编审委员会. 第一次中国教育年鉴［Z］. 上海：开明书店,1934：25.

（五）国民政府时期师范教育的发展与定型

1922 年"壬戌学制"的颁布与推行，导致中等师范教育地位降低和高等师范教育的削弱，使师范教育进入曲折发展阶段。1932 年 12 月，国民政府颁布了《师范学校法》，从法制上确定了师范学校的独立地位。师范教育从此步入正常运行轨道，为师范教育的发展带来了新的转机。其主要体现在如下几个方面：

第一，确立了独立的中等师范教育体制。按照《师范学校法》与《修正师范学校规程》等的规定，这时中等阶段的师范教育体制，有师范学校、乡村师范学校、简易师范学校、简易乡村师范学校、简易师范科、特别师范科、幼稚师范科以及各门学科的师资培养机构。师范学校旨在培养完全小学师资。

这一时期具有特色的是乡村师范学校的建立和发展。在众多的乡村师范学校中，以人民教育家陶行知创建的晓庄师范学校最具影响力。晓庄师范办学最主要的特点是把陶行知的生活教育理论运用于生活实践。他将"教学做合一"作为晓庄师范的校训和办学的思想基础。晓庄师范在教学、办学及实践上有许多好的做法，值得我们今天的师范教育借鉴和学习。

第二，确立了高等师范教育体系。1922 年实行新学制后，全国仅存一所高等师范学校——北平师范大学。1932 年 12 月，国民党四届三中全会通过《确定教育目标与改革教育制度案》，对高等师范教育改革做出重大决定："师范大学应脱离大学而单独设立"；"教育部择全国适宜地点，设师范大学两所或三所，各国立大学之教育学院或教育系，概行并入师范大学"。这给高等师范教育重新确立了它应有的地位。"高等师范几乎完全消灭，而中学师资，遂无独立训练之机关"，国民政府于是决定"应参酌从前高等师范之旧制而急谋设置"。因此，恢复师范大学体制主要是恢复了北平师范大学。

北平师范大学经历了坎坷的发展历程。1931 年 7 月，北平师范大学与北平女子师范学院合组为国立北平师范大学，至此北平师范大学得以恢复独立设置。1933 年，经过一番整顿，重新修订北平师范大学组织大纲和学则，确定了办学方针。这时北平师范大学设有教育、文、理三个学院。

此后，师范教育呈现独特的发展特征：师范教育更受重视；师范教育趋向"独立发展";对师范生加强训育工作;对师范生实行统一管理。

虽然在国民政府统治时期师范教育有了显著发展,但仍存在着诸多突出矛盾,这主要表现在:

第一,师资缺乏的问题没有得到根本解决。当时高等师范教育体系中,师范大学仅北平师范大学一所,不足以供给中学及师范学校的师资。

第二,师范院校的分布极不平衡。以抗日战争时期为例,由于受战局等因素的影响,14 所国立师范学校有 8 所校址在四川,11 所师范学院中有 3 所建于四川,其他省份则极为缺乏。

第三,师范教育并未完全走上独立发展道路。虽然国民政府一再主张师范教育要独立设置,但为了培养国民教育所需的大量师资,仍然在中学附设了师资培训机构;至抗战结束,师范学院完全独立者仅有 6 所,还有5 所附设于大学中。如此一来,虽然培训了大量师资,其质量却难尽人意。

二、中国近现代师范教育发展带来的启示

历史无法割断,教育的发展更有其继承性。穷原竟委,是为了以史为鉴。中国近现代师范教育的发展嬗变,为当今师范教育的改革与发展提供了宝贵的经验。

(一) 重视师范教育的地位和作用

中国近现代师范教育的产生是中国社会历史发展的必然。为挽救中国被帝国主义瓜分的危机,资产阶级维新派开始寻求救国真理。我国近代真正重视师范教育之议,可谓发于梁启超。梁启超认为师范教育为"群学之基","欲革旧习,兴智学,必以立师范学堂为第一义"[①]。他把开办师范教育视为富国强兵之本。在民族危亡的关键时刻,不仅民族资产阶级上层倡导教育,而且一些封建官僚、买办,也认识到了兴办师范教育的必要性及其作用。例如官僚买办盛宣怀于 1896 年在上海开办南洋公学,并于 1897年在南洋公学首开师范院,是中国第一所正规高等师范学堂。他在奏折中说:"师道立则善人多,故西国学堂必探源于师范。"[②] 张百熙、张之洞、

① 朱有瓛. 中国近代学制史料(第一辑:下册)[G]. 上海:华东师范大学出版社,1986:982.
② 舒新城. 中国近代教育史资料:上册 [G]. 北京:人民教育出版社,1981:151.

荣庆拟订"癸卯学制"，在《学务纲要》中提出："宜首先急办师范学堂"，"学堂必须有师"①。师范教育自此正式自成体系，独立起来。后来，孙中山也说："欲四万万人皆得受教育，必倚重师范，此师范学校所宜急办者也。"② 蔡元培则从他的世界观出发，高度评价了师范教育的作用。他说："人类之职业，没有比教师再为重要的。衣食住行的改良，科学美术的创造，迷信偏见的破除，世界大同的推进，无一不出于人为。人何以能为？由其有知识能力。知识能力何恃而养成？由于教师。所以教师是最负责任、最有势力的。"③ 他甚至断言："小学教员在社会上的位置最重要，其责任比大总统还大些。"④ 陶行知在其《师范教育之彻底改革》一文中指出："师范教育可以兴邦，也可以促国之亡。"⑤ 将师范教育提到了立国根本的高度。

当前，随着现代化建设步伐已迈进21世纪，科技与人才的竞争，科教兴国战略的实施，经济体制和经济增长方式的转变，使师范教育的进一步改革和发展有了难得的机遇。在这个新的世纪里，我们更应把发展师范教育作为发展教育事业的战略措施。为此，我们要正确处理师范教育改革和稳定的关系，适应现代化和教育发展的需要，体现终身教育思想，建立具有中国特色的社会主义师范教育体制，充分发挥"工作母机"的功能，为21世纪师范教育事业的进一步发展打下坚实的基础。各级党政领导和教育行政部门应充分认识师范教育在整个教育事业中优先发展的战略地位，切实把师范教育列入本地区经济和教育发展的总体规划，优先保证师范教育发展的需要。

（二）重视师范生的人格养成和能力培养

在中国近现代师范教育的发展过程中，统治阶级为维护其统治地位，加强对师范生的控制，都提出了对师范生的品行要求。

为培养合格的小学师资，《奏定初级师范学堂章程》对初级师范教育的要求为："变化学生气质，激发学生精神，砥砺学生志操，乃充教员者

---

① 李友芝，等. 中国近现代师范教育史资料（第4册）[G]. 内部交流，1983：1525.
② 舒新城. 中国近代教育史资料：下册 [G]. 北京：人民教育出版社，1981：1006.
③ 高平叔. 蔡元培教育论著选 [M]. 北京：人民教育出版社，2011：745.
④ 高平叔. 蔡元培教育论著选 [M]. 北京：人民教育出版社，2011：316.
⑤ 陶行知. 陶行知全集（第8卷）[M]. 成都：四川教育出版社，2005：115.

最为重要之务；故教师范者务当化导各生，养成其良善高明之性情，使不萌邪妄卑鄙之念""尊君亲亲，人伦之首，立国之纲；必须常以忠孝大义训勉各生，使其趣向端正，心性纯良"。民国初期《师范学校规程》提出"健全之精神宿于健全之身体，故宜使学生谨于摄生，勤于体育"，"陶冶性情、锻炼意志，为充任教员者之要务，故宜使学生富于美感，勇于德行"。1932 年 12 月颁布的《师范学校法》第一条规定："师范学校应遵照《中华民国教育宗旨及其实施方针》，以严格之身心训练，养成小学之健全师资。"

张謇也十分重视师范生的品质教育，指出他从通州师范办学的第一天起，就把"坚苦自立，忠实不欺"作为校训与办学宗旨。蔡元培则认为师范生在校时即要效力社会，"养成健全人格，提倡共和精神"。他把健全人格分为德育、智育、体育、美育四项；他认为师范生对于各科科学须兼长并进，不能选此舍彼；强调师范生既要"积学"与"热心"两者兼有，又要有安贫乐道之志趣；在学校管理方面，主张师范生自治。陶行知主张师范生要会"做人"和"做事"。

当今社会的竞争是人才的竞争，教育现代化一个很重要的方面是人的现代化，而要培养现代化的"人"就要求现代教师必须具有良好的职业道德素质；要热爱教育事业并有为之奋斗的献身精神和良好的科学文化知识水平；要具有从事教育教学工作所必需的技能、技巧。这就要求师范生树立终身学习思想，加强业务能力训练并不断追求新知，既做"经师"，又做"人师"，成为推动素质教育改革的中坚力量。

（三）教育投入、教师地位与待遇影响教师队伍的稳定

师范教育发展过程中遇到的最大困难是来自教育经费及教师待遇方面的问题，而且这两个大问题贯串于中国近现代师范教育的始终，对于师范教育的进一步发展造成了极大影响，使其在发展道路上步履维艰。

近代著名实业家张謇对这一问题已有较深的认识，他认为："教育之兴，渐有其导矣。然不鼓舞习师范者使有乐从教育之途，不导引立师范学校者使无繁重困难之虑，谁与剖腹而藏径寸之珠，叱驭而驱九折之坂？"[①]所以，在当时要想吸引知识分子投身师范教育，必须制定出关于教师待遇

---

① 舒新城. 中国近代教育史资料：下册［G］. 北京：人民教育出版社，1981：974.

的规定。在京师大学堂师范馆建立之初，清政府便给予师范生以优厚的待遇：师范馆的学生不仅免纳学费，还由学校提供食宿，并酌量补贴必要的费用；学校还发给学生制服，包括寒暑季服装、靴子等，甚至医药费用亦由学校供给。清政府在《钦定京师大学堂章程》中，把教师的地位提升到与做官相等，以示对师范教育的重视。此外，对毕业生的奖励还有一项规定：学生毕业后成绩优良而又有志深造的，可以选派到国外官费留学。这项规定很有吸引力，尤其是对一些家境贫寒的子弟。他们进入师范学堂学习后又被送到国外留学的不在少数。张謇认为，提高教师待遇，一方面是名誉上的，另一方面是物质上的，即给予教师优厚的薪俸。为此，历届政府对教师待遇问题都做出了规定。此外，历届政府在入学资格、毕业生出路等方面也做了不少努力，制定了一系列提高教师待遇的措施和方案。

这些措施和方案在其实施之初，或许曾经给知识分子带来了一线希望，起到了鼓舞作用。但到头来终是一纸空文，无法兑现，因而教师的地位始终得不到提高。也就是说，这些措施、方案终因旧中国陷入半殖民地半封建的境地，缺乏实施提高教师待遇的政治经济基础，而成为空洞的口号和官样文章。所以，教师待遇高低不仅反映出社会对教育重视的程度，也反映出社会发展的程度。

我国现今的师范教育面临着市场经济的冲击。"教育经费不足，教师待遇低，像两个幽灵游荡在我国圣洁的教育园地上，困扰着校长和教师，困扰着各级教育领导部门，甚至成为历届政协和人大的永恒的、热门的议题"[1]。由于"出国热""经商热""高学位热"等浪潮的冲击，基础教育的优秀师资外流现象仍很严重，这个问题较集中地反映在中青年教师的身上。有的师范毕业生没有从教的意向，不想去当教师；有的还没有毕业就被一些部门聘用；有些担任基础教育工作的教师也随波逐流地辞职离校，现在虽有"师范热"的回流，但更多是为了谋生需要，而不是出于对教育事业的热爱。现在，中国已加入世界贸易组织，这必将导致经济结构和教育体制发生巨大变化。如果没有预测和适应社会变化的新举措，基础教育的师资队伍就会出现令人担心的局面。

---

① 刘新荣.浅谈市场经济条件下的高校经济行为 [N]. 中国教育报，1994-12-14.

（四）专门与专业之争推动师范教育走"学术性"与"师范性"结合发展的道路

教师的基本工作之一是有效地传授知识与技能。因此，师范学校的学生，既要学会"教什么"，又要学会"怎么教"。与此相适应，师范学校的教育也分为两大类：一是使学生掌握教授内容；一是使学生掌握教授方法，这就是专门教育与专业教育。两者的均衡配置和协调发展存在于规范研究中，但实际情况是，这对矛盾总是在相互斗争着。

专业教育主要包括教育学、心理学、各科教材教法等课程和教育实习。早在近代学制确立之先，赫尔巴特五段教学法便经日本传入中国，于是后来的学制中就有了许多关于教学方法的规定，如《奏定初等小学堂章程》中称："各教科详细节目，讲授之时不可紊其次序、误其指挥，尤贵使互相贯通印证"，"凡教授儿童，须尽其循循善诱之法"，"凡教授之法，以讲解为最要，讲解明则领悟易"①，等等。为了贯彻这些要求，师范学堂也就很重视专业教育，如《奏定初级师范学堂章程》中称："初级师范学堂与中学堂入学学生学力相等，故学科程度亦大略相同；惟初级师范学堂著重在教育学，故特增此科，其钟点除经学外为最多，乃中学堂所无。且教幼童亦重习字，故习字列为专科"②，等等。

然而，师范教育中专门与专业并重的良好愿望，很快就在现实中出现了矛盾。因为，师范学校与普通中学的学业年限相等，却要让它在专门教育之外再进行专业教育，在文化学科体系不变的情况下，学生的专门水平肯定低于普通中学的学生。随着新式学校的普及，原有关于学校教育的模式、程序和方法已为大家所熟知，新鲜感和神秘感已荡然无存，专业教育的必要性也受到怀疑。要想在不延长师范学校学业年限的前提下解决矛盾，只能牺牲专业顾专门，这样一来，师范教育的专业地位又岌岌可危了。

专门与专业是师范教育中的一对矛盾统一体。它们之间的争论在相当阶段内不会停止，只可能因环境变迁而有消长侧重。中华人民共和国成立后高师领域的"学术性"与"师范性"之争，其实也是这一争论的延续。目前对它的把握虽不尽相同，或视为学校发展方向之争，或视为教师工作

---

① 舒新城. 中国近代教育史资料：中册［G］. 北京：人民教育出版社，1981：421.
② 舒新城. 中国近代教育史资料：中册［G］. 北京：人民教育出版社，1981：667.

范畴之争，或视为学生培养目标之争，而实质则一。因为高师师资主要来自系统内部，学校发展方向又决定着教师工作范畴和学生培养目标。学术性是大学的普遍性，师范性是高师的特殊性，从来没有脱离了普遍性的特殊性，追求学术性是包括师范大学在内一切大学发展的内在驱动力，是任何外部力量所难遏制的。这也是民国时期"高师改大"运动发生的根本原因。

师范院校是培养人之师、人之范的场所。在 21 世纪，为了培养教师所具备的素质，必然要求师范院校在办学上坚持学术性与师范性结合，二者不可偏废，特别是高等师范院校更应如此。

〔原文刊载于《纪念〈教育史研究〉创刊二十周年论文集（6）——中国教师教育史、职业教育与成人教育史研究》2009 年 9 月（曲铁华　常艳芳）〕

民国时期乡村师范教育制度变迁的
内在逻辑与当代启示

2015年6月1日，国务院印发了《乡村教师支持计划》（2015—2020年），针对目前我国乡村教师"下不去""留不住""教不好"等突出问题，提出8项举措予以解决。实际上，对于这一问题的关注，要有历史的维度，可以把目光投向民国时期的乡村师范教育上。因为民国时期乡村师范教育制度的变迁，不仅推动了乡村师范教育的发展，而且也有力地推动了乡村教育的变革和发展。虽然从其产生、发展到最后走向消亡经历了不长的时间，但在中国师范教育和农村教育发展史上无疑是熠熠生辉的，对当前我国农村教育改革和农村师资的培养，具有很好的借鉴价值。

一、民国乡村师范教育制度的变迁

现代师范教育制度在我国起步较晚，最早可以追溯到盛宣怀于1897年创办的南洋公学师范院。可以明确的是，现代师范教育制度在我国确立之初，并未做过城乡的划分。晚清兴学以来几乎所有的师范学校均设在都市，在初等教育缺失的广大乡村，更是难觅其踪迹。尽管如此，我们也不能就此断言晚清政府对于乡村师范教育的忽视。事实上，在清末"新政"之后，清政府便已将乡村教育纳入整体教育体系之中，并且有了零星的乡村师范教育的规定，形成了我国乡村师范教育制度的最初萌芽。

1904年1月，清政府颁布了《奏定学堂章程》（即"癸卯学制"），对师范教育予以极大的重视，规定了初级师范学堂和高级师范学堂，初级师范学堂专门培养小学师资，以州立为原则，每省城设一所，分完全师范和简易师范。此外，还设有一个速成的师资培养机构——师范传习所。师范传习所招收的学生大部分是乡村市镇的塾师，实际上也担负着培养乡村师资的使命。1910年，由于简易师范科毕业生的程度不足以承担小学教师的需要，遭通令停办。1911年因"预备立宪"，急需"普及教育"，遂下令初级师范学堂学习单级教学和二部教学，以适应乡镇小学的需要。

中华民国成立之后，我国师范教育逐步进入正规化、制度化轨道，这体现在一系列师范教育政策、法规的颁布上。中华民国成立之后，师范传习所这一机构得以延续，只是与清末相比，在内容和方法上均有所进步，但依然存在训练时间短、设备比较简陋、毕业生质量较差等问题，虽然并没有限定毕业生必须服务于乡村，但实际上他们也只能去乡村小学任教。所以，这种机构实际上也颇有乡村师范学校的功能。而真正的乡村师范学校的产生，则是为了适应广大乡村对于大量师资的急需。民国初期，师范学校十之八九是设在城市里的。而"师范生感于都市之文明，毕业之后，皆服务于城市，不愿到田间去"①。"初级师范大多数设在都市里面，毕业生所受的教育既不能应济乡村的特别需要，而他们饱尝都市幸福的滋味，熏染都市生活的习气，非到逼不得已时，决不愿到乡下去服务，于是乡村学校的师资最感缺乏了。"② 五四运动之后，为实现义务教育普及而面临的师资匮乏，已成为当时亟待解决的现实问题。1918 年，为了解决这一问题，时任山西省长的阎锡山筹划在山西全省依照先城市、次城镇、后乡村的顺序分七期普及义务教育。为此，阎锡山于 1919 年在太原筹设国民师范学校，规定两年的修业年限。这所学校以养成乡村师资为宗旨，其学生"毕业后限制在乡村做教员"③，并"有五年义务"④，可以说，这所学校是我国第一个专门培养乡村教师的师范学校。

1922 年以后，江苏省各县开始普遍设立另一种乡村师资培养机关——县立师范学校，其本意在于培养乡村师资。1928 年以后，江苏省教育厅计划"遇必要时，得设法令其（县立师范）改为乡村师范"⑤。1923 年，江苏省义务教育期成会的袁观澜、顾述之二人，受美国农业教育专家白斐德参加中国教育调查团之际所发表的关于农村教育的意见的影响，发起每个师范学校在乡间设立一所分校，以专门培养乡村教师，同时每所分校又附设一所小学，以方便乡村师范学生的实习。这催生了江苏省五所省立师范学校分别在吴江、黄渡、洛社、栖霞山、界首设立了分校和附属小学。1927 年，在长江以南革命炮火喧天之际，陶行知在南京北郊的劳山脚下的小庄（晓庄）村创办了第一个试验乡村师范学校——晓庄试验乡村师范学校。这所学校在办学宗旨、课程设置等方面，完全摆脱了旧式师范

---

① 唐钺，朱经农，高觉敷. 教育大辞书 [Z]. 上海：商务印书馆，1930：1355.
② 陶行知. 新学制与师范教育 [J]. 新教育，1922，04（03）：70-78.
③ 陶知行，陈宝泉，胡适. 孟禄的中国教育讨论 [M]. 上海：中华书局，1922：58.
④ 王卓然. 中国教育一瞥录 [M]. 上海：商务印书馆，1923：58.
⑤ 古楳. 乡村教育新论 [M]. 上海：民智书店，1933：330.

学校的藩篱，充满着为适应、改造乡村生活所做的考虑，在中国师范教育发展史上占据着极为重要的地位。

在南京晓庄学校榜样力量的引领下，南京国民政府遂开始积极推动乡村师范教育的发展：对乡村师范教育进行规范化、制度化管理；逐渐加强对乡村师范学校的控制，将包括乡村师范教育在内的整个乡村教育纳入自己的管理范畴；制定一系列关于乡村师范教育的政策，在很大程度上促进了乡村师范教育的发展，体现了国民政府对于乡村师范教育发展的鼓励与支持。乡村师范教育得以独立设置，不仅在学制、法令上取得了一席之地，而且被纳入正规教育体系之中。

1928 年，国民政府召开的第一次全国教育会议中，陶行知、程时煃、孟宪承等人对师范教育制度进行了集中讨论，最终通过了《整饬师范教育制度案》，后经国民政府大学院以第 539 号训令通饬实行。《整饬师范教育制度案》明确地将乡村师范学校列入师范教育制度中，由此，乡村师范学校获得了师范教育制度中的合法地位。此案对乡村师范教育有了明确要求：“乡村师范学校，收受初中毕业生，或相当程度学校肄业生之有教学经验且对教育具改革之志愿者，此项学生修业年限一年以上。如收受高小毕业生，则其入学时之年龄，应在十六岁之上；修业年限至少两年。”[①]

在《整饬师范教育制度案》的基础上，国民政府于 1928 年通过了《整饬中华民国学校系统案》（即“戊辰学制”）。此学制规定，“为了补充乡村小学教员之不足，得酌设乡村师范学校，收受初中毕业生或相当程度学校肄业生之有教学经验，且对于乡村教育具有改革之志愿者，修业年限，一年以上。”[②]“戊辰学制”首次提及乡村师范学校的招生对象和修业年限，一举奠定了乡村师范学校在学制中的地位。然而，遗憾的是，“戊辰学制”并未公布实施。因此，在此后的很长一段时间内，乡村师范学校依然没有取得独立地位，除了各省独立设置的省立乡村师范学校和一些私立乡村师范学校外，大部分乡村师范学校依然附属于中学，属于中学的乡村师范科。

1928 年 6 月，国民政府大学院拟定《训政时期施政大纲》，其中拟定以三年时间促进乡村师范的计划，即第一年择地试办乡村师范学校，第二

---

① 李友芝，等. 中国近现代师范教育史资料（第 2 册）[G]. 内部交流，1983：655.

② 中国第二历史档案馆. 中华民国史档案资料汇编（第五辑 第一编 教育）[G]. 南京：凤凰出版社，1994：11.

年根据各地需要教员的人数，逐渐增加乡村师范学校的数量，第三年进行完善。① 1929年4月，南京国民政府公布《中华民国教育宗旨及其实施方针》，其中提出了"尽力发展乡村教育"，在一定程度上起到了推动乡村师范学校发展的作用。1930年4月26日，国民政府又公布了中华民国教育宗旨，其中的第五条规定："师范教育……使其独立设置并尽量发展乡村师范教育。"1930年8月，国民政府大学院公布了全国教育会议议决的乡村师范学校制度及其办法，规定了各级乡村师范学校的程度和年限，并将乡村师范依据程度上的不同分为三类：小学毕业六年之乡师，大学前二年之乡村师范专修科，大学后二年之乡村师范学院皆独立设置；乡师入学年龄，至少需要16岁。②

1931年4月，国民政府教育部通令各省市教育厅局，规定各县立中学改组为职业学校或乡村师范学校。③ 同年7月，国民政府教育部中小学课程起草委员会开会讨论乡村师范必修科目。1932年12月17日，南京国民政府颁布了《师范学校法》，其中规定了乡村师范学校和简易乡村师范学校的劳动实习课程。乡村师范学校的课程仅规定"应增设关于乡村及农业科目"。将乡村师范学校分为乡村师范和简易乡村师范两类，并对其含义、目标、课程等方面做了具体规定。在1935年，国民政府教育部出台了《乡村师范学校课程标准》，详细规定了乡村师范学校的课程及学时。1936年，教育部又颁布了《简易乡村师范课程标准》，详细规定了小学毕业四年制简易乡村师范的课程及学分。

抗战爆发后，1938年国民政府开始设立国立师范学校，并使其成为中等师范教育制度的一个重要组成部分。1941年，国民政府教育部通令全国各省市加强师资培养。1941年修订的师范学校课程科目，规定了普通师范与乡村师范在课程上通用，但是兼顾了乡村师范学校的特点。1947年4月9日，南京国民政府教育部第19251号部令公布了《修正师范学校规程》，其中不乏对乡村师范教育的详细规定。如规定"以养成乡村小学师资为主旨之师范学校，得称乡村师范学校"④，规定了乡村师范学校的课程有21门，与普通师范学校完全相同。同时规定了乡村师范学校独有的4

① 古楳. 乡村师范概要［M］. 上海：商务印书馆，1936：39.

② 金海观. 金海观教育文选［M］. 杭州：浙江教育出版社，1990：53.

③ 黄敬思. 四年来中国之乡村教育［J］. 教育杂志，1931，23（07）：85-100.

④ 李友芝，等. 中国近现代师范教育史资料（第2册）［G］. 内部交流，1983：327.

门课程，具体包括农业及实习、农村经济及合作、水利概要、乡村教育。[①]
此外，还详细规定了乡村师范学校的设置及管理、经费等。

二、民国乡村师范教育制度变迁的内在逻辑

（一）对"仪型他国"的师范教育制度的必要修正

近代以来，为了挽救国家危机、民族危亡，民族主义空前激发，以爱国主义为出发点和归宿点的教育救国论的骤起，引起巨大的社会波澜，我国师范教育制度便伴随着应对国难而产生。中国师范教育从一开始便建立在对国外师范教育制度及理念的借鉴的基础上，其制度的变迁过程充满"仪型他国"的特色。

然而，对于国外师范教育制度的过分依赖，使得现代师范教育制度这种异质文明与中国实际需要相去甚远。任何从外部植入的新的教育成果，如果不能落实到现代社会的教育制度安排之中，同千千万万人民大众的现实生活发生紧密的联系，它就不可能找到现实的社会生长点，而只能成为少数人拥有的时髦品。[②] 在对国外师范教育制度进行单纯地、机械地照搬和移植的过程中，忽略了与中国本土社会的契合，更忽视了中国作为一个传统的农业大国的乡土特质。这种完全借鉴而来的异域文明制度在中国的确立，并没有从根本上推动基础教育的发展，对广大的乡村来说甚至带来了一种伤害。有鉴于此，诸多有识之士开始呼吁构建符合中国自身实际的师范教育制度，他们将目光集中在广大乡村社会，"试图建立一种适合中国农村实际的农村教育制度，而不是照搬西方的以城市为重心的现代教育模式"[③]。"师范教育下乡"便是在这样的背景下被呼吁和践行的。

（二）义务教育普及的迫切要求

民国时期乡村师范教育制度的变迁，与这一时期社会政治经济变化所导致的乡村教育问题的凸显密切相关。民国时期提出了义务教育普及的愿

---

① 宋恩荣，章咸. 中华民国教育法规选编（1912—1949）[G]. 南京：江苏教育出版社，1990：494.

② 田正平，李江源. 教育制度变迁与中国教育现代化进程 [J]. 华东师范大学学报（教育科学版），2002（01）：39-51.

③ 周志毅. 传统、理想与现实的变奏：20 世纪 20、30 年代中国农村教育的变迁 [J]. 杭州师范学院学报，1999（02）：42-46.

望，但面临师资的严重短缺，尤其是乡村地区缺学少教的现状，更加需要大量的乡村教师，这在很大程度上催生了乡村师范教育制度。

北洋政府时期，政府层面对于义务教育推广工作的重视，为乡村师范教育制度的产生做了很好的酝酿和准备。1915 年，北洋政府教育部颁布了《义务教育实行程序》，重申了实行 4 年义务教育的计划。1919 年北洋政府教育部公布了《全国教育计划书》，要求"义务教育急应分年计划进行，以期十年以后渐图普及"[①]。随后，北洋政府教育部于 1920 年制订了《八年推进义务教育办法》，又规定了用 8 年时间普及 4 年义务教育的任务，并提出了培养能够深入乡村并适应乡村生活环境的教师的任务。1921 年，江苏省又发起成立了"义务教育期成会"。出版《义务教育》，遂在全省推广义务教育。"近岁义务教育，呼声日高，明达君子，急急焉以推广小学教育为先务。而所欲推广小学十之八九在农村，乃愈觉造就农村小学教员之不可一日缓。"[②] 1922 年，"壬戌学制"颁行，规定了义务教育普及的任务。1923 年制订的"新宪法"中规定："义务教育之学年至少以六年为限。在义务教育学年内，免纳学费。"[③] 而欲推广普及义务教育，师资是一个极大的困难。尤其是对于中国广大的乡村来说，更是难言义务教育的普及。在这种情况下，乡村师范教育开始步入实践轨道。

（三）对乡土中国文化特质的路径依赖

关于制度变迁，历史制度主义将其解释为路径依赖，这种解释基于新制度经济学在解释制度变迁过程中，易于形成一种自我强化的路径依赖的认识，将目光集中在历史上，认为制度变迁是一个不断演化的过程。在历史制度主义框架之内，路径依赖往往意味着政策选择会受到传统文化观念和意识形态的影响。

民国时期乡村师范教育制度的变迁，实际上也是对"乡土中国"文化特质的一种因应，在很大程度上是由于受到了我国历史传统的影响，秉承了我国农业大国的许多特性，是一种在乡土中国的文化框架之下产生的制度形式。近代化以来的中国面临的道路选择问题，一方面，是由于自身纳

---

① 中国第二历史档案馆. 中华民国史档案资料汇编（第三辑 教育）［G］. 南京：江苏古籍出版社，1994：53.

② 过探先. 义务教育之言论：办理农村师范学校的商榷［J］. 义务教育，1923（12）：3-9.

③ 王炳照，等. 中国教育思想通史（第七卷 1927—1949）［M］. 长沙：湖南教育出版社，1994：282.

入世界资本主义体系之中，而被迫选择的工业化、城市化发展道路；另一方面，是由受到中国传统农业国家的文化特质的深刻影响，而继续选择以农立国的发展道路。因此，以农立国抑或以工立国始终贯串着中国近代以来的历史发展之中。从晚清至民国，工业化逐渐成为国家发展的主流，而传统的农业经济思想遭遇摈弃。

然而，正当中国工业化风起云涌之时，第一次世界大战的爆发，使得西方近代工业文明遭遇空前危机。在对西方工业负面效应的进一步反思中，中国的一部分知识分子重拾乡土中国的旗帜，提倡以农立国的发展道路。他们认为，中国自古便以农立国，农业文明历来占据主导地位。如费孝通就认为，"从基层上看去，中国社会是乡土性的"[①]。因此，一切认识和解决中国问题的努力，都必须始自乡村，必须以乡村为基本的出发点和最后的落脚点。否则，便会脱离乡土中国的社会实际。民国时期乡村师范教育制度的变迁，是一次极有价值的教育本土化实践。从根本上讲，是对中国乡土文化的继承和延续，是对中国作为一个农业大国的应然认知。这种本土化的意识，基于其对中国基本国情的认识。

（四）不同权力主体博弈的结果

民国时期乡村师范教育制度的变迁，是知识精英、教育团体以及政府机构等权力主体博弈的结果。在乡村师范教育的权力场域中，民众的教育需求、教育家群体以及教育团体的具体实践和推动、国家层面的宏观定制，共同促成了乡村师范教育制度的产生和变革。

首先，源自知识精英的呼吁与践行，体现的是一种民间教育权力的自主实现过程。民国时期是国家权力尚未对乡村教育进行完全干预的时期，主要由教育家群体或教育团体来行使乡村教育权力，乡村教育家群体和教育团体在这一时期乡村师范教育的发展中，在教育权力的行使中，无疑居于主导地位。教育家深入乡村社会，实质上充当的是乡村社会中为数不多的掌握一定文化知识的人，他们利用自己深厚的学识和威望，通过举办乡村师范学校，践行自己的乡村教育思想和理念，来促进乡村师范教育的发展。

其次，源自教育团体的推动，体现的是一种"自下而上"的权力倒逼。自甲午中日战争之后，中国社会出现了中央政治腐朽、地方主义抬

---

① 费孝通. 乡土中国 生育制度 乡土重建［M］. 北京：商务印书馆，2015：6.

头，教育领域出现了权力的真空，教育现代化进程在很大程度上是依靠教育社团的群体力量得以实施和进行的。这些教育团体的其中一部分，将促进乡村师范教育发展和乡村社会的改造作为其根本宗旨，为这一时期乡村师范教育制度的厘定，起到了推波助澜的作用。民国时期乡村师范教育制度的变迁，在一定程度上也体现为强制性的变迁。然而，国民政府之所以会"积极主动地"推动乡村师范教育制度的变革，主要是来自教育团体自下而上的权力"倒逼"。这其中以中华教育改进社、中华平民教育促进会和义务教育期成会为翘楚。

再次，源自政府组织的制度安排，体现的是国家权力向下的渗透。民国时期，政府组织对于乡村师范教育的办理和乡村师范教育制度的定制，体现了国家权力的触角向乡村延伸的过程。乡村师范学校成了国家现代化发展和政府控制乡村社会的重要媒介。乡村师范学校是政府主导的现代化的一项重要内容，在课程设计、教学内容上体现了强烈的国家意志和现代化诉求。因此，在一定程度上，乡村师范学校代表的是一种官方的话语体系，代表的是一种国家权力行为。

三、民国乡村师范教育制度变迁的当代启示

（一）对当前农村教师队伍建设的启示

民国时期的乡村师范教育制度构建的目的，是专门培养乡村小学师资，具有鲜明的"农本"意蕴，即农村教师的培养是建立在服务乡村、扎根乡村、改造乡村、以乡村为中心的教育理念之上的。

反观当前我国的农村教师培养制度，则具有"去农化"的意味。尤其是随着 1999 年教育部《关于师范院校布局结构调整的几点意见》的下发，我国师范教育由三级师范向二级师范过渡，并打破了原有的封闭独立的师范教育体系，逐渐形成了开放式的教师教育体系。随着变革的深入，原来"向农村教育延伸最深入、辐射最广泛、与农村教育联系最密切的中等师范教育"① 很快被取消，从而淡出农村教师培养制度体系。这场师范教育制度变革带有鲜明的"城市倾向"，我国师范教育由此开始呈现"去农村化"的倾向。贯串在农村教师培养制度中的这种"去农化"取向，不可避

---

① 阮成武，李子华. 新中国农村教师培养制度：历史、现状与未来 [J]. 高等教育研究，2009，30（10）：55-61.

免地弱化了农村教师服务农村教育的价值观念。

21 世纪以来，党和国家出台了一系列针对农村教师队伍建设的特别支持性政策，如"农村学校教育硕士师资培养计划"（2004 年）、"农村义务教育阶段学校教师特设岗位计划"（2006 年）、"免费师范生政策"（2007 年）等，这些政策的出台和实施，是国家针对长期以来以"城市优先"的教育制度所造成的农村教育困境的一种补偿和政策支持。这些政策的实施，在一定程度上也缓解了农村师资薄弱的现象。然而，已取得的成效与广大农村教育的发展需求之间依然存在很大差距。以"特岗计划"为例，实施规模最大的 2009 年，也只有 5 万人[①]，很难满足广大农村地区对优质师资的现实需求。也就是说，这些政策只能是一种临时性政策设计，无法成为长期性的制度安排。因而，也就无法从根本上解决农村师资薄弱的现实问题。

真正解决这一问题的关键在于：一是继续强化针对农村教师的支持性政策，比如进一步扩大"特岗计划"、"免费师范生"、《乡村教师支持计划（2015—2020 年）》等支持性政策的实施规模，确保其得到规范运行；二是基于乡土文化特质的农村教师培养制度的构建，应该成为一种理性选择。从长远来看，真正对农村教育起到持续作用的还是那些热爱农村、热爱农村教育事业、植根于乡土文化的教师。

（二）对农村教育政策制定的启示

教育制度的构建或者变迁方式不应该是单向度的，而应该通过不同向度的合理组合，形成综合效应。民国时期乡村师范教育制度的变迁过程，是多重因素综合作用的结果。从制度的产生过程来看，先有教育家鉴于晚清以来师范教育发展上的谬误，而在思想层面呼吁"师范教育下乡"；进而有一些教育家和教育团体深入乡村社会从事乡村师范教育的实践。比如以陶行知、黄质夫、金海观等为代表的教育家深入乡村社会，或创办或主持乡村师范学校，旨在为乡村社会培养小学师资和改造乡村社会的人才，并建立了附属小学，试图以此作为乡村社会的文化中心，产生了良好的社会效应，掀起了一场乡村师范教育运动。这场运动所掀起的波澜引起了国民政府的关注，开始对乡村师范教育进行积极的投入，并制定了一系列有

---

① 李建强，等."特岗计划"与打造优质教师队伍探析 [J]. 河北师范大学学报（教育科学版），2009，11（12）：61-64.

关乡村师范教育的政策。从这样一个制度构建的过程来看，既是一个由民间力量自下而上的推动过程，也是一个政府层面自上而下的治理过程。所体现出的是民间推动（包括学校、社团和个人）、政府积极参与的上下结合模式。

我国当前农村教育政策的制定，基本上体现的是"自上而下"的政府主导模式。农村教育政策的产生一般是由官员、权力精英或少数专家代替乡村民众进行利益的综合与表达，"所反映出的政策话语的政府主导，实际上极不利于各种主体的利益表达和整合"①。从这个意义来看，民国时期乡村师范教育制度变迁的过程，足以为我国当前农村教育政策的制定提供借鉴。在当前我国大力提倡"办好人民满意的教育"的时代背景下，政府必须转换教育职能，农村教育政策的制定，必须建立在充分尊重乡村民意的基础上，突破以往以政府为主导的农村教育政策制定模式以及广大农村"受益者缺席"的决策机制，实现真正的"问政于民""还政于民"。

[原文刊载于《教育科学》2015 年第 6 期（曲铁华　苏刚）]

---

① 阮成武. 我国义务教育均衡发展政策的演进逻辑与未来走向 [J]. 教育研究，2013，34（07）：37-45.

近代我国师范教育学费制度嬗变的
内在逻辑及特征探析

师范教育学费制度自近代在我国产生以来，历经更迭。研究中国近代师范教育学费制度的发展，揭示其嬗变特点，可以为当今师范教育学费制度的改革与教师教育的发展提供宝贵的经验教训和深刻的启示。

一、近代师范教育的改革与变迁是其嬗变的内在逻辑

师范教育学费制度的变革，作为中国教育近代化进程的一部分，与历次教育改革水乳交融。近代的师范教育学费制度，推动或制约着师范教育的发展和变革，而师范教育改革的范围和深度，也在一定程度上影响着师范教育学费制度变革的广度和力度。近代师范教育的改革和变迁，是师范教育学费制度嬗变的内在逻辑。

（一）梁启超与维新变法中师范教育学费制度的孕育

甲午之前，兴学虽已30余年，但教师多聘用外人，本国尚无师范教育。1896年，梁启超发表《论师范》，指出用西人做教习不相宜，他强调了中国创办自己的师范教育的重要性和紧迫性，提出采用日本寻常师范学校之制在中国创办师范教育的具体设想。

维新期间，光绪帝谕办京师大学堂，军机大臣和总理衙门私请梁启超代为起草《总理衙门奏筹办京师大学堂章程并拟学堂章程折》。章程规定，京师大学堂设师范斋，选大学堂前三级学生中高才者为师范生，专讲求教授之法，毕业后分往各学堂充当教习。学生免费入学，"依同文馆之例，据功课之优劣，以第其膏火之多寡"①，第一级为每月 20 两，第二级 16 两，第三级 10 两，每月还有三两银作伙食费，功课书、纸张及墨水洋笔的费用和奖赏也都由学堂承担，足见待遇优厚。学生毕业给予出身，并可

---

① 汤志钧，等. 中国近代教育史资料汇编（戊戌时期教育）［G］. 上海：上海教育出版社，2007：233.

游学欧美，不用担忧未来的出路。虽然后来慈禧发动"戊戌政变"，真正的京师大学堂并未筹办成功，师范馆也没有真正开办，但师范教育的重要性得到了强调，学费制度的种子孕育其中，等待下一阶段破土而出。

（二）"癸卯学制"与师范教育学费制度初建前的准备

1902 年，清政府公布了《钦定学堂章程》（又称"壬寅学制"），对我国近代师范教育制度做了初步规定。1904 年，清政府公布了由张之洞会同张百熙、荣庆重新厘定的《奏定学堂章程》（又称"癸卯学制"），"癸卯学制"比"壬寅学制"更为全面和切合实际。在"癸卯学制"中，通过《优级师范学堂章程》、《初级师范学堂章程》和《实业教员讲习所章程》，以及相继补充的一些章程和规定，师范学校形成独立体系，既有优级师范学堂、初级师范学堂上下衔接的正规高等师范教育和中等师范教育，又适应国情进行变通，以简易科、师范传习所等短期非正规师范教育机构作为必要补充，女子师范教育和幼儿师范教育也从无到有，获得初步发展。在这些章程中，师范教育学费制度的初步体系化始见曙光，基本形成了包括师范生入学选拔、在学费用收取、在学待遇、毕业奖励及义务的学费制度体系。

（三）"壬子癸丑学制"与师范教育学费制度的发轫

民国成立后，为适应国体转变，进行教育改革，制定"壬子癸丑学制"，素来备受重视的师范教育处在改革前沿。教育部 1912 年相继颁布了《师范教育令》《学校征收学费规程》《师范学校规程》，1913 年初公布了《高等师范学校规程》。1917 年出台《师范生服务期内不得改就他职 各师范中小学教员应先尽师范生任用》；随后又"通咨"各部院，"凡在服务期以内之师范生，应请各部局无庸录用"；通令各省教育厅，要求强化"师范生毕业后限令服务办法"等。各师范学校又据此制定了各自的组织大纲、学则等。这些法律、法规中对师范教育学费及相关措施的规定，构成了民国初期师范教育学费制度的主要内容，包括入学选拔、学费收取、在校待遇和毕业服务四个方面。民初在清末基础上发展起来的师范教育学费制度，秉承了免交学费、优厚待遇与执教义务互为契约的传统，表现出公费为主导、覆盖面广、权利与义务相统一和毕业服务灵活的特点。

（四）师范教育存废的论争与师范教育的式微

五四运动前后，教育界开始了一场关于师范教育应该独立设置还是与中学大学合并的论争，1921 年《学制系统草案》公布后，论争达到高潮。独立派和合并派从不同角度提出了师范教育的发展模式，对包括师范教育在内的学制改革和后来师范教育的发展产生了重大而深远的影响。

随后的"壬戌学制"中对师范教育的规定仅寥寥数条，包含在对中等教育和高等教育的改造中，却对民初的师范教育体制做了相当大的改动：一是高级中学可根据本地和学校实际设置师范科，大学可附设师范专修科。普通中学和大学与师范教育机构一起承担培养师资的任务，拓宽了教师培养的渠道，推动了中国师范教育与世界接轨，但也无形中取消了师范教育的独立性。二是在改革中学学制的基础上，提高师范教育的程度，延长师范学校的年限，高师改大学，为保证师范教育的办学质量提供了可能，高师在学制上获得了与大学平等的地位。但高师并入大学或改为大学合法化，使独立的师范教育机构骤减，打乱了民初师范教育的布局，影响了全国师资培养的计划性，师资数量明显减少，供不应求的矛盾日益突出，师范教育式微。皮之不存，毛将焉附，学费制度因之受到破坏性影响。学制在师范教育学费制度方面并未有明确规定，但也没有予以强调，师范生公费待遇被取消，毕业生任教义务的年限和办法也缺乏相应规定。民初构建的师范教育学费制度体系轰然坍塌。

（五）"壬戌学制"实施后对师范教育改革的反思与学费制度重建

"壬戌学制"实施后，师范教育被弱化，师范教育规模萎缩，人数锐减，远不能满足需求，从而引发了教育界人士的反思，要求师范教育独立的呼声日益高涨。1928 年，国民政府召开第一次全国教育会议，许多代表提出了改革师范教育制度，要求师范教育独立的议案。程时煃、陶行知、国立中山大学等提交的八议案被大会通过，并形成《整顿师范教育制度案》，对师范教育提出了十三条改革办法，其中提到"凡独立之师范学校，或师范讲习所，对于学生须有优良之待遇；毕业生之地位，并须有适宜之保障"，提倡设立乡村师范学校，并规定了乡村师范学校的入学资格和修业年限[①]，为中等师范教育学费制度的重建做了理论上的准备。1929年，国民政府公布《中华民国教育宗旨及其实施方针》，对师范教育进行了纲领性规定；1931 年通过的《三民主义教育实施原则》也专章明确了师范教育的目标和实施纲要（包括课程、训育和设备），为师范教育改革

---

① 中华民国大学院. 全国教育会议报告 [R]. 上海：商务印书馆，1928：139.

提供了原则性的指导。随着 1932 年《师范学校法》及 1933 年《师范学校规程》的公布，各师范教育机构终于脱离普通教育成为独立的学校系统，中等师范教育学费制度得以重建。

高等师范教育则仍在艰难徘徊。1928 年第一次全国教育会议上，高等师范教育改革问题也被提出，但与 1927 年大学院和大学区制的筹建相适应，不少人提出了取消师范大学的主张，高师独立、升为师大还是与大学合并的论争烽烟又起。国民政府虽未在政策上明确规定，然而 1929 年颁布的《大学组织法》和《大学规程》中，都要求大学分文、理、法、农、工、商、医各学院，具备三个学院以上者才能称大学，推翻了"壬戌学制"中"大学校设数科或一科均可，其单设一科者，称某科大学校"的规定①，有明显的取消师范大学的倾向，虽可提高办学质量，却给仅有的北平师范大学增加了巨大的生存压力。

由于取消师范大学的主张更脱离国情，加上广大师生的强烈反对和斗争，国民党内部意见也不统一，国民党四届三中全会最终没有通过取消师范大学的议案，而是通过了《确定教育目标与改革教育制度案》，提出"师范大学应脱离大学单独设立"，"各国立大学之教育学院教育系概行并入师范大学"，"师范大学概不收学费"，"师范大学学生修业完毕后，由教育部指定地点派往服务，期满发给毕业证书，始得自由应聘或升学。其有规避服务或服务不尽力者，取消资格，并追缴费用"②。这些为此后师范大学的发展提供了可能。

另外，根据《大学组织法》中达不到三科可成立单科学院的规定，独立的教育学院出现并承担起培养中等教育师资的任务，为后期师范教育的发展积蓄了力量。虽然这一时期的高师教育仍在徘徊期，但为抗战及战后高师学费制度的重建与拓展准备了必要条件。

（六）抗战及战后师范教育的发展与学费制度的渐进

抗战爆发前，师范教育已经有了良好的发展势头。抗日战争全面爆发后，认识到抗战的长期性，从抗战需要出发，国民政府教育部决定以"战时须作平时看"为办理方针，"一切仍以维持正常教育为主旨"③。1938年，国民党临时全国代表大会通过《战时各级教育实施方案纲要》，明确

---

① 宋恩荣. 近代中国教育改革 [M]. 北京：教育科学出版社，1994：181.
② 刘问岫. 中国师范教育简史 [M]. 北京：人民教育出版社，1984：84-85.
③ 孙培青. 中国教育史 [M]. 上海：华东师范大学出版社，2000：419.

师范教育的实施要点，提出"参酌从前高等师范旧制而急谋设置"①。随后《战时各级教育实施方案纲要》又强调"各省立师范学校应视一省师资之需要，分区设立，专收当地优秀之青年，免费入学。中等学校师资之训练，应视全国各省市之需要，于全国划分若干区域内，设立师范学院"②。这些指导性意见奠定了抗战期间师范教育发展的基调，一系列改革师范教育的法令、法规相继颁布。十四年抗战中，师范教育一度受到重创，但由于全国人民同仇敌忾，广大师生顽强奋斗，仍取得了较大发展，中等师范教育学费制度得以修正和改进，高等师范学费制度也得到重建，跃出低谷。

抗战胜利后，国民政府制定了教育善后复原的基本政策和措施，对全国师范教育布局进行调整，并出台一系列师范教育法令、法规，力求师范教育质量的提高和改善，学费制度也随之得到恢复和拓展。

二、近代师范教育学费制度嬗变的本体特征

作为师范教育制度的重要组成部分，师范教育学费制度的嬗变，随近代我国师范教育的变迁亦步亦趋，表现出很大程度的一致性，师范教育学费制度无法脱离其母体，一荣俱荣，一损俱损。但作为学费制度本身，其发展还彰显出鲜明的本体特征。

（一）学费制度的框架体系日趋明晰

我国师范教育学费制度自近代产生的半个世纪，从无到有，由模糊的轮廓逐渐形成了明晰的体系结构。

戊戌变法之前，师范教育学费制度并未形成框架。在《总理衙门奏筹办京师大学堂章程并拟学堂章程折》中，有个别条款是关于在学费用的规定，但基本是针对大学堂全体学生的，对师范生的学费并未专门规定。1897年，盛宣怀创办了南洋公学师范院，但《南洋公学章程》中同样缺乏相应规定。

"新政"时期，师范教育学费制度体系初步形成，包括师范生入学选拔、师范生在学费用、毕业奖励、毕业效力四个部分，散见于《奏定初级师范学堂章程》、《奏定优级师范学堂章程》及学部的一些奏折和通行各省

---

① 李友芝，等. 中国近现代师范教育史资料（第2册）[G]. 内部交流，1983：389.
② 中国第二历史档案馆. 中华民国史档案资料汇编（第五辑　第二编　教育）[G]. 南京：凤凰出版社，1997：23.

执行的一些条文中。后又专门颁布《各学堂奖励章程》和《师范毕业义务章程》，对师范生毕业考核奖励和服务进行强调，其中在学费用是主体，其余三个部分是其配套措施。在学费用是最能反映学费制度本体含义的部分；入学选拔明确了在学费用针对的对象；毕业效力与在学费用互为契约；给师范生毕业奖励出身则是在学费用的延伸，带有明显的官本位色彩，是封建时代的特殊产物，但也表现出清政府对师范教育重要性的体认和对师范生的厚爱，通过考核给奖的方法同样值得借鉴。优厚待遇并非人人都能享受，要经过入学前的严格选拔，毕业后还要服务一定年限，反映出一个明显的特点：名器不予轻授。这时的学费制度，虽大致形成了框架，但各组成部分没有细化，具体内容也有待充实。

1911年辛亥革命后，教育界的仁人志士开始探索适应民主共和政体的师范教育制度。1912年至1913年，制定了"壬子癸丑学制"，一系列改革师范教育的法令、规程中的有关规定，架构了这一时期师范教育学费制度的框架体系。此时的学费制度，主要包括入学资格、在学费用、在校待遇、毕业服务四方面。为了适应政体转变的需要，毕业奖励出身的规定不复存在。相对初建期，学费制度框架体系化程度提高了，各级各类师范学校规程中对这四方面有了专章或专节阐释，各项内容也不断细化，具体实施时有章可循，有据可查。章程中"酌情""由×行政长官核定"之类的字眼很多，这一方面体现了学费制度的人性化，具有一定灵活性，另一方面也反映出当时对各种特殊情况的考虑还不够周全，让一些人钻了空子，成为制度本身被人诟病之处。既是探索，就会走弯路。"壬戌学制"中，师范教育制度遭到破坏，作为其组成部分的师范教育学费制度，自然难逃噩运。

南京国民政府成立后，开始对师范教育学费制度进行重建，并不断调整，学费制度的框架体系又逐渐明晰起来。此时的师范教育学费制度，纵向看，包括中等和高等师范教育学费制度；横向看，包括师范生入学选拔、在学费用、毕业服务三方面。无论是横向还是纵向，都不仅是对以往学费制度的简单恢复，而是吸取其合理内核并进行创新的产物。纵向方面，中等师范学费制度把边远区域师范学校纳入其中，作为有益补充；高师教育也囊括了专修科、第二部、教育研究所，形成了从专科到研究生层次的，包括独立师范学院、大学师范学院、大学文理学院的多元化教师培养模式，并由此发展了相应的学费制度。横向方面，建立了师范生保送入学，并经过体检、笔试、面试、复试、签约等一套规范化程序的新型入学选拔制度；实行了完全公费制，并发展了师范生奖助学金制度；师范毕业服务制度也趋于完善定型，除了不断修订的《师范学院规程》和《师范学校规程》外，还专门颁布了《师范学校毕业生服务规程》，并出台了一系列提高教员待遇的措施，为师范生安心服务提供保障。这样纵横交错，架构起一个较为明晰的师范教育学费制度体系。

（二）免收学费的政策贯串始终

纵观整个近代师范教育学费制度的发展，虽然各阶段免费的范围和额度不同，但对师范生免收一定费用的政策一直存在，读师范免费成为人们的共识。

近代师范教育诞生之前，就孕育了师范生免费的种子，在梁启超代拟的《总理衙门奏筹办京师大学堂章程并拟学堂章程折》中，京师大学堂设师范斋，不向学生征收学费，还根据学生功课的优劣发放不同的膏火银，每月还有三两银作伙食费，功课书、纸张及墨水洋笔的费用和奖赏也一概由学堂承担，这些都在经费一章中有明确规定。南洋公学师范院也不向学生征收学费，食宿杂费均由学校供给，还按"层格"发放津贴。经过理论和实践上的准备，师范教育学费制度在清末的"新政"中初步形成。由于师范学堂是官办，膳费、宿费都由官费支给，并由学堂提供饭食、制服、书籍、笔墨等，各省对本省选送的师范生，还给予数额不等的津贴。虽然随着"癸卯学制"的颁布，近代教育收费制度逐渐形成，师范学堂也出现了自费生，但仅限于优级师范学堂中不由分类科毕业者和极少量初级师范学堂学生，且要经过学堂监督或地方官长特许。对师范教育来说，收费并非主流。这时的师范教育制度虽系初创，却奠定了免费的基调。

1911年后建立的师范教育学费制度虽有公费自费之分，但均不需交纳学费。1912年颁布的《师范教育令》明确规定，"师范学校、高等师范学校学生免纳学费，并由本学校酌给校内必要费用"，征收的保证金在毕业时亦会发还。自费生交纳的也仅仅是膳费，且其招收受到严格限制，要经过主管的最高教育长官同意：高等师范学校自费生人数和费额经校长酌定后呈报给教育总长认可；中等师范学校则由省行政长官核定。虽然存在着可以收取学费的私立师范学校，但几乎是凤毛麟角。因此，这一时期的免费政策覆盖面极广。"壬戌学制"中未对师范教育学费进行具体规定，很多省市相继取消了师范生的免费待遇，师范生免学费的政策未能实施，但此前的制度尚未废除，为后来学费制度的重建提供了框架基础。

"壬戌学制"对师范教育学费制度的破坏性影响，特别是免费待遇取消后师范生锐减的严重后果，让各界人士认识到免费政策在当时是符合国情的。南京国民政府成立后重建的中等师范教育学费制度，及时恢复了免收学费的政策。1932年颁布的《师范学校法》，以法令的形式规定师范学校及其特别师范科、幼稚师范科，均不征收学费。各省市还根据本省的情形，免收学生膳费之全部或一部分，入学时交纳的保证金毕业时原数发还，图书及体育等费用也由学校提供。条件好的学校还提供学生所用的书籍、制服和一切工艺材料费。加上国民政府加强对教育的控制，禁止私立师范学校，中等师范教育领域的免费政策全面铺开。高师教育学费制度虽处在徘徊中，但是，国民党四届三中全会通过了《确定教育目标与改革教育制度案》，强调师范大学概不收学费，仅存的北平师范大学和独立出来的不少教育学院，也制定和执行了免学费的政策。

抗战期间，师范教育学费制度得以修正和改进，师范生公费制度建立并具体化。1944年的《全国师范学校学生公费待遇实施办法》，要求对各级各类师范生实行完全公费待遇："师范生除保证金外免缴学费、宿费，及图书、体育、医药卫生等杂费"；"膳食（包括主食费副食费）全部由学校供给，但主食费得依照规定数量拨发公粮"；"所用各科教科书由学校供给"，有条件的地方"制服由学校供给，每三年每生发单制服二套，棉制服一套"，"第三年依照规定外出参观，用费由学校供给"，"劳作、美术、理化、生物等科实习材料费由学校供给或酌予补助"[①]。抗战胜利后到1949年，师范教育学费制度恢复拓展期间，免费政策和抗战期间相比并未发生变化。虽然因国民政府发动内战缺乏良好的实施环境，但免学费的政策一直存在。

近代师范教育的不同发展阶段，各界政府无一例外地采取了免收学费的政策。虽然他们代表的利益不同，阶级属性不同，发展师范教育也是为各自培养人才，但我们评价一项政策要看其对当时的教育是否具有促进作用。我国师范教育萌生之初就实行了免收学费的政策，并在整个清末贯彻下来。这固然是受到了官学免收学费传统的影响，也与当时学习日本的整体氛围分不开，体现了政策厘定者的国际视野和本土情怀。

"癸卯学制"仿日本学制而定，但在免费政策上也充分考虑了中国国

---

① 中国第二历史档案馆. 中华民国史档案资料汇编（第五辑 第二编 教育）[G]. 南京：凤凰出版社，1997：647.

情。面对内忧外患，朝廷上下对师范教育的地位和作用有了清醒而一致的认识，对师范生实行几乎完全的公费制，在中央财政吃紧、地方相对宽松的情况下，除京师设一所优级师范学堂之外，把办学自主权交给地方，考虑到地区差异，由地方决定自费生的额数。在地方的大力支持下，师范教育获得了良好的发展。随后各届政府都执行了这样的政策，虽然远不能满足实际需要，但师范生的人数稳步增长。"壬戌学制"后，师范生人数骤减，而这正是师范教育独立性取消后，学费制度遭到破坏，免学费政策执行被弱化的时期。

另外，各届政府也把免学费的政策作为一种宏观调控的手段，吸引优秀青年从事教育事业。民初教育改革之后，法政教育、实业教育、普通教育获得了较大发展。1912 年，专科学校中法政类学校就占到 60%，学生数更是占了 78%。这一方面体现了教育结构布局不合理，另一方面也反映出师范教育地位不高，在自费情况下，法政是学生的首选。当时学生"以境遇财力不足以升入大学，而故入高师者多数"[①]，很多师范生都是清寒子弟。试想，如果师范生免费政策被取消，选择师范的人将更少。"壬戌学制"后，免费政策弱化带来师范生人数锐减，待实行公费制后才又回升，更以铁的事实证明了这一假设。再次，免费政策的厘定与政府的财政支付能力并无必然关系，它折射出政府对师范教育的认识和重视程度。从清末师范教育学费制度萌生到新中国成立前，基本上处于战争和混乱时期，各届政府的财政负担都非常沉重，抗战期间更是蒙受了巨大的经济损失，免学费的政策却基本上贯串始终，不管其初衷如何，都体现了政府对师范教育作用的重视。

（三）法治化进程举步维艰

近代我国师范教育学费制度历经尝试和探索，法治化进程举步维艰，在曲折中前进。主要表现为以下几个方面。

第一，总体来看，主要以立法为主，执法相对无力，司法和监督机制相对缺失，跟进缓慢。先是立法，"无法可依"的情况得到改变后，"有法不依，执法不严"的问题凸现，才不得不回避法律的运行机制问题，然而学费制度的执法、司法、监督机制一直没有健全。从清末"新政"到新中国成立前，近代师范教育学费制度从无到有，逐渐形成了较为明晰的框架

---

① 云甫. 高等师范应改师范大学之理由及办法 [J]. 教育丛刊，1921，02（05）：1-10.

体系，但受多种复杂因素的影响，在相当长的时期都难以得到有效的执行。比如，清末对师范生毕业奖励的规定，实际上最后都成了空头支票；再比如，免学费需要大量的教育经费支撑，而教育经费的不足一直困扰着我国师范教育的发展。近代师范教育学费制度产生后的半个世纪，中国的经济实力本来就弱，财政收入不足，再加上军阀混战、日本入侵、反共内战以及政治腐败，吞噬着本已有限的教育经费，"神圣之教育事业，竟飘摇荡映于此卑鄙龌龊之政治、军事之漩涡之中"①，免费政策自然无法落实。清末《师范毕业生义务章程》规定，师范生有效力全国教育职事的义务，不得规避，但对违约毕业生并无司法机构给予处罚。独立司法机构的缺失直到新中国成立前也未能得到改观。另外，健全、民主的监督机制也没有建立起来。直到1933年的《师范学校规程》中始见端倪，各校成立"经费稽核委员会"，由专任教员公推三至五人组成，委员轮流充当主席，负责审核收支账目及单据，每月开会一次，但其职能局限在师范学校内部，严格说来并不能算是正式的监督机构。司法、监督机制的缺失成为制约师范教育学费制度法治化的重要因素。

第二，在立法上，"人治"色彩的淡化是一个渐进过程。这一特点首先体现在师范教育学费制度的内容上。清末学费制度初建时，各项具体事务大都由主管的教育长官或地方行政长官负责，"府、厅、州县地方官""学堂监督长"等词汇频现于各项章程规定。当然，在封建专制政体下，权力至上、权大于法也不足为奇。民初的学费制度中，"经校长认可""省行政长官允许""教育总长酌情"等也随处可见，固然与几千年来专制思想的强大惯性密不可分，也呈现观念的变革没能跟上制度层面的转变而留下的印迹。民主是构成法治的前提和基础，随着新文化运动的发展，民主观念深入人心，这一情形才有所改观，出现了专门的职能机构。在立法程序上，由政府推进逐渐转化为由社会推动。清末师范教育学费制度基本上是由学部上奏折，再由最高统治者钦定颁布全国，统治者的意志起决定作用。民初的师范教育学费制度依然是由政府推进、自上而下的。政府推进可解决动力不足的问题，但不可避免地带来政治权力的扩张②。伴随着五四新文化运动才为之一新，实现了自下而上的转变。首先是"壬戌学制"后持续数年的师范教育地位的论争，接着是1928年全国第一次教育会议，

---

① 编辑部.教育界信息［J］.教育杂志，1922（13）：4.

② 蒋立山.中国法治道路初探（上）［J］.中外法学，1998（03）：16-28.

许多代表要求改革师范教育，会议通过决议《师范教育制度》，1932 年由国民政府形成法律条文，公布据此制定的《师范学校法》，之后又相继颁布《师范学校规程》和一系列相关法令，这一时期的师范教育学费制度才得以确立。

第三，执法主体缺失与多元。以师范生毕业服务为例来说明。1907年《师范毕业生义务章程》中规定，优级师范毕业生经学部或本省督抚、提学使司指派教育职事，初级师范生、简易科师范生由京师督学局、各省提学使司及府、厅、州、县地方官指派教育职事。除毕业分配，对服务期的察核和例外情形的处理，也存在相应的问题，执法主体模糊，最后到底由谁具体负责，并未明确说明。民初的《师范学校规程》和《高等师范学校规程》中，也仅表明特殊情形由省行政长官或教育总长负责，对负责具体事宜的责任者没有说明，极易导致有法不依的现象。

根据 1942 年的《师范学校毕业生服务规程》，师范生毕业服务主要由最高教育行政机关（教育部或省教育厅）、地方主管教育行政机关（省市立师范学校为省市教育行政机关，县立师范学校为县级教育行政机关）和师范学校专门组织的师范生指导委员会负责。最高行政机关主要负责对下级教育行政部门和主管学校办理毕业生服务事宜的统筹和考核、地方教育行政机关请示的核准等程式性事务，以及例外情况的处理，如暂缓服务、特许免除服务期、减免处罚等；地方教育行政机关主要负责对师范生安排学校、日常考核等，并通过服务期满认定、毕业证书控管等方式督促师范生服务；师范生指导委员会负责处理师范生中途转学、休学、退学以及毕业分配、指导服务等事宜，时间跨度长，从师范生入学开始到毕业服务期满为止。三方共同管理中存在职责模糊、权力交叉、互相推诿等缺陷，在执行时常因最高教育行政部门的特许导致地方行政的失效、最高教育行政机构的程式化处理导致疏于对地方监督；同时，地方教育行政部门和学校之间也存在着权力交叉、职责不明、人浮于事的问题。"师范毕业生，有不服小学职务，而为官吏者，而为教育以外之事业之外者，政令不禁也，学校不问也"[1]。由此，师范教育学费制度在执行效果上不可能尽如人意。

［原文刊载于《湖南师范大学教育科学学报》2010 年第 5 期（曲铁华　王莹莹）］

---

[1]　贾丰臻. 今之师范教育问题［J］. 教育杂志，1916，08（01）：14-22.

清末免费高等师范教育制度特点探析

　　清朝末年，是一个大变革的时代。在朝在野、各行各业的有识之士为挽救国家危亡，提出许多救国救民的思想与方法，其中"教育救国"就是最为显著、持续时间最为长久、意义最为深远、影响最为深刻的一股思潮。国家兴盛依靠人才，人才兴盛依靠教育，教育兴盛依靠教师，教师兴盛依靠师范教育，从而将师范教育的地位提升到了与国家存亡密切相关的高度。而如何在短期内培养出能肩负起振兴国家这一历史重任的合格教师，则成了那个时期师范教育最为关切的战略任务。参照欧美、日本等发达国家的经验，尤其是其建设师范学校、培育优秀人才方面的有益经验，中国的改革者们在帝国大厦将倾的危难时刻，开创了一条影响后世一百多年的免费师范教育道路。他们参考成功经验，发挥集体智慧，结合实际国情，不断完善这一制度创举。从初期南洋公学师范院的首次尝试，到"癸卯学制"时期免费师范教育制度的细致入微；从公立学校的官费资助，到私立学校的经费自筹，无不凝结着中国优秀知识分子和先进人士欲求国家振兴的迫切愿望，渗透着亿万炎黄子孙期盼国家昌盛的满腔热忱。

　　清末的免费高等师范教育制度，虽然从创始到结束只有短短的十四五年，但是在探索与发展中却走出了一条日渐完善、逐步明确的道路，建立了一系列系统的鼓励、保障制度，为当下新一轮免费师范教育的实施，提供了可供参考的宝贵经验。

一

　　清末的高等免费师范教育制度，从内容上看，主要包括学生在校期间所享受的待遇、毕业时根据学习成绩所获得的认证与奖励、毕业后为教育事业效力服务、服务后自主选择发展等四个方面。从结构上看，这一时期的免费高等师范教育制度，逐渐趋于完整，已经形成了对于该制度下各方权利的保障机制、各方义务执行的监督机制、各方权利与义务相结合的机制等。而其中学生与学校、国家各方权利与义务的规定，是这一制度最直接的物质载体和表现形式，也是这一制度有效进行的最根本的保证。

（一）在校待遇——减免为主，奖补结合

1897 年创建的南洋公学师范院，是中国近代师范教育的开端，同时也是我国免费高等师范教育的滥觞。虽然此时并没有国家层面的政策性规定，但南洋公学师范院还是给予了师范生十分优厚的待遇。师范生入学后，食宿杂费均由学校供给，每月还按层格（根据成绩划分，共五级）发给津贴，第一层格每月津贴膏火银六两，每进一层格加银一两，加到十两为止。另外，学习成绩优良者还有奖学金。根据记载，光绪二十五年（1899）二月，师范生西课成绩平均 90 分以上者奖银 2 元，80 分以上者奖银 1 元，成绩差或违反校规者要扣除膏火银①。1898 年，京师大学堂成立，1902 年、1904 年清政府连续颁布《钦定学堂章程》、《奏定学堂章程》（即"壬寅癸卯学制"），正式建立了中国最高师范学府——京师大学堂师范馆，并继续实行师范教育免费制度。《奏定优级师范学堂章程》明确规定："公共科及分类科学生在学费用，均以官费支给。"② 除学费外，对于其他膳宿杂费也有明确的规定："师范学堂不收学费，惟考取入学时，每学生征收保证金银元十元，俟毕业后发还。""学生所用书籍、笔墨、纸张、石板及操衣、靴帽等件，由学堂代为购备，学生缴价具领。其能自行如式购办者听。""膳宿费就各地方食用贵贱及各学堂情形分别征收。师范学堂所有各费一律免收。"③

据早期师范馆学生回忆："初期的大学生待遇十分优异。一概公费，供给社会宿舍，每人一间楼房，自修室每二人共一间。早餐是粥和面食，午晚两餐，每桌八人，六菜一汤。冬季四菜一火锅，荤腥俱全。……又如每月有月考，考列在前的，有若干名给以数元或十数元的奖金。常用服装，当然自备，但每人冬夏二季，各有官发的一套操衣，随便穿着。"④ 可见，当时学生们的待遇极为优厚，生活颇为富足。

不论从制度层面的官方文献，还是从亲历者的回忆中，都可以切实看到，清朝末期，师范生在校期间一直享受着国家和地方政府给予的免收学

① 交通大学校史编写组. 交通大学校史（1896—1949）[M]. 上海：上海教育出版社，1986：24.
② 朱有瓛. 中国近代学制史料（第二辑：下册）[G]. 上海：华东师范大学出版社，1989：258.
③ 潘懋元，刘海峰. 中国近代教育史资料汇编（高等教育）[G]. 上海：上海教育出版社，1993：338.
④ 郑师渠. 论京师大学堂师范馆 [J]. 北京师范大学学报（人文社会科学版），2002（05）：5-18.

费、补助膳宿费用、根据成绩给予奖励的待遇。不论公立私立、国立省立、官费自费，从学部到各地、各学校，均以办师范为公益事业，即使杂项费用也只收取成本，盖不以此为盈利之举，以保证学生安心就学，早日成才，报效国家。

（二）毕业奖励——择善而奖，优者多得

有鉴于很多师范生因忙于科举而长途往返于学校与家乡致使学业荒废，光绪二十四年（1898）四月，南洋公学师范院创办者盛宣怀奏陈："师范院诸生，多系举贡生监，而廪增附生尤多……例有岁科两试，若于试期相率而去，则师范院学堂几空……中西各课，精进难而荒废易，一暴十寒，卒业何日。"考虑到南洋公学有较为完备的考试制度以督促学生学习，故请求朝廷"凡系廪增附生，一体免预岁科两试，使得专精新学"。[①]为在读的师范学生争取了不参加科举考试而同样可以得到由官方承认的学历，消除了学生关于毕业离校之后继续深造、进入仕途的后顾之忧，解决了学生对未来发展的忧虑。可以说这是南洋公学师范院学生享受的一项颇为特殊的待遇，也是师范毕业生奖励出身的开始。《奏定各学堂奖励章程》中认为："师范为各种学堂之根据，故奖励不能不稍优"，所以给予了其毕业生较高的奖励。该章程根据成绩将毕业生分为五等，给予前三等奖励出身，如"考列最优等者，作为举人，以国子监博士尽先选用，并加五品衔，令充中学堂及初级师范学堂教员（义务年满后，得调充学务处及各学堂管理员）"[②]。

出于对高级人才的迫切需求，为了优中选优，国家对于部分确实可堪深造的优秀师范毕业生，也放宽了必须立即履行效力义务的要求，给予其公费出国游学的特殊奖励。"择其性行端谨、外国文根底较优者，发给官费，咨送欧美各国分习专科，以备将来高等专门教员之选。"[③] 此前，南洋公学师范院已经先后选拔数名优秀师范毕业生赴日本深造学习，其中每人每年所需经费日本币三百元均由校方承担，即实为公费出国留学。这样的做法开创了师范教育免费深造的先河，为后来免费师范教育制度的完善与发展，提供了借鉴经验。对于学成毕业，且成绩合格的学生，由国家奖给

---

① 朱有瓛. 中国近代学制史料（第一辑：下册）［G］. 上海：华东师范大学出版社，1986：516.

② 璩鑫圭，等. 中国近代教育史资料汇编（实业教育 师范教育）［G］. 上海：上海教育出版社，2007：590.

③ 朱有瓛. 中国近代学制史料（第二辑：下册）［G］. 上海：华东师范大学出版社，1989：271.

出身、给予名分，使学生取得正式的学历认可，保证将来就业发展的机会。在奖励中也区分等级，根据不同学业成就给予高低不同的奖励，使得学生能够尽心学习、努力上进、孜孜以求，而不因不视区分而随波逐流。除此之外，还从毕业生中选取成绩优良者公费派遣深造游学，以免除学生后顾之忧。然而，对免费师范毕业生奖励游学，确实涉及效力服务义务的履行问题，但是，我们应该看到这种公费游学确实是一种很优厚的奖励措施，对于造就高级教育人才、鼓励终身从事教育起着不可忽视的作用。这一奖励政策后来也成了服务期满深造中的一项举措。

（三）服务管理——考察全面，执行严格

早期的免费高等师范教育制度，只根据"学习费用为官方出具，故学生必听从校方差遣"的朴素认识，来安排学生为学校或相关机构服务办事。而"壬寅癸卯学制"建立后，关于毕业服务效力的规定和管理，就成了免费高等师范教育制度的中心环节。

《奏定学堂章程》规定入学的师范生"须自行出具亲供甘结，言明毕业后必勉力从事教职，确尽报效国家之义务"。以保证书的形式，令学生许下承诺，效力国家。1907年《奏定师范学堂毕业奖励章程》增加了"于义务年限内，各应尽心教育，不得营谋教育以外之事业，不得规避教育职事"的规定。对于服务期间的工作，则规定："充当教员，应将所编讲义及所订教授案，由该学堂监督、堂长照章分别呈送学部及督学局暨各省提学使司察核"，并且"由督学局或各省提学使司随时考察，每年终，将其教授成绩详细呈报学部，不得泛填笼统考语"。可见，当时对于师范生的服务质量要求也是相当高的。

光绪三十四年（1908）五月学部发布公文，要求各省将已于前一年赴各地的师范毕业生效力情况汇总上报，"如或充当别项差使，未尽义务，亦应据实开报。其有未经本部咨送而在各该处效力义务，或充当别项差使，或在各该处居住并未效力义务者，亦应一并详查报部，以凭察核。"[①]报送考核的范围包括所有已尽义务和未尽义务的师范毕业生，其要求全面、严格可见一斑。对于一些师范毕业生不愿履行效力义务，相关章程中也制定了许多惩罚措施。

首先，防患于未然。为避免逃避义务情况的发生，在入学时即令学生

---

① 朱有瓛. 中国近代学制史料（第二辑：下册）[G]. 上海：华东师范大学出版社，1989：272.

邀请保人，出具保证书，缴纳保证金。"须由本生邀请确实正副保人为学堂所信重者，出具保结备案。如正副保人非学堂所信重者，不准作保"①。"师范生入学堂，应邀请保证人到堂出具保证书，其半途退学或毕业后不尽义务者，该学生不将学费缴还，应由保证人代缴"②。

其次，督促警告。对于未按规定效力服务的师范毕业生，学部和学校都没有采取野蛮惩罚，而是在执行惩戒措施之前先行警告，促其自觉履行义务。光绪三十四年（1908）五月初十日，针对上年大学堂数名师范毕业生尚未前往各省效力，学部谕令并以告示牌的形式通知这些学生"如有在京效力义务或在各衙门充当别项差事或系寄寓无事者，限一月内全行来部呈明"③。

再次，严惩不尽义务者。惩罚措施包括几类：追缴学费，"毕业生有不尽教育职事之义务，或因事撤销教员凭照者，当酌令缴还在学时所给学费以示惩罚"④；撤销奖励，"师范生于义务期限内，不尽义务，未经允许私自迁延至二年以上者，即将所得奖励撤销"；取消师范出身，"师范生毕业不尽义务，如别项学堂进习高等学科者，毕业之时应照该学堂章程奖励，不得比照师范奖励章程办理"⑤。

此外，对于一些并非逃避义务，而是确实无法履行或暂时无法履行义务的毕业生，政策也根据具体情况经过必要的程序给予了照顾："师范生因实有不得已事故，请缓义务年限……考察属实者，准其展缓。所展年期，仍以二年为限"；"因病废不能从事教育……考察属实者，准其豁免义务，所应得之奖励，改为虚衔"⑥。

综上，这一时期的免费高等师范教育制度不断完善、不断细化，从政策、制度层面具体化为各种具体实施办法，堪称细致入微。从此，公立高等师范教育机构建立起包括免费、给奖、服务、惩戒等相关系统措施在内的一整套完整而健全的免费师范教育制度。

① 朱有瓛. 中国近代学制史料（第二辑：下册）[G]. 上海：华东师范大学出版社，1989：257.
② 潘懋元，刘海峰. 中国近代教育史资料汇编（高等教育）[G]. 上海：上海教育出版社，1993：339.
③ 潘懋元，刘海峰. 中国近代教育史资料汇编（高等教育）[G]. 上海：上海教育出版社，1993：33.
④ 朱有瓛. 中国近代学制史料（第二辑：下册）[G]. 上海：华东师范大学出版社，1989：258.
⑤ 璩鑫圭，等. 中国近代教育史资料汇编（实业教育、师范教育）[G]. 上海：上海教育出版社，2007：608.
⑥ 璩鑫圭，等. 中国近代教育史资料汇编（实业教育、师范教育）[G]. 上海：上海教育出版社，2007：608.

（四）期满深造——鼓励从教，途径多样

对于服务期满且效力合格者，一般还要在服务结束时给予奖励，而后任由师范毕业生选择出路——既可以选择改行入仕充任官职，也可以选择升学深造和出国留学，而且由国家给予费用上的资助。但作为政府，最希望其在服务期满后仍然选择从事教育，并以政策的形式规定了优待、鼓励措施，以造就有志于终身从教的经世济国的优秀人才。

《奏定师范学堂毕业奖励章程》中规定："师范生义务年满，由督学局或各省提学使司呈报学部，照章给奖，其不愿服官仍充教员者，有学部另定教员奖励章程办理。"对于服务期满并合格的师范生及时照章提拔，依照毕业奖励授予的官阶品级，"以应升之阶，分别京外，分部分省，遇缺即补"[①]，分别由内阁中书、中书科中书、各部司务尽先补用，委以官职，成为官吏，享受国家公务人员待遇。如不愿任官职而仍愿充教职者，亦按照《优待初级师范学堂中学堂教员章程》中的奖励、优待政策进行办理，比如规定对于任教满五年的教员，"确有成绩者……酌量加给津贴，至每年所得薪金十分之三"，"其子孙……准免两人学费"[②]。为鼓励师范生终身从教，献身教育事业，章程中还给予任教十五年以上教师更加优厚的待遇：如因年老或患病告退，应支给一年薪金作为退休金；如病故，应按照在职时薪金的平均水平，支给一年薪金作为抚恤；其子孙胞弟胞侄如在学，可免四人学费。如果愿意升学深造则听其自便。

（五）制度建设——权责明晰，相辅相成

免费高等师范教育制度的中心环节，即以学生为一方、以学校和国家为另一方的权利与义务的结合。清代末年，免费高等师范教育制度在社会各界不断的探索中，逐渐形成了包括双方权利义务在内的日趋健全和完善的制度框架。在结构上，权利与义务的规定明确清晰、相互渗透、统一共生。其主要内容有：第一，师范生在校期间有免费接受教育的权利，有获得国家和学校资助、补贴和奖励的权利，服务及工作期间有取得相应报酬和其他合理待遇的权利，服务期满并合格后有选择深造、继续发展的权

利；学生在校期间有努力学习的义务，毕业后有服从学校和国家分配的义务，有按规定忠实履行服务的义务，违反规定后有接受惩罚的义务。第二，学校和国家有按规定督促、检查、评价学生学习质量的权利，有给予优秀在校学生和毕业生奖励的权利，有监督、检查毕业生在服务期内效力状况的权利，对于未忠实履行义务的学生有惩罚的权利；学校和国家有保证学生学习顺利进行的义务，有按规定给予学生资助、补贴和奖励的义务，有给予毕业生服务期间必要生活保障的义务，有为学生提供深造、继续发展机会的义务，有提倡师范教育、兴办师范学校、树立学生终身从教理想的义务，等等。

众多的政策与制度，构建了免费高等师范教育制度下有关各方的权利与义务，并促成了权利与义务的结合。这一机制的形成，开创了免费高等师范教育的制度化和正规化建设，为后来免费师范教育制度的发展，搭建了系统的制度框架，并指明了发展、完善的方向。

清末免费高等师范教育制度的各项措施和规定，既有利于激励师范生奋发向上、学用一致，促进教师队伍的稳定，也有利于师范生专长的发挥，实现人才资源的合理配置。而且在稳定教师队伍、调动教师积极性、提高教育质量、鼓励师范生长期从事教育事业等现实意义上，做出了一定贡献。

二

当下我国正在实施的新一轮免费师范教育政策和制度，无疑是一项利国利民的举措，但在现实条件下，如何切实制定、实行这一政策成为理论界和社会各界关注的焦点，这一制度下的权利与义务的关系，又成为中心问题。如何建立和怎样建立一套完善、合理的制度和机制，来保障学生、学校、政府三方面权利与义务的均衡，是这一问题的外在表现形式。学生在校期间享受怎样的待遇、毕业之后履行怎样的服务义务、如何解决部分师范生就业之后违约转行、如何保障学生毕业就业后的自主流动和继续发展的权利、如何建立健全相关的配套管理保障措施等问题，为制度制定者、政策执行者、学校管理者、理论研究者、配套服务者以及免费师范生个人，提供了极大的思考空间和相当多的有价值的研究领域。回顾历史经验，特别是清末免费高等师范教育制度建立伊始的诸多特点，笔者提出以下思考和建议。

（一）适当缩短服务年限

从历史经验来看，我国自 2008 年开始实行的免费师范教育结束后十年的义务服务期似乎过长，有可能影响教师个人的继续发展和深造。清末颁布的"壬寅癸卯学制"关于服务期的规定，起初定为六年，旋即改为五年，虽然没有具体资料佐证，但不难看出这一年限的确定，是经过了探讨和论证的。2007 年印发的《教育部直属师范大学师范生免费教育实施办法（试行）》中规定的十年服务期，对于教师个人偏长，会在一定程度上挫伤教师个人追求更高发展的积极性。而且，服务地一般都是由生源地本省安排，故服务期内空间流动的可能性也相对较小，那些一直在农村，尤其是落后地区农村从教的教师，面对不适应，乃至不良的环境，心里必易产生倦怠，对教育工作的开展不利。所以，可以考虑根据现行六三三学制年限，将服务期缩短为六年，以适当减轻教师因长时间处于一处工作而产生的预期疲劳感，使教师树立对于工作和人生的积极态度，这也是保证服务期内教学质量的重要手段。

（二）增加深造机会和途径

清末师范教育明确规定了师范生的毕业奖励制度，根据学业成绩的高低给予不同的出身。出身即代表着师范毕业生拥有的从教、入仕的资格，不同的出身即意味着他们拥有不同层次的发展空间。与清末相比，现在不可能给予师范毕业生和教师传统的出身，但却可以根据其深造程度赋予他们相应的学历和学位，并将此与其薪酬、待遇、保障相结合。虽然无法使得优秀的人才像百年前一样出国留学，但可以尽最大可能满足那些有志于深造和继续发展的人才的要求，为其提供进修和获得更高学历的可能。可以按现有规定允许教师在服务期内兼职报考教育硕士专业研究生，并给予政策和经费上的照顾；同时可以考虑允许服务期内的教师报考全日制硕士研究生，仿效清末对于深造毕业生暂缓服务的变通规定，其未完成的服务义务可于研究生毕业后继续，并可以考虑酌量增加义务年限。

对于履行义务期间成绩优秀的，可以给予其继续深造的机会，既可以升学又可以进修，并享受国家给予的特殊补贴，使之成为教育理论与实践相结合的高级人才。对于已经完成服务义务，确实想要从事其他行业的，地方应该给予帮助。为了警诫那些想要从免费师范教育制度中谋取私利，而回避义务或不忠实履行义务的行为，应该制定严格的惩罚措施。但所有的制度与措施，都应鼓励师范生毕业义务的良好履行和终身从教信念的树立，支持并引导他们向着利国利己的方向自主选择发展途径。

（三）逐渐将实施的重点转移至地方师范院校

政府将教育部直属的师范大学作为免费师范教育的试点，其原因更多的是希望这几所重点师范大学能在各级各类师范院校中发挥示范作用。但实质上，地方的、非重点师范院校的师范生更需要免费。正如清末师范教育诞生伊始全国的状况一样，不仅京师大学堂师范馆培养免费师范生，各地的优级师范学堂，也都为各地分别培养从事一线教育工作的师范生，不仅以最短的时间保证了各地对教师数量的需求，而且以最大的可能保证了质量。曾有数据显示，重点师范院校的毕业生从事中小学教育的比例并不大①。由于这些重点院校学生本身的优越感，他们当中主动愿意到基层，尤其是农村一线从事教育教学的则更少。

教育部直属的六所师范院校师范生免费教育，虽然可以吸引成绩优秀的学生，尤其是成绩优秀的贫困学生就读师范，但却很难从实质上实现当初制定这一政策的初衷。不仅六所学校毕业生数量有限，不足以补充贫困地区教师缺额；而且即便下到贫困农村地区，如果仍带有优越感，不能从心理上接受，那么也还是无法积极有效地发挥其才智，达到提高农村贫困地区中小学师资水平和教学水平的目的。相反，由于对家乡对亲人的眷恋、生活习惯适应、自身优越感较少等因素的影响，非重点师范院校，尤其是中西部地区的地方院校的师范生，扎根农村中小学的可能性相对更大。在这些院校实施免费师范教育的意义也就更大。因此，免费师范教育制度在教育部直属师范大学试行后，能尽快普及到部分地方师范院校中，尤其是把重点放在中西部地区的地方性院校会更好。

（四）以政策和物质支持切实保证一线教师较高待遇

虽然我国在强调实行免费师范教育的同时，一直致力于提高教师的待遇和社会地位，但总体而言，中小学教师的社会地位、经济地位一直低于其他公务事业性行业，在一定程度上影响了教师队伍的稳定性，并使教师职业对高质量人才缺乏吸引力。清末免费高等师范教育制度的一个重要内容，就是根据师范毕业生的成绩择优授予出身，使其拥有相当于政府官员

---

① 黎婉勤. 关于师范生免费教育的若干思考 [J]. 教师教育研究，2007（03）：24-28.

的社会地位和相对应的经济保障。我国 1993 年颁布的《教师法》也规定：
"教师的平均工资水平应当不低于或者高于国家公务员的平均工资水平。"
这都说明，对于教师待遇的规定一直是视同或比照公务事业人员待遇水平
的，但其实际得到的物质待遇却往往有限。如果教师收入不足以维持较体
面的生活，免费师范教育制度不仅难以招收优秀人才，更难以确保其毕业
后能够进入教学一线岗位。正如研究者所指出的，"师范教育的低标准使
许多未受过良好训练的人进入教学专业领域；反过来，学校教学传统的职
业特征——工作繁重而报酬低微，又无法吸引好学生去接受师范教育"，
"要进行师范教育改革，首先必须改变中小学教师传统的职业特征和主要
作为谋生手段而不是专业的不景气的职业模式，合理报酬结构，改善工作
条件，明确专业职责"①。提高教师职业吸引力和教师质量的关键是改善教
师的待遇。只有大幅度地提高教师待遇，特别是贫困地区教师的待遇，使
教师能够得到足以维持其较体面生活的物质保障，政府通过免费制度调节
教师资源的目的才会真正得以实现。

［原文刊载于《河北师范大学学报（教育科学版）》2009 年第 3 期（曲铁华　樊涛）］

---

① 高文. 当代师范教育改革若干问题的比较研究［J］. 高等师范教育研究，1991（02）：70-76.

改革开放 40 年教师教育改革与未来展望

改革开放 40 年来，我国教师教育改革取得巨大成就。展望未来，教师教育任重而道远，须树立新发展理念，不忘初衷，坚持改革创新，抓住机遇，加快改革发展步伐，培养高素质、专业化、创新型教师队伍，为国家教育事业的新发展提供人才保障和动力源泉。

一、教师教育改革的发展历程

改革开放 40 年来，在社会政治、经济发展的宏观背景下，依据国家重大方针政策和决议对教师教育的影响力，可将我国教师教育改革的发展历程分为四个阶段：全面恢复时期（1978—1984 年）、快速发展时期（1985—1995 年）、探索时期（1996—2005 年）和创新时期（2006 年至今）。

（一）重建师范教育体系的全面恢复时期（1978—1984 年）

1978 年 10 月，教育部颁布《关于加强和发展师范教育的意见》，由此开始，我国的师范教育重回正轨。1980 年，教育部召开师范教育工作会议，会议重申了师范教育工作母机的重要地位。以此为标志，我国师范教育改革再次拉开帷幕。此后若干年，我国师范教育得以全面恢复和发展。随后，教育部下发了一系列规范性文件，促进了师范教育体系的恢复，推动了师范教育事业的发展。1982 年 9 月，党的第十二次全国代表大会，把教育作为经济发展的战略重点之一，提出要大力发展城乡各级各类教育事业，培养各种专业人才，提高全民族的科学文化水平，这次会议不仅指明了我国教育事业的发展方向，也为师范教育改革提供了良好的环境。

这一时期，我国不仅恢复和增设了一批师范院校（1984 年，独立设置的高等师范院校已发展到 242 所[①]），为了适应中等技术学校、职业学校

---

① 《中国教育年鉴》编辑部. 中国教育年鉴（1982～1984）[Z]. 长沙：湖南教育出版社，1986：66.

的发展，还创设了一些独立的、专科性的、专门性的、技术性的师范学校，如艺术师范学院、民族师范学院、技术师范学院等。教师职后培训也得到了迅速恢复和发展，教育学院到 1984 年发展为 218 所[1]，各高等师范院校开办了函授、夜大、电视、广播等多种形式的教师在职培训，初步构建了多层次、多类别、多形式的高师教育网络，大大提高了中小学教师的教育教学水平，缓解了中小学教师数量奇缺之压力，为我国基础教育的健康发展储备了大量人才。

在全面恢复时期，我国的师范教育重新步入正轨。但这一时期教育发展存在着办学经费紧缺、办学条件较差、教师待遇偏低等问题，师范教育自身存在着合格教师的标准较低、师范专科学校和教育学院发展过快诸多问题，这些问题影响了教育的发展，也是师范教育在发展过程中不得不面对的问题。

（二）数量与规模齐头并进的快速发展时期（1985—1995 年）

1985 年，全国中小学师资工作会议召开，再次明确师范教育为基础教育服务的方向，提出要普遍推行提前招生、定向招生的培养制度。"改革的实质，皆在从师范教育的体制上，保证提高教师的素质。"[2] 1985 年 5 月，《中共中央关于教育体制改革的决定》颁布，强调师资队伍建设是实行义务教育、提高基础教育水平的根本大计，把发展师范教育和培训在职教师提升到教育事业发展的战略高度。

1986 年，我国开始正式实施分阶段九年制义务教育。应对的策略，即继续完善独立、定向的"三级两类"师范教育体系，培养和培训了一大批教师，使我国中小学师资队伍无论是数量还是质量都发生了很大变化。"正是这一相当规模的师范教育体系，才能支撑世界上最庞大的基础教育事业，如果没有这样一个相对独立的'工作母机'为基础教育的发展保驾护航，我国低重心的教育战略就难以实施。"[3]

师范教育加快法制化的进程。1986 年，《中华人民共和国义务教育法》颁布，第十三条和第十四条涉及师范教育，提出"国家采取措施加强和发展师范教育，加速培养、培训师资"，"全社会应当尊重教师。国家保

---

[1] 《中国教育年鉴》编辑部. 中国教育年鉴（1982~1984）[Z]. 长沙：湖南教育出版社，1986：63.
[2] 袁衍喜. 当代师范教育的发展新趋向 [J]. 外国教育研究，1986（04）：36-44.
[3] 马立. 抓住机遇 迎接挑战 深化改革 开拓前进 [J]. 高等师范教育研究，1998（01）：13-24.

障教师的合法权益，采取措施提高教师的社会地位"。[①] 1994 年 1 月，《中华人民共和国教师法》开始实施，明确提出教师是履行教育教学职责的专业人员。1995 年 12 月，《教师资格条例》正式发布。上述三个法律条例从法律角度确认了教师的专业地位和资格，为师范教育的发展提供了法律保障。1993 年 2 月，《中国教育改革和发展纲要》中再次强调师范教育培养中小学师资的"工作母机"地位，要求各级政府增加投入，大力办好师范教育。

总之，这一阶段，师范教育受到了空前的重视，获得了优先发展的地位，得到了迅速的发展。经过调整改革，初步形成了我国独立、定向的"三级两类"师范教育体系，分类分层培养师资，满足了各级各类学校的多种师资需求。1995 年，高等师范院校的学校数是 236 所，在校学生数是 58.29 万人；中等师范学校的学校数是 897 所，在校学生数是 84.80 万人；教育学院的学校数是 242 所，在校学生数是 21.37 万人；教师进修学校数是 2031 所，在校学生数是 51.63 万人。[②] 师范教育不论在数量、规模还是地位上，都获得了长足的发展与提高，我国的师范教育由弱变强，并取得了优先发展的地位。

（三）稳中求进的探索时期（1996—2005 年）

1996 年 12 月，第五次全国师范教育工作会议召开，提出了新的师范教育改革与发展方针，要求师范教育在整个教育现代化过程中要走在前面。这次会议标志着我国师范教育从以规模、数量的发展为特征，进入了以要求质量、优化结构、提高效益为核心的发展新时期，再次突出了师范教育的优先发展地位，改革的迫切性凸显。

1997 年 10 月，教育部实施"高等师范教育面向 21 世纪教学内容和课程体系改革计划"，试图冲破师范教育旧模式。1998 年 12 月，教育部颁布《面向 21 世纪教育振兴行动计划》，提出教师聘任制，主张加强考核、竞争上岗，以此优化教师队伍，在质量上对师范教育提出了新要求。1999 年 3 月，教育部发布《关于师范院校布局结构调整的几点意见》，对开放的师范教育体系建设进行了具体部署，调整学校布局，重组教育资源，明

---

① 《中国教育年鉴》编辑部. 中国教育年鉴（1985～1986）[Z]. 长沙：湖南教育出版社，1988：1011.

② 中华人民共和国国家教育委员会计划建设司. 中国教育事业统计年鉴（1995）[Z]. 北京：人民教育出版社，1996：2-18.

确提出师范教育层次结构由"三级师范"向"二级师范"过渡，切实提高教师培养培训的质量和效益。1999 年 6 月，《中共中央、国务院关于深化教育改革，全面推进素质教育的决定》出台，提出鼓励综合性院校和非师范高等学校参与培养培训中小学教师，探索在有条件的综合性高等院校中尝试成立师范学院。从此，师范教育从独立走向开放，从培养与培训分离向一体化方向转变。同时，虽然我国在政策上仍然坚持独立定向培养的师范教育体制，但这一体制已经发生变化，师范教育的封闭性已经被打破，师范院校从 20 世纪 90 年代以来，不仅培养师范类学生，也培养非师范类学生。2000—2001 年，教育部相继颁布了《〈教师资格条例〉实施办法》、《关于首次认定教师资格工作若干问题的意见》和《教师资格证书管理规定》等相关文件，这些文件致力于为我国教师队伍建设的质量提供保证，从整体上优化教师队伍，为教师专业化建设发挥了重要作用。

2001 年 5 月，《国务院关于基础教育改革与发展的决定》颁布，以"教师教育"替代了"师范教育"概念，提出"完善以现有师范院校为主体、其他高等学校共同参与、培养培训相衔接的开放的教师教育体系。加强师范院校的学科建设，鼓励综合性大学和其他非师范类高等学校举办教育院系或开设获得教师资格所需课程"[1]。2001 年 9 月，我国第一本系统论述"教师专业化"的论著《教师专业化的理论与实践》正式出版，书中提到，"要提高教学质量，一要确立教学工作的专业性地位，二要建立起与这一专业性职业相应的衡量标准；教师教育的责任就在于培养出训练有素的达到专业化标准的教师，以教师的专业化来实现教学的专业化，以确保未来学校对师资的需求；另一方面也可以较高的专业化水平而赢得较高的社会地位"[2]。自此，我国开始进行提高教师教育质量的战略性调整，教师教育走向开放、提升层次、培养培训一体化的新阶段。

2002 年 2 月，《教育部关于"十五"期间教师教育改革与发展的意见》明确提出，要"进一步完善教师教育制度"，"初步形成以现有师范院校为主体，其他高等学校共同参与，培养培训相衔接，体现终身教育思想的开放的教师教育体系"。2004 年 2 月，教育部出台《2003—2007 年教育振兴行动计划》，提出"全面推动教师教育创新，构建开放灵活的教师教育体系"的总体目标，并制定了"改革教师教育模式，将教师教育逐步纳

---

① 《中国教育年鉴》编辑部. 中国教育年鉴（2002）[Z]. 北京：人民教育出版社，2002：65-66.
② 教育部师范教育司. 教师专业化的理论与实践 [M]. 北京：人民教育出版社，2003：24.

入高等教育体系，构建以师范大学和其他举办教师教育的高水平大学为先导，专科、本科、研究生三个层次协调发展，职前职后教育相互沟通，学历与非学历教育并举，促进教师专业发展和终身学习的现代教师教育体系"等具体目标。

这一时期，在提高教师培养质量的强烈诉求下，借鉴国际教师教育的经验，借助一系列政策的驱动，通过开放教师来源渠道，我国教师教育体系得以重新建构，逐步形成以师范院校为主体、其他教育机构共同参与的多渠道、多规格、多形式、开放性的教师教育体系，开放化、高层次化、专业化、一体化成为教师教育改革的目标和特征，中小学教师队伍的质量得到很大的提高。

（四）守正出新的创新时期（2006年至今）

在教师教育改革取得巨大成就的同时，一些本源性问题并未得到良好的解决，甚至改革本身又引发了新的问题。2006年6月，《中华人民共和国义务教育法》修订通过，这是对我国义务教育保障机制在新阶段的合理配置，也是我国基础教育发展至新阶段的一个信号。"基础教育发展的形势和要求，是引发教师教育改革的深层内驱力。在改革的新形势下，教师教育与基础教育被紧紧捆缚在一起。"[①] 当基础教育改革的主题成为"双高普九"和特色发展时，对优质师资的要求尤为迫切，教师教育也就一同被推至风口浪尖。为此，教师教育进行了一系列的改革，如：开展免费师范生教育，加快教师资格证制度建设，制定教师教育标准，等等。

2007年3月，教育部直属师范大学实行师范生免费教育，鼓励优秀大学毕业生从教。2007年5月，国务院转发教育部的《国家教育事业发展"十一五"规划纲要》，明确了"十一五"期间要切实加强教师队伍建设、全面提高教师队伍素质的教师队伍建设任务。2010年，《国家中长期教育改革和发展规划纲要（2010—2020年）》提出，"造就一支师德高尚、业务精湛、结构合理、充满活力的高素质专业化教师队伍"，实行"国标、省考、县聘、校用"的教师准入制度。

2011年9月，我国逐步推进国家教师资格考试制度，开始打破教师资格证书分省考试认证的局面，并以教师资格证书认证的全面实施为起

---

① 龙宝新，李贵安. 论我国十年教师教育改革的成就与限度 [J]. 教育理论与实践，2016，36（04）：34-38.

点，陆续研制、颁布一系列教师教育标准。2012 年 8 月，《国务院关于加强教师队伍建设的意见》明确提出，要"完善教师专业发展标准体系"，"制定师范类专业认证标准，开展专业认证和评估，规范师范类专业办学，建立教师培养质量评估制度"。随后，教育部组织有关专家结合教师资格考试改革试点工作，修改、完善了教师资格考试标准和考试大纲。2013 年，教育部宣布，自 2015 年起，教师资格认证考试实行全国统考；自 2015 级师范生开始，师范生也必须参加全国统考。2013 年 8 月，教育部颁布《中小学教师资格定期注册暂行办法》，规定中小学教师资格每 5 年注册一次，以师德表现、年度考核和培训情况为注册条件的主要依据，教师资格证书不再终身有效。

2013 年，《中共中央关于全面深化改革若干重大问题的决定》颁布，教师教育改革进入深度改革、体制创新、反思发展的新阶段。2014 年，教育部发布《关于实施卓越教师培养计划的意见》。2015 年，国务院办公厅发布《乡村教师支持计划（2015—2020 年）》。2016 年，教育部发布《教育部关于加强师范生教育实践的意见》。2017 年初，教育部提出，"十三五"期间，中国现有的 181 所师范院校一律"不更名""不脱帽"，聚焦教师培养主业，这是关系我国庞大的基础教育优良师资保障的重大问题。

2018 年 1 月，中共中央、国务院印发了《关于全面深化新时代教师队伍建设改革的意见》（以下简称《意见》），在新时代背景下，给教师教育建设提出了更高的标准和要求。《意见》"是新中国成立以来第一次以党中央的名义发布关于教师队伍建设的文件，具有里程碑式的战略意义"①。为了贯彻落实《意见》，2018 年 2 月，教育部等五部门印发实施《教师教育振兴行动计划（2018—2022 年）》（以下简称《计划》），这也成为当前和今后一段时期推动教师教育改革、提升教育质量水平的战略性举措。

从总体上来讲，我国的教师教育改革虽然还存在着教师队伍结构有待进一步优化、教师待遇有待进一步提升、教师资格制度需要进一步完善等不足，但不可否认的是，教师教育改革已取得了巨大的成就。

二、教师教育改革的主要成就

改革开放 40 年来，随着政治、经济、文化的发展，我国的教师教育改革取得了历史性的重大成就，并呈现动态变化的特点。40 年间，我国

---

① 顾明远. 抓住了教育改革的"牛鼻子"［N］. 中国教师报，2018-02-07（004）.

的教师教育培养了大批合格教师，专业化程度不断提升，教师教育体系由封闭、培养培训分离，走向开放、一体化，教师教育模式逐渐多元化，教师教育管理体制从以计划为导向转变为以标准为导向。

（一）教师队伍建设专业化

改革开放以来，我国教师队伍建设成绩斐然，教师数量和质量齐头并进，无论是小学、初中还是高中，各级专任教师数量都明显增多，普通高中阶段表现尤为明显。专任教师数量上升，我国教师队伍逐渐壮大。1978年，我国普通小学专任教师数是 522.55 万人，普通初中专任教师数是 244.07 万人，普通高中专任教师数是 74.13 万人，总计 840.75 万人；2015 年，普通小学专任教师数为 568.51 万人，普通初中专任教师数为 347.51 万人，普通高中专任教师数为 169.54 万人，总计 1085.56 万人。①

在教师队伍数量显著提高的基础上，我国教师教育培养质量也有了较大提升。截至 2015 年，专任教师学历合格率普通小学为 99.90％，普通高中为 97.70％。② 2015 年的数据表明：专科及其以上学历的小学专任教师占自身总数的 91.89％③，本科及其以上学历的初中专任教师占自身总数的 80.23％④，研究生学历的普通高中专任教师占自身总数的 7.15％⑤。随着基础教育对优质教师需求的逐步提高，教师专业发展愈发凸显其重要性，"教师教育专业化"的要求越来越明确。"教师是一种专门职业，教师教育要在教师专业化理念指导下，依据教师专业发展的不同阶段进行整体规划，全面设计。"⑥ 学历作为扎实的文化基础的反映，成为一个重要的衡量指标；高学历的教师队伍，为我国基础教育的发展提供了有力的人力资源保障。

---

① 中华人民共和国教育部发展规划司. 中国教育年鉴（2015）［Z］. 北京：中国统计出版社，2016：13.

② 中华人民共和国教育部发展规划司. 中国教育年鉴（2015）［Z］. 北京：中国统计出版社，2016：1-2.

③ 中华人民共和国教育部发展规划司. 中国教育年鉴（2015）［Z］. 北京：中国统计出版社，2016：556.

④ 中华人民共和国教育部发展规划司. 中国教育年鉴（2015）［Z］. 北京：中国统计出版社，2016：476.

⑤ 中华人民共和国教育部发展规划司. 中国教育年鉴（2015）［Z］. 北京：中国统计出版社，2016：322.

⑥ 曲铁华，冯苗. 专业化：教师教育的理念与策略［J］. 教师教育研究，2005（01）：10-15.

（二）教师教育体系开放化

改革开放之初，我国师范教育机构为"三级师范"：中等师范学校主要培养小学教师，高等师范专科学校主要培养初中教师，高等师范本科院校培养高中以上教师。与此相对应的是中小学教师"三级培训体系"：省级教育学院或教师进修学院、地市级教育学院或教师进修学院和县级教师进修学校。"三级师范院校分工明确、定向培养、定向分配，中等师范学校、师范专科学校以及师范学院及大学在目标定位、课程设置、教育实习等方面各成系统，缺少沟通和交流，培养的教师缺少对基础教育的整体视野和全程观念。"①

随着我国九年义务教育的普及，这种独立、封闭的教师教育体系弊端丛生。始于国家对开放教师教育的政策认定，我国的教师教育体系趋向开放，中等师范学校逐渐取消或转型，师范学院升格为综合大学。教师教育活动不再是师范院校的专有领域，"教师教育大学化"的特征越加明显，"非师范院校参与教师教育"得到国家的政策支持，综合院校培养教师促进了教师教育的合理竞争。

改革开放以来，我国高师本科院校由 57 所②增加到 154 所③，教育硕士培养院校从 1997 年开始正式招生的 16 所④增加到如今的 135 所，中等师范学校则由 1978 年的 1046 所减少到 1981 年的 196 所⑤，办学层次逐渐完成了由"老三级"（中师—专科—本科）向"新三级"（专科—本科—研究生）的转变，形成以师范院校为主，综合性院校共同参与的新格局。

伴随我国三级教师培训体系的变化，培养培训相分离的状况悄然改变，中小学教师继续教育非但没有因独立的教师教育机构的消亡而停滞，反而随着教师教育一体化的进程，呈现培养培训一体化的新趋向。为了推动中小学教师继续教育，国家采取了一系列重要举措：1999 年，教育部颁布《中小学教师继续教育规定》；连续实施"中小学教师继续教育工程"

① 杨跃. 教师教育学［M］. 北京：北京师范大学出版社，2016：20.
② 《中国教育年鉴》编辑部. 中国教育年鉴（1949~1981）［Z］. 北京：中国大百科全书出版社，1984：643.
③ 中华人民共和国教育部发展规划司. 中国教育年鉴（2015）［Z］. 北京：中国统计出版社，2016：21.
④ 《中国教育年鉴》编辑部. 中国教育年鉴（1997）［Z］. 北京：人民教育出版社，1997：205.
⑤ 《中国教育年鉴》编辑部. 中国教育年鉴（1949~1981）［Z］. 北京：中国大百科全书出版社，1984：194.

（1999—2002 年）及"中小学教师全员培训计划"（2003—2007 年）；2003 年，教育部启动了"全国教师教育网络联盟计划"；2006—2008 年，连续 3 年组织"中小学骨干教师国家级远程培训"和"西部农村教师远程培训计划"；2011 年和 2012 年，教育部、国务院相继发布《关于大力加强中小学教师培训工作的意见》和《关于加强教师队伍建设的意见》。

这些举措有力地推动了我国教师继续教育向广度和深度发展，构建了我国立体化、网络化、信息化教师发展平台。培养培训一体化促进了师范院校人才培养模式和教育教学改革，进一步加强了理论与实践的联系，高等师范院校在以多种形式积极参与中小学教师在职培训的同时，强化了自身面向基础教育、服务基础教育的意识。

（三）教师教育模式多元化

改革开放以来，我国各级各类教师教育机构根据自身的发展目标和办学水平，在教师教育培养模式上进行了各具特色的改革。以高等师范院校为例，主要有以下三种模式。一是"4＋X"模式，如"4＋0"模式、"4＋2"模式、"4＋3"模式。"4＋X"模式，即在完成 4 年本科师范专业教育后可直接获取学士学位和教师资格证书，也可以继续接受 2 年或 3 年硕士研究生教育，合格者获得教育学硕士学位。北京师范大学、华东师范大学、东北师范大学、陕西师范大学、华中师范大学、南京师范大学等学校实施的即此培养模式。二是"2＋2"模式与"3＋1"模式。"2＋2"模式是指，4 年本科教育中的前 2 年以接受文理学科专业教育为主，后 2 年以接受教师专业教育为主；"3＋1"模式是指，4 年本科教育中的前 3 年以接受文理学科专业教育为主，后 1 年以接受教师专业教育为主。华中师范大学、四川师范大学、沈阳师范大学等学校实施的即此培养模式。三是"3＋3"模式，即本硕教育贯通。学生完成前 3 年本科教育后，通过选拔获得推免硕士研究生资格，继续接受后 3 年教育，合格者获得教育学硕士学位。上海师范大学等学校实施的即此培养模式。

近十年来，随着教师专业化水平的提高和实践导向的引领，中国教师教育模式呈现多元化的趋势，先后出现了"U—G—S"、"G—U—S"、"共同培养，双向强化"、基于 SCIL 核心能力素养等新模式，这不仅是高师院校为了适应人才市场需求变化所做的尝试，也体现了学习型社会对个体的新要求。分析"U—G—S"与"G—U—S"两种模式和"卓越教师计划"，我们可以发现，构建高校与地方政府、中小学"三位一体"协同培养新机制，已成为当今中学教师职前教育培养的必然选择，而激活高校优势资源，依靠政府支撑，进入中小学校，这种模式将最终推动中学教师职前培养新格局的形成。①

（四）教师教育管理规范化

改革开放以来，我国教师教育管理逐步规范化，首先体现在明确了教师专业标准。2012 年，教育部在广泛调研并征求意见的基础上，首次颁布、试行幼儿园、小学、中学教师的专业标准，三个标准秉承"学生为本、师德为先、终身学习"的理念，从专业理念与师德、专业知识、专业能力三个维度，规定了中小学、幼儿园教师在培养、准入、培训、考核等方面的明确要求。

《教师教育课程标准（试行）》的颁布，使我国的教师教育课程设置有据可依，在育人为本、实践取向和终身学习理念的指导下，教师教育课程目标划分为三大领域，开发系列精品的教师教育课程，建立课程资源网络联盟，实现基于网络平台的共建和共享。"《教师教育课程标准》体现的是国家对教师教育机构设置教师教育课程的基本要求，是教师教育机构制定教师教育课程方案、开发课程资源以及实施教学、管理与评价的依据。"②《教师教育课程标准》试图通过相关学习领域和相应课程模块的设定，实现教师教育课程的专业化、实践化，推进教师教育的改革。

我国教师资格制度逐步规范。1986 年 4 月发布的《中华人民共和国义务教育法》第十三条规定，"国家建立教师资格考核制度，对合格教师颁发资格证书"③，为以后出台的有关教师资格方面的一系列政策、法规、条例等提供了法律依据，我国教师资格制度初步确立。1993 年，全国人大颁布的《中华人民共和国教师法》中规定，只有具备教师资格的人员方可在各级各类学校和其他教育机构中，从事教育教学工作。1995 年，《中华人民共和国教育法》以法律形式明确规定我国实行教师资格制度；2000年，全面实施。2010 年，提出"国标、省考、县聘、校用"的教师准入制度。2015 年，在全国范围实施教师资格考试。"《教师法》《教师资格条例》确立了实施教师资格制度法律规范的原则性宏观框架，而《实施办

---

① 曲铁华，霍东娇.改革开放以来我国中学教师职前培养模式的变迁与发展趋势［J］.四川师范大学学报（社会科学版），2017，44（03）：102-107.

② 胡惠闵，崔允漷.《教师教育课程标准》研制历程与问题回应［J］.全球教育展望，2012，41（06）：10-21.

③ 《中国教育年鉴》编辑部.中国教育年鉴（1985～1986）［Z］.长沙：湖南教育出版社，1988：1011.

法》则依据前两者确立的指导思想和一般框架设计，拟订了全面实施教师资格制度的程序与方法；原则、指导思想和程序、方法，构建起教师资格制度的完整的法制规范体系。"① 实施教师资格制度，对于提高教师整体素质至关重要。

三、我国教师教育改革的未来展望

百年大计，教育为本；教育大计，教师为本。实施科教兴国、人才强国战略，建设创新型国家，全面提升国民素质和人力资源质量，加快教育现代化，建设教育强国，对我国的教师教育改革提出了新的要求，2018年1月中共中央、国务院出台的《意见》和2月教育部印发实施的《计划》，为接下来的中国教师教育改革指明了方向。

（一）在理念上，坚持兴国必先强师，建设中国特色教师教育体系

《计划》再次强调教师教育是教育事业的工作母机的地位。《意见》提出，"兴国必先强师"，教师是教育发展的第一资源，是国家富强、民族振兴、人民幸福的重要基石。《意见》强调，"面对新方位、新征程、新使命，教师队伍建设还不能完全适应"，"时代越是向前，知识和人才的重要性就愈发突出，教育和教师的地位和作用就愈发凸显"。《计划》明确，"着眼长远，立足当前，以提升教师教育质量为核心，以加强教师教育体系建设为支撑，以教师教育供给侧结构性改革为动力，推进教师教育创新、协调、绿色、开放、共享发展，从源头上加强教师队伍建设，着力培养造就党和人民满意的师德高尚、业务精湛、结构合理、充满活力的教师队伍"。"在我们这样一个发展中的人口大国，师范教育体系的建设不能照搬发达国家的模式，需要考虑到我国师范教育发展的历史、现有的条件，建设有中国特色的师范教育体系。"② 因此，须发挥师范院校主体作用，加强教师教育体系建设，加大对师范院校的支持力度，优化教师教育布局结构，形成以国家教师教育基地为引领、师范院校为主体、高水平综合大学参与、教师发展机构为纽带、优质中小学为实践基地的开放、协同、联动的现代教师教育体系。

---

① 朱旭东，胡艳. 中国教育改革 30 年（教师教育卷）[M]. 北京：北京师范大学出版社，2009：165.

② 顾明远. 从裁撤教育学院看师范教育转型 [N]. 光明日报，2016-10-08.

（二）在目标上，服务基础教育发展实际，推动优质教师教育均衡发展

我国教师教育改革发展的历程表明，基础教育发展的形势和要求是引发教师教育改革的深层内驱力。在改革的新形势下，教师教育与基础教育被紧紧捆缚在一起。针对基础教育的需求，《意见》提出，到 2035 年，培养造就数以百万计的骨干教师、数以十万计的卓越教师、数以万计的教育家型教师的愿景，进而对提高中小学教师质量，建设一支高素质、专业化的教师队伍进行了具体部署。为实现这一目标，《计划》出台了师德养成教育全面推进行动、教师培养层次提升行动，正是在这一改革环境中，教师教育改革者应更加清楚自己肩负的历史使命——造就高素质、专业化、创新型教师队伍，解决当今我国基础教育面临的"教育人才饥荒"问题。教师队伍的结构性失调已成为教师教育改革必须面对的新问题。城乡教师间差距、学科间师资失调等问题，都是当前需要借助国家的顶层设计才能得以彻底解决的重要问题。

《意见》提出，应从创新和规范中小学教师编制配备、优化义务教育教师配置及完善中小学教师准入和招聘制度等几个维度，深化教师管理改革，理顺体制机制；不断提高教师地位待遇，让教师成为令人羡慕的职业，如完善中小学教师待遇保障机制、提升乡村教师待遇等；提高中小学教师质量，建设高素质专业化的教师队伍，要加紧薄弱学科教师、特殊教育教师和民族地区双语教师培养。这几项措施，正是对症下药，切中了教师队伍的结构性失调的要害。只有科学合理的教师队伍结构，才能为发展更高质量、更加公平的教育提供强有力的师资保障和人才支撑。

（三）在措施上，改革师范院校招生就业制度，建立以实践为导向的教师教育课程体系

《意见》强调切实提高师范生生源质量，采取多种方式，如到岗退费、公费培养或定向培养等，吸引优秀有志学生报考师范院校。完善教育部直属师范大学师范生公费教育政策，履约任教服务期调整为 6 年；改革招生制度，鼓励部分教学质量高的院校的师范专业实行提前批次录取，或采取入校后二次选拔方式选拔有志于从教的优秀青年进入师范专业。《意见》中提出的完善中小学教师待遇保障机制和提升乡村教师待遇等措施，是吸引优秀师范生就业的有效条款。同时，要营造尊师重教的良好社会风尚，使教师成为令人羡慕的职业，强化教师的国家责任、政治责任、社会责任

和教育责任。教师的教学专业技能是支撑教师走向专业成功的重要支柱，是教师专业化的标志性技能。我国师范教育"课程侧重于所教学科的专业教育，而有关教师这一职业的'专业'或'专门'的课程明显不足。而且，有关教师职业'专业性'培养往往依赖'教育学''心理学''教材教法'等理论性课程，实践性的'教学实习'几乎成为象征性的点缀。在师范教育体制之下，教师教育可以说仅仅是一种定向的职业教育"①。

《意见》中强调，要根据基础教育改革发展的需要，以实践为导向，优化教师教育课程体系，强化"三字一话"等教学基本功和教学技能训练，并要求师范生教育实践不少于半年，这些措施可以说切中时弊，是对当下忽视教师教学专业技能现象的沉重一击。《意见》再次强调了师范院校评估要体现师范教育特色，确保师范院校坚持以师范教育为主业，严控师范院校更名为非师范院校，并提出要开展师范类专业认证，以确保教师培养质量。

（四）在媒介上，利用"互联网＋"技术促进教师教育信息化

在以互联网信息技术为先进生产工具的信息时代，许多发达国家都把师资队伍建设作为解决现代学校教育问题的突破口，而在终身学习理念指导下的教师培养、任用、进修的一体化，也成为世界各国教师教育改革的追求之一。《意见》与时俱进，明确提出中小学、幼儿园教师全员培训，"促进教师终身学习和专业发展。转变培训方式，推动信息技术与教师培训的有机融合，实行线上线下相结合的混合式研修。改进培训内容，紧密结合教育教学一线实际，组织高质量培训，使教师静心钻研教学，切实提升教学水平。推行培训自主选学，实行培训学分管理，建立培训学分银行，搭建教师培训与学历教育衔接的'立交桥'。建立健全地方教师发展机构和专业培训者队伍"。对幼儿园教师，要"建立幼儿园教师全员培训制度，切实提升幼儿园教师科学保教能力"，依托高等学校和优质幼儿园，创新幼儿园教师培训模式，重点采取集中培训与跟岗实践相结合的方式培训幼儿园教师，鼓励师范院校与幼儿园协同建立幼儿园教师培养培训基地。

［原文刊载于《教育研究》2018 年第 9 期（曲铁华　于萍）］

---

① 李进. 教师教育概论［M］. 北京：北京大学出版社，2009：85.

改革开放以来我国中学教师职前培养模式的变迁与发展趋势

教师教育模式是社会发展与教育发展的共同产物，伴随着社会经济的发展和教育的变革而不断调整变化。改革开放以来，随着我国师范教育的不断发展，师范专科、师范学院和师范大学依次成为中学教师职前培养的主体。

一、我国中学教师职前培养模式的变迁

（一）师范专科教师教育模式

20 世纪七八十年代，我国中学教师师资短缺，为解燃眉之急，以师专为载体的中学教师职前培养模式应运而生。1980 年，教育部《关于大力办好高等师范专科学校的意见》指出："师范专科学校是为地方教育事业服务的。它的主要任务是为本地区初级中学培养合格师资。"[1] 1990 年，国家教育委员会《关于当前师范专科学校工作的几点意见》指出："我国初中在校学生的 80％以上分布在农村和县镇，因此，为农村初中培养合格教师是我国师范专科学校的主要任务。"[2] 根据 1980 年教育部《关于大力办好高等师范专科学校的意见》指示，在课程设置方面，"师专的专业设置，应以初级中学的教学计划中所设主要课程门类为依据"，主要包括"政治、语文（包括民族语文）、外语、数学、物理、化学等六种专业"，[3]师专的学习年限一般是二年制和三年制并存，各地根据自身实际办学情况自行选择。同时，对于师范专科，教育见习和教育实习是培养合格初中教师的重要环节，也是将理论与实践相结合的重要途径。

1982 年，《关于修订二、三年制师专教学计划的几点意见》进一步指出，师范专科学校的师资培养课程主要包括政治理论课、教育理论课（教

---

①　宋嗣廉，韩力学. 中国师范教育通览（上卷）[M]. 长春：东北师范大学出版社，1998：428.
②　宋嗣廉，韩力学. 中国师范教育通览（上卷）[M]. 长春：东北师范大学出版社，1998：415.
③　宋嗣廉，韩力学. 中国师范教育通览（上卷）[M]. 长春：东北师范大学出版社，1998：428.

育学、心理学）、专业课、体育课和外语课等几项内容，根据专业设置的不同，专业课内容不尽相同，政治理论和教育理论课、体育和外语课的设置则完全一样①。

1993 年，原国家教委师范司司长金长泽在《面向农村、深化改革，培养合格初中教师》的讲话中，对师范专科教育的发展进行了全面的回顾。他认为，这一时期的师专工作有成绩亦有不足，较短的学制极大地满足了当时教育发展对初级中学教师的需求，师范专科教师教育模式也对改善当时我国师资资源短缺状况做出了重大的贡献；但不可否认的是这种模式依然存在着一定的隐患②。随着社会的发展，我国师资培养层次需要不断提高，但师范专科学校自身存在的缺陷延缓了这一进程，底子薄、修业年限短、生源多集中于农村等问题，导致了师范专科的发展逐渐陷入困境。因此，探寻新的师资培养模式已经迫在眉睫。

（二）师范学院教师教育模式

新建师范院校是在原有师范专科等学校的基础上合并发展而来的，是为了提高我国师资培养的学历层次而进行的必要重组。2004 年，我国带"师"字的专科院校升格为学院的数量达到 40 多所③。1993 年，《教师法》明确规定取得初级中学教师资格，应当具备高等师范专科学校或者其他大学专科毕业及以上学历④。1999 年，《面向 21 世纪教育振兴行动计划》提出："2010 年前后，具备条件的地区力争使小学和初中专任教师的学历分别提升到专科和本科层次，经济发达地区高中专任教师和校长中获硕士学位者应达到一定比例。要加强和改革师范教育，提高新师资的培养质量。实力较强的高等学校要在新师资培养以及教师培训中做出贡献。"⑤

1999 年 3 月，教育部印发《关于师范院校布局结构调整的几点意见》，提出对我国师范教育进行结构层次调整："从城市向农村、从沿海向内地逐步推进，由三级师范（高师本科、高师专科、中等师范）向二级师范（高师本科、高师专科）过渡。到 2010 年左右，新补充的小学、初中

---

① 宋嗣廉，韩力学. 中国师范教育通览（上卷）［M］. 长春：东北师范大学出版社，1998：510.
② 金长泽. 面向农村、深化改革，培养合格初中教师［J］. 高等师范教育研究，1994（01）：3-11.
③ 靳希斌. 教师教育模式研究［M］. 北京：北京大学出版社，2009：42.
④ 宋嗣廉，韩力学. 中国师范教育通览（上卷）［M］. 长春：东北师范大学出版社，1998：618.
⑤ 何东昌. 中华人民共和国重要教育文献（1998～2002）［G］. 海口：海南出版社，2003：218.

教师分别基本达到专科和本科学历。"① 至此，三级师范教育模式开始改革。在教育发达地区，中等师范学校开始陆续合并或停办或改变或升级为师范专科学校，逐步实现二级师范教育制度。因此，对原有的师范专科教育进行更新和升级，是适应教师教育发展的必然表现。这一时期较有影响力的中学教师职前培养模式主要有"3＋1"模式和"2＋2"模式。

"3＋1"教师教育模式是由沈阳师范大学于1997年率先提出的。"3＋1"教师教育模式是指"前5个学期不分师范生和非师范生，前3年里在各自的专业学院学习学科知识课程，第5学期末根据志愿进行分流，有志于当教师的学生进入师范学院或师范部，学习相应的教育类课程，进行教育学科实习和教学实践"②。

"2＋2"教师教育模式是由四川师范大学首先提出的，主要是指在进入学校的前2年接受通识教育后再接受专业教育，在前2年的最后一学期给予学生自主选择专业和方向的机会，接下来的2年，根据学生的意愿和选择，进行不同专业方向的师范与非师范教育。

这两种模式有着共同的优点，即将学科教育与教育课程分段安排，通过这样的分段，便于学生夯实基础知识，拓宽理论视野，在2～3年后进行专业和方向、师范和非师范的选择，能够给予学生更大的空间。同时，这两种教育模式也存在着相同的弊端，即在这两种模式下，缺乏必要的教育教学技能的锻炼，容易忽视教师的职业道德和信仰的培养及树立，课程结构体系中存在着"教育学、心理学、学科教学老三门"等突出问题，这些问题制约着这两种教师教育模式发挥更大的作用。但这些模式的出现，是师范专科向师范学院过渡的一种探索、一种思考，虽然在实践过程中出现了一些问题，但是正是对这些模式的探索和问题的解决，促进了我国教师教育理念的进一步提升。

（三）高等师范学校教师教育模式

享有百年历史沉淀的高等师范学校教师教育模式，在教师教育模式变迁的历程中，始终保持着自身的特点和优势，因此，在高度竞争的体制下仍保持着勃勃的生机。随着改革开放的进一步扩大，社会发展对人才的需求愈加紧迫，高等师范学校模式逐渐发展成为中学教师职前培养的主导力量。

① 何东昌. 中华人民共和国重要教育文献（1998～2002）［G］. 海口：海南出版社，2003：241.
② 靳希斌. 教师教育模式研究［M］. 北京：北京大学出版社，2009：44-45.

1. 师范大学教师教育模式

1986 年,《关于基础教育师资和师范教育规划的意见》指出:"师范本科院校的任务是为基础教育培养具有大学本科毕业水平的合格教师。当前首先是为高级中学培养师资,学制一般为四年。同时也要办师范专科班,为初中培养师资,并通过函授、夜大等多种形式更多地负担起现有教师的培训和进修任务。"[1] 1999 年 6 月 13 日发布的《中共中央、国务院关于深化教育改革全面推进素质教育的决定》再次提出:"调整师范学校的层次和布局,鼓励综合性高等学校和非师范类高等学校参与培养、培训中小学教师的工作,探索在有条件的综合性高等学校中试办师范学院。"[2]《教育部 2003 年工作要点》第二十五条也提出:"加快建立开放灵活的教师教育体系,提高办学层次,推进师范院校改革,鼓励综合性大学开展教师教育。"[3] 因此,探索新的教师教育发展模式,充分发挥大学在教师培养方面的重要作用,已经成为教师教育发展的关键所在。

这一时期的教师教育模式中,具有较大影响的模式主要有"4+X"模式,包括"4+2"教师教育模式、"4+2+1"教师教育模式以及"3+3"教师教育模式等。

(1)"4+2"教师教育模式

由北京师范大学于 2001 年率先提出的"4+2"教师教育模式,是适应教师教育从封闭走向开放的时代感召而提出的,是应对教师专业化发展的重要策略,在发展初期曾缺乏一定的制度和理论支撑,但这种模式在东北师范大学、陕西师范大学等部属院校的共同努力下逐渐成熟。现在"4+2"教师教育模式毕业生已然成为中学教师领域的骨干力量。

所谓"4+2"教育模式,是指培养主体以非师范学院的本科生为主,本着学生自愿报名、院系择优筛选、学校批准的原则,从数学、物理、化学、生命科学中选拔一批品学兼优的学生进入到"4+2"模式培养。其培养目标是为基础教育培养具有扎实的专业功底、宽厚的理论基础、较强的教育教学实践与研究能力,熟悉掌握现代教育技术的高素质、研究型教师。其实施主要分为两个步骤:一是本科阶段在各有关院系进行专业课程的学习;二是研究生阶段后进入教育学院主修教育类课程。

① 何东昌. 中华人民共和国重要教育文献(1976~1990)[G]. 海口:海南出版社,1998:391.

② 何东昌. 中华人民共和国重要教育文献(1998~2002)[G]. 海口:海南出版社,2003:289.

③ 教育部. 教育部 2003 年工作要点 [EB/OL]. (2004-08-29)[2016-10-15] http://www. moe. gov. cn/jyb_xwfb/moe_164/201002/t20100220_1517. html.

（2）"3＋3"教师教育模式

"3＋3"教师教育模式是由上海师范大学提出的，为发达地区的教师教育模式改革提供了有益借鉴。"3＋3"教师教育模式主要是指接受培养的学生在本科学习期间，按照综合性大学的培养模式，接受为期 3 年的专业教育，之后从中择优进入教育学院进行为期 1 年的教育实践，这是一种融学历提高、专业发展、学科整合于一体的教师教育模式。其培养目标主要是培养教育理念先进、知识结构完善、教学技艺精良、具有一定教学研究能力的新一代教师。

（3）"4＋2＋1"教师教育模式

由华东师范大学提出的"4＋2＋1"教师教育模式，对于提高教师的学历层次和提升实践能力是卓有成效的探索。"4＋2＋1"教师教育模式，是指学生首先接受 4 年本科教育，再进行 1 年中学教育实践，再回到学校继续进行 2 年硕士培养。其培养目标主要体现在"兼顾教师教育的连续性和实践性要求，既实现了本科与研究生教育的贯通，也强化了教师教育的实践环节①。这就将教育理论与实践充分融合，为提高教师专业化于拓了一条新途径"；既保障了师资资源的稳固性，又提高了教师发展的专业化。可以看出，"4＋2＋1"教师教育模式的发展是充满活力的。这一模式在实施上主要采取四步：首先，通过面试，由用人学校和学生签订就业意向合同；其次，签约双方达成共识后，学生进入到学校进行工作，享受在职教师待遇；再次，工作满 1 年后，经学校考核合格后，再回到学校继续进行硕士学业的学习，并撰写毕业论文；最后，完成学业后回到签约学校继续工作。

（4）其他教师教育模式

这一时期还存在着其他教师教育模式。主要有北京大学的本科生入学不分师范类与非师范类，3 年后进行分流的模式。包括"3＋1＋3"教师教育模式，主要培养学科专业硕士；"3＋1＋2"模式，主要培养教育硕士；"3＋1"模式，主要培养专业类或师范类学士。华东师大对立志从教的学生实施"3（学科专业教育）＋1（教师专业教育）""4＋1（双学士）""4＋2（本科—教育硕士）"三种培养模式。南京师大实施"2（强化全面基础）＋2（提高专业水平）＋0.5＋0.5（两个半年穿插专业科研、教育培训和各类实践活动，提高综合素质）"的师范生培养模式。川师大实施"2（学习同一专业基础课）＋2（专业方向分流，提高师范综合素

---

① 靳希斌.教师教育模式研究［M］.北京：北京大学出版社，2009：59.

质）"模式。同时还包括"4＋0""4＋3"等教师职前培养模式。

通过对这一时期具有较大影响的教师教育模式的分析，我们不难发现，之所以这些模式引起了较多学者的关注，也有较多的大专院校采纳并实践这些模式，主要原因在于，这些模式对教师教育发展过程中的重要影响因素（如教育实践、教师理念）保持着高度的关注。这些模式的共同点是都关注如何处理好二者的关系，如何将师范性与学术性较好地、有意识地融合。而只有科学处理好二者关系的教师教育模式，才有可能成为一种较为科学的教师教育模式。

2. 大学、 政府和中学联合培养模式

随着提高教师专业化水平和增强教师教育实践性呼声的渐趋高涨，中学教师职前培养模式的综合化变革已然占据了教师教育研究的大幅版面。这一时期的教师教育模式，走出了师范大学的校门，将视线投到更广阔的中学学校当中。

（1）"U—G—S"与"G—U—S"两种模式的同元异构

2010 年，《国家中长期教育改革和发展规划纲要 （2010—2020 年） 》指出："创造有利条件，鼓励教师和校长在实践中大胆探索，创新教育思想、教育模式和教育方法。"[①] 2012 年，《国务院关于加强教师队伍建设的意见》提出："创新教师培养模式，建立高等学校与地方政府、中小学（幼儿园、职业学校）联合培养教师的新机制……鼓励综合性大学毕业生从事教师职业。"[②]

在部分省份和高校开展的教师教育模式创新实验中，由于政府、高校在不同联合体中的角色与职能不同，继而产生了以高校主导统筹的"U—G—S"和以省级政府主导统筹的"G—U—S"两种主体元素相同、具体结构不同的教师教育模式。"U—G—S"模式是以高校为主导，整体统筹驻地及邻近地方政府和中小学校，组成新型教师教育共同体，提升教师教育质量。[③] 该模式以东北师范大学主导的"教师教育东北创新实验区"为代表，本着"融合的教师教育"理念，以培养和造就优秀教师和未来教育

---

① 教育部. 国家中长期教育改革与发展规划纲要 （2010—2020 年） [EB/OL]. （2010-07-29）［2017-10-15］ http：//old. moe. gov. cn/publicfiles/business/htmlfiles/moe/info ＿ list/201407/xxgk ＿ 171904. html? authkey＝gwbux.

② 国务院. 国务院关于加强教师队伍建设的意见 [EB/OL]. （2012-09-07） ［2017-10-15］ http：//www. gov. cn/zwgk/2012-09/07/content ＿ 2218778. htm.

③ 李中国. 两种"三位一体"教师教育模式比较研究 [J]. 教育研究，2014，35 （08）：113-117.

家为最终培养目标。① "G—U—S" 模式是 "以省级政府（G）为主导，整体统筹，以高校（U）与市、县两级政府及其所属中小学校（S）联合为主线，分工合作、协同创新，共同完成教师教育任务"②。该模式以山东省政府主导的 "十二五" 教师教育综合工程为代表，用以确保选拔出适合教育工作的优秀人才，提高教师培养质量。

虽然在这两种模式中，政府、高校在结构设置中占有不同的地位，在制度属性和运行机制等方面存在着实质的不同，但是二者都是为培养 21 世纪的高素质卓越教师而进行的有益探索，其核心都是使高校、政府、中小学三方，遵循资源共享、责任共同、合作三赢的原则，并以全面提升师范生素质和能力为最终目标。"U—G—S" 和 "G—U—S" 两种模式的出现，是新的社会形势下教师教育模式进一步完善的标志，是探索具有中国特色的教育模式的重要成果。因此，如何更加科学合理地调配三者关系，已成为当今教师教育模式研究的重要议题。

（2）卓越教师培养计划

为推动教师教育综合改革，破解高校教师教育发展困境，全面提升教师培养质量，2014 年，教育部颁发《关于实施卓越教师培养计划的意见》。《意见》指出："针对中学教育改革发展对高素质教师的需求，重点探索本科和教育硕士研究生阶段整体设计、分段考核、连续培养的一体化模式，培养一批信念坚定、基础扎实、能力突出，能够适应和引领中学教育教学改革的卓越中学教师。"同时提出："建立高校与地方政府、中小学'三位一体'协同培养新机制。"③

卓越教师培养计划的出台，规定了卓越中学教师的标准，完善了职前教师培养的课程体系，增强了职前教师培养的实践性，将教师培养与中学紧密结合的行为纳入法律体系当中，这足以证明培养卓越教师已经成为我国教师教育进一步发展的必然途径。

通过对 "U—G—S" 与 "G—U—S" 两种模式和卓越教师计划的分析，我们可以看出，构建高校与地方政府、中小学 "三位一体" 协同培养新机制，已经成为当今中学教师职前教育培养的必然选择，而激活高校优

---

① 刘益春，李广，高夯."U—G—S" 教师教育模式实践探索：以 "教师教育创新东北实验区" 建设为例 [J]. 教育研究，2014，35（08）：107-112.

② 李中国. 两种 "三位一体" 教师教育模式比较研究 [J]. 教育研究，2014，35（08）：113-117.

③ 教育部. 教育部关于实施卓越教师培养计划的意见 [EB/OL].（2014-08-08）[2017-10-19] http：//old. moe. gov. cn/publicfiles/business/htmlfiles/moe/s7011/201408/174307. html.

势资源，依靠政府支撑，进入中小学校，这种模式将最终推动中学教师职前培养新格局的形成。

二、我国中学教师职前培养模式的发展趋势

在教师教育模式专业化发展的时代诉求下，我国中学教师职前培养的发展呈现极具特色的专业特征，同时也展现出与国际教师教育模式接轨的趋势。探析我国中学教师职前培养的发展趋势，描摹我国中学教师职前培养的蓝图，对教师教育理论的发展抑或是实践需要，都是极具意义的。

（一）紧贴基础教育实际，关注职前培养实践化

随着基础教育向素质教育领域的纵深发展，"以学生为本，面向全体学生"的教育理念的深入人心，必然要求教师教育能够培养出具有较高职业道德素质、宽厚专业基础、扎实教学技能的新型教师。为此，教师教育模式的改革，必须紧贴基础教育的实际，适应基础教育的发展，注重中学教师职前培养的实践性、实效性。高校、政府应创造条件，满足师范生实习、实践需求，将师范生的职前培养与中小学校紧密结合。东北师范大学与辽宁省教育厅、黑龙江省教育厅联合共建的"教师教育创新东北实验区"，便是在这一理念指导下卓有成效的探索。以共建实验区、协同构建实践课程、联合开展在职教师培训、合作推进教育课题研究、共享优质教师教育资源为运行步骤，既打破了师范大学与中小学校之间优质教师教育资源共享的壁垒，同时实现了师范大学与中小学校信息资源共享、为师范生提供教学实践基地、提高在职教师的职后培养水平的"三效合一"的重大优势整合。

只有紧贴基础教育实际，才能最终服务于基础教育。但我们也必须清楚地认识到，坚持实践性并不是要放弃理论指导，只有理论取向与实践取向相结合，才能保证职前教师培养模式的科学性与有效性。

（二）丰富职前培养内容，实现职前教师培养专业化

教师教育的专业化，是指非专业教师经过有组织的、专门的连续培养和训练，成为专业教师的过程。实现教师教育的专业化，目的就在于改善和提高教师专业化水平，推动教师向具有较高教育素质的方向发展，向"具有较高深和独特的专门知识和技术"、外行人无法替代的专业化境界靠拢。只有通过专业的教师教育训练和培养，教师作为专业化的职业地位才能够进一步得到认可和肯定。

加大对教师职前培养专业化的关注，更是加大对教师专业化源头的把握。我国目前的职前教育给予了大部分师范生以整个职业生涯所可能需要的知识和技能，而教育实习却是其入职前唯一可以进行运用知识和技能的机会。多数实习中师范生通过对中学有经验教师的模仿，简单地掌握了一些教学的技能和技巧，解决了一些学生发展中发生的问题，但仅是这些还不能成为一名专业的教师，并且在对指导教师的模仿过程中也缺乏对这些所谓"师傅"专业化程度的考核，传统的"帮教式"实习无法全面提高新入职教师的专业化水平。

与此同时，新入职的教师往往会面对来自多方面的压力，遇到多种多样的问题，例如课堂教学问题、课堂管理问题、与同事相处的问题、与学校领导相处的问题、与学生家长相处的问题、融入学校文化的问题，以及如何使学校提供适宜支持与帮助的问题等。面对多重问题，很多新入职教师不能完全胜任，从而影响了新教师自身的成熟与发展。因此，丰富职前培养的内容，不仅要加强对师范生基础知识、基本技能的培养和训练，更要注重理论与实践相结合，既要继承"师傅带徒弟"式的指导帮教相结合的实习模式的优点，更要探索新的更加专业化的培养模式，提供更多职前培养的内容，拓宽职前培养的视野，以帮助新教师更好地缓解压力、解决问题、统筹管理，最终实现自身职业的成熟与发展。

（三）立足中学教师职前课程内容，构建多元职前培养课程体系

教育部副部长袁贵仁指出："教师教育改革要以引进先进的教育理念为指引，改革传统的教育学、心理学和教学法等教师教育课程结构和内容。加强教育实践环节。加强教师教育资源建设，实现课程结构多元化。"[①] 2011 年，《教师教育课程标准》颁行，对中学职前教师教育课程目标与课程设置进行了详细的规定。课程目标共分为教育信念与责任、教育知识与能力、教育实践与体验三个大方面和九个小方面；课程设置则分为儿童发展与学习、中学教育基础、中学学科教育与活动指导、心理健康与道德教育、职业道德与专业发展、教育实践六部分[②]。

职前教师教育课程要满足教师专业化发展的多样需求，就必须建构更

---

① 袁贵仁. 全面落实以人为本的科学发展观努力建设高素质的教师队伍：袁贵仁在 2005 年度教师教育工作会议上的讲话 [EB/OL]. （2012-08-06）[2017-10-19] http：//www. moe. gov. cn/jyb＿xwfb/moe＿176/201410/t20141021＿177080. Html.

② 教师教育课程标准（试行）[EB/OL]. （2011-10-08）[2017-10-19] http：//www. moe. gov. cn/scrsite/a10/s6991/201110/t20111008－145604. html.

加多元化的职前培养课程体系，深化和发展职前教师教育的课程目标，引导教师加深对教师专业化的理解，提升自身经验，进而推动教师专业化发展。立足中学教师职前课程体系建设，构建多元的教师职前课程体系，就必须增强对中学职前教师教育课程的针对性和实效性的探索，构建反映中学教育研究领域的新进展、联系教育实际的课程内容，同时还要及时发现课程体系中存在的问题，总结经验，不断完善课程体系。

（四）践行终身教育理念，推动职前职后培训一体化

"职前职后一体化"是教师教育改革的重要产物，也称作"教师教育一体化"，即"要处理好阶段性与连续性的关系，既要根据教师专业发展的规律，规划教师不同发展阶段的教育目标，实施有针对性的教育培训，又要注重各阶段之间的衔接过渡，实施支持性的教育培训，使之成为虽相对独立却又连续统一的教育过程"①。2010年，《国家中长期教育改革和发展规划纲要（2010—2020年）》提出："构建体系完备的终身教育。学历教育和非学历教育协调发展，职业教育和普通教育相互沟通，职前教育和职后教育有效衔接。"② 因此，构建职前职后培养的一体化，使其成为统一整体，已经成为当前教师教育培养的主要方向。

由于职前职后培养体系的分离，造成了教学内容与实践相脱节、课程内容低水平重复，新入职教师难以适应工作环境，难以迅速进入角色等问题的出现，使得教育资源的重复浪费以及教师专业化水平不高的现象屡见不鲜。要想解决这些问题，我们必须秉持终身教育理念，推进教师职前职后培训一体化进程，积极推动各相关部门之间整合资源、优化配置、完善体系，保障一体化各阶段相互贯通又各有分工。

总之，通过对改革开放以来我国中学教师职前培养模式的梳理和对未来发展方向的展望，可以看出，我国的中学教师职前培养模式正在努力变革，以期适应中国教育改革的大潮，为我国基础教育师资培养做出更大的贡献。

[原文刊载于《四川师范大学学报（社会科学版）》2017年第3期（曲铁华 霍东娇）]

---

① 肖瑶，陈时见. 教师教育一体化的内涵与实现路径 [J]. 教育研究，2013，34（08）：149-152.
② 国家中长期教育改革和发展规划纲要（2010—2020年）[EB/OL].（2010-07-29）[2017-1019] http：//www. moe. edu. cn/scrsite/A01/s7048/201007/t20100729 _ 171904. html.

改革开放 40 年特殊教育师资队伍建设的
回顾与反思

百年大计，教育为本。教育大计，教师为本。特殊教育作为我国当前教育体系中的"短板"，越来越发挥着对国家整体教育水平的影响作用。"真正实现教育公平和教育服务均等化，必须将特殊教育作为优先保障领域加快发展。"① 特殊教育师资队伍建设作为发展特殊教育事业的关键，自改革开放以来经历了 40 年的发展，并取得了重大的成就，但在其建设的过程中也存在着一定的问题，急需寻求破解路径。

一、改革开放 40 年特殊教育师资队伍建设的历程回顾

（一）恢复与初步发展阶段（1978—1994 年）

十一届三中全会以来，随着各领域的拨乱反正，我国的教育事业迎来了复苏的春风。特殊教育事业经过调整恢复，重新起步，缓慢向前发展。1980 年 8 月，教育部下发《关于办好中等师范教育的意见》，指出："目前，盲、聋哑教育师资十分缺乏。各省、市、自治区应根据本地盲、聋哑教育事业发展的需要，选择有条件的中等学校或盲、聋哑学校，设置盲、聋哑师资班。课程设置与普通师范学校大体相同，增设盲、聋哑教育业务课。师资和教材，暂由各地的盲、聋哑学校自行解决。有条件的盲、聋哑学校，还应承担在职教师业务培训的任务。教育部拟委托有条件的地区举办一所特殊教育师范学校，为全国各地培养特殊教育师资。"② 这是十一届三中全会以来第一次在国家政策文件中提及有关特殊教育师资培养的问题。1982 年，我国出台第四部宪法，其中明确指出"国家和社会帮助安排盲、聋、哑和其他有残疾的公民的劳动、生活和教育"③。

---

① 郭春宁. 特殊教育应是国家基本公共教育服务优先保障的领域 [J]. 中国特殊教育，2011（05）：18-23.

② 苏林，张贵新. 中国师范教育十五年 [M]. 长春：东北师范大学出版社，1996：84.

③ 中华人民共和国宪法（1982）[EB/OL].（2000-12-06）[2017-07-23] http：//www. npc. gov. cn/wxzl/wxzl/2000-12/06/content_4421. htm.

1989 年 5 月 4 日，经国务院同意并转发各地研究执行的《关于发展特殊教育的若干意见》提出要"加强师资队伍建设"，各地"根据本地特教事业发展的需要和实际情况，本着师资先行的原则，在五年内，积极创造条件筹办特教师资培训机构"。[①] 1990 年 12 月 28 日全国人大通过关于1991 年 5 月 15 日起施行的《中华人民共和国残疾人保障法》第三章第二十五条规定："国家有计划地举办各级各类特殊教育师范院校、专业，在普通师范院校附设特殊教育班（部），培养、培训特殊教育师资。"[②] 在这些法律、政策的推动下，我国特殊教育事业尤其是师资队伍建设，开始恢复并获得一定的发展。（详见表 1）

表 1 改革开放 40 年特殊教育学校数、在校学生数、教职工数等基本情况表（1978—1994 年）

年份	学校数（所）	在校学生数（万人）	教职工数（万人）		生师比
			计	其中：专任教师	
1978	292	3.09	0.69	0.42	7.36：1
1979	289	3.23	0.74	0.46	7.02：1
1980	292	3.31	0.80	0.48	6.90：1
1981	302	3.35	0.86	0.51	6.57：1
1982	—				
1983	—				
1984	—				
1985	375	4.2	1.15	0.73	5.75：1
1986	423	4.7	1.3	0.8	5.88：1
1987	504	5.29	1.45	0.95	5.57：1
1988	577	6.31	1.77	1.19	5.30：1

---

① 朴永馨，等. 特殊教育辞典（第 3 版）[Z]. 北京：华夏出版社，2014：101.

② 中华人民共和国残疾人保障法 [EB/OL].（2005-08-04）[2017-07-23] http://www.gov.cn/banshi/2005-08-04content _ 20235 _ 2. htm.

续 表

年份	学校数（所）	在校学生数（万人）	教职工数（万人）		生师比
			计	其中：专任教师	
1989	662	6.40	1.79	1.22	5.25：1
1990	746	7.20	2.03	1.38	5.22：1
1991	886	8.50	2.33	1.60	5.31：1
1992	1027	12.95	2.70	1.85	7.0：1
1993	1123	16.86	2.96	2.04	8.26：1
1994	1241	21.14	3.32	2.27	9.31：1

数据来源于《中国教育统计年鉴》与《中国教育年鉴》，生师比为粗略计算。

注：①1978—1981 年特殊教育学校数指的是盲聋哑学校。

②《中国教育统计年鉴》中的各级各类学校教职工以及专任教师的相关统计针对的是特殊教育学校的教师，不包括随班就读的教师。（以下表格同）

由表 1 可以看出，从 1978 年到 1994 年，我国特殊教育学校数从 292 所增加到 1241 所，增加了约 3.25 倍；在校学生数从 3.09 万人增加到 21.14 万人，增加了约 5.84 倍；专任教师数从 0.42 万人增加到 2.27 万人，增加了约 4.40 倍。可以明显看出，这一阶段的特殊教育专任教师数量严重缺乏，且专任教师数量的增长趋势，也缓于在校学生数的增长趋势，特殊教育专任教师呈现明显的供不应求状态。这种供不应求的状态，是由当时的历史条件和客观事实决定的。在当时普通教育还没能得到完全保障和发展的历史境遇下，特殊教育的发展更是不足为道，特殊教育师资队伍建设也就难以引起政府机构和教育部门的重视。

（二）持续发展阶段（1995—2010 年）

1994 年 8 月 23 日，以国务院令 161 号形式发布的《残疾人教育条例》，专门列出"教师"一章（第六章），共计 8 条，对特殊教育教师的职业标准、教师编制、师资培养及课程设置等方面做出了规定。例如，第三十七条规定，"国家实行残疾人教育教师资格证书制度，具体办法由国务院教育行政部门会同国务院其他有关行政部门制定"[①]。这是新中国第一部

---

① 国务院法制办公室. 中华人民共和国教育法典 [Z]. 北京：中国法制出版社，2016：326.

有关残疾人教育的专项行政法规，可以说是我国特殊教育师资队伍建设过程中具有里程碑意义的一步，加速推动了我国特殊教育事业的发展。

2008年3月28日，中共中央、国务院发布了《关于促进残疾人事业发展的意见》，在第十条"发展残疾人教育"中明确指出："鼓励从事特殊教育，加强师资队伍建设，提高特殊教育质量……支持师范院校培养特殊教育师资。实施中西部地区特殊教育学校建设工程，落实特殊教育学校教师特殊岗位津贴政策。"① 2009年5月7日，教育部等八大部门发布了《关于进一步加快特殊教育事业发展的意见》，其中第四条指出要"加强特殊教育师资队伍建设，提高教师专业化水平"。具体要求是："加强特殊教育教师培养培训工作"；"配齐配足教师，确保特殊教育学校正常教学和管理工作"；"要切实采取措施落实特殊教育教师待遇"。② 在这些政策的指引下，这一阶段的特殊教育师资队伍建设较前一时期又有了一定的发展。（详见表2）

表2 改革开放40年特殊教育学校数、在校学生数、
教职工数等基本情况表（1995—2010年）

年份	学校数（所）	在校学生数（万人）	教职工数（万人）		生师比
			计	其中：专任教师	
1995	1379	29.56	3.68	2.52	11.73：1
1996	1428	32.11	3.97	2.70	11.89：1
1997	1440	34.06	4.33	2.85	11.95：1
1998	1535	35.84	4.16	2.99	11.99：1
1999	1520	37.16	4.51	3.14	11.83：1
2000	1539	36.76	4.37	3.20	11.80：1
2001	1531	38.64	3.89	2.85	13.56：1

---

① 中共中央、国务院关于促进残疾人事业发展的意见 [EB/OL]. （2008-03-28）[2017-07-29] http：//www. gov. cn/jrzg/2008-04/23/content_9524R3_htm.

② 国务院办公厅转发教育部等部门关于进一步加快特殊教育事业发展意见的通知 [EB/OL]. （2009-05-07）[2017-07-29] http：//www. moe. gov. cn/jyb_xxgk/moe_1777/moe1778/201410/t20141021_180368. html1.

续　表

年份	学校数（所）	在校学生数（万人）	教职工数（万人）		生师比
			计	其中：专任教师	
2002	1540	37.45	4.04	2.98	12.57∶1
2003	1551	36.47	4.09	3.03	12.04∶1
2004	1560	37.18	4.14	3.11	11.95∶1
2005	1593	36.44	4.23	3.19	11.42∶1
2006	1605	36.29	4.36	3.34	10.87∶1
2007	1618	41.93	4.49	3.50	11.98∶1
2008	1640	41.74	4.60	3.63	11.50∶1
2009	1672	42.81	4.75	3.79	11.30∶1
2010	1706	42.56	4.92	3.97	10.72∶1

数据来源于《中国教育统计年鉴》与《中国教育年鉴》，生师比为粗略计算。

由表 2 可以看出，从 1995 年到 2010 年，我国特殊教育学校数从 1379 所增加到 1706 所，在校学生数从 29.56 万人增加到 42.56 万人，专任教师数从 2.52 万人增加到 3.97 万人。在这一阶段中，我国特殊教育专任教师数量较上一阶段明显增加，但增速较缓，而且生师比相对较高，始终保持在 10∶1 以上。究其原因，最主要的还是这一时期处于我国教育深化改革时期，着重解决的是普通教育领域的矛盾，全国教育发展战略的中心并不在特殊教育上，特殊教育师资队伍建设仍然缺乏全面而又细致的规划和指导。

（三）快速发展阶段（2011—2017 年）

2010 年 7 月 29 日，《国家中长期教育改革和发展规划纲要（2010—2020 年）》（以下简称《纲要》）颁布。《纲要》在第十章"特殊教育"中明确指出："加强特殊教育师资队伍建设，采取措施落实特殊教育教师待遇。在优秀教师表彰中提高特殊教育教师比例。"[1]《纲要》是我国特殊教育改革发展史上一个重要的里程碑，它首次将特殊教育单独列为国家整

---

① 国家中长期教育改革和发展规划纲要（2010—2020 年）[EB/OL].（2010-07-29）[2017-08-05] http://www.gov.cn/jrzg/2010-07/29/content_1667143.htm.

体教育规划中的一章。它的颁布与实施，开启了我国特殊教育事业发展的新篇章，推动了我国特殊教育师资队伍建设走向新阶段。

2012年9月20日，教育部等五大部门联合下发了《关于加强特殊教育教师队伍建设的意见》。在坚持"特教特办"的原则上，提出以下六点意见："一、统筹规划特殊教育教师队伍建设。二、加大特殊教育教师培养力度。三、开展特殊教育教师全员培训。四、健全特殊教育教师管理制度。五、落实特殊教育教师待遇。六、营造关心和支持特殊教育教师队伍建设的浓厚氛围。"①《关于加强特殊教育教师队伍建设的意见》是新中国成立以来第一个专门阐述特殊教育教师队伍建设的文件，对我国特殊教育师资队伍建设具有重大指导意义。

2014年1月8日和2017年7月17日，教育部等七大部门相继发布了《特殊教育提升计划（2014—2016年）》和《第二期特殊教育提升计划（2017—2020年）》，分别提出"加强特殊教育教师队伍建设"②和"加强专业化特殊教育教师队伍建设"③的主要措施，并在特殊教育学校教职工编制标准、教师专业水平、教师薪酬待遇、师资培养培训以及教师职称评定等方面做了较为细致的规定和要求。

2015年8月21日，教育部发布《特殊教育教师专业标准（试行）》，提出了特殊教育教师要具备"师德为先""学生为本""能力为重""终身学习"的理念，并且从"专业理念与师德"（包括"职业理解与认识"、"对学生的态度与行为"、"教育教学的态度与行为"以及"个人修养与行为"四个领域）、"专业知识"（包括"学生发展知识"、"学科知识"、"教育教学知识"以及"通识性知识"四个领域）与"专业能力"（包括"环境创设与利用"、"教育教学设计"、"组织与实施"、"激励与评价"、"沟通与合作"以及"反思与发展"六个领域）三个维度提出了68条基本要求④。

---

① 教育部，中央编办，国家发展改革委，财政部，人力资源和社会保障部. 关于加强特殊教育教师队伍建设的意见［EB/OL］.（2012-11-08）［2017-08-05］http：//www. moe. gov. cn/scrsite/A10/s3735/201211/t20121108-145542. html.

② 国务院办公厅关于转发教育部等部门特殊教育提升计划（2014—2016年）的通知［EB/OL］.（2014-01-08）［2017-08-12］http：//www. gov. cn/zwgk/2014-01/20/content _ 2570527. htm.

③ 七部门关于印发《第二期特殊教育提升计划（2017—2020年）》的通知［EB/OL］.（2017-07-28）［2017-08-13］http：//www. gov. cn/xinwen/2017-07/28/content-5214021. htm.

④ 教育部关于印发《特殊教育教师专业标准（试行）》的通知［EB/OL］.（2015-08-21）［2017-08-17］http：//www. gov. cn/scrsite/A10/s6991/201509/t20150901 _ 204894. html.

《残疾人教育条例》在 2017 年 1 月 11 日国务院第 161 次常务会议上修订通过，并于 2017 年 5 月 1 日起施行。修订后的《残疾人教育条例》进一步对特殊教育教师的符合条件做了规定："（一）依照《中华人民共和国教师法》的规定取得教师资格；（二）特殊教育专业毕业或者经省、自治区、直辖市人民政府教育行政部门组织的特殊教育专业培训并考核合格。从事听力残疾人教育的特殊教育教师应当达到国家规定的手语等级标准，从事视力残疾人教育的特殊教育教师应当达到国家规定的盲文等级标准。"① 在此背景下，我国的特殊教育师资队伍建设迎来了新的发展时期。（详见表 3）

表 3　改革开放 40 年特殊教育学校数、在校学生数、教职工数等基本情况表（2011—2017 年）

年份	学校数（所）	在校学生数（万人）	教职工数（万人）		生师比
			计	其中：专任教师	
2011	1767	39.87	5.12	4.13	9.65∶1
2012	1853	37.88	5.36	4.37	8.67∶1
2013	1933	36.81	5.51	4.57	8.05∶1
2014	2000	39.49	5.74	4.81	8.21∶1
2015	2053	44.22	5.95	5.03	8.79∶1
2016	2080	49.17	—	5.32	9.24∶1
2017	—	—	—	—	—

数据来源于《中国教育统计年鉴》与《中国教育年鉴》，生师比为粗略计算。

由表 3 可以看出，从 2011 年到 2016 年，我国特殊教育学校数从 1767 所增加到 2080 所，在校学生数从 39.87 万人增加到 49.17 万人，专任教师数从 4.13 万人增加到 5.32 万人。这一阶段我国特殊教育学校数、在校学生数与专任教师数总体呈上升趋势，但增势相对缓和，生师比也下降到

---

① 残疾人教育条例［EB/OL］.（2015-08-21）［2017-08-20］http：//www. gov. cn/fuwu/cjr/2017-02/23/content_5219323. htm.

10：1之下。这与这一时期国家的重视是紧密相连的。这一时期，国家在特殊教育领域颁布的政策数量之多、速度之快，极大地推动了特殊教育事业的发展，推进了特殊教育师资队伍的建设。但特殊教育专任教师数量总体上仍处于不足状态，结构性矛盾仍然比较突出。

综上所述，改革开放40年来，我国特殊教育事业不断发展，特殊教育学校数、在校学生数、教职工数、专任教师数总体都呈上升趋势，师资需求量愈发旺盛，说明发展特殊教育事业的紧迫性。同时，数据也显露出特殊教育专任教师数过少、生师比较大等弊端。由此，更加凸显出加强特殊教育师资队伍建设的必要性。

二、改革开放40年特殊教育师资队伍建设取得的主要成就

（一）特殊教育师资数量和质量显著提高

改革开放40年来，在党的领导下，我国的特殊教育事业取得了令人瞩目的成绩。在数量上，截至2016年，我国特殊教育学校数增至2080所，专任教师数增至5.32万人，比1978年分别增加了1788所和4.9万人，分别增长了约6.12倍和11.67倍。在特殊教育师资队伍质量的衡量上，特殊教育教师的学历水平可作为其基本指标。随着特殊教育师资队伍建设步伐的逐步加快，当前我国特殊教育师资队伍学历构成已基本实现由专科学历为主向本科学历为主的转变，且本科及其以上的学历也呈现越来越高的趋势。以"十二五"为例，在"十二五"期间，我国特殊教育师资队伍中，持有本科及其以上学历的人数越来越多，持有专科及其以下学历的人数越来越少，且持有本科及其以上学历的人数逐渐占据半数以上，日益成为特殊教育师资队伍的主要组成部分。①

（二）特殊教育教学质量持续提升

教育教学质量的提升离不开教师，师资力量是教育教学质量的基础保障。特殊教育教学质量的持续提升正是建立在我国特殊教育师资队伍不断建设的基础之上的。改革开放40年来，我国特殊教育教学改革不断深化，

---

① 王振洲."十二五"期间我国特殊教育发展的成就、问题与对策［J］.现代特殊教育，2017（06）：17-23＋37.

越发注重内涵式发展。

首先，根据残疾学生的身心特点和教育规律，重新建构起适合残疾学生的课程体系，制定并颁布了《盲、聋、培智三类特殊教育学校义务教育课程设置实验方案》。2011 年，我国基础教育课程教材专家工作委员会特殊教育委员会成立，委员会汇聚一大批国内教育学、心理学、康复学等领域的专家，统筹协调、指导特殊教育课程标准编写小组，完善盲、聋和培智三类特殊教育学校课程标准，基本完成课程标准审定工作。

其次，在特殊教育师资队伍建设规划、培养培训、师资管理等方面做出统一部署和明确规定。2010 年起，教育部将特殊教育教师全面纳入"国培计划"统筹实施，其中 1000 名特教骨干教师纳入示范性培训项目，5000 名特教教师纳入中西部培训项目。同年起，教育部与中国残疾人联合会合作，共同委托北京师范大学、华东师范大学举办了多期特殊教育骨干教师、教研员与校长的培训班。2014 年，教育部启动"卓越特殊教育教师培养改革项目"，确定了华东师范大学、重庆师范大学、郑州师范学院、泉州师范学院、南京特殊教育师范学院等 5 所高校为实验学校。范围不断扩大、力度不断加强的特殊教育教学改革，推动了特殊教育教学质量的持续提升，为残疾学生全面发展和融入社会奠定了良好基础。

（三）教育公平得到有效落实

特殊教育是国家教育体系中的重要组成部分，是我国当前教育事业中的短板，亦是未来我国教育改革与发展的重要领域。2014 年，教育部等七大部门发布的《特殊教育提升计划（2014—2016 年）》明确指出："发展特殊教育是推进教育公平、实现教育现代化的重要内容，是坚持以人为本理念、弘扬人道主义精神的重要举措，是保障和改善民生、构建社会主义和谐社会的重要任务。"[1] 特殊教育事关残疾人的基本人权和受教育权，是彰显教育公平的重要内容。

特殊教育师资队伍建设 40 年来，培养出了一批又一批数量、质量都在不断提高的特殊教育教师，他们对推动特殊教育教学质量的提升、残疾人受教育水平的提高做出了重大的贡献。特殊教育教学质量的提升、残疾

---

[1]　国务院办公厅关于转发教育部等部门特殊教育提升计划（2014—2016 年）的通知［EB/OL］.（2014-01-08）　［2017-08-25］http：//www. gov. Cn/zwgk/2014-01/20/content ＿ 2570527. htm.

人受教育水平的提高都切合了残疾人的实际利益，保障了他们的基本人权和受教育权，使他们尽可能地得到充分的发展，进而促使了教育公平得到有效落实，推动了我国的教育公平事业又向前迈进一步。

三、改革开放 40 年特殊教育师资队伍建设存在的主要问题

（一）特殊教育教师专业化不足

改革开放以来，特殊教育事业取得了长足的发展。然而，在特殊教育事业的发展历程中，特殊教育师资数量不仅出现了明显的紧缺，而且愈发不能满足特殊教育事业旺盛的发展需求。从上述表格中可以发现，我国特殊教育在校学生数已增至四五十万左右，而特殊教育专任教师数却只有五万左右，约 10∶1 的生师比高于世界主要发达国家水平。这已然成为限制我国特殊教育事业发展的一个重要因素。没有充足的师资，不仅不能保证学生的正常需要，还会给现有的师资增添繁重的压力。

有学者通过自编问卷，对来自我国东部、中部、西部地区的 3215 名特殊教育学校教师展开调查。调查发现，我国特殊教育学校教师中，初始学历以中专中师为主，占有效样本的 42.3%，其次分别为本科学历（27.6%）、大专学历（26.0%）、高中及其以下学历（3%）、硕士及其以上学历（1.1%）。目前学历以本科为主，占有效样本的 58.4%，其次分别为大专学历（28.7%）、中专中师学历（6.4%）、硕士及其以上学历（5.0%）、高中及其以下学历（1.5%）[1]。还有学者基于 2001—2010 年《中国教育统计年鉴》相关数据分析指出，2001 年特殊教育学校专科以上学历的教师大约为 51%，其中本科学历为 7.83%；2010 年特殊教育学校本科以上学历的教师大约为 46%[2]。

由此可见，我国特殊教育师资队伍学历总体不高，本科及其以上学历人数比重优势并不明显。而且，这其中还有一部分教师并不是通过特殊教育专业培养出来的，而是通过学习普通教育专业，之后再接受一些关于特殊教育教师的培训培养出来的，这往往使得特殊教育教师的专业知识结构不健全。特殊教育教师学历不高，专业知识结构不健全，极大地限制了特

---

① 王雁，肖非，等. 中国特殊教育学校教师队伍现状报告 [J]. 现代特殊教育，2011（10）：4-9.

② 赵小红. 中国特殊教育学校教师队伍状况及地区比较：基于 2001—2010 年《中国教育统计年鉴》相关数据 [J]. 中国特殊教育，2012（08）：49-59.

殊教育教师的专业化发展，从而构成了特殊教育师资队伍建设的一大弊病。

残疾学生的特殊性在很大程度上决定了特殊教育教师的工作不同于一般教师的工作，特殊教育教师往往比一般教师具有更高、更复杂的要求，不仅体现在专业性上，还体现在师德建设方面。特殊教育的对象往往都是弱势群体，除了物质投入以外，还要对他们投入更多的爱和耐心。特殊教育教师师德问题具有更深刻的现实意义，紧密关乎特殊教育的质量，关乎社会公平和民生发展。然而，对于师德建设问题，我们现在所关注的焦点主要集中在普通教育教师上，特殊教育教师的师德建设还没有引起足够的重视。

（二）缺乏专门的特殊教育法律保障

改革开放以来，我国特殊教育法制建设取得了较大的进步。《中华人民共和国残疾人保障法》《残疾人教育条例》《关于进一步加快特殊教育事业发展的意见》《特殊教育提升计划（2014—2016 年）》《第二期特殊教育提升计划（2017—2020 年）》《残疾人教育条例（修订版）》等一系列政策的颁布，推动了我国特殊教育事业的发展，也促进了特殊教育师资队伍建设。然而，我国至今仍未颁布专门的《特殊教育法》，这就成了很多特殊教育问题的产生原因在法律层面上的嚆矢。"主要是由于处于核心地位的《特殊教育法》的缺失，导致与普通教育立法相对应或并列的特殊教育立法缺乏平等的法律地位和应有的效力层次，使其他相关特殊教育立法处于群龙无首的状态"[①]。因此，加快制定并颁布一部与其他普通教育立法相对应或并列的《特殊教育法》，依法进行特殊教育师资队伍建设工作，显得尤为必要。

（三）特殊教育教师职业认同感不高

由于教育对象、教学方式、教学环境等具有特殊性，致使特殊教育教师不得不面对不同于普通教育教师所面对的复杂情况，承担着不同于普通教育教师所承担的职业压力。受这些因素的影响，很多特殊教育专业学生

---

① 陈久奎，阮李全.特殊教育立法问题研究：人文关怀的视角［J］.中国特殊教育，2006（06）：47-52.

或教育类专业学生都不愿从事特殊教育工作，一些正在从事特殊教育工作的教师的工作积极性往往也很弱。

也就是说，特殊教育教师职业认同感不高，由此而产生的职业成就感及幸福感也相对较低。这得到了一些学者实证研究的支持。有学者通过自编的特殊教育教师职业压力、应对方式测查问卷和 Maslach 编制的教师职业倦怠问卷，对 284 名特殊教育教师进行了调查。调查结果表明，特殊教育教师的职业倦怠较为严重，其中低成就感和情绪衰竭的表现最为明显[①]。还有学者以江苏省 13 所特殊教育学校和机构的 315 名教师为研究对象，通过自编的"教师职业认同调查问卷"展开调查，在特殊教育学校教师职业认同感不高的现实诉求下，探究影响特殊教育教师职业认同感的因素，得出性别、教龄、特殊教育学校类型等因素对特殊教育教师职业认同感产生明显影响等结论[②]。教师职业认同感是教师从事教书育人这个行业所必备的基本条件，没有这个基础性条件，特殊教育教师就无法产生对从事特殊教育事业的情感共鸣和行动驱动力，更不用谈如何做好特殊教育工作了。

（四）特殊教育师资培养培训体系不健全

党的十一届三中全会后，我国从中央到地方采用了多种方式来培养、培训特殊教育师资，主要有举办短训班、特师班、建立特殊教育师范学校及特殊教育专业等。比如黑龙江省就于 1981 年率先在肇东师范学校创立四年制特师班。20 世纪 80 年代后期至 90 年代初期，国家分别于 1986 年在北京师范大学、1988 年在华东师范大学、1990 年在华中师范大学、1993 年在西南师范大学、陕西师范大学、重庆师范学院等院校建立了特殊教育学专业。最终在 1997 年，华东师范大学成立了学前教育与特殊教育学院，建立了特殊教育学博士学位点。"至此，中国的特殊教育就形成了中师、大专、专升本、学士、硕士、博士等多层次的特殊教育教师培养与培训体系"[③]。

然而，这仅仅是建构起特殊教育教师的职前培养体系，而特殊教育教

① 王泠凤. 特殊教育教师的职业压力、应对方式及职业倦怠 [J]. 中国特殊教育，2010（01）：55-59.

② 王姣艳，王雁. 特殊教育教师的职业认同调查研究 [J]. 教育学报，2012，8（01）：90-96.

③ 方俊明. 特殊教育学 [M]. 北京：人民教育出版社，2005：451-452.

师入职教育和职后培训体系却相对薄弱许多。虽然教育部门会通过培训班等形式对特殊教育教师进行培训，但由于缺乏稳定的专业标准，通常使得这些培训在目标要求、课程设置、培训方法及时间、培训考核与评价等方面较为随意，没有形成一定的规范，且容易受到财力、人力等多方面因素的干扰。

另外，特殊教育师资职前培养与职后培训也存在着一定程度上的矛盾。目前我国教师"职前培养与职后培训分别由师范大学和教育学院实施，彼此前后脱节、体制机构分离、课程体系各自为政，造成教师培养和培训缺乏过渡性与连续性，并且由于后者的专业水平与教育水平远远落后于前者，致使职前教育与职后教育低水平重复问题较为突出"①，且职前培养往往带有一次性、终结性色彩。因此，特殊教育教师的入职教育和职后培训，便成为特殊教育师资培养培训体系中的症结所在。

四、破解特殊教育师资队伍建设存在问题的路径

（一）提升特殊教育教师专业化水平，建设专业化的特殊教育师资队伍

教育质量受多方面因素的影响，教师专业化水平是其中一大重要因素。"教师职业是一种专门的职业，特殊教育是一种专业化要求更高的专门职业"②。因此，要提升特殊教育教师专业化水平，建设专业化的特殊教育师资队伍是发展特殊教育事业的关键。目前，我国特殊教育事业已经迈入一个新的发展时期。习近平主席在十九大报告中明确指出要"办好特殊教育"③。办好特殊教育，首先必须有一支数量充足而又稳定的师资队伍。为此，我们应该扩充特殊教育师资，以满足特殊教育事业的发展需求。国家和政府应通过宏观调控，出台相关政策和计划，鼓励和支持一批师范高校、综合高校等学校开办特殊教育专业，并可借鉴免费师范生政策，研究制定相关优惠政策，以此来号召学生报考特殊教育专业，从根源上扩增特殊教育教师数量。

---

① 曲铁华，冯茁. 专业化：教师教育的理念与策略 [J]. 教师教育研究，2005（01）：10-15.
② 丁勇. 专业化视野下的特殊教师教育：关于特殊教师教育培养目标和培养模式的研究 [J]. 中国特殊教育，2006（10）：69-73.
③ 习近平在中国共产党第十九次全国代表大会上的报告 [EB/OL]. （2017-10-28）[2017-08-29] http：//cpc. people. com. cn/n1/2017/1028/c64094-29613660-10. html.

  提高特殊教育教师的专业能力，当务之急要提高特殊教育教师的学历。我国目前虽已基本实现特殊教育教师学历由以专科为主到以本科为主的转变，但本科及其以上学历的教师数量优势并不明显。所以，要进一步加大对本科及其以上学历的特殊教育教师的培养力度，不断扩充本科及其以上学历的特殊教育教师数量。其次，课程是教师从以学习者为主要身份转向以实践者为主要身份的中间环节，教师所接受的课程培养很大程度上指引着教师的工作，所以要加强对特殊教育师资培养课程的研究、制定和管理。

  特殊教育面向的教育对象较为复杂，专业性要求高。因此，要加强教育学、心理学、康复学、卫生学、医学、社会学等多学科领域的融合，培养特殊教育教师开阔的专业视野。另外，对于普通专业的师范生，应在其课程设置中加入相当比例的有关特殊教育的课程内容，以增进他们对特殊教育职业的认识与理解、特殊教育教师专业知识的了解与掌握；对于已进入实践的教师，应对他们定期进行相关培训，以不断提高他们在特殊教育教学实践过程中操作与解决问题的能力。

  与此同时，要始终恪守"师德为先"的原则，加强特殊教育教师师德建设。2015 年教育部颁布的《特殊教育教师专业标准（试行）》，提出"师德为先"的基本理念，要求特殊教育教师"热爱特殊教育事业，具有职业理想，践行社会主义核心价值观，履行教师职业道德规范，依法执教。具有人道主义精神，关爱残疾学生（以下简称学生），尊重学生人格，富有爱心、责任心、耐心、细心和恒心；为人师表，教书育人，自尊自律，公平公正，以人格魅力和学识魅力教育感染学生，做学生健康成长的指导者和引路人"[①]。

  特殊教育教师首先要做到真正热爱特殊教育事业，关爱特殊学生。这是特殊教育教师师德建设的起点。特殊教育教师要充分发挥人道主义精神。人道主义精神是特殊教育教师精神层面的引擎，是他们行动的内驱力。"教育的经济效益不应是特殊教育价值尺度，人道主义才应该是特殊教育的根本价值尺度。从人道主义角度来说，特殊教育之所以有存在之必要，就在于在其创设与发展的过程中，显示出了一个社会对残障人士的同

---

① 教育部关于印发《特殊教育教师专业标准（试行）》的通知 [EB/OL]. (2015-08-21) [2017-08-29] http://www. gov. cn/scrsite/A10/s6991/201509/t20150901_204894. html.

情、理解与爱护。特殊教育的发展状况，从一个侧面反映出人道主义精神氛围的浓厚程度；特殊教育价值的独特性，则在于它体现了一个社会人道主义实现的水平"①。

另外，国家和政府要加大对特殊教育教师行业楷模的表彰和宣传力度，甚至可以在特殊教育领域内专门成立某个奖项，表彰为特殊教育事业做出杰出贡献的教师。通过强有力的表彰和宣传，努力在全社会营造出一个良好的特殊教育教师师德建设氛围。

（二）加快推动专门的特殊教育法律的制定，为特殊教育师资队伍建设提供法律保障

我国目前关于特殊教育的专门法规只有《残疾人教育条例》，但这只是一部行政法规，相比于专门法律，其立法层次较低，能够发挥的法律效力自然有限。专门法律的缺失势必限制特殊教育事业的发展，影响特殊教育师资队伍的建设工作。十八大提出了"科学立法、严格执法、公正司法、全民守法"②的十六字方针，"立法"居于龙头环节，是"执法""司法""守法"的前提。

因此，要加快推动专门的特殊教育法律的制定，为特殊教育事业的发展确立统一的指导思想，并对特殊教育师资队伍建设做出全面而又具体的规定。这方面可借鉴国际特殊教育立法经验。美国的《教育所有残疾儿童法案》《美国残疾人法》《残疾个体教育法》，俄罗斯的《俄联邦残疾人社会保障法》《特殊教育法》，韩国的《特殊教育振兴法》，等等，都为这些国家的特殊教育事业提供了保障，做出了重要贡献。我们应立足国情，扎根本土，充分借鉴国际特殊教育立法经验，推动我国《特殊教育法》的出台，完善我国特殊教育法律体系，为特殊教育师资队伍建设提供法律层面上的参考、支持和保障。

（三）关注特殊教育教师的发展与需求，提高特殊教育教师的职业认同感

由于所面对的教育对象的特殊性，特殊教育教师往往承担着更多的压力。压力汇聚，得不到有效疏散，自然就会影响特殊教育教师的职业认同

---

① 肖非，等. 共享阳光：共和国特殊教育报告 [R]. 长沙：湖南教育出版社，2009：68.
② 党的十八大文件汇编 [G]. 北京：党建读物出版社，2012：21.

感，导致他们的成就感与幸福感普遍较低。美国著名心理学家马斯洛曾提出需求层次理论，认为人有生理的需求、安全的需求、社交的需求、尊重的需求和自我实现的需求等五个层次的需求，而自我实现的需求是最高层次的需求。满足特殊教育教师自我实现的需求、促使他们成为他们自己所期望的人物是特殊教育教师职业生涯发展的最高追求。

因此，我们要关注特殊教育教师的发展与需求，积极建构来自国家、社会、家庭、学校等多方位的支持系统，提高特殊教育教师职业认同感。在国家层面，应逐步加大对特殊教育教师的经济补偿力度，并且可以设置特殊教育专项津贴补助，激发特殊教育教师的职业兴趣与动力。在社会层面，应加大对特殊教育事业发展的宣传力度，对特殊教育行业提供更多的人文关怀，号召全社会尊重他们，理解他们，支持他们。在家庭层面，亲友应经常与特殊教育教师沟通交流，赞扬他们，鼓励他们，使他们感受到来自最坚强后盾的力量。在学校层面，应经常开展教师或师生团体活动，营造温馨的工作环境，缓解他们的工作压力。

（四）健全特殊教育师资职前培养、入职教育与职后培训三级体系

特殊教育师资队伍建设的核心环节即在于师资培养与培训体系的健全。针对目前在这方面存在的问题，国家应健全特殊教育师资职前培养、入职教育与职后培训的三级体系。

首先，严格把控职前培养。专科及其以下学历的特殊教育教师在行业中逐渐显示出各种弊端，越来越不能满足社会发展对特殊教育教师提出的新要求。新时代、新发展下，为了使残疾学生得到更充足、更优质的发展条件，应努力培养本科及其以上学历的特殊教育教师，并且逐步增加本科及其以上学历的教师在特殊教育教师总体数量中的比重。

其次，十分重视入职教育。"教师的入职教育是由师范生转变为正式教师的一个过渡环节，这个环节对师范生尽快成为一个专业化的教师非常关键"[1]。传统的入职教育主要通过入职教育讲座、师徒结对等方式进行。除此之外，基于特殊教育的特殊性，还可以通过组织新入职教师参加以宣誓为主的入职仪式教育、集体观看行业楷模先进事迹影像等方式，增强新入职教师的责任感和使命感。

---

[1]　柳海民. 现代教育原理［M］. 北京：人民教育出版社，2006：238.

　　最后，必须加强职后培训。特殊教育教师职后培训可采取教师进修、校本培训、远程培训、短期培训、工作坊等多元化的方式，对教师进行职业生涯规划、专业技能、综合能力等方面的培训。另外，要加强对特殊教育教师培训内容、方法、时间、评价等方面的标准制定和规范设置，从而不断地提高特殊教育教师的职业水准，促使特殊教育教师专业能力和专业品质的提升。

　　特殊教育事业的发展已经随着历史车轮的前进进入了一个新阶段，也对我们提出了更多、更高的新要求。面对已经不能改变残障现实的特殊学生群体，我们能做的且应该做的就是最大限度地为他们提供优质的教育与服务。因此，我们要大力办好特殊教育。特殊教育事业的发展，关键在于建设一支数量充足、质量优秀、稳定持续的特殊教育师资队伍，这是当前乃至今后很长一段时期内我国特殊教育事业应集中精力努力和攻关的一个方向。

　　〔原文刊载于《河北师范大学学报（教育科学版）》2018 年第 6 期（曲铁华　姜涛）〕

高等师范教育改革70年：演进、成就与展望

回溯中国近现代师范教育史，高等师范教育从创设之初就被视为培养高级师范教育人才的专业机构。从历史角度看，中国高等师范教育的发展一直支撑着世界上规模最大的基础教育，其自身也形成了世界上规模最大的高等师范教育体系，对于促进中国社会与教育的现代化具有重要的作用；从系统角度看，高等师范教育作为高等教育和师范教育两大教育系统的结合交叉地带，既分别在各自系统内占有重要地位，又兼具两大教育系统的双重属性；从功能角度看，高等师范教育在培养各级各类学校所需师资、平衡国家教育系统、提高国家整体教育水平等方面扮演着无可替代的角色。中华人民共和国成立70年来，高等师范教育在参与社会变迁的同时，经历了纷繁复杂的改革，取得了卓越的成就。在新的历史时期，高等师范教育需加快改革发展步伐，重本塑新，为国家和民族的教育事业贡献新力量。

一、高等师范教育改革的历史演进

70年来，在政治稳定、经济发展、文化繁荣的国家宏观背景下，高等师范教育始终在进行着不断的改革，其改革历程大致经历了体系建设、内涵发展和转型创新三个阶段。

（一）全面恢复与扩充改造的体系建设时期（1949—1976年）

1. 恢复改造，步入正规化发展轨道

（1）恢复与改造高等师范学校。中华人民共和国成立之初，国家教育事业百废待兴，如何快速整顿教育旧象乱局成为这一时期我国教育领域的首要问题。1949年12月，教育部召开了第一次全国教育工作会议，确定了改革旧教育、发展新教育的方针，讨论并提出了改进北京师范大学和各地大学中的师范学院或教育学院的意见。随后，教育部于1950年5月颁布了《北京师范大学暂行规程》，规定北京师范大学的任务主要是培养中

等学校师资，其次是培养和训练教育行政干部与社会教育干部。《北京师范大学暂行规程》构建了高等师范教育的基本模型，对全国高等师范学校的恢复与改造发挥了引领性的作用。

（2）独立设置师范学院或教育学院。1951年，全国独立设置的高等师范学校仅有二十余所，还有一部分学院附属于大学。高等师范学校普遍存在着系科设置不合理、缺乏合适的教材导致课程教学出现极大困难、教师待遇和学生待遇较低等诸多影响高等师范教育稳定发展的因素，师范教育的发展极不适应中国教育建设的实际需要。基于此，1951年8月，教育部召开了第一次师范教育会议。大会确定了师范学院或教育学院要独立设置的根本原则，要求每一个大的行政区至少建立一所健全的师范学院，各省和大城市分别设立一所健全的师范专科学校，并明确师范学院和师范专科学校的任务分别是培养高级中等学校师资和初级中等学校师资，为全国高等师范学校发展提供政策保障。

（3）进一步完善师范教育培养体系。1952年7月，教育部颁发《关于高等师范学校的规定（草案）》，提出我国高等师范学校的任务是培养中等学校师资，并规定我国高等师范学校分为师范学院和师范专科学校两类，修业年限分别为四年和两年。高等师范院校主要依据中等学校教学计划设置中国语文、外国语、数学、历史、地理、化学、生物、教育、音乐、体育、美术等系科专业。同年，教育部委托北京师范大学，根据1951年苏联师范学院教学计划草拟了《师范学院教学计划（草案）》。这些文件的颁布，突破了高等师范教育系科设置无据可依的困境，使高等师范教育的培养计划和教育教学改革有了较为明确的方向。自此，高等师范学校发展得到了明确指导，高等师范教育开始步入正规化发展的轨道，新的高等师范教育体系建设由此起步。

2. 院系调整，初步形成基本的设置结构

为满足国家建设和社会发展对专业人才的迫切需求，亟须有计划、有步骤地改革旧的教育制度、教育内容与教育方法等，由此开始对全国高等学校进行大规模的院系调整。1952年下半年开始，在借鉴苏联教育经验的基础上，教育部对高等师范院校进行院系调整。经过调整，普通大学内的师范学院、教育学院减少到8所，普通大学内设置的教育系减少到1个，独立设置的师范学院增加到21所，师范专科学校增加到16所。与此同时，全国高等师范院校的系科设置也进行了适当调整，如中国人民大学、辅仁大学与燕京大学的教育系科相继并入北京师范大学等。英语、体育、政治等系科也都进行了调整。经过院系调整，全国高等师范学校全部改为独立设置。1953 年，独立设置的高等师范学校达到了 31 所，其中，师范大学与师范学院 26 所，师范专科学校 5 所。大规模的院系调整为高等师范教育发展提供了契机和助力，使高等师范教育改革有了明确的方向，逐步积累了经验。

1953 年 9 月，教育部召开第一次全国高等师范教育会议。同年 11 月，政务院发布了《关于改进和发展高等师范教育的指示》，明确了高等师范教育是办好和发展中等教育的关键，并提出"今后高等师范教育必须大力发展，同时也必须注意整顿巩固，提高质量。在今后若干年内高等师范学校的发展，主要是扩充现有学校，其次才是有准备地建立新校"的改革战略。三年后，教育部召开了第二次全国高等师范教育会议，提出制订高师未来规划须依据"高等师范教育是为中等教育服务的""要发展高等师范教育必须依靠地方的力量""各地区现有高等师范学校还须扩大和发展，各地区还须为建立新校做好准备"等改革原则。[①] 这些措施既体现了国家对高等师范教育的重视，又适时总结和巩固了高等师范教育改革之初的成果，高等师范教育改革规模逐渐扩大。

在这一阶段，尽管面临着办学经费奇缺、办学条件较差、师资数量与质量均不足等现实问题，但在党和人民团结一致的努力下，高等师范教育努力克服困难，改革初具成效。到 1956 年，我国高等师范学校发展至 55 所，在校学生数扩充至 98821 人[②]。这使我国师范教育事业焕然一新，初步建立起新的师范教育体制，奠定了高等师范教育的基本格局。

3. 总结经验，积极探索本土规律

从 1958 年到 1960 年，高等师范教育改革在数量和质量上走向了截然不同的两个方向。一方面，在数量上，我国高等师范院校从 1957 年的 58 所增至 1960 年的 227 所，在校学生数从 1957 年的 114795 人增至 1960 年的 204498 人，[③] 分别增长了约 291.4％和 78.1％。数量的增加并没有带来质量的提升。这一时期，高等师范教育"在教学工作中大砍大并基础课程，削弱了基础理论教学……"[④]，高等师范教育改革一时陷入困境。另一

---

① 《当代中国》丛书教育卷编辑室. 当代中国高等师范教育资料选（上）[Z]. 上海：华东师范大学出版社，1986：127—133.

② 刘英杰. 中国教育大事典（1949—1990）（上）[Z]. 杭州：浙江教育出版社，1993：800.

③ 刘英杰. 中国教育大事典（1949—1990）（上）[Z]. 杭州：浙江教育出版社，1993：800.

④ 金长泽，张贵新. 师范教育史 [M]. 海口：海南出版社，2002：74.

方面，为突破苏联教育经验的局限，创立适合中国国情的社会主义教育制度，在全国范围内开展了以勤工俭学、教育与生产劳动相结合为中心的教育革命。师范院校也创办工厂，试办半工（农）半读，为农业中学和半工半读中学培养师资。[①]

为提高教育教学质量和师资队伍水平，1960年，教育部召开师范教育改革座谈会，讨论了1953年以来师范教育存在的问题，就改革的方向、原则进行了交流，提出了高等师范院校应"相当于综合大学水平"，并拟定了各级师范学校教学改革的意见。[②] 之后，教育部于1961年10月召开了全国师范教育会议。会议重申师范大学、师范学院培养中等学校师资、师范专科学校培养初中师资等高等师范教育培养任务。会议还平息了当时关于师范教育"面向中学"与"向综合大学看齐"的争论，指出应总结好师范教育的经验，按师范教育的规律办好师范教育。1963年4月，教育部召开了高等学校专业调整会议，修订了《高等学校专业目录》。在这些会议精神的及时引导下，高等师范教育规模开始缩减，高等师范教育复归良性发展。

这一时期是我国高等师范教育不断改革、总结经验、摸索前进的重要时期，为高等师范教育进一步改革奠定了坚实的基础。到1965年，我国高等师范学校有59所，比中华人民共和国成立初期增加了3.92倍；在校学生数有94268人，比中华人民共和国成立初期增加了6.83倍；招生数有25329人，比中华人民共和国成立初期增加了6.36倍；毕业生数有28966人，比中华人民共和国成立初期增加了14.33倍。[③]

（二）重点部署与加强平衡的内涵发展时期（1977—2000年）

1. 明确方向，确立师范教育优先发展的战略地位

伴随着教育领域的拨乱反正，各项教育工作陆续恢复正常。1978年10月，教育部发布《关于加强和发展师范教育的意见》（以下简称《意见》），指明了我国高等师范教育恢复发展与改革的方向，要大力发展和办好师范教育，建设一支又红又专的教师队伍，为高等师范教育改革奠定基础。1980年6月，教育部召开了第四次全国师范教育工作会议。会议

---

① 刘问岫. 当代中国师范教育 [M]. 北京：教育科学出版社，1993：78.

② 《中国教育年鉴》编辑部. 中国教育年鉴（1949～1981）[Z]. 北京：中国大百科全书出版社，1984：259.

③ 刘英杰. 中国教育大事典（1949—1990）（上）[Z]. 杭州：浙江教育出版社，1993：800.

总结了 30 年来我国师范教育的历史经验，确立了师范教育"工作母机"的地位，引领我国高等师范教育走上了全面恢复与改革的新台阶。在高等师范教育的持续恢复与改革中，师资队伍建设的重要性日益凸显并得到重视，教育部于 1980 年 10 月印发《关于加强高等师范学校师资队伍建设的意见》，提出要从"制订师资队伍建设规划""加强管理""建立协作网"三方面加强工作，并具体地阐述了老教师、中年教师及青年教师在师资队伍建设中的角色和分工。同时颁布的还有《关于大力办好高等师范专科学校的意见》，要求重视高等师范专科学校的发展，更好地构建完整的高等师范教育体系。

1985 年 5 月，《中共中央关于教育体制改革的决定》颁布，强调要大力发展和加强高等师范教育，把发展师范教育和培训在职教师提升至发展教育事业的战略高度。1985 年，高等师范院校数发展至 253 所，在校学生数发展至 425047 人；而 1977 年我国高等师范院校仅有 59 所，在校学生数仅有 165105 人。[①] 在这一时期，我国高等师范教育获得了较大的发展，中小学教师的教育教学水平不断提高，基础教育质量逐渐恢复并稳步提升，高等师范教育改革扬帆起航。

2. 持续深化，全面推进内涵式发展

1986 年 3 月，国家教委颁布《关于加强和发展师范教育的意见》，要求师范教育改革要"面向现代化，面向世界，面向未来，适应普及九年制义务教育和提高基础教育水平的需要"。1989 年 12 月，国家教委召开全国师范专科学校工作会议，并于 1990 年 3 月印发了《关于当前师范专科学校工作的几点意见》，再次强调师范专科学校是高等师范教育体系中的重要组成部分，并要求从多方面完善师范专科学校的发展。1993 年 2 月，中共中央、国务院出台《中国教育改革和发展纲要》，再次强调师范教育在中小学师资培养中的"工作母机"的地位，并要求各级政府都要大力办好师范教育。由此，师范教育受到了充分的重视，获得了长足的发展，高等师范教育在这样的优势条件下开始逐步扩散改革关注点。

1996 年 12 月，国家教委颁布了《关于师范教育改革和发展的若干意见》，强调各级党委和政府要充分认识到师范教育的重要性，"把发展师范教育作为发展教育事业的战略措施"，并且在资源配置上"优先考虑师范教育"。1997 年 10 月，国家教委颁发《关于组织实施"高等师范教育面

---

① 刘英杰. 中国教育大事典（1949—1990）（上）［Z］. 杭州：浙江教育出版社，1993：800.

向 21 世纪教学内容和课程体系改革计划"的若干意见》，这是把我国高等师范教育改革推向 21 世纪、开拓高等师范教育新局面的一项计划，旨在不断提高我国师范教育专业化水平，培养出适应新世纪的新型师资。"高师教学改革计划"经过三年多的研究与实践，形成了一大批优秀的改革成果，推动了高等师范教育的教学改革工作。1998 年 12 月，教育部制定《面向 21 世纪教育振兴行动计划》，明确指出"要加强和改革师范教育，提高新师资的培养质量"，不断提升中小学专任教师的学历层次，高等师范教育改革面临着提高中小学教师质量的新要求。高等师范教育在持续改革的进程中，不断适应社会变化与国家建设的需求，开始注意研究 21 世纪对中小学教师素质的要求，加快转变教育思想和观念，推动高等师范教育培养模式、培养目标、培养结构和培养规格等内涵式改革。

在高师院校总量不足、中师院校布点过多、办学层次重心低、布局结构不合理等日益突出的矛盾下，1999 年 3 月，《关于师范院校布局结构调整的几点意见》应运而出，强调师范院校层次结构调整目标"从城市向农村、从沿海向内地逐步推进，由三级师范（高师本科、高师专科、中等师范）向二级师范（高师本科、高师专科）过渡"。1999 年 6 月，《中共中央、国务院关于深化教育改革、全面推进素质教育的决定》首次在政策中明确提出鼓励综合性高等学校和非师范类高等学校参与中小学教师的培养、培训工作，这是高等师范教育改革的创新之举，把我国高等师范教育改革推上了新的高度。

在经济飞跃、政治稳固、文化繁盛的全面影响下，人们普遍提出了提高教师培养质量的强烈诉求，教师培养开始全面向高等师范本、专科转轨。到 2000 年，我国高等师范学校有 221 所，比 1977 年增加了 2.75 倍；在校学生数有 1099741 人，比 1977 年增加了 5.66 倍；招生数有 460657 人，比 1977 年增加了 3.87 倍；毕业生数 193127 人，比 1977 年增加了 4.21 倍。[①] 高等师范教育由弱变强。

与此同时，高等师范教育越来越注重内涵式发展，在培养目标、课程设置、教学计划、布局结构等方面进行了不断的探索和尝试，积极寻求高等师范教育改革的本土特色与经验。20 世纪 90 年代以来，国家开始鼓励综合性高校和非师范类高校参与到培养培训教师的工作中来，这标志着定向封闭的师范教育体系被打破，高等师范教育改革在跨世纪中迎来新的挑战。

---

① 《中国教育年鉴》编辑部. 中国教育年鉴（2001）[Z]. 北京：人民教育出版社，2001：81.

（三）多元架构与固本拓源的转型创新时期（2001 年至今）

1. 因势利导，积极推动教师教育新发展

进入 21 世纪以来，伴随着科学技术的迅猛发展，对教师素质和能力的要求越来越高。传统的师范教育更多强调的是职前教育，在本质上是一种终结性教育，不能满足社会发展的需求。在终身教育思潮的影响下，强调教师的职前教育、入职教育与在职教育的联系与一体化建设呼声日益高涨。2001 年 5 月，《国务院关于基础教育改革与发展的决定》规定，"完善以现有师范院校为主体、其他高等学校共同参与、培养培训相衔接的开放的教师教育体系"。这是我国在官方文件中首次以"教师教育"取代"师范教育"，高等师范教育在 21 世纪初获得了新的活力，改革新局面逐渐形成。

2002 年 2 月，教育部颁发《关于"十五"期间教师教育改革与发展的意见》，强调要使教师教育机构办学层次适时由"三级"向"二级"过渡，各省重点建设好一所师范大学，各地办好一批师范高等专科学校。同时，高等师范学校要深化教育教学改革，加强学科建设，尤其是教育学科建设，积极探索各种培养模式的改革，并大胆探索与其他高等学校联合培养教师的新模式。2004 年 2 月，教育部颁布《2003—2007 年教育振兴行动计划》，随后又颁布了一系列有关教师教育体系的政策文件，开放化、高层次化、专业化、一体化成为教师教育改革的目标和特征，高等师范教育改革的水平随之不断提升。

在市场经济条件下，关于教师待遇和社会地位的问题引发热议，受此影响，教师职业的吸引力受到一定的影响，高等师范院校的生源数量与质量受到波及，这无疑影响了我国高等师范教育的发展与改革。为了解决矛盾，教育部等部门于 2007 年 5 月联合下发《教育部直属师范大学师范生免费教育实施办法（试行）》，大力推进教师教育改革。在国家的鼓励与保障下，招生院校生源数量与质量都有了显著的提升，绝大多数免费师范生按政策规定进入中小学工作，提升了我国中小学师资队伍的质量，优化了我国中小学师资队伍的结构，明显地改善了我国基础教育的办学水平。六所部属师范大学也积极抓住机遇，加大教师教育改革创新力度，精心研究制定免费师范生培养方案，改革教师培养模式、课程与教学，为免费师范生提供高质量的教学服务，积极承担了高等师范教育立足师范、服务社会的现实任务，并持续推动免费师范生的创新培养工作。

2. 多元并进，把握培养优质师资的根本方向

近年来，随着综合大学、非师范类院校的不断参与，教师教育被注入了新的改革动力，并获得了一定的改革成效，多元特色愈发明显，并持续得到贯彻落实。2010年，《国家中长期教育改革和发展规划纲要（2010—2020年）》出台，明确提出要加强教师教育，构建以师范院校为主体、综合大学参与、开放灵活的教师教育体系。2012年9月，教育部等三部门颁布《关于深化教师教育改革的意见》，提出"发挥师范院校在教师教育中的主体作用，重点建设好师范大学和师范学院。鼓励综合大学发挥学科综合优势，参与教师教育"等具体意见，并支持师范大学与综合大学、地方政府等机构合作建立教师教育协同创新中心。

免费师范生制度的回归，高等师范院校与地方政府及中小学校的联结，教师教育协同创新中心的建立，"卓越教师培养计划"的实施等，不断促使教师教育体制建设趋向合理和完善，也对高等师范教育改革提出了新的要求，促使高等师范教育改革内容得到进一步的丰富和扩充。这一时期，多元参与的格局使得高等师范教育改革既获得了新的力量，又面临着新的压力。2018年2月，教育部等五部门印发《教师教育振兴行动计划（2018—2022年）》，强调"加大对师范院校的支持力度，不断优化教师教育布局结构"。这表明，师范教育的根本目的仍然是培养师资，高等师范教育无论怎么改革，为基础教育培养优质师资的决心不动摇。

进入21世纪以来，在"教师教育"取代"师范教育"的潮流下，我国高等师范教育改革愈发向纵深推进，与高等教育注重内涵式发展的时代主流并进。这一时期，综合大学、非师范类高校的参与度不断提高，全面而又开放的教师教育体系在改革中逐渐成形。但在改革过程中，面对与综合大学日益激烈的竞争局势，传统高等师范学校盲目寻求综合化等问题开始凸显，成为高等师范教育改革的主要矛盾，改革之路任重而道远。

二、高等师范教育改革的主要成就

70年来，高等师范教育改革取得了历史性的成就，为社会发展提供了源源不断的人才保障。高等师范教育的规模与质量得到不断优化，高等师范教育政策日臻健全与完善，高等师范教育体系由封闭走向开放。

（一）高等师范教育规模与质量并重

高等师范教育的规模不断趋向合理。教育部2019年数据显示，全国现有高等师范院校 199 所，举办师范教育的非师范院校 406 所。在全国普通院校师范类毕业生数、招生数以及在校生数中，都明显地显示出本科层次人数最多，其次是专科层次人数，中师层次人数最少。在整个师范教育结构中，中师比重在不断减少，非师范院校参与度不断提高，师范大学、师范学院与师专仍然保持主要地位，我国高等师范教育规模向合理化方向不断趋进。

国家对高等师范教育的重视程度不断加深，高等师范教育的培养质量不断提升，中小学专任教师学历水平持续提高。《全国教育事业发展统计公报》显示，2017 年，我国小学专任教师学历合格率达 99.96％，初中专任教师学历合格率达 99.83％，普通高中专任教师学历合格率达 98.15％。规模与质量的优化推动着我国高等师范教育一步步向前迈进，为高等师范教育理论与实践的深化奠定了基础。

（二）高等师范教育政策日臻健全与完善

高等师范教育政策层出不穷，始终与我国社会变革紧密相连，见证了教育发展的飞跃。在与政治、经济、文化等多因素的不断碰撞与融合中，高等师范教育逐渐厘清发展的矛盾和前进的线路，摸准为国家和社会服务的方向，高等师范教育政策日臻健全与完善。70 年间，国家颁布了数量多、内容全的高等师范教育政策，为实现各个时期的教育目标和任务提供了基本规范与重要保障，推动着高等师范教育改革实现内涵式发展。

高等师范教育改革离不开政策的指引。在高等师范教育政策的指导下，高等师范教育改革顺利实现了一次次的超越。70 年来，高等师范教育政策，从注重教师的思想政治觉悟到强调教师学历水平和综合素养的提高，再到推进教师教育专业化建设，从面对数量需求到追求质量提升，始终面向国家和社会的发展需求，紧跟时代步伐，为高等师范教育改革提供了重要的方向指引。

（三）高等师范教育体系由封闭走向开放

中华人民共和国成立之初，我国师范院校以独立设置为原则，中小学师资只在师范院校中培养，且师范教育为"三级师范"系统：中师学校培养小学教师，高师专科院校培养初中教师，高师本科院校培养高中及其以上教师。三级师范院校分工明确，定向培养、定向分配，中等师范学校、师范专科学校以及师范学院和大学在目标定位、课程设置、教育实习等方面各成系统，缺少沟通和交流，培养的教师缺少对基础教育的整体视野和全程观念。[1] 高等师范教育体系具有封闭性。

20世纪90年代以来，伴随着义务教育普及率的不断提高以及提升中小学教育质量的强烈诉求，定向的、封闭的师范教育体系其弊端日益显露，其已不能满足时代发展对师范教育提出的新要求。中师不得不逐渐取消或转型，部分师范学院也开始追求升格，封闭的师范教育体系逐渐被打破。国家鼓励综合大学、非师范院校参与教师教育的培养工作。综合大学的教育学院或教育研究院发挥自身优势开始承担起教师教育的工作。最终，以高等师范院校为主、综合大学参与的开放的教师教育体系得以形成，"专科—本科—研究生"的师范生培养特征越发明显。

三、高等师范教育发展的未来展望

自进入21世纪以来，我国传统的高等师范教育局面已经逐渐被打破，高等师范教育受到社会多元条件的影响。在开放型教师教育体系中，高等师范教育面临着来自综合大学的竞争，积极推进高等师范教育深化改革势在必行。

（一）人才培养：指引高等师范教育改革的根本

教育是指向人的事业，无论哪个时代，教育总是被赋予培养人才的使命。高等师范教育的根本任务是为基础教育培养优质师资，为我国中小学教育建设一支数量足、质量高、结构稳的师资队伍。在高等师范院校的未来发展中，要回归师范教育本原，立足师范教育根基，培养优质师资。

从国家层面来看，师范教育关乎国家复兴、民族崛起和社会发展对人才的需求，必须给予高等师范教育以足够的重视，从人才培养和储备的战略角度审视高等师范教育的改革与发展。在政策取向上，给予高等师范教育优渥的发展条件和宽松的环境，避免高等师范教育在高等教育快速发展、竞争激烈的局面中被同质化。从高等师范院校自身层面来看，高等师范院校需要重新审视自己的发展定位，明确认识高等师范教育人才培养的特殊性，回归师范教育本原之道，确立正确的人才培养理念和方向，改革人才培养模式。高等师范教育必须紧跟社会发展对师资条件提出的新要求，为我国基础教育更好地培养优质师资。

---

[1] 杨跃. 教师教育学 [M]. 北京：北京师范大学出版社，2016：120.

（二）观念自觉：引导高等师范教育改革的走向

在改革不断深化的历史境遇下，高等师范教育需要有清醒的认识，要求有一种观念自觉，树立整合师范性与学术性、融汇适应性与超前性的和谐统一的观念自觉，以引导我国高等师范教育改革走向正确的方向。

1. 整合师范性与学术性

师范性是高等师范教育的精神气质和本质象征，是高等师范教育的应然标志，也是当前背景下高等师范教育持续发展的实然追求。高等师范教育改革应始终保持师范之本，立足师范之基，在理论与实践两方面不断贯彻落实师范性。高等师范教育作为高等教育系统的重要分支，其自然带有与其他层次师范教育不同之处，而这种不同之处最大的体现在于高等师范教育不仅致力于培养教师的师范性，还注重对教师学术性的培养，做教育家型的教师就是一种鲜明的体现。师范性和学术性的争执，不应成为高等师范教育改革的羁绊，毕竟"师范教育和学术教育从分离走向整合的起点是高等师范教育的产生"①。虽然师范性与学术性的博弈，始终以或隐或现的方式贯串于高等师范教育改革过程，但师范性与学术性并不是二元对立的，从根本上说，二者是高等师范教育的两个方面，它们彼此依存、互相渗透、相互转化，在博弈中走向整合，在整合中不断前进。可以说，师范性涵盖学术性，师范性可以推动学术性的生成与发展；学术性助推师范性，可以使师范性具有丰厚的学理基础。因此，在我国高等师范教育的进一步深化改革中，既要坚守师范性，又要凸显学术性，努力整合师范性与学术性，使之成为高等师范教育的专业存在之基与题中应有之义。

2. 融汇适应性与超前性

高等师范教育改革始终不能偏离为基础教育服务的根本方向，要时刻面对基础教育的发展状况，适应基础教育不断优化发展、水平持续提升提出的要求。高等师范教育需要在不断适应的过程中调适自身的结构与模式，发现并解决自身的矛盾与问题。高等师范教育培养优质师资，不仅需要在数量上有充足的储备，还要在培养教师素养、养成教师文化、增强教师能力等方面做好设计与规划。当前，我国基础教育注重优质发展，高等师范教育要抓住机遇，适度超前发展，始终坚持把教育摆在优先发展的地位，既稳固适应性，又发展超前性，积极融汇适应性与超前性，促使我国

---

① 肖甦. 转型与提升：教师教育的改革与发展 [M]. 济南：山东教育出版社，2015：134.

高等师范教育改革在保证质量的同时提升速度，加快高等师范教育改革进程。

（三）实践创造：推动高等师范教育改革的步伐

实践是认识的来源，也是检验真理的唯一标准。我国高等师范教育的进一步深化改革，必然是在稳中求进的实践创造中获取源源不断的生命力。

学科是大学存在的标志和基本单元，学科建设是当前"双一流"建设背景下高校生存和发展的必然选择，也是稳固高等师范教育立足根基的必然之路。高等师范院校在现代高等教育发展进程中应坚持有所为有所不为的原则，把有限的资源投入特色学科与优势学科上。相较于其他高校，教师教育以及与其紧密相连的教育学科、心理学科与文理科基础学科，是高等师范院校的主要特色学科。高等师范院校在这些学科上既有历史积淀起来的传统优势，又有在新的转型时期下产生的发展空间和潜力。在与综合大学竞争的过程中，高等师范院校若要继续占领一席之位，强化教师教育等特色学科是必然选择。即便是在追求综合发展中，也需要认识到"高师院校的学科体系综合化的起点在于教育等特色学科的巩固与拓展，而不是漫无目的、率性而为的综合化，更不是以学科体系单纯扩容为目的的所谓综合化"①。

目前，高等师范院校科学研究比较薄弱，愈发成为制约高等师范教育推进内涵式改革的关键因素。《中国教育统计年鉴（2017）》的数据显示，2017年，我国师范院校科技经费仅占当年全国普通高等学校科技经费总拨入的5.1%，师范院校科技课题立项仅占当年全国普通高等学校科技课题总数的7.4%；师范院校的科研活动经费仅占当年全国普通高等学校人文、社会科学科研活动总经费的17.1%，师范院校获批课题仅占当年全国普通高等学校人文、社会科学研究与发展课题总数的16.5%。我国师范院校科学研究的经费和课题均显不足，这在很大程度上制约了高等师范教育的改革与发展的步伐。高等师范院校要在高等教育竞争激烈的局势中保持优势并进一步提升实力，需要加强科学研究。在实践中，通过调整学科结构，加强有优势的基础学科建设，加强对交叉学科、新兴学科的投入和研究，提升质量，努力打造出能参与竞争并具有特色的学科群。

---

① 张弛. 转型时期高师院校学科建设策略研究［J］. 清华大学教育研究，2006（01）：90-95.

在信息技术革命的影响下，教育形式、教育内容、教育理念等无一不受到冲击并发生着显而易见的变化。在这样的背景下，基础教育对教师在信息技术素养方面提出了新的要求，未来的教师必须在信息技术素养方面有重大的提升与突破。高等师范教育作为培养基础教育优质师资的主阵地，要发挥并借力信息技术在提升高等师范教育变革效率中的重要作用，主动适应信息技术革命的变革与潮流，在实践中积极探究建构信息技术与高等师范教育相结合的改革机制和方案，并落实到高等师范教育改革进程中，促进高等师范教育与信息技术的深度融合，实现资源共享，以不断提高高等师范教育的改革效率，推动高等师范教育改革的步伐。

［原文刊载于《教育研究》2019 年第 8 期（曲铁华　姜涛）］

论陶行知对中国现代师范教育的杰出贡献

陶行知先生毕生致力于劳苦大众的教育事业，是一位杰出的教育改革家。他抱着"爱满天下"的立世之愿，以"捧着一颗心来，不带半根草去"的献身精神，艰苦探索，勇于实践，创造了一套具有鲜明时代色彩的教育理论体系。其中的师范教育思想及实践更具有中国特色，不仅在当时产生了极大的影响，而且至今仍不失其夺目的光彩，具有重大的现实意义。

一、对师范教育价值认识的高屋建瓴

陶行知确认："师范教育可以兴邦，也可以促国之亡。"[1]

19 世纪末 20 世纪初，我国开始对师范教育加以重视。1896 年，资产阶级维新派教育家梁启超发表《论师范》，提出师范教育为"群学之基"的观点。1897 年，盛宣怀在他创办的南洋公学内附设师范院，这是我国最早的现代师范教育。之后，实业家张謇创立了江苏通州师范学校，教育家张之洞创建三江师范学堂。辛亥革命后，师范教育又有所发展。虽然这些人所代表的阶级并不相同，但在重视师范教育上却有一致的观点，就是新式教育必须培养新式师资，而要有新师资，必须兴办师范学校。

陶行知师范教育思想大致形成于 20 世纪 30 年代，他对师范教育的认识，无论在深度上还是广度上，都高出前人一筹。他不仅注意到师范教育对发展教育事业本身的作用，而且从中国的实际情况出发，把师范教育放到挽救贫穷落后的民族、改造旧的社会、创立新的国家的高度上去认识，把师范教育同国家命运和民族前途紧密联系起来。

"师范教育可以兴邦"，来自陶行知对教师作用的认识。他对这一论断的阐述着重反映在《我们的信条》和《介绍一件大事》两文中。

1925 年，他在为乡村教师草拟的《我们的信条》中指出："我们从事

---

① 陶行知. 陶行知全集（第 5 卷）[M]. 长沙：湖南教育出版社，1983：161-162.

乡村教育的同志，要把我们整个的心献给我们三万万四千万农民。我们要向着农民'烧心香'。我们心里要充满那农民的甘苦。我们要常常念着农民的痛苦，常常念着他们所想得的幸福，我们必须有一个'农民甘苦化的心'才配为农民服务，才配担负改造乡村生活的新使命。"① 把心献给民众，向着民众"烧心香"，解救劳苦大众，担负起改造旧社会的使命，创造一个独立、富强、民主的新国家，既是陶行知对教师作用的高度概括，也是他生活的信条。正是怀着这颗赤诚之心，他才舍弃名誉、地位、金钱、安逸，自动跑到农村办师范，希望用自己的理想、行为唤起千万个教师的心，点燃千万个改造社会的火种，让他们和自己一起实践人生的信条，成为"改造乡村生活的灵魂"。

陶行知在《介绍一件大事》一文中又从小学教师的角度进一步阐述了教师的作用。他认为，"小而言之"，小学教员所教出的学生之好坏，关系到"全村之兴衰"。"大而言之"，关系到"国运""民运"。即小学教师之好坏，可以影响到国家的存亡和世运之治乱。而教师要靠师范教育加以培养，由此可见，师范教育在国家发展、民族振兴方面确实起着十分重要的作用，必须予以高度重视。

陶行知不仅从正面论述了师范教育的重要意义，而且也从反面做了说明，师范教育"也可以促国之亡"，这是陶行知针对当时中国师范教育脱离实际等弊端发出的疾呼。当时我国在师范教育上存在两个不良倾向：一是"仪型他国"的"洋化"，一是"沿袭旧制"的"传统化"。这与陶行知倡导的"活的师范教育"背道而驰。因此，陶行知在《师范教育之彻底改革》一文中大声疾呼："好些师范学校只是在那里教洋八股，制造书呆子。这些大书呆子分布到小学里去，又以几何的加速率制造小书呆子。……中华民国简直可以变成中华书呆国。……想到这里，真要令人毛骨悚然。"② 这种师范教育如不彻底改造，"直接可以造成不死不活的教师，间接可以造成不死不活的国民。有生活力的国民，是要靠着有生活力的教师培养的；有生活力的教师，又是要靠着有生活力的师范学校训练的"③。所以，陶行知认为"中国今日教育最急切的问题，是旧师范教育之如何改造，新师范教育之如何建设"④。陶行知怀着一种为民造福、为国造福的责任感、

① 陶行知. 陶行知全集（第1卷）[M]. 长沙：湖南教育出版社，1983：651.
② 陶行知. 陶行知全集（第5卷）[M]. 长沙：湖南教育出版社，1983：161-162.
③ 陶行知. 陶行知全集（第1卷）[M]. 长沙：湖南教育出版社，1983：644.
④ 陶行知. 陶行知全集（第1卷）[M]. 长沙：湖南教育出版社，1983：645.

使命感，一生都在为"改造旧的师范教育而艰苦探索，辛勤耕耘着"。正如他自己所说的，他"从前曾经为师范教育努力，现在正是为师范教育努力，以后仍是继续为师范教育努力"。

陶行知坚决摒弃"教洋八股，制造书呆子"的师范教育，一生孜孜不倦地探求师范教育的改革，他是我国现代教育史上师范教育彻底改革的先导。他在当时的历史条件下，能把师范教育同国家、民族的前途命运联系在一起，反映了他对师范教育价值认识的高屋建瓴，是十分可贵的，是他对我国教育理论的一大贡献。今天，我们更应高度重视师范教育，提高全民认识，大力发展师范教育，以培养更多的优秀人才，使中华民族在竞争中立于世界民族之林。

二、对师范教育体制改革的锐意创新

在教育制度上，陶行知主张，师范教育的体制要从实际出发，适合中国的国情。陶行知认为当时中国的师范教育脱离实际，阻碍教育的发展，必须改革。而改革的标准和出发点，就是从中国的国情出发，按照教育的需要培养人才，建立我国特有的师范教育体制。他积多年之经验，认为："教育界所需要的人才可分四种：一是教育行政人员，二是各种指导员，三是各种学校校长和职员，四是各种教员。"[①] 并进一步指出："吾国自办师范教育以来……对于教育行政人员、指导员、校长和职员的训练都没有相当的注意。……大家都以为这种种职务可以不学而能，人人会干，无须特别的训练，更无须科学的研究。结果只好把他们交付给土绅士和小政客去办理。"[②]

正是因为"教育行政办学指导人员之不得相当的培养"，才造成了"中国学务不发达"。为了解决这个问题，陶行知提出了"广义师范教育"的主张。"广义师范教育"的基本内容是："凡是教育界需要的人才都应受相当的培养。"实际上，陶行知是在强调教育行政人员和办学指导人员的"专业化"和"知识化"的问题。1922年，他在《新学制与师范教育》一文中又提出师范教育的三原则，可作为"广义师范教育"的注脚。三原则具体如下：（一）教育界要什么人才就该培养什么人才；（二）教育界各种人才要什么，就该教他什么，要多少时候教得了，就该教他多少时候；

① 陶行知. 陶行知全集（第1卷）［M］. 长沙：湖南教育出版社，1983：215.
② 陶行知. 陶行知全集（第1卷）［M］. 长沙：湖南教育出版社，1983：216.

（三）谁在那里教就教谁。这三条原则紧紧围绕着一个中心——师范教育的实际需要、师范教育的功效，且层次分明，由宏观到微观，从一般到具体，显示出逻辑的严密性。陶行知根据中国国情提出的"广义师范教育"思想及三原则，可称得上是师范教育的纲领，是改造师范教育的蓝图，切中当时我国师范教育的时弊，至今仍有重要的现实意义。

目前，我国大量的在任教师需要进一步提高，师范教育仍然要承担"谁在那里教就教谁"的任务。据统计，到 1994 年底，我国中小学教师中学历不合格者占比仍然很高：小学为 13.41％，初中为 36.16％，高中为 46.62％。[①] 提高这部分教师的业务水平，是师范教育面临的硬任务。况且，随着科学技术的飞速发展，已经达到学历要求的教师仍有知识更新与补充的任务。"谁在那里教就教谁"，这应该是普遍的正常的制度。

陶行知还根据教育界的需要，明确提出了我国早期师范教育的体制。从纵向讲，包括了"初级—中级—高级—研究院"的各级师范学校；从横向内容上看，包括了幼儿教育、普通教育、职业教育、在职的补习教育等师资的培养。从实际出发制定出来的这个学制是很全面、很客观的。它一方面考虑了社会的实际需要，一方面又考虑了师范教育的自身特点。

在师范教育制度的建立上，陶行知尤其注重乡村师范教育的建设与改造。他认为乡村师范是发展我国师范教育的重点。这是因为中国是"以农立国"，广大民众是农民，而农民教育水平最低，师资最缺，办乡村师范，是"关系到三万万四千万人民之幸福"的事业，是立国的根本大计所在。因此，他提出要用最少的钱办最好的学校，培植最有生活力的农民。他估计中国有一百万个乡村，需要办一百万所学校，最少就要有一百万名教师。但他认为当时的师范教育脱离农村实际，远不能适应改造乡村教育的需要。

因此，他提倡大办乡村师范教育，号召开展"师范教育下乡运动"。经过认真的调查和深思熟虑，陶行知理想的"真正的乡村学校"有两重任务，一是培养乡村教师，一是改造乡村。为了完成这两重任务，必须"充分运用乡村环境"，使师范生身临其境地在乡村受教育、受锻炼，从而造就好的乡村教师，然后去办好的乡村学校。

为了从改革乡村师范教育入手改革乡村教育，陶行知不仅提出了一系列精辟的论点和主张，而且亲自跑到农村去，满腔热情地进行改革试验。

---

① 关于 1994 年教育事业发展的统计公报，中国教育报，1995-03-29.

他亲手创办的闻名全国的晓庄师范，从我国农村的实际情况出发，使教育与生产劳动相结合，普通教育与职业技术教育相结合，努力造就具有"健康的体魄、农夫的身手、科学的头脑、艺术的兴味、改造社会的精神"的新人，成为中国教育史上的创举。

陶行知关于建立适合我国国情的师范教育制度的思想和实践，对于我们今天实现教育普及和中等教育结构的改革，对于研究探讨在新形势下农村各类学校的办学规律，仍有现实意义。特别是从中国国情出发，从农民需要出发，热情关心和研究农村教育的精神，更是值得我们借鉴。

三、对师范教育培养目标的破旧立新

陶行知对旧师范学校在培养目标上的弊端进行了无情的揭露，他指出其中主要有两种不良倾向：一是地主买办资产阶级要求培养为剥削阶级服务的、四体不勤、五谷不分、脱离生活实际的书呆子；二是忽视师范性，在培养目标上盲目向普通大学看齐。他认为，上述两种不良倾向都是脱离师范教育实际、脱离社会生活、无视师范特点、抹杀师范学校本质特征的。他强调指出，师范大学学生与普通大学或综合大学学生在要求德智体全面发展、培养生活能力上是相同的，这是共性、普遍性；但在突出"师范性"方面又与普通大学或综合大学不同，这是师范学校在培养目标上的个性、特殊性。

因此，陶行知指出，在师范学校培养目标上，首先要全面发展。乡村师范学校应该培养五个方面都得到发展的一代新人：（1）健康的体魄；（2）农人的身手；（3）科学的头脑；（4）艺术的兴味；（5）改造社会的精神。[①] 从以上可以看出，陶行知要求培养的师范生，不仅要会劳动，而且要有科学的头脑，要有关心社会、改造社会的思想，要用科学去指导生产，只有这样的人才能担起改造乡村面貌的重担。他的这一主张符合马列主义关于人的全面发展的学说。

其次，陶行知要求师范学校在培养目标上要突出"师范性"。他曾指出师范生必备的四个要项："（一）信仰国家教育事业为主要生活。（二）愿为中学教员者对于中学生之能力需要应有彻底之了解……（三）对于将来担任之功课须有充分的准备……（四）各人一举一动，一言一行，都要

---

① 陶行知. 陶行知全集（第 2 卷）[M]. 长沙：湖南教育出版社，1983：163.

修养到不愧为人师的地步。"① 在这里，陶行知抓住了师范生的本质特点，把握住了"师范性"的真谛，精当而完整、准确而全面地揭示了师范学校培养目标的特殊要求。

陶行知针对传统师范教育在人才培养上手脑分离、脱离实际的弊端，较明确地提出了全面发展的培养目标，并强调师范教育要突出"师范性"，这不仅适用于 20 世纪 20 年代，而且也适用于我们今天的师范教育改革，具有重要的现实意义。

四、对师范教育内容和方法的革新与建构

陶行知在《中国师范教育建设论》中指出："教什么？怎样教？教谁？谁教？这是师范学校的几个基本问题。要想把师范学校办得好，必须把这些问题先弄明白。"这里他提出了一个师范教育内容与方法的问题。

首先，对于师范教育的内容，陶行知主张"教什么，就拿什么来训练教师"，即"有什么，学什么"，"要什么，学什么"，以大社会、大自然作为教材和课堂。他的这种思想是建立在批判以读死书为中心的旧式师范教育的教育内容基础上的。他认为以文字为中心的教育，培养出来的学生是没有生命力和创造力的书呆子。"那种文字之外无教育"和以"讲书、听书、读书"为正统的教育程序必须打破，只有这样才能使师范教育适应社会需要，创造出富于"生命力"的社会改革者。

为此，他主张把教材与生活实际联系起来，实际生活需要什么，就要培养学生有什么样的"生活力"，就要有与之相应的教科书做指导。他把实际生活本领的训练和书本有机地结合起来。按照上面的主张，上课，实习，参加改造自然、社会的活动和校务等，都是正规的教育内容。在他创办的学校里（如著名的晓庄师范学校），学生的一切活动都是计划之内的，没有课内外之分。他的这种主张，既体现了师范教育的"师范性"，也纠正了多年来在师范教育中教师"教死书、死教书、教书死"，学生"死读书、读死书、读书死"的脱离生活实际的弊端。

其次，陶行知提出了"教学做合一"的方法。这一方法源于陶行知"生活教育"理论，源于对旧教育中教师讲、学生听的传统方法的批判。

那么，什么是"教学做合一"呢？陶行知认为"教学做合一有两种含义：一是方法；二是生活的说明"。在方法方面，他主张"教的法子要根

---

① 陶行知. 陶行知全集（第 1 卷）[M]. 长沙：湖南教育出版社，1983：576.

据学的法子，学的法子要根据做的法子"，"事怎样做就怎样学，怎样学就怎样教"，"不然便学非所用，用非所学了"。在生活的说明方面，他说："在做上教的是先生，在做上学的是学生。从先生对学生的关系说，做便是教；从学生对先生的关系说，做便是学。先生拿做来教，乃是真教；学生拿做来学，方是实学。不在做上用工夫，教固不成教，学也不成学。"他认为那种把教学做说成三件事的讲法是没有道理的，是完全错误的。在这里，陶行知特别强调了"做"，把"做"摆在比"教""学"更为重要的位置，正如他自己所说的"做是学的中心，也就是教的中心"，它是联结人与生活的纽带。

既然教与学都以"做"为中心，那教师的作用如何呢？教师处于什么地位呢？陶行知指出："本校各科教师都称为指导员，不称为教员。他们指导学生教学做，他们与学生共教，共学，共做，共生活。"这样教师便会在教育实践中运用教育理论知识，提高教学效果。

运用"教学做合一"的方法办师范教育，是为了培养富有生活力、开创力的人才，让他们去创造新的社会。这个思想对改革传统的师范教育是十分宝贵的。目前，我国的师范教育有了很大的发展，但仍不能适应整个基础教育事业发展的需要，主要问题是师范学校不同程度地存在理论与实践脱离、师范性不突出、实践性不强等，这种不良倾向早为陶行知所批判，他在教育实践探索中指出的"教学做合一"的方法就是为了改变这种弊端。他在教育实践中所取得的经验很值得我们学习。

总之，陶行知是我国师范教育改革的先驱之一，他创造了比较完整、系统的师范教育改革体系，树立了师范教育的典型，在师范教育改革的理论上和实践上都有重大建树，为中国现代教育史做出了杰出的贡献。他的某些师范教育改革理论和实践，不仅在当时有着重要的历史意义，而且对我们今天更好地进行师范教育改革，促进教育事业发展，培养新世纪人才，仍有重要的现实意义。

［原文刊载于《辽宁教育学院学报》1997 年第 4 期（曲铁华）］

第二专题

教师教育政策研究

我国师范生免费教育政策的百年历史考察

中国教育史上专门的师范教育，肇始于盛宣怀于光绪二十三年（1897）创办的南洋公学师范院。师范教育作为"群学之基"，在整个教育系统甚至整个社会系统中，有着重之又重的特殊地位。加之中华民族自古以来就有"尊师重教"的优良传统，所以自创始之日起，师范教育免费政策便伴随其发展。

一、南洋公学师范院的免费教育

中日甲午战争后，中国民族危机空前加深。为了救亡图存，随着"开民智"目标的提出，中国近代教育进入一个新的发展阶段，即由重点设学以应洋务急需的专门教育转向普遍设学以启大众近代政治文化科学之蒙的普通教育，培养师资成为亟须解决的问题，师范教育呼之欲出。盛宣怀所创办的南洋公学师范院是中国教育史上师范教育的起点。光绪二十二年（1896）春，时任大理寺少卿的盛宣怀奏准在上海创办新学堂。由于当时"西国以学堂经费，半由商民所捐，半由官助者为公学"，"今上海学堂之设，常费皆招商电报两局众商所捐"①，即学堂的经费由盛宣怀主管的轮船招商局、上海电报局两家捐助，每年 10 万两白银；又因当时我国海岸线的划分，黄海、渤海称为"北洋"，而长江口以南（东海在内）直到福建、广东、台湾称为"南洋"，所以盛宣怀在上海新办的学堂定名为"南洋公学"。

按照《南洋公学章程》，该学校分立四院，师范院（师范学堂）为其中之一。南洋公学创办之初，仅开师范院，招生 40 人，"延订华洋教习，课以中西各学，要于明体达用，勤学善诲为指归"②。"师范生分格五层。第一层之格曰：学有门径，材堪造就，质成敦实，趣绝卑陋，志慕远大，

① 朱有瓛. 中国近代学制史料（第一辑：下册）[G]. 上海：华东师范大学出版社，1986：513.
② 朱有瓛. 中国近代学制史料（第一辑：下册）[G]. 上海：华东师范大学出版社，1986：511.

性近和平；第二层之格曰：勤学悔劳，抚字耐烦，猝就范围，通商量，先公后私；第三层之格曰：善诱掖，密稽察，有条理，能操纵，能应变；第四层之格曰：无畛域计较，无争无忌，无骄矜，无吝啬，无客气，无火气；第五层之格曰：性厚才精，学广识通，行正度大，心虚气静。"并且规定，"师范生合第五层格，准充教习"①。学生不仅免交学费、宿费、伙食费，而且享受数量不等的津贴和奖学金，兼课的师范生还另外加薪水。师范生课程有外语、数学、物理、化学、生物、地理等。光绪二十三年（1897），南洋公学设立外院，即"复仿日本师范学校，有附属小学校之法，别选年十岁内外至十七八岁止，聪颖幼童一百二十名，设一外院学堂，令师范生分班教之"，使师范生有教育实习的场所，从而"且学且诲，颇得知行并进之益"②，学生毕业后或留校任教，或出洋留学，或从事其他职业，没有固定的服务年限和服务地点要求。

二、清政府"癸卯学制"中的师范生免费教育规定

光绪二十七年（1901），面对不曾有过的统治危机，内外交困的清王朝被迫实行"新政"，实施了清末最后也是最大一次政府主导型的近代化运动。在这一场为期10年的涉及各个方面的改革中，教育制度得以以法令形式颁布，师范教育制度随之形成，获得初步的发展。

根据《奏定学堂章程》（其所规定的学制称为"癸卯学制"）的规定，师范学校在设置上取法日本，单独设立，分为初级师范学堂、优级师范学堂，上下衔接，体系完整。根据《奏定初级师范学堂章程》规定，初级师范学堂培养高等小学堂及初等小学堂教员，分为简易科和完全科，简易科是"以应急需"，"俟完全学科毕业有人，简易科即酌量裁撤"③。学生分"官费生"和"私费生"两种，"官费生"即各地政府筹款供给学费和食宿费，"无庸纳费"④，学生享受免费教育；"私费生"即"自备资斧入学者"，食宿费和杂费自理，而且名额有一定限制，"须视本学堂情形酌定，且须经地方官长允准方可"⑤。

---

① 朱有瓛. 中国近代学制史料（第一辑：下册）[G]. 上海：华东师范大学出版社，1986：514.
② 朱有瓛. 中国近代学制史料（第一辑：下册）[G]. 上海：华东师范大学出版社，1986：511-512.
③ 舒新城. 中国近代教育史资料：中册 [G]. 北京：人民教育出版社，1981：665.
④ 舒新城. 中国近代教育史资料：中册 [G]. 北京：人民教育出版社，1981：665.
⑤ 舒新城. 中国近代教育史资料：中册 [G]. 北京：人民教育出版社，1981：679.

　　《奏定初级师范学堂章程》严格规定了初级师范生毕业效力义务。根据规定，学生有回生源地从事教员的义务，"省城初级师范学堂毕业生，应有从事本省各州县小学堂教员之义务，州县初级师范学堂毕业生应有从事本州县各小学堂教员之义务"。而且从教有年限要求，"从事教员之义务年限，由官费毕业者，本科生六年，简易科生三年；由私费毕业者，本科生三年，简易科生二年，此年限内不准私自应聘他往并营谋他事。义务限满，视其尽心无过者奖给官职。如满年限后仍愿充当教员者尤善；除奖叙外，自应准其续充；如更充当年久，积有资劳者，从优奖励"。但是，"如有不得已事故，实不能尽效力义务者，由州县官查明，禀奉本省督抚允许，可豁免其效力年限"。初级师范学堂的毕业生在服务期满以后，方可根据本人意愿进入优级师范学堂或高等学堂深造。如果毕业生"不肯尽教职之义务，或因事撤销教员凭照者，当勒缴在学时所给学费，其数多少临时酌定"①。

　　根据《奏定优级师范学堂章程》，优级师范学堂在京师及各省城各设一所，招收初级师范学堂和普通中学的毕业生，"造就初级师范学堂及中学堂之教员管理员"②。优级师范学堂又分为公共科、分类科和加习科。公共科是优级师范学堂的每一个学生都必须学习的，课程限一年毕业，其后修习分类科课程，限三年毕业。加习科是学生在分类科毕业后，"自觉于管理法教授法其学力尚不足用，故自愿留学一年，择有关教育之要端加习数门，更考求其精深之理法"。所以，修习与否"可听学生之便"③。

　　在费用方面，"公共科及分类科学生在学费用，均以官费支给；惟加习科学生，其由分类科毕业生选取者，仍由官给费用；其不由分类科毕业生选取者，应令本生自备学费"。在毕业后的效力义务方面，优级师范学堂分类科毕业生"有效力本省及全国教育职事之义务，其义务年限暂定为六年。又此六年中之前二年，经学务大臣及本省督抚指派职事，不论何地何事均为当尽之义务，不得规避"。但是，"毕业生有不得已事故，实不能尽教育职事之义务者，可具禀声明实在情形，经本省督抚及学务大臣核准，得豁免其效力年限"。优级师范学堂的毕业生在服务期满以后，可根据本人意愿进入大学堂肄习。如果"毕业生有不尽教育职事之义务，或因

①　舒新城. 中国近代教育史资料：中册［G］. 北京：人民教育出版社，1981：680.
②　舒新城. 中国近代教育史资料：中册［G］. 北京：人民教育出版社，1981：682.
③　舒新城. 中国近代教育史资料：中册［G］. 北京：人民教育出版社，1981：683.

事撤销教员凭照者，当酌令缴还在学时所给学费以示惩罚"①。

三、北洋政府的师范生教育政策

1911 年 10 月，爆发了划时代的辛亥革命，结束了中国两千多年的封建统治，开启了社会发展的新历程。1912 年元旦，南京临时政府成立，但革命果实很快被袁世凯窃取，中央政府迁往北京。北洋政府统治时期，受其背后各派系军阀兴衰的影响，政局动荡，师范生教育免费与否随之受到影响。

1912 年 9 月，教育部公布《师范教育令》。同清末的"癸卯学制"一样，师范类学校单独设置，在体系上有师范学校和高等师范学校两级，上下衔接。"师范学校以造就小学校教员为目的"，"高等师范学校以造就中学校、师范学校教员为目的"。师范学校为省立，经费由各省经费支给；高等师范学校为国立，经费由国库金支给。②

1912 年 12 月，教育部公布《师范学校规程》，规定师范学校分本科和预科。预科修业年限为一年，是进入本科前的必须教育。本科分为第一部、第二部，第一部修业年限为四年，第二部可以根据地方的具体情况决定设与不设，修业年限为一年。学校的学生不再全部免费，有公费生、半费生和自费生三种。公费生免纳学费，并由本学校给膳宿费。半费生免交学费，自费生由各校招纳，免交学费，膳宿费全部自给，但人数、费额需要由省行政长官核定。如果因"身体羸弱难望成就者"或"成绩过劣者"或"性质不良、不宜于教职者"或"自行告退者"，公费生要偿还学费和各种费用，自费生要偿还学费，但"得酌量情形免其一部或全免之"③。

在服务方面，要求"本科毕业生应在本省高等小学校及国民学校服务，其期限自受毕业证书之日起算：第一部公费生七年，半费生五年，自费生三年；第二部生二年"。女子师范学校本科毕业生应行服务之期限："公费生五年，半费生四年，自费生三年；第二部生二年。本科毕业生有因特别情事经省行政长官认可者，亦得就职于他省或华侨所居地，但以教育事业为限"④。相对以往对师范生服务方面规定的严格，这项规程在某些方面比较宽松，如毕业生在服务期限内"欲入高等师范学校更求深造者，

① 舒新城. 中国近代教育史资料：中册［G］. 北京：人民教育出版社，1981：694.
② 舒新城. 中国近代教育史资料：中册［G］. 北京：人民教育出版社，1981：700-701.
③ 舒新城. 中国近代教育史资料：中册［G］. 北京：人民教育出版社，1981：713.
④ 舒新城. 中国近代教育史资料：中册［G］. 北京：人民教育出版社，1981：713-714.

省行政长官得允许之"，不再像以往在服务期限内绝对禁止进一步深造。此外，对服务期限的规定也有了一定的宽限，"本科毕业生有特别情事不能服务者，省行政长官得酌量减免之"，整个程序较以往简单了很多。与以往相同的是，如果毕业生无正当事由而不尽服务之义务或被惩戒免职的，原则上公费生要偿还学费和所给予的其他各费，自费生偿还学费，但也可以酌情处理。[①]

1913年2月，教育部又公布了《高等师范学校规程》。该规程规定高等师范学校分预科、本科和研究科，还可根据实际需要增设专修科和选科。专修科在师范学校及中学校某科教员缺乏时设置，选科为志愿充任师范学校及中学校教员的人设置。预科生为"在师范学校中学校毕业，或与有同等学力者"[②]，"均为公费生，但得酌量情形收录自费生"[③]。本科生由预科毕业生升入。研究科公费生由校长在本科及专修科毕业生中选取。在本国或外国专门学校毕业及从事教育有相当之学识经验者，经校长认可可以自费入学。自费生的人数及所缴纳的费额由校长酌情而定，然后呈请教育总长认可。高等师范学校的公费生免纳学费，并由学校供给膳费及杂费。专修科和选科生都是自费，但专修科生也可以根据特别情形给予公费。如果因"身体羸弱难望成就"或"成绩过劣"或"性质不良、不宜于教职"或"自行告退"，公费生要偿还学费和各种费用，自费生偿还学费。

在服务方面，规定服务的期限"自受毕业证书之日起"，本科公费生以六年为限，专修科公费生以四年为限；如果教育总长特别指定职务，或者服务于边远之地者，前者可减至四年，后者减至三年；如果"遇有特别情事不能依规定期限服务者，教育总长得酌量展缓，或免除之"[④]。但是，被免除服务的公费生要偿还学费及给予各费，自费生要偿还学费。本科专修科之自费生的服务年限均视公费生减半。如果毕业生无正当事由而不尽服务之义务或被惩戒免职的或被撤销教员许可状的，公费生要偿还学费和所给予的其他各费，自费生偿还学费。此后近10年的时间，北洋政府在师范生教育收费方面一直沿用以上政策，学费一律免交，膳宿费等按学生类别缴纳，毕业后有一定的服务年限。

1922年，北洋政府颁布"新学制"，即"壬戌学制"。新学制受美国

---

① 舒新城. 中国近代教育史资料：中册［G］. 北京：人民教育出版社，1981：714.
② 舒新城. 中国近代教育史资料：中册［G］. 北京：人民教育出版社，1981：719.
③ 舒新城. 中国近代教育史资料：中册［G］. 北京：人民教育出版社，1981：720.
④ 舒新城. 中国近代教育史资料：中册［G］. 北京：人民教育出版社，1981：721.

教育影响，取消了师范教育独立设置的制度。各地的师范学校合并于中学；"依旧制设立的高等师范学校，应于相当时期内提高程度……称师范大学校"①，除北京高等师范学校外，均改为一般大学或合并于大学。师范生免费教育的待遇随之被取消。

四、南京国民政府时期的师范生免费教育政策

1927年4月，南京国民政府成立。由于"新学制"改革不利于师范教育的发展，师资数量明显减少，供不应求的矛盾日益突出。1929年，《中华民国教育宗旨及其实施方针》颁布，提出师范教育要"于可能范围内使其独立设置"。1932年12月17日，国民政府颁布《师范学校法》，规定"师范学校及其特别师范科、幼稚师范科，均不征收学费"②。师范生免费教育重回学校。

1933年3月18日，教育部颁布《师范学校规程》，申明："师范学校学生一律免收学费。各省市应斟酌情形免收学生膳费之全部或一部。"但是，对师范生毕业服务方面的要求更加严格。"师范学校毕业生，其服务年限按其修业年限加倍计算。在规定的服务年限内，不得升学或从事教育以外之职务，违者除追缴学膳费外，如升学者由其升入之学校令其退学。"③ 1938年8月颁布的《师范学院规程》规定："师范学院学生一律住校，免缴学、膳费。学生无故退学，或被学校开除学籍者，应追缴其学、膳费。师范学院学生的服务年限，须照其修业年限加倍计算……在规定服务年限内，不得从事教育以外的职务，违者依照规定，追缴学、膳费。"④ 由此可见，中断近10年的师范生免费教育重新回到了历史舞台。但是，学生在入学时得缴纳一定数额的保证金，毕业时予以发还，无故退学或被开除学籍者除外。如1936年制定的《国立北平师范大学学则》规定，"入学新生除办理注册手续外，须交纳保证金20元"，"本大学学生所交纳的保证金于毕业（或病故）时发还，但自请退学或因故由学校令其退学者，已交纳的保证金概不退还"⑤。

1939年第三次全国教育会议后，国民政府对中等师范毕业生的服务

---

① 宋恩荣，章咸. 中华民国教育法规选编 [G]. 南京：江苏教育出版社，2005：35.
② 宋恩荣，章咸. 中华民国教育法规选编 [G]. 南京：江苏教育出版社，2005：445.
③ 李桂林. 中国现代教育史 [M]. 长春：吉林教育出版社，1991，250-251.
④ 李桂林. 中国现代教育史 [M]. 长春：吉林教育出版社，1991，254.
⑤ 陈明远. 六十多年前的大学学费 [J]. 文史博览，2006（01）：56-58.

要求进行了加强或变革。1939 年 6 月，教育部颁布《师范学校毕业生服务规程》，规定："各种师范学校毕业生服务年限一律定为三年。其有因病或其他故障不能服务时，得呈请省市教育行政机关酌量展缓服务其间，因痼病或残疾外，其展缓时间不得超过三年，女生更不得因结婚请求展缓服务。服务范围以教育界为限。"1942 年 3 月，教育部将《师范学校毕业生服务规程》21 条修正为 40 条，规定"服务范围以小学教员为限，师范学校毕业生之毕业证书应俟三年服务期满后由主管教育行政机关在证书上加盖'服务期满'字样，发给原校转给。如在规定服务期间内擅自升学或改就他业者，由主管教育行政机关转行其升学机关，勒令退学，或就业之机关勒令解聘"。

1943 年，国民政府通令，严禁各机关团体招用服务未满期限的师范毕业生与师范生，"期每一师范毕业生皆能完成其任务，以符国家之厚望"[1]。1944 年 10 月，国民政府行政院颁布了《全国师范学校学生公费待遇实施办法》，"全国各级师范学校学生（包括简易师范）公费待遇依本办法"[2]，应享受公费的部分除保证金外，免缴学费、宿费及图书、体育、医药卫生等杂费，学校供给膳食并发给制服，其中劳作、美术、理化、生物等实验材料费也由学校负担，特别困难的优秀学生还可以领取奖学金。

南京国民政府时期，师范生教育一直采取免费政策。

五、新中国成立至 2006 年的师范生教育政策

新中国成立后，国家生活的诸多方面都百废待兴，人才和教育备受重视。中央教育部于 1952 年颁布《关于高等师范学校的规定（草案）》和《师范学校暂行规程（草案）》，规定高等师范院校学生一律享受人民助学金，并由人民政府教育部门分配工作；师范学校学生也一律享受人民助学金，分别由省市或市县教育行政机关负责分配工作，至少服务教育工作三年（师范速成班二年），在此期间不得升学或担任其他职务。师范类学生除免缴学费、杂费、住宿等费用外，还可以享受人民助学金。

1986 年 7 月，国务院批转了《国家教育委员会、财政部关于改革现行普通高等学校人民助学金制度的报告》，将人民助学金制改为奖学金制和贷款制，师范生开始享受"专业奖学金"。随着社会的发展、人民群众

---

① 教育部教育年鉴编纂委员会. 第二次中国教育年鉴 [Z]. 上海：商务印书馆，1945：928.
② 宋恩荣，章咸. 中华民国教育法规选编 [G]. 南京：江苏教育出版社，2005：457.

收入的增加和生活水平的提高，自 20 世纪 90 年代起，中国高等院校逐渐开始收费，与之相配套的是就业制度的改革。

国家教委于 1992 年 12 月 8 日颁布《关于加快改革和积极发展普通高等教育的意见》（以下简称《意见》），奏响高等教育收费的先声。《意见》提出高等教育属于非义务教育，学生上大学后由国家包费用、包工作等一系列"包"下来的制度应该改革，学生上大学原则上均应缴费，并实行大多数毕业生自主择业的就业制度。学生所缴费用的标准要考虑到人民群众的承受能力，由学校报主管部门或省、自治区、直辖市人民政府确定。同时，为调动学生的学习主动性和积极性，照顾某些学生的实际情况，该《意见》规定："国家、企事业单位、社会团体和学校均可设立奖学金，对品学兼优的学生给予奖励，对毕业后定向就业的学生予以资助；银行设立贷学金，学校积极开展勤工助学，对家庭经济有困难的学生提供帮助；对部分国家必须重点保证的、特殊的学校和专业，实行专项奖学金或提高奖学金的数额。"《意见》全文没有对高等师范院校学生缴费与否做特别说明，只是笼统地规定"学生上大学原则上均应缴费"。师范生缴费初见端倪。

1994 年 7 月，国务院发布关于《中国教育改革和发展纲要》的实施意见。国务院关于《纲要》第 16 条的实施意见是："学生实行缴费上学制度。缴费标准由教育行政主管部门按生均培养成本的一定比例和社会及学生家长承受能力因地、因校（或专业）确定……国家建立各种专项奖学金或定向奖学金，奖励品学兼优的学生和报考国家重点保证的某些学科、师范院校及特殊的、条件艰苦的专业和志愿到边远地区工作的学生。急需毕业生的部门、地区或企事业单位也可设立专项奖学金或定向奖学金。国家对家庭经济困难的学生设立贷学金。"这一意见基本默认了师范院校的学生也需要缴费，只是在专项奖学金或定向奖学金上对师范生有所倾斜。

1996 年 12 月 5 日，国家教委颁布《关于师范教育改革和发展的若干意见》，主张"推进高等、中等师范学校招生并轨改革，原则上师范专业学生免交学费，并享受专业奖（助）学金。对免交学费，享受师范专业奖（助）学金的学生，毕业后实行五年任教服务期制度"。16 日，国家教委颁布《高等学校收费管理暂行办法》，其中第七条明确规定"师范"等享受国家专业奖学金的高校学生免缴学费。由于《关于师范教育改革和发展的若干意见》中对师范专业学生有"原则上"免交学费的规定，使得此后一些省市采取变通的办法收取师范生部分培养费，如广东省从 1999 年开始师范生按同类学生学费标准的 50% 收取"杂费"。

2000 年 6 月，教育部、国家计委和财政部联合下发的《关于 2000 年高等学校招生收费工作若干意见的通知》中规定："对享受国家专业奖学金的高等学校学生继续实行免收学费制度，如确有必要对某些专业的学生收取部分或全部学费，其具体收费标准则由省、自治区、直辖市人民政府确定。"此项比较含糊的条款使各地陆续对师范生实行全额或部分收费。从 2000 年起至 2006 年，各级师范生教育一直处于收费状态。

六、2007 年师范生免费教育重新出现

2007 年 5 月 9 日，国务院办公厅转发教育部等部门《教育部直属师范大学师范生免费教育实施办法（试行）》，要求各省、自治区、直辖市人民政府，国务院各部委、各直属机构认真贯彻执行。该《办法》要求从 2007 年秋季入学的新生起，在北京师范大学、华东师范大学、东北师范大学、华中师范大学、陕西师范大学和西南大学 6 所部属师范大学试点实行师范生免费教育。国家采取这一重大举措的目的，一是培养大批优秀的教师，鼓励更多的优秀青年终身做教育工作者，使我国的基础教育事业获得更好的发展；二是进一步形成尊师重教的浓厚氛围，让教育成为全社会最受尊重的事业。根据该《办法》，享受免费教育的师范生从热爱教育事业、有志于长期从教及终身从教的优秀高中毕业生中选拔，在校学习期间免学费和住宿费，补助生活费。"有志从教并符合条件的非师范专业优秀学生，在入学二年内，可在教育部和学校核定的计划内转入师范专业，并由学校按标准返还学费、住宿费，补发生活费补助"。师范生免费教育所需经费由中央财政安排。

免费师范生入学前与学校和生源所在地省级教育行政部门签订协议，承诺毕业后从事中小学教育十年以上。在协议规定服务期内，毕业生可在学校间流动或从事教育管理工作。到城镇学校工作的免费师范毕业生，应先到农村义务教育学校任教服务二年。如果未按协议从事中小学教育工作的，按规定退还已享受的免费教育费用并缴纳违约金。如果确实有特殊原因不能履行协议的，报经省级教育行政部门批准。免费师范生毕业前及在协议规定服务期内，一般不得报考脱产研究生；经考核符合要求的，可以被录取为教育硕士专业学位研究生，在职学习，任教考核合格并通过论文答辩后获得硕士研究生毕业证书和教育硕士专业学位证书。

此外，该《办法》还对有关教育部门做了相应的工作要求。对中央相关部门而言，要把培养优秀中小学教师的工作作为评价师范大学办学水平的重要指标，对在实施师范生免费教育工作中做出积极贡献的部属师范大学给予政策倾斜，进一步加大对师范教育的支持力度；对接收免费师范毕

业生的中西部地区给予一定的支持。对省级相关部门而言，要负责免费师范生履行协议情况的管理，建立免费师范生的诚信档案，统筹规划做好接收免费师范毕业生的各项工作，组织用人学校与毕业生在需求岗位范围内进行双向选择，切实为每一位毕业生安排落实任教学校，并确保每一位到中小学校任教的免费师范毕业生有编有岗。其他地方政府和农村学校要为免费师范毕业生到农村任教服务提供必要的工作生活条件和周转住房。

该《办法》还要求各级政府采取有力措施，对长期从事中小学教育的免费师范毕业生给予积极的鼓励和支持。对实行师范生免费教育的部属6所师范大学而言，要抓住此次实行师范生免费教育的良好机遇，围绕培养造就优秀教师和教育家的目标，大力推进教师教育改革，特别要根据目前国内基础教育发展和课程改革的要求，精心制订教育培养方案；要按照学为人师、行为世范的要求，加强师范生师德教育；要安排名师给免费师范生授课，选派高水平教师担任教师教育课程教学，建立师范生培养导师制度；要强化实践教学环节，完善师范生在校期间到中小学实习半年的制度；要通过培养教育，使学生树立先进的教育理念，热爱教育事业，具有长期从教的职业理想，为将来成为优秀教师和教育专家打下牢固的根基。

回眸中国师范生免费教育政策的百余年历史，除了开中国师范教育之先河的南洋公学师范院之外，不管是哪一时期，上学时享受免费待遇和毕业后履行服务义务的规定一直都同时存在，不同的是对免费师范生入学时的承诺方式的规定和对免费师范生毕业后履行服务义务的年限、激励与惩罚措施。如在入学时的承诺方式上，南京国民政府时期要求缴纳保证金，当前的政策则要求签订协议。

相形之下，我国当前的师范生免费教育政策的特殊点之一是学生毕业后的服务地点必须是农村，这是我国当前教育政策中的一大亮点，将极大地有利于缓解我国农村教育中的师资问题，有利于农村教育的发展和完善；特殊点之二是对各级政府的相关部门和实行免费教育的6所师范大学提出了相应要求，力图从上而下、从管理到教学全方位地保证师范生免费教育政策的良好实施，进而保证目标的实现。因此，相关部门应按要求和毕业生服务农村教育的特点采取切实措施。如在师范生教育的课程设置上，不仅要有使学生获得"从教之学"的课程，还应该设置能使之获取"为农之学"的课程；在师范生从教技能的培训方面，不仅要有传统的"三字一话"，还应该基于农村儿童的特点及未来发展考虑，注重师范生对贴近农村现实的教育技巧的掌握，并且能够运用现代化的教学手段。

［原文刊载于《社会科学战线》2010年第1期（曲铁华　袁媛）］

清末至民国时期师范学校教师聘任政策的
历史审视

中国师范教育自创立之日起就备受关注，经历百年的历史跌宕，依然彰显出勃勃生机。教师作为师范教育发展的关键因素，具有不可替代的重要作用；而培养教师的人，更是起着重中之重的作用。梳理清末至民国时期师范学校教师的聘任政策，探讨这一时期师范学校教师聘用政策变迁的内在机理，旨在对当前的教师教育改革提供有益的借鉴。

一、清末至民国时期师范学校教师聘任政策的变迁

"殷忧启圣，多难兴邦。"中国师范教育在西方列强的坚船利炮中诞生，在军阀割据中波折生存，在内忧外患中经历着不断选择的破茧之痛。觉醒的先驱们认识到，面对这"数千年未有之变局"，"国之兴，在于兴学；学之兴，系乎教师"，"欲革旧习，兴智学，必以立师范学堂为第一义"。① 1897 年，盛宣怀在上海创办南洋公学师范院，开我国师范教育之先河。由此，师范学校教师这一教师队伍里的特殊群体，登上了教育的历史舞台。

（一）逐步发展和完善是师范学校教师聘任政策的总体趋势

"师范学校立，而群学之基悉定。" "夫师也者，学子之根核也。"② 1902 年，清政府颁布《钦定学堂章程》，规定师范学堂依附于中学堂、高等学堂而设，以造就小学、中学堂教员为宗旨。1903 年，在此基础上，清政府颁行《奏定聘用教员章程》，对师范学校教师的种类进行了细致划分。师范学校教师共分为正教员、副教员两类。其中，因所属学堂不同，细化为优级师范学堂正教员、副教员，初级师范学堂正教员、副教员。是年，《奏定学堂章程》颁行，将师范教育政策细分为《奏定初级师范学堂

① 朱有瓛. 中国近代学制史料（第一辑：下册）[G]. 上海：华东师范大学出版社，1986：982.
② 朱有瓛. 中国近代学制史料（第一辑：下册）[G]. 上海：华东师范大学出版社，1986：980.

章程》和《奏定优级师范学堂章程》，规定了师范教育教师的准入资格、教习宗旨以及教法等相关内容。

1906 年，清政府颁行《学部订定师范选科简章》。次年，《学部奏定女子师范学堂章程》颁行，规定了女子师范学堂教习及蒙养院教习的准入规定及教育准则。1907 年的《学部奏定女子师范学堂章程折（附章程）》，彰显了女子师范学校教师队伍的开放性与包容性。至此，清末的师范学校教师聘任政策体制已基本成型。

1912 年，民国政府成立。是年 9 月颁布《师范教育令》，提出师范学校教员需接受检定委员会检定，认为合格者才可获得聘任资格。同年 12 月的《师范学校规程》、1916 年的《修正师范学校规程》，对师范学校教师的任务、教授课程进行了详细的规定。经过民初系列法案的颁布施行，清末时期的师范学校教师聘任政策得以延续并施行。1932 年《师范学校规程》颁行，明确师范学校教员聘任标准。1934 年提出《师范学校教员检定暂行规程》。至此，师范学校教师聘任政策体系已基本建成。

（二）始终注重教师聘任的道德要求

注重教师德行和学生道德的培养，是保证教师素质、保障师范教育健康发展的重要手段。从清末师范教育初创到整个民国时期的发展来看，师范学堂章程对教师的德行以及学生的道德培养进行了较为细致的规定，并且不同时期在内容上都保持了相对的一致性。

1903 年的《奏定初级师范学堂章程》规定，"膺师范之任者，必当敦品养德，循礼奉法，言动威仪足为模楷；故教师范者宜勉各生以谨言慎行，贵庄重而戒轻佻，尚和平而忌暴戾；且须听受长上之命令训诲，以身作则，方能使学生服从。"[①] 1916 年的《师范学校规程》规定："健全之精神宿于健全之身体，故宜使学生谨于摄生，勤于体育。陶冶性情、锻炼意志，为充任教员者之要务，故宜使学生富于美感，勇于德行。爱国家、尊法宪，为充任教员者之要务，故宜使学生明建国之本原，践国民之职分。独立博爱为充任教员者之要务，故宜使学生尊品格而重自治，爱人道而尚大公。国民教育趋重实际，宜使学生明现今之大势，察社会之情状，实事求是，为生利之人而勿为分利之人。世界观与人生观为精神教育之本，故

---

① 舒新城. 中国近代教育史资料：中册 [G]. 北京：人民教育出版社，1981：668.

宜使学生究心哲理而具高尚之志趣。"①

1923 年《中华民国宪法内之教育专章草案》提出，"全国教育，应以致力于人格完成，发展民主国之国民精神为主旨"②。1932 年的《师范学院规程》及 1941 年的《修正师范规程》均指出"师范学校教员须品格健全"。1939 年，国立四川大学颁行《加强大学内师范学院之精神训练案》，提出要"慎重师范学院教授人选，除学有专长外，须具高尚品格，优良习惯，对学问能孜孜研究，对生徒能循循善诱者，方谓合格"③。1947 年的《修正师范学院规程》规定："师范学院学生导师，须负责辅导学生之品格修养，学术研究及专业训练。"④

（三）从由校长"一人任之"到检定规程的出台

1912 年民国成立初年，国民政府颁布《师范教育令》，规定"师范学堂教员经验定合格方可任之"。1916 年又颁行《师范学校规程》，规定"须具有正教员之许可状"。1917 年始，民国初年的教育稳定发展格局被军阀混战打破，但 1917 年 5 月教育部仍颁行《国立大学职员任用及薪俸章程》，将新教师的聘任权交给了学校校长，并指明教授和助教"延聘以一年为试教时间，期若双方同意，得订立长期契约"⑤。

1932 年，民国政府颁行《师范学校规程》，基于对师范学校教员的严格准入，规定"师范学校教员由校长聘任之，应为专任，但有特别情形者，得聘请兼任教员，其人数不得超过教员总数四分之一"⑥，"教员之初聘任期，以一学年为原则，以后续聘任期为二学年"⑦，"师范学校各科均应聘请专任教员"⑧。1934 年，又在教师延聘基础上提出《师范学校教员检定暂行规程》，这一政策旨在保障师范教师队伍的严谨与专业，剔除队伍当中不适合成为教员的人，保持教师队伍的纯洁与稳定。

1938 年提出并制定了《师范学院与省市教育行政机关合作推进中等

① 舒新城. 中国近代教育史资料：中册 [G]. 北京：人民教育出版社，1981：702.
② 李友芝，等. 中国近现代师范教育史资料（第 2 册）[G]. 内部交流，1983：269.
③ 李友芝，等. 中国近现代师范教育史资料（第 2 册）[G]. 内部交流，1983：678.
④ 李友芝，等. 中国近现代师范教育史资料（第 2 册）[G]. 内部交流，1983：545.
⑤ 中国第二历史档案馆. 中华民国史档案资料汇编（第三辑 教育）[G]. 南京：凤凰出版社，1991：165.
⑥ 李友芝，等. 中国近现代师范教育史资料（第 2 册）[G]. 内部交流，1983：325.
⑦ 李友芝，等. 中国近现代师范教育史资料（第 2 册）[G]. 内部交流，1983：340.
⑧ 李友芝，等. 中国近现代师范教育史资料（第 2 册）[G]. 内部交流，1983：340.

教育办法》，将全国划分为若干个师范学院区，负责推进区内中等教育的发展。1939 年，教育部出台《厉行中学教师检定制度以重师资案》，指出"欧美之中学教师，皆须经严格之检定，师资方面，学业教学界具相当之标准，而少滥等充数者。而吾国教师之任用，全由校长之选择，期间不免有承及人情、而新进者既无所限制，久任者又无可以促进其进修，教学之效率不增，学生之程度难以提高"①。1941 年，国民政府颁布了《边远区域师范学校暂行办法》，规定"边师教职员依照修正师范学校规程第 112 条规定，由校长开具履历，呈经本部核定后，方得聘任"②。1947 年颁布了《修正师范学院规程》，规定"师范学院学生导师，须负责辅导学生之品格修养，学术研究及专业训练"③。

（四）由单纯重视学历到学历与经验并重的聘任政策

1903 年，《奏定初级师范学堂章程》提出，"令拟派充高等小学堂及初等小学堂二项教员者入焉"④，"各州县于初级师范学堂尚未齐设之时，宜急设师范传习所，择省城初级师范学堂简易科毕业生之优等者，分往传习"⑤。1906 年，《学部订定优级师范选科简章》规定，"由优级师范选科毕业之学生，得称优级师范选科毕业生，有充当初级师范及中学堂教员之资格"⑥。

1907 年，《学部奏定女子师范学堂章程折（附章程）》规定，"教授女师范生，须副女子小学堂教科蒙养院保育科之旨趣，使适合将来充当教习保姆之用"⑦，"学堂教习，许聘用外国女教习充之，惟须选聘在女子高等师范毕业，品学优良者；且须明定应与中国女教习研究教法，其研究时限由该学堂自行酌定"⑧。

清末师范学校教师的聘任政策，旨在聘用具有优级师范学堂、初级师范学堂及女子高等师范毕业资格者为任职教师，尤以留学归来的师范学生为最优选择，在尚不能有合适游学外洋的师范优秀毕业生充之的情况下，

① 李友芝，等. 中国近现代师范教育史资料（第 2 册）[G]. 内部交流，1983：669.
② 李友芝，等. 中国近现代师范教育史资料（第 2 册）[G]. 内部交流，1983：436.
③ 李友芝，等. 中国近现代师范教育史资料（第 2 册）[G]. 内部交流，1983：545.
④ 舒新城. 中国近代教育史资料：中册 [G]. 北京：人民教育出版社，1981：665.
⑤ 舒新城. 中国近代教育史资料：中册 [G]. 北京：人民教育出版社，1981：665.
⑥ 舒新城. 中国近代教育史资料：中册 [G]. 北京：人民教育出版社，1981：700.
⑦ 舒新城. 中国近代教育史资料：下册 [G]. 北京：人民教育出版社，1981：804.
⑧ 舒新城. 中国近代教育史资料：下册 [G]. 北京：人民教育出版社，1981：809.

"华人教员亦可充之"。

1928 年，《整理学校系统案》提出，"为补充乡村小学教员之不足，得酌设乡村师范学校，收受初级中学毕业生或相当程度学校肄业生之有教学经验，且对于乡村教育具有改革之志愿者"[①]。1932 年，《师范学校规程》颁行，明确师范学校教员聘任标准，提出"和于下列规定资格之一者"方可有聘任资格，"资格"具体包括以下六项：①经师范学校教员考试或检定合格者；②国内外师范大学或大学教育学院教育科系毕业者；③国内外大学本科、高等师范本科或专修科、专讲学校或专门学校本科毕业后，有一年以上之教学经验者；④与高级中学程度相当学校毕业后有三年以上之教学经验，于所任教科确有研究成绩者；⑤有有价值之专门著述发表者；⑥具有精练技能者（专适用于劳作科教员）。[②] 在此之后，1934 年的《中师及师范学校教员检定暂行规程》、1941 年的《边远区域师范学校暂行办法》等均沿袭这一标准，将师范学校教师聘任政策从仅以学历为聘任的一元标准扩展为学历与教学经验与研究能力并存的二元评价标准。

二、清末至民国时期师范学校教师聘任政策变迁的影响因素

清末至民国时期师范教育的迅速发展，师范学校教师聘任政策的完善，无不与当时社会变迁的大背景相关。急剧多变的社会形势、西方教育思想的传入以及当政者的重视，都为师范学校教师聘任政策的稳步发展奠定了坚实的社会之基和思想之本。

（一）"教育气候"的动荡

混乱和变化急剧的社会形势，是清末至民国时期的时代印记。从辛亥革命推翻封建专制到军阀混战割据再到抗日战争，师范教育从创立之时，社会的转型便没有停止。这种从思想观念到社会制度都经历了长期阵痛和调整的大时代背景，为师范教育的发展带来了"双刃"的发展环境。一方面，政府为了应对频繁变换的政局形势，放松了对师范教育的管制，为师范教育发展提供了较为宽松的政治环境，使得许多教育界的有识之士将更多目光投向师范教育本身，以完善师范教育体制，制定师范教育政策，巩固师范教育成果；另一方面，混乱的社会秩序，不仅使得师范教育缺乏当

---

① 李友芝，等. 中国近现代师范教育史资料（第 2 册）[G]. 内部交流，1983：653.
② 李友芝，等. 中国近现代师范教育史资料（第 2 册）[G]. 内部交流，1983：341.

政者的有力支撑，更使得师范教育的发展一度陷入非理性的政策指引中。

由于战时的特殊情况，国民政府虽有心发展师范教育，却因力所不能及，使许多师范学校教师聘任政策并未真正得以施行。同时因政局的不断变动，使得师范学校的教师聘任政策也处于持续变化的动态过程之中。面对动荡的政局，如何处理和调整师范学校教师聘任与国家方针理论之间的矛盾和不适应，也成了制约整个师范教育发展的症结所在。

（二）西方教育思想的传入

近代师范教师聘任政策并不是中国传统教育自身嬗变的产物，而是借鉴与移植外国师范教育制度的结果。中国自古以来就有尊师重教的传统，到明清时期，已经有了一套对儒学教师进行选拔、任用、考核的教师聘任制度。但从严格意义上讲，这并不符合近现代意义上的师范学校教师聘任的要求。随着洋务运动的推进、留学热潮的高涨，欧美及日本的近代师范教育制度对我国产生了很大的影响。

为了尽快推动我国师范教育体系的建立与完善，为洋务运动培养实用之人才，清政府首先取法日本。"壬子癸丑学制"颁布前，清政府曾派遣大批留学生翻译日本教育资料，《师范学校教员检定章程》就带有明显的日本痕迹。其次是仿效美国。当进步主义教育的风潮席卷中国教育界之时，许多教育界的进步人士开始将目光转向欧美，"六三三"学制的出台就是典型的表现。在整个近代师范学校教师聘任政策发展的过程中，学习西方先进成熟经验，成了推动我国师范教育体系自身政策建设的最快途径。

通过对欧美、日本等国家师范教育政策的学习，我国的师范学校教师聘任政策，在专业设置、学术要求以及聘任标准等方面，出现了前所未有的多样性和灵活性，放宽了师范生应聘师范学校教师的标准，打破了原有旧标准的严格限制，出现了"代用教员"的制度，扩大了师资队伍的数量，补充了合格教师的不足。

（三）师范教育地位之独立与依附的博弈

师范教育独立与否，关乎师范教育的生存根本。依附于其他教育形式的师范教育难以自主发展，更无从自主选择教师。然而，师范教育独立举步维艰，四次关于师范教育展开的论争，三次发生在清末至民国时期。

1904年，爆发了关于师范教育的独立性的第一次论争。其主要围绕师范学校有无单设之必要和师范学堂是隶属于京师大学堂还是单独设置展开讨论。论争的结果是师范学校被保留下来，并将师范馆改为优级师范学堂单独设立。

第二次论争开始于1922年"壬戌学制"颁布之后，论争的焦点是关于师范学校应单独设置还是附属于普通大学和高中。1928年的《请大学明文规定师范教育独立案》指出，师范教育独立理由有"保存师范教育之尊严""适合师范生之需要""师范教育年限过短""师范生待遇不同"①。是年，江苏大学区师范科联合会提请《请确定师范教育制度案》，南京特别市教育局提请《师范学校应独立开办案》。1929年《中华民国教育宗旨及实施方针》颁布，论争告一段落。《方针》规定，全国师范学校在可能的范围内令其独立。这才使师范学校有了恢复独立身份的依据。

第三次论争始于1932年，这次主要针对高等师范教育，但其影响也波及了普通教育，实质上是取消或保留师范教育的论争。第三次论争的结束，不仅以北平师大作为独立的体制保存下来，师范学校也得以脱离高中而独立设立，从而使师范教育得到了恢复和巩固。1939年由西北联合大学提出的《初级师范教育应急谋独立完整与统制以造就优良小学师资案》指出，"自前期师范改为初中后，各师范区每年初中毕业人数过少。师范学校招生，常威投考人数不足，而无选取优材生之余地，以致降低师范生之程度，而间接降低国民教育之水准"②。

师范教育的独立并不是一帆风顺的，而是经历不断地质疑和论争，也正因这一次次独立与依附的博弈，最终推动师范教育进入一个新的发展阶段——提升了教师地位和待遇，增加了教师职业的吸引力，满足了社会对师范教育培养师资的质量与数量要求。

三、现实启示

时至今日，师范教育已走过百余年的历史，师范教师聘任政策也在这百年沧桑中蕴藏着极具借鉴意义的历史智慧。

（一）注重教师职业情意的要求，提高聘任教师的道德素质

清末至民国时期中国师范教育处于一种快速发展的状态。各项政策的

---

①　李友芝，等. 中国近现代师范教育史资料（第2册）[G]. 内部交流，1983：657.

②　李友芝，等. 中国近现代师范教育史资料（第2册）[G]. 内部交流，1983：680.

颁布与实施，推动了师范教育体系逐步完善，师范学校数量不断增加。这一时期的师范学校教师聘任政策，已经在一定程度上具有了现代意义，这种轮廓性的总体发展，为之后的师范学校教师聘任政策的发展奠定了基础。

对聘任师范学校教师有明确的教师职业道德要求，是聘任政策的一个突出特点。从清末至民国时期师范学校教师聘任章程中可以看出，这一时期对师范教师的聘任要求，主要集中在教师的道德素养上。提升师范学校教师的道德要求，增强其职业情意，是守住师范学校教师入口的重要手段。提高师范学校教师聘任标准，从教师的职业信念、能力水平以及道德素养不同维度出发，方能真正选贤任能，督促师范教育健康发展。

（二）注重教师资格检定，增强教师资格的认定力度

从对清末至民国时期师范学校教师聘任政策的分析中，我们可以看出，民国时期在对师范教师进行定期资格检定的政策实施过程中，一定程度上保障了师范学校教师队伍的专业性，保证了教师队伍的纯洁性。由校长检定发展到由专业的教育机构检定的政策，成为今天教师资格制度的重要借鉴。为了实现教师职业的专业化，提升教师队伍的整体水平，打破教师资格证书制度的终身制，保持其时效性、功能性、筛选性，建立教师资格检定的专业组织机构，创建科学化的教师资格检定标准，严格教师资格检定考试内容，已然成为今天中国教师资格制度发展的未来走向。

（三）借鉴经验，探索"本土化"师范教育政策体系

清末至民国时期的师范学校教师聘任政策基本走的是一条移植与借鉴之路，在对西方进行学习的同时，却忽略了我国师范学校教师聘任政策制定的本土化土壤。这种政策移植在一定程度上加快了我国师范教育近代化的步伐，促进了师范教育的较快发展，但没有扎根于中国本土化的教育土壤，使得师范学校在教师聘任政策实行过程中，并没有完全收到预期的效果，新聘任的师范学校教师质量参差不齐，教师数量乏善可陈，师范教育的整体发展速度缓慢。

我国是有着几千年悠久历史的尚儒大国，尊师重教作为儒家文化的精髓，对中国社会有着根深蒂固的影响。因此，改造大量封建社会留下的"儒师"，培养其成为"新教师"，既可以极大地扩充师范学校教师的队伍，也可以收获"学历"和"技能"并重的、根植于中国土壤下的本土教师。

因此，在借鉴外国先进经验的基础上，立足于探索师范教师聘任政策的本土化，亦是推动师范教育快速发展的重要手段。

通过对我国清末至民国时期师范学校教师聘任政策的梳理，我们可以清楚地看到，不同的时代，师范学校师资聘任面临不同的问题。但关注师范学校师资培养，从源头把握师范教育发展的原动力，是从师范教育初创到当代，都不可忽视的重要任务。

［原文刊载于《中南大学学报（社会科学版）》2016 年第 5 期（霍东娇　曲铁华）］

师范生免费教育政策实施的障碍分析

　　师范生免费教育是我国政府为实现教育公平战略和促进教师教育发展而实施的政策，具有经济资助和职位保障的特征。笔者认为，师范生免费教育政策究竟能够走多远，应该用实践和实效两把客观"标尺"去衡量。只有对政策实施过程中可能的或是必然的问题（或者障碍）进行预判、预先行动与规避，才能保证师范生免费教育政策的平稳开展和顺利运行。

一、背景：制度环境对政策施行的干扰与制约

　　制度环境是一系列用来建立生产、交换与分配活动规则的现有政治、社会和法律基础规则。通俗地说，它是一系列经济制度的背景规则或背景制度。由于人们通常将制度环境作为外在变量，且与制度安排互相影响，因此制度环境成为影响制度安排的重要因素之一。

　　在教育科学领域，教育变革的实施同样关注外在因素的影响和制约作用，不仅包括时代的政治、经济、文化环境，还包括以教育体制和教育政策为主的教育制度环境。它们不仅是改革措施制定和实施时需要参考的外在变量，甚至是决定措施的重要因素。师范生免费教育政策是教师教育领域关于师范生培养与分配制度的变革。它是建设和谐社会、实现教育公平战略下教育领域内的重要变革。然而，作为教师教育领域的重要变革，其与当下教师教育体制的相容性还有待提高。

　　师范生免费教育政策是一项由政府"埋单"的特殊倾斜政策，实质是政府与部分师范生之间因服务协议产生的，以定期定向服务换取减免费用和职业保障交易关系，即师范生通过服务协议的签订，提前预订未来的教师职业方向和性质，它是确定的封闭型的教师教育的培养路径，其本质是封闭式的教师教育体制。

　　封闭式师范教育体制在师范教育史上并不是新事物，相反，在我国师范教育发展的百年历史中，这一体制贯串师范教育发展的大部分时间，为我国师资培养做出了很大贡献。然而，当今采用开放式师范教育体制已成为国际发展趋势，在我国，综合性大学参与教师养成、教师资格证书制度

的全面推行、师范生自由就业制度的实施，昭示着封闭式师范教育体制即将成为过去，开放式师范教育体制已成为主流。师范生免费教育政策的出台，虽不能视为传统免费政策的简单"回归"，但它与传统的免费政策具有相似性，在享受免费受教育权利与就业保障权利的同时必须承担一定年限的教育服务，可以看作开放式教师教育发展趋势中封闭式教师教育体制的一种回归。这种回归虽然是局部的、非主流的，但其与当前教师教育体制的差异，将导致对师范生免费政策价值认同的降低和执行过程中的问题。

师范生免费教育政策反映社会管理方式的转变。通过提前支付与权利保障的方式实现教师的定向培养，然而，这一政策价值在当今崇尚自主、彰显权益的社会中较难被认同。自主和权益在 21 世纪已不仅仅是个人话语和行为自由，更是对自我发展和未来的自我把握。20 世纪后期开始的劳动和人事制度的改革，使我国劳动力就业市场逐步开放，个体在改革中逐步获得自由选择职业和发展方向的权利。普通高校毕业生和师范生也在此后的改革中逐步解除择业约束，获得自主规划和自由择业的权利。在个人选择权日益受尊重的时代，个人对自身权利的强烈认同和对把握命运的要求将成为对师范生免费教育政策的理念抗拒和意识回避，成为对师范生免费教育政策价值认可的障碍。

二、沟通：信息不对称带来的误读与阻滞

目标群体作为政策的对象，在政策的执行过程中，不仅是作为受动方承担政策作用和改变，而且能够通过选择对政策执行的行为态度，影响政策的执行效果。中等学校学生及其家庭作为师范生免费教育政策的目标群体和潜在目标群体，他们对政策的认知及其在实践中对政策的态度和行为是影响政策执行效果的重要因素之一。

在政策的执行过程中，无论目标群体采取何种态度（或是配合政策执行，或是抵制政策），均出于对自身利益的权衡与考量。正如亚里士多德所说："人们关注自己的所有，而忽视公共的事务，对于公共的一切，他至多只留心到其中对他个人多少有些相关的事物。"[①] 师范生免费教育政策以预先定购的方式确认目标群体，并在政策执行过程中规划和预设了目标群体的未来发展方向，因此对政策信息的理解和对结果的预判，不仅成为政策目标群体依据政策信息对个体未来发展走向的预判依据，而且成为影响政策目标选择的关键因素，"开发结果的可把握性、经营身份认同和回

---

① 亚里士多德. 政治学 ［M］. 吴寿彭，译. 北京：商务印书馆，1997：48.

报率、开发成本、福利保障情况等因素将影响青年人口的选择行为"。① 由此可见，目标群体对相关信息的充分掌握和理解成为影响政策发展走向的重要因素。

然而，受环境和信息的影响，人类的行为表现为理性的有限性。正如西蒙强调的，信息和环境的复杂性决定人的认知水平只能处在有限理性状态，人的计算和分析能力受到有限理性的制约，无法充分利用所掌握的大量信息来计算并得到最优决策。而在政策的执行过程中，信息的限制性更多地表现在对目标群体的约束上。受到信息来源渠道、信息理解力、信息预测能力等方面的限制，个体在信息的来源和掌握方面处于弱势地位，而这种信息不对称的状况必将影响目标群体对政策的认知、理解与态度。这种限制性已经在师范生免费教育政策的执行过程中有所显现。

信息不对称对师范生免费教育政策实施的影响，突出表现为目标群体（学生及其家长）对政策文本相关条例的误读。师范生免费教育是以免费待遇和就业保障来实现国家对师范生的定向培养和安置，但许多学生和家长却片面理解定向培养和安置的条款。如把"确保就业"的政策理解为"指定就业"，将"任教服务"理解为"上山下乡"，将"免费师范生毕业前及其在协议规定服务期内，一般不得报考脱产研究生"的规定认定为"考研受限制"等。显然，目标群体对政策的理解障碍一方面来自个体对政策认知理解能力的限制，另一方面也受制于信息来源的有限性。这种政策主体和目标群体之间信息不对称的状况将导致对政策的误读，其更大的危害则是抑制和影响个体的理性选择，造成师范生免费政策选择意愿的缺失。

师范生免费政策实行的是师范生定向培养模式。教师职业的提前预订对于国家和个体都存在因信息不对称而造成教育投入的低效率风险。对国家来说，免费师范生的选拔以学生成绩和学生自主意愿为主，由于相关信息获取成本较高和缺少更有效的选拔机制，目标群体对于教师职业的适合性无法得到保障。对于目标群体来说，由于生涯规划的缺失和职业信息掌握的有限性，导致目标群体对教师职业及其工作认识不足，进而造成职后无法胜任或力不从心的状况，同时由于师范生免费教育政策对教师退出的惩罚性规定，将导致免费师范生的勉强留任和应对，导致工作效率低下及国家对免费师范教育投入的低效。

---

① 张彤. 隐性契约和显性契约：师范生免费教育政策分析的新视角［J］. 教育发展研究，2008（Z1）：23-27.

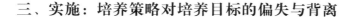

三、实施：培养策略对培养目标的偏失与背离

师范生免费教育是一项以国家投入为主的倾斜性政策，倾斜目标不仅指向特殊群体（主要指家境贫寒的在校师范生），同时还指向特殊地域（主要是面向偏僻落后地区，如中西部地区和农村地区）。例如，2007 年执行免费师范生教育政策的 6 大高校计划招收免费师范生万余人，生源大部分来自中西部地区。其中，华东师大将名额的 95％投放到中西部地区，华中师大免费师范生九成面向中西部，西南大学在重庆、四川、贵州、云南 4 省的招生人数占免费师范生总数的 79.6％，而东北师大和北师大的免费师范生大部分来自中西部地区，① 其中，中西部地区生源占全部生源的90.8％，农村生源占全部生源的 60.2％。② 按照教育部师范司的观点，这种招收比例有利于师范生免费政策的落实，尤其有利于促进师范生毕业后到中小学、基层学校及农村地区任教。③ 由此可见，师范生免费教育政策因其倾向性的生源分配方案，决定了其目标群体主要以中西部地区及偏远落后地区的毕业生为主，因此，政策的培养目标也主要以培养中西部地区和农村中小学师资为主。

然而，6 所部属师范大学培养的毕业生因质量高、适应能力强、选择空间大，真正走向基层、走向农村从事基础教育工作的并不多。正如地方师范院校所反映的，"教育部直属师范大学的毕业生，不一定都愿意到农村和艰苦地区工作，因为在市场经济条件下，这些重点院校的学生有更多的选择机会"④。事实证明的确如此，以北京师范大学为例，其毕业生"超过三分之一毕业生读研究生，其余的毕业生进入党政机关、企业（国有企业、股份制企业、三资企业、高新技术企业等）、事业单位、部队、高校及普教系统等"⑤。其余的几所部属师范大学，由于其处于三级（或二级）师范院校的顶层，其培养方向历来是指向城镇所在的中小学校，在培养偏远地区甚至农村基层的中小学教师方面经验欠缺，导致免费师范教育培养目标与实施策略的错位。

① 详细解读六大高校免费师范生政策 [EB/OL]. （2008-12-15）［2008-12-25］http//learning. sohu. com/s2007/07mfsfs/.

② 姚云. 师范生免费教育：部属师大发展的机遇与挑战 [J]. 现代大学教育，2008（05）：93-96 +113.

③ 教育部. 免费师范生中西部地区生源占 98％ [N]. 中国青年报，2007-08-28.

④ 王莹. 地方师范生更盼免费 [J]. 瞭望，2007（17）：62-63.

⑤ 北京师范大学教育天地 [EB/OL]. （2002-05-22）［2008-12-25］http：//edu. sina. com. cn/ 1/2002-05-22/24819. html.

6所师范大学已经认识到免费师范生培养的重要性和特殊性，并且针对免费师范生的培养目标进行了培养方案的调整。具体表现在：第一，重视实践能力养成，加强实践环节培养。相对普通师范生的培养，各师范大学的免费师范生培养计划普遍延长了实习时间，并更加周密地设计了实习计划。如华东师大建立了"见习、演习和实习一体化"的实践教学体系，西南大学构建了由微格教学、教学观摩、教学见习、教育教学实习组成的实践教学体系等。有的学校加大了实习基地建设的投入。如陕西师大建立了教学实习实践基地，华中师大建立了基础教育改革和服务综合试验区等。第二，加强免费师范生教育的师资力量。6所师范大学在免费师范生的培养上普遍启用最强师资，为免费师范生的学习、生活提供最好的服务。华东师范大学聘用校内外知名教授讲授通识课程，还聘任了50名基础教育领域特级教师担任兼职教授，100名见习、实习基地骨干教师担任兼职导师，参与免费师范生的培养。北师大则是学科带头人、知名教授主讲专业课程，优秀中小学教师指导学习、实践与研究。东北师范大学则建立了"三维辅导制"，为每位免费师范生配备学科专业导师、专职辅导员和课外辅导员，分别负责学生的教育理论学习、生活思想辅导和教育实习指导等。第三，确立了较高的培养目标。从6所师范大学为免费师范生培养结果进行的预设可以看出，6所师范大学对免费师范教育进行了较高层次的规划。比如，北京师范大学把培养目标设定为"基础教育高级专门人才"，而对于普通师范生则只定为"专门人才"；华东师大、西南师大和陕西师大也分别将"优秀教师和教育家""基础教育优秀师资""优秀教师"等作为师范生免费教育的培养目标。

从6所师范大学的免费师范生培养方案调整状况可以看出，6所院校对免费师范生的培养思路，秉承了国内顶尖师范院校"精英化教师"一贯的思维模式，从培养目标设定、培养方案规划到培养策略的实施，体现了其培养"高级""优秀"教师的意愿和决心，也体现了6所学校对免费师范教育政策的高度重视和对免费师范生的殷切期望。然而，在培养目标与培养方案的契合性方面尚存在一定问题。免费师范生的大部分将回到教育水平和师资水平较低的偏远地区或农村地区执教。那么，这些地区需要的是怎样的教师呢？是以城市精英教师为标准培养出来的"优秀教师"，还是能够真切了解农村教育问题、从容面对农村教育现状、坚定扎根农村沃土的普通教师呢？当然，并不是说教育发展落后地区教师就应该是低水平的。然而，在巨大的现实差距面前，偏远落后地区更需要能够真正扎根当地、理解教育现实、胜任教育工作的教师。

农村教师工作无论是现实环境、工作性质还是工作量，都与城镇教师工作有着很大差异。首先，由于师资的不足，乡村教师可能要承担多门课程的教学任务，不仅包括数学、语文，还可能包括英语、音乐、体育、美术等科目，甚至需要进行跨年级的教学；其次，学校教学条件较差，不仅电教设备无法保证，甚至连基本的教学用品供应都很困难；第三，面临的教育问题更加复杂，不仅包括基本的教育教学工作，而且还要进行学生辍学、失学的协调，甚至参与当地新农村建设等工作。因此，我国教育的现实问题要求免费师范生，不仅要是一个能够胜任教学工作的教师，还要是一个能够面对农村教育问题、胜任农村教育工作、坚守农村教育岗位的基层的教育工作者。以城镇精英教师为标准评定的"优秀教师"能够真正地承担起农村教师的工作吗？

免费师范生培养方案的改革势在必行。问题的关键是怎样改、依据什么改、方向是什么。显然，培养城市精英教师的策略是对培养目标的偏失，甚至是背离培养目标的。

四、落实：履约保障措施的单一与不足

师范生免费教育政策是通过对学生的定向培养与发展性规划来推进教师教育改革和教育公平的实现，因此，定向安置的落实和学生履约的保障是政策实施的关键，也是需要重点规划和力保实现的环节。其中，对于免费师范生的定向安置工作，需要根据地方师资需求和更新状况，进行国家层面的统筹规划。对此，国家已明确"各地应先用自然减员编制指标或采取先进后出的办法安排免费师范毕业生，必要时接受地省级政府可设立专项周转编制"①。相信在国家相关措施的推动下，免费师范生定向安置的实现应该在计划之中。而对于免费师范生的履约保障问题，既涉及国家教育投入的有效回报，又关涉对免费师范生行为的有效规引，因此，保障措施的设计既要周密有效、防止个别学生"搭便车"的行为，更要科学合理、全面规划，在尊重学生合理需求的前提下实现对其行为的有序引导。正如有学者强调："教育开发存在周期性，契约协议尚未全面验证，学生承满约定可能或主动或盲目，对契约条款或期待兑现或期待变通，因此仍需未雨绸缪，明晰政策价值和效用，关注政策要点落实和政策执行力问题。"②

根据师范生免费教育政策的规定，为保障免费师范生毕业后能够按照

---

①　教育部有关负责人解读师范生免费教育政策［EB/OL］.　（2007-05-16）　［2008-12-27］
http：//edlu. people. com. cn/GB/8216/5767241. html.

②　张彤. 隐性契约和显性契约：师范生免费教育政策分析的新视角［J］. 教育发展研究，2008
（Z1）：23-27.

协议如期完成就业服务，将退还、赔付预付培养费用的惩罚性措施作为保障手段。如果免费师范生在毕业后不能履行合约，将被视为违约，不仅要一次性偿还免费教育费用，还要交纳一定额度的违约金。对于惩罚性保障措施的制定，很多人表示理解，认为"享受了不交学费的权利，履行为国家'服役'的义务，这样的协议无可厚非"。然而，对于该措施在免费师范生履约保障上能够产生的效果，很多人则持质疑态度，认为以契约为约束的单一的惩罚性措施对学生行为的约束力度有限。就业合约的履行，不仅依靠惩治性的结果，更需要以适合的措施和恰切的方式满足师范生的发展需求和意愿，实现其主动、自愿的履约与执行。正如有人强调的，"要真正留住他们，仅有协议恐怕还不够"①。

师范生免费教育政策是基于公共利益和政府干预的价值理念，以政府投入培养经费和保障就业的方式选拔和培养优秀人才，虽然以契约的形式对就业抉择加以限定，但仍然认同教育市场和尊重个人自主，因此，在对毕业去向进行限定的同时，更应该为其未来的成长和长久的发展进行规划与筹谋。正如教育部师范司有关人员所说："我们要对每一名师范生的长远发展负责，要对他们的前途负责。"② 为此，首先，要辅助学生做好职业规划，不能以对学生的统筹安置取代学生的自主意愿，而要让学生理解选择免费师范生是个人自主发展欲求与长久发展期待的有效契合；其次，制订切实措施保障免费师范生的职后发展，如鼓励在职攻读教育专业硕士，加快远程教育平台的搭建，加强职后培训工作等；第三，提高基层学校对免费师范生的重视，为学生的全面发展拓展适度空间。

由此可见，要促使免费师范生走向基层、留在基层，不应是迫于外在力量的无可奈何，也不应是无从选择的顺其自然，而应是经过权衡利弊和审慎思量后的优化抉择。政策留人不是长久之策，需求的满足和长久发展的实现才是师范生免费教育政策能够落实和执行的根本。从这个角度看，师范生免费教育政策应以一种更加人性和开放的策略来兑现对免费师范生的就业承诺。正如有专家所言，"一项政策出台后总会面临着各种新问题，一些具体实施方案要更加开放，以便及时调整"③。

[原文载于《教育发展研究》2009 年第 7 期（曲铁华　马艳芬）]

---

① 李曙明. 新闻快评 [EB/OL]. （2007-05-16）［2008-10-17］http：//www. jcrb. com/n1/jcrb1298/ca603706. htm.
② 赵秀红，翟帆. 热点透视：免费师范生如何走向基层留在基层 [N]. 中国教育报，2007-05-25.
③ 赵秀红，翟帆. 热点透视：免费师范生如何走向基层留在基层 [N]. 中国教育报，2007-05-25.

新中国成立 70 年中小学教师培训政策的回顾与展望

　　新中国成立 70 年来，中小学教师培训政策经历了探索与曲折发展时期（1949—1976 年）、恢复与持续发展时期（1977—2009 年）、巩固与创新时期（2010 年至今）三个发展阶段，为中国社会发展和教育事业提供了强大的助力。在中小学教师培训政策的演进过程中，呈现三大特点，即：政策理念趋向人本化，政策目标趋向精准化，政策内容趋向丰富化。展望未来，我国中小学教师培训政策应坚持兴国必先强师的价值理念，保障教师培训的执行效能，完善教师培训质量监测机制，为全面深化新时代教师队伍建设助力。

　　教师培训政策体现了执政党和国家对一定历史时期内教师培训工作的基本认识和要求，是建设高素质、创新型师资队伍的重要环节。以历史的眼光回顾新中国成立 70 年来中小学教师培训政策的演进脉络，探究其演进特点，有助于深入剖析理解中小学教师培训政策的内在价值，为全面深化教师队伍建设提供重要参考。

一、新中国成立 70 年中小学教师培训政策的演进历程

　　新中国成立 70 年来，中小学教师培训政策大致可以分为三个阶段：探索与曲折发展阶段（1949—1976 年），恢复与持续发展阶段（1977—2009 年），巩固与创新阶段（2010 年至今）。

（一）探索与曲折发展阶段（1949—1976 年）

1. 短期培训，满足大量合格师资需求

　　1949 年 9 月，《中国人民政治协商会议共同纲领》审议通过，确立了"中华人民共和国的文化教育为新民主主义的，即民族的、科学的、大众的文化教育"[①]。这从根本性质上为新旧中国的教育划出一道鸿沟，中国教

[①]　中国人民政治协商会议共同纲领 [N]. 人民日报，1949-09-30.

育事业自此步入全新征程。1949 年 12 月，第一次全国教育工作会议重申中华人民共和国的教育是新民主主义的教育，再次强调教育必须服务于国家建设、学校必须向工农开门，并指出当前师资的主要问题，是数量不足且质量不高，提出通过教师轮训和在职学习，进而培养大批称职教师①，确立了新中国成立初期中小学教师培训工作的目标与方向。

1951 年，第一次全国初等教育会议和第一次全国师范教育会议召开，决定以正规师范教育为基础，并通过举办多种短期训练班的方式，迅速培养大量师资。此后，各地纷纷采取措施，主要途径有师范院校办速成班、夜校、训练班、函授部和地方行政部门举办轮训班、补习学校、专门的教师进修学校，为改造和培养一大批称职教师提供了保障。

1952 年 7 月，为适应基础教育阶段大量师资的需求，《关于大量短期培养初等及中等教育师资的决定》提出，短期训练应成为今后 5 至 10 年培养师资工作的重点②。1952 年 9 月，《关于中小学教师进修问题的通报》指出，全国广大教师的当务之急，是加强中小学教师的在职学习的领导和建立系统的教师进修制度，要求各大行政区筹办教师进修学院 1 所，各省筹备教师业余学校若干所，省市教育部门直接筹办或委托师范学院举办函授学校 1 所③。

新中国成立初期，旧社会留用教师和即将成为中小学教师的知识分子成为主要培训对象，培训内容为"政治、文化、业务并重"，短期培训成为师资培养最主要的形式。全国各地开始建立以师范院校和教师进修院校为主的教师进修培训基地。

2. 学历提升，教师培训稳步发展

1954 年起，《关于举办小学教师轮训班的指示》《关于改进中学教师进修学院工作的几点意见的通知》等文件相继下达，对中小学教师学历要求做出明确规定，即：通过进修和培训，小学教师须达到初师毕业水平，中学教师须达到本、专科毕业程度，激励中小学教师不断提升从教能力。

为落实中央和教育部发布的有关中小学教师培训的政策规定，教师进修学校（院）、高师函授部、专科函授指导站、中师函授部等培训机构在

---

① 中央教育科学研究所. 中华人民共和国教育大事记（1949—1982）[G]. 北京：教育科学出版社，1984：3.

② 中央教育科学研究所. 中华人民共和国教育大事记（1949—1982）[G]. 北京：教育科学出版社，1984：61.

③ 高奇. 中国教育史研究（现代分卷）[M]. 上海：华东师范大学出版社，2009：318-319.

全国各地涌现。教师培训政策开始出现新的趋势：首先，培训对象趋于全员化，开始面向所有中小学教师进行有计划、有组织的轮训；其次，培训任务以学历达标为重点；最后，省、地市、县三级教师培训网络形成，师资培训逐渐规范化和制度化。

3. 从冒进到停滞，教师培训政策走向退步

1958 年，在"左倾"路线引导下，中共中央、国务院下达《关于教育工作的指示》，提出在 3～5 年内普及小学教育、15 年内普及高等教育的跃进目标[①]。为响应中央号召，全国各地学校数量和教师规模大幅扩充。1960 年 5 月，师范教育工作座谈会提出迅速提高在职教师政治、文化与业务水平的目标，导致全国各地教师培训工作出现"学、比、赶、超"大竞赛的局面，教育培训工作出现乱象，教师队伍质量直线下降。1960 年底，党中央认识到"大跃进"给发展教育所带来的危害，通过贯彻"八字方针"，开始转变工作方向和精简教师队伍，教师培训工作重新走上正常的发展道路。

不久之后，"文化大革命"开始在全国范围内展开，教育事业包括教师培训工作在内，都遭到极大的破坏。从 1966 年下半年开始，各地师范院校停止招生，大量师范院校被迫关停并转。1971 年，《教育工作会议纪要》宣扬"知识越多越反动"的论调，全面否定了新中国成立以来教育工作的成就，教师培训工作走向停滞。

总体来看，这一时期中小学教师培训政策大起大落，从新中国成立初期摸索前行，到"大跃进"时期的"左倾"冒进，再到调整时期的恢复发展，直至"文革"期间走向停滞，中小学教师培训政策处于探索与曲折发展的历史阶段。

（二）恢复与持续发展阶段（1977—2009 年）

1. 拨乱反正，教师培训政策重回正轨

1977 年 8 月，邓小平在科学和教育工作座谈会上尖锐批评了"两个凡是"，充分肯定了新中国成立后前十七年教育工作的成绩和知识分子的地位和作用，强调"要提高教师的水平，包括政治思想水平、业务工作能

---

① 中央教育科学研究所. 中华人民共和国教育大事记（1949—1982）〔G〕. 北京：教育科学出版社，1984：233.

力及改进作风等"①。这次讲话为教育战线的拨乱反正和思想解放奠定了重要的思想基础,是恢复中小学教师培训工作的信号。

1977年10月,中小学师资培训座谈会召开,要求让现有水平较低的中小学教师通过教师培训,在三五年内绝大多数达到合格程度。为此,"要尽快建立和健全省、地、县、公社和学校师资培训机构。高等和中等师范学校都要承担培训在职中小学教师的任务"②。短短两年时间,全国就恢复和建立了省级教育学院、教师进修学院和函授学院近30所;地、市级教育学院、教师进修学院和县级进修学校(包括中师函授部)2000多所;举办高师函授的或为中学教师办轮训班的高等师范院校有50多所③。中小学教师培训事业迅速脱离了混乱无序状态,形成了省、地、县、公社和学校五级在职教师培训网。

1980年8月,为确保教师培训事业的稳步发展,争取在较短时期内实现1977年全国中小学师资培训工作座谈会提出的中小学在职教师培训目标,教育部在《关于进一步加强中小学在职教师培训工作的意见》中提出制定和调整中小学在职教师培训规划、逐步实行全国统一的教学计划、建立和健全在职教师进修的考核制度④等七项意见,进一步明确中小学师资培训的目的、形式和保证措施。

改革开放初期,中小学教师培训重点是过好教材教法关,根据"缺什么,补什么"的原则,对中小学教师进行教材教法的培训;从培训形式来看,探索函授、广播、业余面授、脱产等多种新形式;从培训对象上来看,由主要培训素质偏低的教师发展为分类引导,扩大了培训范围;从机构设置来看,中小学教师培训体系得到恢复和发展,逐渐正规化、规模化,为进一步提高师资队伍的质量奠定了良好的基础。

2. 效率优先, 教师培训政策进一步发展

1985年,《中共中央关于教育体制改革的决定》做出"有步骤地实行九年制义务教育"的决策,提出实行义务教育、提高基础教育水平的根本

---

① 何东昌. 中华人民共和国重要教育文献(1976～1990) [G]. 海口:海南出版社,1998:1575.

② 中央教育科学研究所. 中华人民共和国教育大事记(1949—1982)[G]. 北京:教育科学出版社,1984:500.

③ 胡松柏. 中国教育改革与发展六十周年辉煌历程 [M]. 北京:中国教育出版社,2009:429.

④ 《中国教育年鉴》编辑部. 中国教育年鉴(1949～1981)[Z]. 北京:中国大百科全书出版社,1984:760.

大计，在于建立一支有足够数量的、合格而稳定的师资队伍[①]，要求将师范教育和培训在职教师作为推动我国教育事业发展的战略措施。1986 年《义务教育法》规定"有计划地实现小学教师具有中等师范学校毕业以上水平，初级中等学校的教师具有高等师范专科毕业学校以上水平"[②]。至此，中小学任职教师的学历有了法律规定，师资培训工作得到法律支持。

1986 年，为使中小学教师队伍迅速实现学历达标要求，服务于"普九"的战略需要，国家教委出台《关于加强在职中小学教师培训工作的意见》，从师资培训的任务和要求、渠道和形式、保障措施、办学条件以及领导五大方面，对中小学教师培训工作做出全面规划，中小学教师培训政策朝着具体化和深入化方向发展。为了实现教师胜任教育教学工作和学历达标的要求，这一时期中小学教师培训政策，呈现强烈的"效率优先"的倾向，解决合格的教师数量问题，是师资队伍建设的首要和最为迫切的任务。

3. 质量并重，教师培训政策深入发展

1990 年，全国中小学教师继续教育工作座谈会召开，会后下发文件，做出中小学教师培训重心将逐步转移至继续教育的决定[③]，教师培训迈向由学历补偿向继续教育过渡的新里程。1993 年，《中国教育改革和发展纲要》勾画了 20 世纪 90 年代乃至 21 世纪初的教育改革和发展蓝图，提出"通过师资补充和在职培训，绝大多数中小学教师要达到国家规定的合格学历标准，小学和初中教师中具有专科和本科学历者的比重逐年提高"[④]的师资队伍建设任务，教师培训政策从"数量"和"质量"两方面对中小学教师培训工作提出更高追求。同年 10 月，《中华人民共和国教师法》颁布，这是新中国成立以来我国首部针对教师的法律文件，第一次以法律形式明确了我国教师在社会主义发展进程中的重要地位，规定建立和完善终身教育体系以促进教师的专业发展，为之后教师进修培训专项法规的制定，提供了法律基础。1995 年，《中华人民共和国教育法》通过，新中国成立以来第一部关系着教育改革和发展大局的"根本大法"正式确立，同时也为中小学教师进修培训法规建设的规范性和科学性提供了参照。

---

① 何东昌. 中华人民共和国重要教育文献（1976～1990）[G]. 海口：海南出版社，1998：2287.

② 何东昌. 中华人民共和国重要教育文献（1976～1990）[G]. 海口：海南出版社，1998：2414.

③ 何东昌. 中华人民共和国重要教育文献（1976～1990）[G]. 海口：海南出版社，1998：3060.

④ 中共中央，国务院. 中国教育改革和发展纲要［EB/OL］.（1993-02-13）［2018-10-13］http：//www. moe. gov. cn/jyb_sjzl/moe_177/tnull_2484. html.

20 世纪 90 年代，中小学教师培训政策呈现出学历补偿到继续教育的转轨。这一时期《教育法》《教师法》等一批教育法律和法规，为中小学教师培训政策的发展提供了导向。建设一支数量充足、合格胜任的教师队伍，成为中小学教师培训的聚焦点。

4. 全面突破，教师培训纳入继续教育大框架

到 20 世纪 90 年代末，我国中小学教师队伍经过长期调整和提高，学历补偿培训工作从整体上来看圆满完成。为满足基础教育改革和推进素质教育的需要，全面推进中小学教师继续教育，成为中小学教师培训政策新的主题。

1999 年 6 月，全国中小学教师继续教育和校长培训工作会议召开，标志着中小学教师继续教育工程拉开序幕。1999 年 9 月，《中小学教师继续教育规定》颁布，我国中小学教师培训步入了法制轨道，正式纳入国家继续教育体系，迈向大规模实施教师继续教育的新阶段。2003 年 9 月，教育部启动全国教师教育网络联盟计划，提出按照"面向全员、突出骨干、倾斜农村"的方针，组织实施以新理念、新课程、新技术和师德教育为重点的新一轮中小学教师全员培训①。运用远程教育手段，整合优质教育资源为探索高质量、高效益的教师培训工作，提供了新思路。

2003 年，《关于进一步加强农村教育工作的决定》提出，构建农村教师终身教育体系，启动"农村教师素质提高工程"；2007 年，教育部决定开展暑期西部农村教师国家级远程培训；2008 年，教育部出台《2008 年中小学教师培训国家级培训计划》，支援中西部地区农村中小学教师培训工作。这些政策文件，是基于我国基本国情和教师培训政策积累的成功经验而制定的，有力地促进了全国各地教师继续教育均衡发展和公平发展。

20 世纪 90 年代以来，教师培训政策不仅面向全体教师，而且突出重点，全面突破。一方面，加大对骨干教师、中小学校长的培训力度；另一方面，向西部地区、少数民族地区和农村地区倾斜，而且重视网络知识的学习和网络信息技术的运用。

（三）巩固与创新阶段（2010 年至今）

1. 教师国培，搭建系统指导框架

2010 年，《国家中长期教育改革和发展规划纲要（2010—2020）》正

---

① 教育部关于加快推进全国教师教育网络联盟计划，组织实施新一轮中小学教师全员培训的意见 [EB/OL].（2004-09-07）[2018-10-13] http://www. moe. gov. cn/s78/A10/jss_left/moe_602/201001/t20100128_146035. html.

式全文发布，这是指导全国教育改革和发展的纲领性文件，也是改革开放以来第一份高规格、系统化对中小学教师培训目的、周期、体系、制度、经费支持的完整政策文本，为此后中小学教师培训政策的制定，奠定了基本思想和框架[1]。

同年，教育部和财政部联合发布《关于实施"中小学教师国家级培训计划"的通知》，决定实施以"中小学教师示范性培训项目"和"中西部农村骨干教师培训项目"为重点的"国培计划"[2]。为持续推动"国培计划"顺利实施，《关于遴选推荐"国培计划"专家库人选的通知》、《关于做好国培计划教师培训机构遴选工作的通知》和《关于加强国培计划项目绩效考评工作的意见》等陆续颁布，对专家库人选推荐、培训机构的遴选、项目绩效考评等做出规范要求，构建起"国培计划"政策体系，也为"国培计划"搭建了基本框架。

根据基础教育发展的需要和"国培计划"实施环节出现的问题，2010至2014年间，教育部和财政部通过联合发布关于做好"国培计划"实施工作的通知，适时调整师资培训要求。例如：《关于做好2011年"国培计划"实施工作的通知》，从方案研制、项目投标、培训模式、资源整合等方面，进一步强化了国家及各级行政部门在"国培计划"中的审核、监督和调整作用；《关于做好2012年"国培计划"实施工作的通知》，主要从制定国培课程标准、认定培训机构资质、研制项目管理办法、加强管理者队伍建设等方面建纲立制。

这一时期，"国培计划"政策主要针对中小学农村教师；在培训内容上，重视培训前期调研，制定更加符合教师需求的培训方案，而且注重"国培计划"资源库的建设，促进优质培训资源共建共享；在培训方式上，重视提升培训效用，提出采用案例、研究、参与和情境等多种方式，大力推进实践性培训。

2. 改革调整，教师培训政策不断创新

"国培计划"实施5年以来，基本实现了对中西部农村中小学的全覆盖，农村教师的能力和素质大幅提升，全国各地教师培训模式不断改革与创新。但由于"培训规模大、覆盖地区广、管理层级多、承担机构多、实

---

[1] 于维涛，杨乐英."中小学教师国家级培训计划"政策的延续与变革 [J]. 中小学教师培训，2017（06）：7-10.

[2] 教育部财政部关于实施"中小学教师国家级培训计划"的通知 [EB/OL]. （2010-06-30）[2018-10-15] http://www.moe.gov.cn/srcsite/A10/s7034/201006/t20100630_146071. html.

施环节复杂"① 等原因，也出现脱离实际、教师培训动力不足等问题。改革调整"国培计划"，提高培训的针对性和实效性，成为新的工作重点。

为了吸引优秀人才到乡村任教，带动并促进全国中小学教师队伍整体水平的提高，2015 年，《乡村教师支持计划（2015—2020 年）》提出，"从 2015 年起，'国培计划'集中支持中西部地区乡村教师校长培训。鼓励乡村教师在职学习深造，提高学历层次"②，进一步精准培训对象，集中支持中西部地区，凸显乡村教师队伍建设的地位。此后，陆续发布系列政策文件，通过改进培训内容、创新培训模式、加强培训团队建设、建设乡村教师专业发展支持服务体系等举措，使"国培计划"真正落地，为造就一支扎根乡村的优质师资队伍提供动力。

2018 年 1 月，中共中央、国务院印发《关于全面深化新时代教师队伍建设改革的意见》（以下简称《意见》），要求以促进教师终身学习和专业发展为目标，通过转变培训方式、改进培训内容、搭建教师培训与学历教育衔接的"立交桥"等措施，全面提高中小学教师质量③，这是引导新时代中小学教师队伍建设的行动指南，体现了党和国家对教师队伍建设的高度重视，对开创教师培训的新时代具有纲领性作用。同年 3 月，教育部等五部门印发《教师教育振兴行动计划（2018—2022 年）》（以下简称《计划》），提出经过 5 年左右的努力，"办好一批高水平、有特色的教师教育院校和师范类专业，教师培养培训体系基本健全"④。《计划》进一步明晰了新时代教师队伍建设的新任务和新要求，教师培训迎来重要的战略机遇期。

这一时期，中小学教师培训政策集中在调整实施范围、创新培训模式、优化项目设置、下移管理重心、强化基层参与、遴选培训机构、加强团队建设等针对性改革完善措施上。在培训目标上，实现了跨越式提升；在培训对象上更加精准化，集中指向乡村教师和校长；在培训内容上，强调分类、分科、分层的递进式课程，而且重视本土优质培训资源的建设；

---

① 本刊记者. 教育部教师工作司负责人就《教育部财政部关于改革实施中小学幼儿园教师国家级培训计划的通知》答记者问 [J]. 中小学教师培训，2016（01）：1-3.

② 国务院办公厅关于印发乡村教师支持计划（2015—2020 年）的通知 [EB/OL]. （2015-06-01）[2018-10-15] http：//www. gov. cn/zhengce/content/2015-06/08/content _ 9833. htm.

③ 中共中央国务院关于全面深化新时代教师队伍建设改革的意见 [EB/OL]. （2018-01-31）[2018-10-15] http：//www. gov. cn/zhengce/2018-01/31/content _ 5262659. htm.

④ 教育部等五部门关于印发教师教育振兴行动计划（2018—2022 年）的通知. [EB/OL]. （2018-02-11）[2018-10-15] http：//www. gov. cn/xinwen/2018-03/28/content _ 5278034. htm.

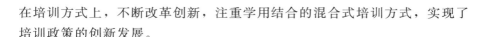

在培训方式上，不断改革创新，注重学用结合的混合式培训方式，实现了培训政策的创新发展。

二、新中国成立70年中小学教师培训政策演进的特点

纵观我国中小学教师培训政策70年的历史进程，经历了从零散到系统、从片面到全面、从浅层到深入、从经验到专业的轨迹，取得了巨大的成就，具有鲜明的特点。

（一）教师培训政策理念趋于人本化

20世纪90年代之前，我国中小学教师培训政策重点关注学历补偿，要求学历未能达到要求或难以胜任教师工作的教师接受培训。教师培训政策往往从国家利益和社会发展需求出发，强调教师培训服务于社会主义教育事业的工具性价值，倾向于培训教师数量的扩张。

随着拨乱反正和思想解放的潮流在整个教育领域铺开，中小学教师培训政策逐渐恢复生机与活力，尤其自1985年《中共中央教育体制改革的决定》做出有步骤实施义务教育的战略决策以来，教师培训成为培养合格师资的战略举措。这一时期，教师培训政策的聚焦点，在于解决合格的教师数量的难题，满足"普九"需要，对于教师队伍整体素质和质量的提升尚不迫切。

伴随着继续教育之风在全球范围内的兴起，以及全国范围内中小学教师学历补偿工作基本完成，教师培训从服务基础教育改革的需要，发展为教师队伍整体素质的提高，中小学教师培训政策趋向对教师的人本关怀，从而确保培训成效，开始追求教师的自我实现和全面发展。以提高教育质量为核心，以教师专业化为导向，更加关注教师自身发展需求。

尤其自"国培计划"实施以来，中小学教师培训政策"人本化"的趋向特点更加凸显。具体表现在以下几个方面：第一，对教师培训需求进行调查。《"国培计划（2012）"——西部农村骨干教师培训项目》中，首次提出"各地要做好学员训前需求调研，训中跟进调研，训后实效调研，增加调研针对性"[①]。2014年再次强调"要对教师教育教学行为进行诊断分

---

① 教育部办公厅财政部办公厅关于做好2012年"国培计划"实施工作的通知［EB/OL］.（2012-05-17）［2018-10-15］http：//www．moe．gov．cn/srcsite/A10/s7034/201205/t20120517＿146082．html．

析，准确把握教师培训需求，细分培训对象，有针对性地进行规划设计"①。第二，优化培训课程内容。课程内容"根据不同类型、层次、岗位教师教育教学能力提升和专业发展的需求确定"②，充分考虑现实需要和教师专业发展需求。第三，择优遴选培训机构，严格把关绩效考评工作，保障教师培训的效果，确保教师培训有所得、培训有提升。第四，科学选派培训教师。将教师申请、学校推荐和教育行政部门审核有机结合，将教师培训意愿列入培训对象的选定机制。第五，追踪考察培训效果。自2012年始，完善训后跟踪指导机制，注重培训所学的知识技能在实践教学过程中得到发挥和运用，真正做到学用结合。

（二）教师培训政策目标趋向精准化

新中国成立之初，全国中小学教师队伍的突出问题，是数量不足且质量不高。教师培训政策要求通过轮训和在职学习，使全体教师在政治思想、科学知识和教学能力方面尽快达到较高水平，重点突出思想政治教育。这些政策措施有助于全体教师树立正确的思想观念，提高政治觉悟。但"在对教师素质要求的规定中，过分强调了教师的政治思想素质，忽视教师职业的其他素质"③，且由于可供借鉴的经验不多，培训目标设置较为笼统。

改革开放之初，存在着大量文化素质偏低的教师，"满足学校发展所需的教师数量，尽快提高教师的学历标准以胜任教学工作，扩大教师培养培训的规模成为教师教育政策当时的首要目标"④。经过一段时间的培训后，教师队伍整体水平得到提升。但由于培训规模较大，全国各地教师水平不可避免地出现较大差异。

1983年，《关于加强教师进修工作的意见》提出"分类引导"的原则，以教师水平为参考依据，划分出四类培训对象，提出经过培训所达到

① 教育部办公厅财政部办公厅关于做好2014年中小学幼儿园教师"国培计划"实施工作的通知[EB/OL]．（2014-04-21）［2018-10-15］http：//www. moe. gov. cn/srcsite/A10/s7034/201404/t20140402＿167126. html.

② 教育部办公厅财政部办公厅关于做好2012年"国培计划"实施工作的通知［EB/OL］．（2012-05-17）［2018-10-15］http：//www. moe. gov. cn/srcsite/A10/s7034/201205/t20120517＿146082. html.

③ 石长林. 新中国50年教师职业要求政策的反思及其启示［J］. 教师教育论坛，2015（09）：12-16.

④ 曲铁华，崔红洁. 我国教师教育政策的演进历程及特点分析：基于（1978—2013）政策文本的分析［J］. 国家教育行政学院学报，2014（12）：61-65.

的不同学历目标，在目标设置的针对性上取得较大突破。但另一方面，由于长期以来我国未实行严格的教师资格证书制度，无完善的、法制化的教师资格标准及认定制度，教师培训政策目标仅以学历达标作为标准，导致我国教师职业无法与国际上的职业要求接轨。

随着《教师法》的出台，我国开始实施教师资格证书制度，但对教师职业的要求并没有细化。进入 21 世纪，随着"教师专业化"和"教师专业发展"的观念逐渐在教育领域确立，2012 年，《小学教师专业标准（试行）》和《中学教师专业标准（试行）》颁布，从专业理念与师德、专业知识、专业能力对教师专业素质做出了基本要求。其中，小学教师专业标准细化为 13 个领域，60 个基本要点。中学教师专业标准细化为 14 个领域，63 个基本要点。各个专业标准相互联系、互相促进。这是中小学合格教师专业素质的基本要求，也是中小学教师培养和培训的重要依据①。

此后，在"国培计划"中，基于中小学教师专业标准的引领，我国中小学教师培训政策在目标设置上，针对不同类别、层次和岗位的教师，提出不同的培训目标，目标设置更加明确清晰，呈现精准化趋向。尤其是"国培计划"进入改革调整期以来，教师培训政策开始探索基于教师不同能力表现层级的培训课程体系。

（三）教师培训政策内容趋向丰富化

新中国成立之初，中小学培训政策主要涉及培训对象、培训机构、培训时间、培训方式等几大方面，政策文本并不具体，针对性也不强。20世纪 80 年代以来，随着我国教育体制改革的启动与推进，中小学教师培训政策体系不断建构，政策内容也逐渐丰富。为落实中小学教师学历达标的任务，中小学教师培训政策在培训对象上，面向全体中小学教师；在培训内容上，要求掌握基本教育教学原理和规范，胜任岗位需求；在培训形式上，主要包括函授教育、电大、夜大、进修学院的方式；在培训机构上，补充了高等学校、中等专业学校等。

20 世纪 90 年代末，教师数量基本满足我国教育事业需求之后，教师素质成为关注焦点，这一时期，中小学教师培训政策内容实现了前所未有的扩充与丰富。

---

① 教育部关于印发《幼儿园教师专业标准（试行）》《小学教师专业标准（试行）》和《中学教师专业标准（试行）》的通知［EB/OL］.（2012-09-13）［2018-10-17］http：//www. moe. gov. cn/srcsite/A10/s6991/201209/t20120913 _ 145603. html.

首先，在培训对象上，体现分类施策，出台了全员培训、骨干教师培训、中青年教师培训、农村教师培训等多种类型的教师培训政策。其次，在培训内容上，突破了"政治思想、业务能力和文化知识"的框架，既有政治思想教育、师德修养等传统内容，也包括信息化技术运用、心理健康等新兴内容。再次，在培训机构上，逐渐实现网络化覆盖，由最初以师范院校和教师进修院校为主的培训机构，发展到不仅有国家级的高端示范培训项目、种子教师培训项目，也有地方、学校的区域辐射，尤其是校本培训的突破，真正建立了自上而下的网络化培训层次体系，形成了多层次、多规模的教师进修培训体系。最后，在培训方式上，随着网络时代的到来，探索基于移动终端的有助于教师常态化、个性化、终身化学习的培训方式逐渐得到重视。同时，为了提高培训实效，使得教师培训政策更加具有针对性和操作性，考察教师培训需求、追踪培训成效等，也是近些年来教师培训政策较为新颖的内容。

三、我国中小学教师培训政策的展望

新中国成立70年来，中小学教师培训事业取得了辉煌的成绩，这与政府出台的教师培训政策密不可分。中小学教师培训政策在70年的历史征程中，立足于中国教师队伍的整体建设，根植于中国教育实际，形成了鲜明的中国特色，取得了独一无二的发展经验，为中国社会发展和教育改革提供了强大的助力。迈向新时代，明晰我国中小学师资队伍建设的新方位、新征程、新使命，不断优化和创新发展教师培训政策体系，应坚持兴国必先强师的价值理念，保障教师培训的执行效能，完善教师培训质量监测机制，为更高质量、更加公平的教育提供强有力的师资保障和人才支撑。

（一）尊师重教，坚持兴国必先强师的价值理念

《关于全面深化新时代教师队伍建设改革的意见》提出，教师是"教育发展的第一资源，是国家复兴、民族振兴、人民幸福的重要基石"。然而，目前师资队伍建设出现了对教师重视程度不够、职业吸引力不强、教师地位待遇有待提高等问题。因此，须重振师道尊严，一方面使尊师重教蔚然成风，真正让教师成为令人羡慕的职业，确保教师热心从教、安心执教；另一方面，提升教师的职业地位，完善教师待遇保障机制，吸引和稳定优秀人才投身教师职业。

《教师教育振兴行动计划（2018—2022年）》指出，教师教育是提升

我国教育质量的动力之源，是我国教育事业中的工作母机。既要立足当前，满足基础教育师资需要，也要明确导向，以提升教师教育质量为核心，以加强教师教育体系建设为支撑，以教师教育供给侧结构性改革为动力，力求从源头上加强教师队伍建设，不断建立并完善教师培训政策体系，观照各级各类教师政策，服务于全面深化新时代教师队伍建设改革的伟大事业。

2019 年 1 月，全国教育工作会议召开，强调"加大对乡村教师队伍建设的倾斜和支持力度，持续提升教师能力素质"①。直面我国教师队伍结构性失调的难题，考量区域差异，进而出台针对性的政策举措，对建设具有中国特色的教师培训政策体系至关重要。

（二）稳中求进，保障教师培训的执行效能

为适应教育现代化对师资队伍的要求，造就一支师德高尚、业务精湛、结构合理、充满活力的教师队伍，必须稳中求进、狠抓落实，打造高质量的教师培训。"高质量的趋向体现为教师培训要能够实现基于需求的针对性和基于应用的实效性。"② 因此，要普遍建立基于教师需求的训前调查体系。

长期以来，我们不断从义务视角对教师群体提出培训的要求，未能将培训视为教师群体的权利。过于强调教师发展的外在价值，而忽视教师发展的内在意义，教师参与培训的内驱力不足，积极性不高，常常被动地发展，培训效果大打折扣。站在新的历史起点上，中小学教师培训政策要充分体现培训是教师专业发展的权利，使之成为教师培训工作坚实的思想基础。认真落实训前调查工作，根据教师自身发展需求，提供科学、合理的培训内容，调动教师参训积极性。

培训课程是体现教师专业内涵与专业水平的核心内容，是实现教师培训价值和效用的关键因素。近年来，中小学教师培训政策中已要求培训课程关注教师需求，但建立在行政调研和培训方主导基础上的课程设计，并没有真正实现以教师问题为导向，课程设计针对性不强。因此，培训方进行课程资源建设时，应调研参训教师需求，并以《中小学教师专业标准》

① 　教育部关于印发《幼儿园教师专业标准（试行）》《小学教师专业标准（试行）》和《中学教师专业标准（试行）》的通知 [EB/OL]. (2012-09-13) [2018-10-17] http：//www. moe. gov. cn/srcsite/A10/s6991/201209/t20120913_145603. html.

② 　2019 年全国教育工作会议召开 [EB/OL] (2019-01-19) [2018-10-17] http：/www. gov. cn/xinwen/2019-01/19/content_5359253. html.

和学科标准为指标，搭建分层次、分学科、分学段的课程基本框架。

除此之外，还要完善培训课程的开发机制，制定培训课程标准，通过多种渠道源源不断地征集和遴选精品课程，尤其对新兴网络视频课程等加大规范力度，不断丰富课程资源体系，建立良好的课程共享资源平台；推动线上线下混合式学习，形成共享互助学习的氛围；强化校本研究或区域联合研究，使得课程内容更加贴合教师实践要求。

（三）加强评估，完善教师培训质量监测机制

目前，我国教师培训评估将关注点更多放在短期培训效果上，对中小学教师训后教学实践能力提升的评价和引领教师专业学习的评价关注较少。教师培训的本质，在于促进教师专业发展，提高教师实践教学能力，服务于基础教育发展的实际。因此，将培训评估延伸至培训后，考察训后教师的教学行为和教学成效，有助于保障教师培训质量，培养高素质教师队伍，形成优秀教师不断涌现的良好局面。

《计划》提出，通过建立教师培训质量监测机制，保障教师教育的质量。首先，应注重整体性和持续性评价，将教师自身、学校和教师专业发展评价机构这三方纳入评价机制，多层次、多角度地关注一线教师在教学实践过程中的新变化，考察参训教师情感、态度和价值观的提高和发展，形成基于教师专业发展和终身学习的长期跟踪的过程性评价的模式，并逐步推动在全国范围内建立教师终身学习档案。其次，要不断完善教师培训质量的评估指标体系，对中小学教师培训项目的可行性、培训完成度进行逐级把关，从而确保教师培训质量。最后，及时反馈评估结果，总结教师培训政策的成功经验，发现潜在问题，及时调试政策举措，保障教师培训政策的活力。

［原文刊载于《河北师范大学学报（教育科学版）》2019 年第 3 期（曲铁华 龚旭凌）］

我国教师教育政策价值取向变迁的路径与特点

——基于 1978—2013 年政策文本的分析

　　改革开放以来，我国教师教育政策经历了不断完善的发展过程。通过对政策文本的解读，我们不难发现，教师教育政策在不断变化发展的过程中，在一定时期内总会遵循着某种比较明显的倾向性原则，我们称之为价值取向。严格意义上来说，教师教育政策的价值取向，是指教师教育政策主体在制定教师教育政策过程中价值选择的总的趋势和价值追求的一贯倾向，其又具体表现为用什么样的价值标准，确立什么样的价值目标，去制定什么样的教师教育政策，以及如何去寻求、确认、实现、创造和分配价值。①

　　有学者认为，"教育政策价值取向除了具有社会性、历史性、时代性、民族性等显而易见的特点外，还具有主体性、制约性、预存性和外显性等特点。教育政策价值取向的一系列特点表明，其作用是巨大的、多方面的。突出作用就是决定、支配主体的价值选择。因而教育政策价值取向的合理与否对主体自身、主体间关系、其他主体均有重大影响。正因为如此，引导、促进主体确立合理的价值取向具有长远的战略意义，解构、消除不合理的价值取向是一种治本之选择"②。

　　有学者提出，合理的教育政策价值取向，应该有两个方面的规定性：一是坚持国家发展与教育发展的统一，这两种价值取向的关系，实质上是效率与平等的关系。其中，教育政策为国家发展的价值取向是典型的工具性取向。二是坚持合目的性与合规律性的统一，这两种价值取向的关系，实际上是坚持教育政策内在尺度与外在尺度的统一。合理的教育政策价值取向客观上要求在统一性基础上坚持偏移性原则。③ 现阶段，应该相对突

---

① 吴遵民，傅蕾. 我国 30 年教师教育政策价值取向的嬗变与反思 [J]. 杭州师范大学学报（社会科学版），2011，33（04）：93-100＋128.

② 孙绵涛，等. 教育政策论：具有中国特色的社会主义教育政策研究 [M]. 武汉：华中师范大学出版社，2002：37.

③ 孙绵涛，等. 教育政策论：具有中国特色的社会主义教育政策研究 [M]. 武汉：华中师范大学出版社，2002：38.

出两极价值取向中"为教育发展"这一极，尊重教育自身发展的内在需求，引导个体发展他们的主体精神，从而使国家和教育的共同发展得到全面自由和谐的个体的积极支持，为社会整体进步提供原动力。① 因此，在对教育政策价值取向有了正确理解和全面认识的基础上，对改革开放以来我国教师教育政策价值取向的分析，就有了可靠的理论依据。

一、教师教育政策价值取向变迁的路径

（一）从工具本位向教师本位的移行

所谓工具本位，是指在特定的条件下，由国家制定大政方针引导教师教育发展，其主要目的是使教师教育成为为国家经济建设、社会发展而服务的工具的价值取向。所谓教师本位，是指国家在充分认识教师教育的内涵和重要性，在尊重和遵循教师教育自身发展规律的前提下，利用和整合各种社会资源，以有效促进教师教育事业的发展，从而制定注重教师全面和谐发展政策的价值取向。需要指出的是，工具本位和教师本位两种价值取向是相对的，不是全然对立的。在工具本位占主导的价值取向指引下，教师教育政策的制定与实施，虽然直接目的在于为经济建设和社会发展服务，但在一定程度上，也促进了教师教育的发展和进步。而在教师本位主导的价值取向指引下，教师教育政策的制定与实施，同样起到了促进经济建设和社会发展的作用，只不过此时的教师教育政策外在的社会性价值开始成为教师教育自身发展的附属性价值存在，而并非起决定性和主导性的作用。

通过对政策文本的具体分析，就可以明显发现这一价值取向的移行。1978 年教育部颁布的《关于加强和发展师范教育的意见》指出，"大力发展和办好师范教育"，"以配合各项经济事业和科学技术事业的发展，适应社会主义革命和建设的需要"②；1985 年颁布的《中共中央关于教育体制改革的决定》中，明确提出"教育必须为社会主义现代化建设服务"，"现在的问题就是如何在有限的财力物力条件下，把教育搞上去，满足社会主义现代化建设的迫切需要"③；1993 年颁布的《中国教育发展和改革纲要》

---

① 孙绵涛，等. 教育政策论：具有中国特色的社会主义教育政策研究 [M]. 武汉：华中师范大学出版社，2002：39.
② 何东昌. 中华人民共和国重要教育文献（1976～1990）[G]. 海口：海南出版社，1998：1648.
③ 何东昌. 中华人民共和国重要教育文献（1976～1990）[G]. 海口：海南出版社，1998：2286.

中，依然提出"加快教育的改革和发展"，"建立适应社会主义市场经济体制和政治、科技体制改革需要的教育体制，更好地为社会主义现代化建设服务"①；等等。

从以上政策文本的原文表述中，我们可以清晰地看到，国家所制定的教育政策，无疑都是为经济建设、社会进步服务的，将教育政策的最终归宿归置于经济社会发展的目标之下，教师教育政策作为教育政策的一部分，自然而然地也成了为国家经济社会发展而服务的工具。

但是，随着教师教育的不断发展，需要真正从属于自身的政策支持的要求越来越迫切，以教师本位为主导的价值取向开始在教师教育政策文本中凸显出来。1994 年发布的《关于〈中国教育改革和发展纲要〉的实施意见》规定，"加强教师队伍建设，提高教师的思想、业务素质和教学水平，建设一支具有良好政治素质、热爱教育事业、结构合理、相对稳定的教师队伍"②；1996 年《关于师范教育改革和发展的若干意见》的通知中，指出了师范教育改革和发展的主要任务是"全面推进师范教育各项改革，全面提高教育质量和效益"，"构建体现终身教育思想、具有中国特色的社会主义师范教育体系，逐步实现师范教育现代化"③；2002 年发布的《关于"十一五"期间教师教育改革与发展的意见》，第一次对"教师教育"做了完整的阐释，认为"教师教育是在终身教育思想指导下，按照教师专业发展的不同阶段，对教师的职前培养、入职培养和在职培训的总称"④。

从"师范教育"到"教师教育"的转变，充分反映了国家对教师教育事业内涵和意义的更加深刻的认识。所以说，教师教育政策的价值取向，经历了从工具本位向教师本位的移行。

（二）从注重职前培养向职前职后教育一体化过渡

1897 年，盛宣怀于上海创办南洋公学师范院，成为中国近代最早的师范培养机构，同时也拉开了中国师范教育的序幕。中国的师范教育从诞生之日开始，始终沿袭着历史的轨迹前进和发展着。所以，在很长时间内，师范教育主要是指在师范院校进行的教师职前培养活动。这就导致了早期的师范教育仅集中在教师的职前培养阶段，对于教师走向岗位之后的

---

① 何东昌. 中华人民共和国重要教育文献（1991～1997）[G]. 海口：海南出版社，1998：3467.
② 何东昌. 中华人民共和国重要教育文献（1991～1997）[G]. 海口：海南出版社，1998：3666.
③ 何东昌. 中华人民共和国重要教育文献（1991～1997）[G]. 海口：海南出版社，1998：4095.
④ 何东昌. 中华人民共和国重要教育文献（1998～2002）[G]. 海口：海南出版社，2003：1146.

入职教育和职后培训则很少关注。这种局面割裂了教师作为专业化人员经历成长、完善等阶段所必须具备的职前培养、入职教育、职后培训之间一体化的联系。

教师职前培养与职后培训相分离的状态，在改革开放初期的教师教育政策文本中有明显的体现。例如：1978年的《关于加强在职教师培训工作的意见》中，非常简明扼要地提出要大规模地培训中小学教师，但具体如何培养、在什么阶段上进行培养并未明确表明，仅作为一种指导性的口号提出而已；1985年的《中共中央关于教育体制改革的决定》中，提到"要把发展师范教育和培训在职教师作为发展教育事业的战略措施"[①]；1993年的《中国教育和改革的纲要》，也提及"制定培训计划，促进教师特别是中青年教师不断进修提高"[②]；等等。虽然以上政策文本中开始提及教师在职培训、教师进修等内容，但是，对于如何将教师的职前培养与入职教育、职后培训有机整合起来，尚未有明确的教师教育政策措施加以保证。

这种分离的状态，一直持续到20世纪末、21世纪初才开始得到改变和突破。例如：1998年的《关于加强中小学教师继续教育区域性实验工作的几点意见》中明确表示，要实现"教师职前培养与职后培训相沟通的继续教育网络建设"，"通过实验，树立终身教育思想，探索和改革中小学教师继续教育的模式"[③]；1999年的《面向21世纪教育振兴行动计划》中又提出"要建立和完善教师的继续教育制度"，"要将教师职前与职后的培训相互贯通"[④]；2003年的《关于实施全国教师教育网络联盟计划的指导意见》中，对于实施计划的具体步骤更是进行了详细说明，要求分"三步走"[⑤]，实现教师职后培训的有序进行。之后的教师教育政策文本中，更是频繁出现"建立教师教育的新体系"，推进"教师职前培养、职后培训一体化"等表述，这些变化都足以证明我国教师教育政策的价值取向从注重教师职前培养向职前职后教育一体化的过渡，使得教师教育政策从职前职后分离割裂的状态走向有效沟通、有机整合的良性发展状态。

---

① 何东昌. 中华人民共和国重要教育文献（1976～1990）[G]. 海口：海南出版社，1998：2286.
② 何东昌. 中华人民共和国重要教育文献（1991～1997）[G]. 海口：海南出版社，1998：3467.
③ 何东昌. 中华人民共和国重要教育文献（1998～2002）[G]. 海口：海南出版社，2003：102.
④ 何东昌. 中华人民共和国重要教育文献（1998～2002）[G]. 海口：海南出版社，2003：218.
⑤ 何东昌. 中华人民共和国重要教育文献（1998～2002）[G]. 海口：海南出版社，2003：164.

（三）由强调效率到更加关注公平

历经"文化大革命"十年浩劫之后，中国社会和经济各方面都遭到了严重的破坏，各行各业百废待兴。改革开放伊始，当时的一切政策均以恢复发展经济为目的。因此"效率优先"成了各领域内众多政策的先行指导思想。毋庸置疑地，"效率优先"的指导思想同样反映到教师教育政策的制定与实施之中。

纵观改革开放以来的教师教育政策文本，我们可以发现，早期的教师教育政策的目标，在于迅速恢复师范教育培养教师的功能，对不合格的教师进行大规模的补偿性的培训，以求尽快提高教师的学历标准，达到国家规定的合格教师最低标准和水平，以为经济建设和社会发展又快又好地培养所需人才。例如：1980 年的《关于加强高等师范学校教师队伍建设的意见》，要求各校根据需要与可能，制定 3—5 年的师资队伍建设规划，加强管理，恢复和建立必要的规章制度，切实保证教师的进修时间[①]；1985年的《中共中央关于教育体制改革的决定》强调"教育必须为社会主义建设服务，多出人才，出好人才"，"要争取在 5 年或者更长一点的时间内使绝大多数教师能够胜任教学工作"[②]；1993 年的《中国教育发展和改革纲要》提出，"到本世纪末，通过师资补充和在职培训，绝大多数中小学教师要达到国家规定的合格学历标准，小学和初中教师中具有专科和本科学历者的比重逐年提高"[③]。从以上的政策文本表述中可以看出，当时的教师教育政策目的在于尽快提高教师的学历标准，能在短时间内负担起培养大量的各级各类建设人才的重任。因此，教师教育政策表现出强烈的"效率优先"的功利主义价值取向。

从"效率优先"到"兼顾公平"，这一重要的政策价值取向转变，是在 1999 年《关于深化教育改革全面推进素质教育的决定》颁布之后，该决定首次提出"以提升全体教师为目标进行教师教育"的要求[④]，这一要求清晰地体现了教师教育政策价值取向由"效率"向"公平"的过渡，推进了教师教育的平等性和全员性。

进入 21 世纪后，国家更加重视教师教育政策公平性的实现，加强了

---

① 何东昌. 中华人民共和国重要教育文献（1976～1990）[G]. 海口：海南出版社，1998：1868.
② 何东昌. 中华人民共和国重要教育文献（1976～1990）[G]. 海口：海南出版社，1998：2287.
③ 何东昌. 中华人民共和国重要教育文献（1991～1997）[G]. 海口：海南出版社，1998：3467.
④ 何东昌. 中华人民共和国重要教育文献（1998～2002）[G]. 海口：海南出版社，2003：289.

对农村及西部地区教师教育的关注，制定了一系列专门的教师教育政策。例如：2004 年的《关于启动新一轮民族、贫困地区中小学教师综合素质培训项目暨新课程师资培训计划（2004—2008 年）的通知》中提出"坚持以教师发展为本，面向全员，突出骨干，倾斜农村，促进综合素质培训项目的协调发展"[1]；2006 年的《关于大力推进城镇教师支援农村教育工作的意见》提出"积极鼓励并组织落实高校毕业生支援农村教育工作"[2]；等等。国家将制定教师教育政策的着力点，放在了平衡城市与乡村、中西部与东部之间的差异，实现教师教育的均衡化发展，保证教师教育的公平和平等上。不言而喻，教师教育政策的价值取向，从"效率优先"到更加强调"公平优先"，是逐步转化并推进的。

（四）由一元化迈向多元化

改革开放以来，我国教师教育政策的发展，历经了制定、调整、变革、再调整、再变革的纷繁复杂的过程，在这一过程中，教师教育政策的价值取向，也由最初的一元化、封闭化迈向多元化、开放化。20 世纪 90 年代之前，我国的教师教育制度始终坚持着一元化的培养模式，具体表现为：1978 年的《关于加强和发展师范教育的意见》指出，要"大力发展和办好师范教育"，对师范生实行统一的"国家分配"，[3] 这表明，当时的教师教育政策采取的是定向培养的单一化模式，具有封闭化的典型特点；在 1980 年召开的全国师范教育工作会议上，提出"高等师范院校本科，主要是培养中等学校师资；师范专科学校，培养初级中等学校师资；中等师范学校和幼儿师范学校，招收初中毕业生和具有同等学力的社会青年，分别培养小学师资和幼儿园师资"[4]。

由此，我国一元化的三级师范院校培养教师体系开始形成。直到 1986 年《中华人民共和国义务教育法》的颁布，其中第十三条明确规定："国家采取措施加强和发展师范教育，加速培养、培训师资，有计划实现小学教师达到中等师范学校毕业水平，初级中等学校教师达到高等师范专科学校毕业水平，高级中学教师达到高等师范本科学校毕业水平。"[5]

---

[1] 何东昌. 中华人民共和国重要教育文献（1998～2002）[G]. 海口：海南出版社，2003：543.

[2] 何东昌. 中华人民共和国重要教育文献（1998～2002）[G]. 海口：海南出版社，2003：977.

[3] 何东昌. 中华人民共和国重要教育文献（1976～1990）[G]. 海口：海南出版社，1998：1684.

[4] 苏林，张贵新. 中国师范教育十五年 [M]. 长春：东北师范大学出版社，1996：253.

[5] 何东昌. 中华人民共和国重要教育文献（1976～1990）[G]. 海口：海南出版社，1998：2415.

以法律规定的方式将三级师范院校培养教师体系正式确定下来。这种单一化的教师培养模式虽然具有针对性，分工明确，各级各类师范院校培养不同水平的教师，但是，随着经济社会的发展，对高素质、全面发展的教师需求越来越大，该模式就显得有些力不从心，难以适应当下社会对专业化教师的快速需求。而且，各个层次之间的教师教育既被人为地割裂分离开来，使得教师教育的实施失去了良好的连贯性，同时也造成了教育教学资源的浪费和低效使用。由此，综合性大学参与到教师教育的培养培训体系中，与师范院校共同培养培训教师就成了顺应社会发展潮流和趋势的时代选择。

1996 年的《关于师范教育改革和发展的若干意见》中，提出要坚持"有中国特色的、以独立设置的师范院校为主体，非师范类院校共同参与，培养和培训相沟通的师范教育体系"。① 这一意见的发布，标志着教师教育体系改革取得了重大进展，打破了"对外封闭、对内绝缘"的教师格局，开始形成以独立设置的师范院校为主体，其他高校共同参与的多元化的教师教育体系。

1999 年的《关于师范院校布局调整的几点意见》中，提出要构建"师范院校为主体，其他高校共同参与"的师范生培养机制，同时倡导实现"教育资源重组"的新举措；② 2003 年，全国非师范院校教师教育工作研讨会召开，会议最终形成了《非师范院校积极参与教师教育的行动宣言》，正式宣告了综合性大学介入教师教育，这表明我国的教师教育体系发生了显著的变化。此后，整合多元化的教育资源进行教师培养，在有关的教师教育政策文本中频繁出现，这些政策文本的出台，强有力地说明教师教育政策的价值取向，从一元化逐渐转向了多元化。

二、教师教育政策价值取向变迁的特点

（一）公平优先，兼顾效率

教育是最大的公共性质事业。因此，教育政策尤其是教师教育政策的制定与实施，必须符合客观环境和现实资源状况，基于对各级各类教育资源尤其是优质教育资源短缺现实的综合考虑和权衡，以教育公平为核心，

---

① 何东昌. 中华人民共和国重要教育文献（1991～1997）[G]. 海口：海南出版社，1998：4094.

② 何东昌. 中华人民共和国重要教育文献（1998～2002）[G]. 海口：海南出版社，2003：241.

兼顾效率、适度追求效率逐渐成为教师教育政策价值取向的实然追求。

"公平优先、兼顾效率"这一特点在教师教育政策价值取向的变迁过程中，越来越显著地被呈现出来。具体而言，在教师教育政策文本中得到了很好的印证。如开始出现一些专门的教师教育政策，明确地针对西部地区、农村偏远地区的教师教育发展情况进行规定和阐述。如 2000 年的《中小学教师继续教育工程方案（1999—2002 年）》及其实施意见的通知中，特别强调"要加强农村、少数民族和边远贫困地区中小学教师的培训"；[①] 2004 年的《中央广播电视大学关于广播电视大学进一步面向农村开展现代远程教育的若干意见》，提出要进一步搞好农村中小学教师继续教育，"电大远程教师教育的重点是面向农村边远地区中小学教师实施本、专科学历教育和非学历培训"[②]。

直到 2010 年的《国家中长期教育改革和发展规划纲要（2010—2020 年）》明确提出，要把促进公平作为国家基本的教育政策。由此我们不难看出，国家在宏观上已经明确以教育公平为导向，促进教育领域内公平的实现与普及。教师教育政策作为教育政策的重要组成部分，同样遵循这一根本性的政策指导原则，将公平作为教师教育政策努力实现的目标，作为教师教育政策价值取向的主导方向标，既符合国家有关教师教育大政方针的内在精神，也满足了广大教师自身发展与完善的迫切要求。

在教师教育总体发展已经取得良好成效的今天，立足于更长远的未来，平衡地区之间的发展差异，追求"公平优先、兼顾效率"将继续成为教师教育政策价值取向的核心特点。

（二）以人为本，和谐发展

教师教育政策的价值取向应是涵盖多元的价值体系，它表现出追求效率、公平、公正、发展等，但归根结底是要"以人为本"，即加快教师的专业化进程，促进教师的全面发展。原因是显而易见的，教师作为教师教育改革和发展的承担者和推动者，坚持"以人为本"，有利于充分保障教师切身利益的实现，更加彻底地调动教师的积极性、创造性，使其更加热情地投入到教育工作中，实现"和谐发展"，从而推动实现科教兴国的伟大战略目标。

---

① 何东昌. 中华人民共和国重要教育文献（1998～2002）［G］. 海口：海南出版社，2003：541.
② 何东昌. 中华人民共和国重要教育文献（2003～2008）［G］. 北京：新世界出版社，2010：293.

从大的方针政策来看，党的十七大报告确定了科学发展观为党在新时期开展各项工作的根本指导思想，而其中最根本、最重要的一点就是"以人为本"成为科学发展观的核心。这使得"以人为本"成为各领域内政策制定与实施的落脚点，成为教师教育政策价值取向在变迁过程中呈现出的最显著特点。教师教育政策的制定，越来越以保障教师利益、提高教师综合素质为出发点，促使"以人为本，和谐发展"的特点在文本中得到了彰显。如2007年的《关于组织实施中等职业学校专业骨干教师培训工作的指导意见》中，提出培训的主要目标是"为中等职业学校造就一大批专业理论水平高、实践教学能力强，在教育教学工作中起骨干示范作用的'双师型'优秀教师和一批高水平的职业教育教学专家"。这体现了教师教育政策致力于培养教学科研能力更突出、更优秀的新型骨干教师和教育教学专家，以提升教师个体的专业化素质和能力为核心，关注并重视教师自身的全面和谐发展。①

再如2011年的《教育部关于大力加强中小学教师培训工作的意见》中提出："围绕教育改革发展的中心任务，紧扣培养造就高素质专业化教师队伍的战略目标，以提高教师师德素养和业务水平为核心，以提升培训质量为主线，以农村教师为重点，开展中小学教师全员培训，努力构建开放灵活的教师终身学习体系，加大教师培训支持力度，全面提高教师素质。"②

以上意见更是突出了"以人为本"的价值取向追求，旨在促进教师素质的全面提高。综合上述政策文本的内容可以看出，追求"以人为本，和谐发展"在教师教育政策价值取向的变迁过程中俨然蔚然成风，我们有理由相信，未来教师教育政策的制定与实施，必会更好地将其继承和延续下去。

（三）均衡化、一体化

教师教育政策价值取向追求"均衡化、一体化"的变迁特点，主要体现在国家制定教师教育政策时，在保证教师教育整体、快速、高效发展的同时，还要统筹兼顾，促进少数民族地区与汉族居住区、城市与乡村、中

---

① 何东昌.中华人民共和国重要教育文献（2003～2008）［G］.北京：新世界出版社，2010：1387.

② 教育部.教育部关于大力加强中小学教师培训工作的意见［EB/OL］.（2011-01-04）［2013-10-15］.http：//www.moe.gov.cn/publicfiles/business/htmlfiles/moe/s7455/201307/154061.html.

西部地区与东部地区之间均衡地发展，并在此基础上，不断推进教师教育职前职后培养培训体系的一体化进程。

这种变迁特点能够在政策文本中找到线索，如 2003 年《关于实施全国教师教育网络联盟计划的指导意见》中，提出教师网联计划实施分"三步走"，其中第一阶段要"重点面向农村，配合中小学现代远程教育工程的实施，充分发挥教师网联的优势，因地制宜地运用光盘教学、卫星电视教育、网络教育等各种模式，共享优质教育资源，有效地开展各种层次和规格的教师学历教育和非学历培训，大幅度提高中小学教师队伍素质"。[①]

2013 年《中西部高等教育振兴计划（2012—2020 年）》的通知中，强调要加强中西部地区教师培养培训，要组建高校教师教学发展中心，促进教师培训工作制度化、常态化；加强民族地区双语教师培养培训基地建设，培养培训一批双语教师，提高双语教学水平；培训一批民族团结教育课程主讲教师，加强民族团结教育课程建设。[②]

另一方面，教师教育政策一体化的价值取向趋势，也表现在政策文本中，如 2002 年《关于"十五"期间教师教育改革与发展的意见》中，第一次对"教师教育"做了完整的阐释，认为"教师教育是在终身教育思想指导下，按照教师专业发展的不同阶段，对教师的职前培养、入职培养和在职培训的统称"[③]。自此以后，"教师教育"取代了"师范教育"，教师的职前培养、入职培养以及在职培训越来越紧密地联系在一起，一体化趋势愈加明显。

从诸多已出台的教师教育政策文本中，我们已经看到了教师教育政策价值取向在变迁过程中明显的均衡化、一体化的特点，这也成为教师教育政策发展的必由之径。

（四）多元化、开放化

随着教育体制改革的深入开展，教师教育体系朝着多元化、开放化方向发展。教师的培养、培训方式多元化，综合性大学、非师范类高校、教师进修学院等均可以参与到教师的培养、培训中来。

---

① 何东昌. 中华人民共和国重要教育文献（1998～2002）[G]. 海口：海南出版社，2003：164.

② 教育部，国家发展改革委，财政部. 关于印发《中西部高等教育振兴计划（2012—2020 年）》的通知 [EB/OL]. （2013-02-28） [2013-10-15] http：//www. moe. gov. cn/publicfiles/business/htmlfiles/moe/s7394/201303/xxgk _ 148468. html.

③ 何东昌. 中华人民共和国重要教育文献（1998～2002）[G]. 海口：海南出版社，2003：1146.

教师教育政策价值取向追求"多元化、开放化"的变迁特点，同样在教师教育政策的文本中得到了较有力的证明，如 2001 年《关于基础教育改革与发展的决定》中明确提出，要"以有条件的师范大学和综合性大学为依托建设一批开放式教师教育网络学院，推进师范教育结构调整，逐步实现三级师范向二级师范的过渡"①，教师培养打破了传统"老三级"的固定模式，实现了由三级师范向二级师范的转化与过渡，提高了人才培养的规格和质量，增强了师范教育人才培养的水平和竞争力。

另外，该《决定》也提出要"完善以现有师范院校为主体、其他高等学校共同参与、培养培训相衔接的开放的教师教育体系。加强师范院校的学科建设，鼓励综合性大学和其他非师范类高等学校举办教育院系或开设获得教师资格所需课程"②。2005 年，《中央广播电视大学关于实施教师网联计划进一步加强和改进教师教育工作的意见（试行）的通知》中提出，"加强和改进教师教育工作，是构建我国灵活开放的教师终身教育体系的需要"③。这些政策构成了开放性教师教育政策体系的合法基础，呈现了教师教育政策价值取向变迁过程中逐步多元化的体制特征，也昭示着教师教育体系必将朝着愈加完善饱满的方向发展。

毋庸置疑，让综合性大学、教师进修学校等参与到教师的培养培训中来，在很大程度上打破了原先封闭僵化的教师培养模式，有利于教师教育逐渐转向多元与开放的形态，使得教育资源得到更为有效的配置与利用，有利于教师教育更健康快速地发展、壮大。总而言之，追求"多元化、开放化"是教师教育政策价值取向变迁过程中呈现出的新特点，更是大势所趋。

［原文刊载于《现代大学教育》2014 年第 3 期（曲铁华　崔红洁）］

---

① 何东昌. 中华人民共和国重要教育文献（1998～2002）［G］. 海口：海南出版社，2003：888.
② 何东昌. 中华人民共和国重要教育文献（1998～2002）［G］. 海口：海南出版社，2003：887.
③ 何东昌. 中华人民共和国重要教育文献（1998～2002）［G］. 海口：海南出版社，2003：859.

近三十年来我国教师教育政策变迁的
特点、问题与解决路径

　　教师是教育事业的第一资源，是推动教育改革发展的动力源。近三十年来，国家制定颁布了诸多保障教师教育培养质量和提高教师专业化水平的政策措施。这些探索教师教育改革的文本性措施，不仅稳定了我国的教师队伍，规范了教育活动，增强了国家文化实力，而且还实现了由独立设置的师范教育体系向开放的教师教育体系的转变，促进了教师来源多元化和高质量教师的储备，促使我国教师队伍建设逐步走向规范化。

一、近三十年来我国教师教育政策变迁的特点

　　教师教育政策是国家公共权力部门对教育资源、利益所做的权威性分配[①]。改革开放后，市场经济和崇尚效率价值观的建立，中国社会经历着发轫于经济领域、进而扩展到社会各个领域的重大转型。面对外部环境的变换，传统封闭的教师教育政策逐步打破藩篱，按着市场需求向外延伸、调适和深化，在政治协商、经济融合、冲突化解中不断地发展与完善，呈现出动态发展的过程性特点。

（一）从规模数量向质量效益发展

　　1978 年，我国全面实行改革开放，市场经济体制开始挑战计划经济体制，社会整体格局发生变化。面对"文革"结束后遗留的适龄儿童骤增引起的教师数量不足、普通民众文盲急剧增加等问题，师范教育事业百废待兴，教育部颁布了《关于加强和发展师范教育的意见》，提出："办好师范教育以配合各项经济事业和社会事业的发展。采取强有力的措施，扩大和加快各级各类教育事业发展的规模和速度。"[②] 目的是满足学校发展需求的教师数量，壮大教师队伍。1995 年，教育部颁布了《教师资格条例》，对教师资格认定的条件、申请以及证书管理进行了明确说明，推动了我国

---

①　罗红艳. 和谐社会视野下教师教育政策的伦理诉求 [J]. 现代教育管理，2011（01）：54-57.

②　何东昌. 中华人民共和国重要教育文献（1976～1990）[G]. 海口：海南出版社，1998：2068.

教师专业化的发展①。可见，国家对教师教育事业的关注点，已经由外延式的数量扩张转向内涵式的教师素质培训和学历提升。2005 年，教育部颁发《关于启动实施全国中小学教师教育技术能力建设计划的通知》，对全国中小学教师开展信息技术与学科教学的培训，以提高广大教师实施素质教育的能力和水平。②

（二）从效率优先向公平均衡发展

改革开放之初，由于国家经济建设的迫切需要和对优质教育资源短缺的现实考量，大力提倡效率优先的非均衡化发展成为我国教师教育政策价值取向的核心要求。国家在 1985 年颁布的《中共中央关于教育体制改革的决定》③ 和 1993 年颁布的《中国教育改革和发展纲要》中均提出了教育要为社会主义现代化服务的内容④。由此，教师教育在很长一段时间里，表现出强烈的"效率优先"的功利主义倾向，忽视了教师教育的内在发展规律与均衡发展。而改变这一局面的，是 1999 年国家出台的《关于深化教育改革全面推进素质教育的决定》，该决定提出了"以提升全体教师为目标进行教师教育"⑤ 的要求，使教师教育政策公平均衡的价值取向得以彰显，有效地推进了教师教育的平等性和全员性。由此，教师教育开始了在不断反思中回归"公平均衡"的道路。

迈进 21 世纪后，国家对农村及西部地区的教师教育事业高度重视，先后颁布了《关于进一步加强农村教育工作的决定》《关于大力推进城镇教师支援农村教育工作的意见》《关于教育部直属师范大学师范生免费教育实施办法（试行）的通知》等文件，进一步把关注点放在平衡城乡之间、东西部地区之间的差异上，以实现教师教育的均衡发展。其中，教育部在 2007 年颁发的《关于教育部直属师范大学师范生免费教育实施办法

① 教育部. 教师资格条例［EB/OL］.（1995-12-12）［2015-09-15］http：//old. moe. gov. cn/publicfiles/business/htmlfiles/moe/moe＿620/200409/3178. html.

② 教育部. 关于启动实施全国中小学教师教育技术能力建设计划的通知［EB/OL］.（2005-04-04）［2015-09-15］http：//www. moe. gov. cn/s78/A10/moe＿631/tnull＿10250. html.

③ 教育部. 中共中央关于教育体制改革的决定［EB/OL］.（1985-05-27）［2015-09-25］http：//old. moe. gov. cn/publicfiles/business/htmlfiles/moe/s6986/200407/2482. html.

④ 中共中央、国务院. 中国教育改革和发展纲要［EB/OL］.（1993-02-13）［2015-09-25］http：//old. moe. gov. cn/publicfiles/business/htmlfiles/moe/moe＿177/200407/2484. html.

⑤ 教育部. 中共中央国务院关于深化教育改革，全面推进素质教育的决定［EB/OL］.（1999-06-13）［2015-09-25］http：//www. moe. edu. cn/publicfiles/business/htmlfiles/moe/moe＿177/200407/2478. html.

（试行）的通知》中，公平特征的体现最为明显。由于从 1997 年师范大学逐步实行收费制度以来，优秀生源报考师范学校的数量明显减少，加上受到地区发展不平衡的外部客观原因和传统、现实观念的影响，中小学教师在就职时普遍考虑城市和发达地区，致使教师资源分布极不均衡。

面对这一问题，教育部在 6 所部属师范大学实行免费师范生教育政策，规定：师范生四年在校就读期间免除学费、住宿费并领取生活补助，毕业后按照入学前与学习和生源所在地省级教育行政部门签订的承诺协议，承诺从事中小学教育十年以上，并且到城镇学校工作的免费师范生应先到农村学校工作两年[①]。其目的是更好地促进教育发展和教育公平，为农村基础教育发展提供优质师资。

（三）从单一封闭向多元开放发展

1986 年颁布的《中华人民共和国义务教育法》规定，"有计划地实现小学教师具有中等师范学校毕业以上水平，初级中等学校教师具有高等师范专科学校毕业以上水平"[②]，正式确立了分工明确、各有侧重的院校教师培养体系。这种一元封闭的教师培养模式是将各个阶段、各个层次的教师教育进行了人为的限制与割裂，在一定程度上，不仅造成了教育资源的浪费，而且也不利于教师的终身发展。之后的几年，由于教师的数量基本满足了当时教育的需要，国家对于教育的要求不再仅仅是学历合格，而是教师素质的提高。因此，1996 年 12 月国家教育委员会颁布的《关于师范教育改革和发展的若干意见》中，提出了建立独立师范院校和非师范类院校共同参与培养教师的教育体系[③]，由此，开放、共通的教师教育格局初显端倪。

直至 1999 年，教育部颁发了《关于师范院校布局结构调整的几点意见》，明确提出"以师范院校为主体，其他高等学校积极参与"的师范生培养机制，并且提倡"师范教育资源重组"[④] 的新举措，标志着教师教育

---

① 教育部. 教育部直属师范大学师范生免费教育实施办法（试行）[EB/OL].（2007-05-09）[2015-10-09] http：//www. moe. gov. cn/jyb _ xxgk/moe _ 1777/moe _ 1778/tnull _ 27694. html.

② 中华人民共和国义务教育法 [EB/OL].（2019-01-07）[2015-10-12] http：//www. npc. gov. cn/npc/xinwen/2019-01/07/content _ 2070254. htm.

③ 何东昌. 中华人民共和国重要教育文献（1976～1990）[G]. 海口：海南出版社，1998：4094.

④ 教育部. 中华人民共和国教育部. 关于师范院校布局结构调整的几点意见 [EB/OL].（2007-03-08）[2015-10-15] http：//www. moe. gov. cn/srcsite/A10/s7058/199903/t19990316 _ 162694. html.

培养主体从一元化迈向多元化。此后，彰显多元融合和教育资源整合宗旨的教师教育政策纷纷出台，初步建立起以师范院校为主体、综合性高校和非师范类院校共同参与的灵活性、开放式教师教育网络体系。

（四）从阶段分离向整体连贯发展

由于长期以来我国对教师教育认识的局限性，改革开放初期的教师教育，仍然集中在教师的职前培养阶段，即在师范院校进行准教师的职前培养与教育活动，较少关注教师走向岗位阶段的专业化适应与发展的职后培训问题。1985 年，国家出台了《中共中央关于教育体制改革的决定》，该《决定》在内容中出现培训在职教师和分期分批次轮训教师等文字的陈述，但对于如何把教师职前教育与在职培训有效地衔接起来，仍没有明晰的要求，只是作为一种指导性的口号提出而已①。1993 年，中共中央、国务院印发《中国教育改革和发展纲要》，也提出"促进教师特别是中青年教师不断进修提高"②，但此政策内容也只是宏观的设想，对解决当时教师职前职后教育的分离局面现实关照不足。

此后，针对贯串于职前培养与职后进修全过程的教师教育的内容表述，在一系列政策文件中层叠出现。1998 年，《面向 21 世纪教育振兴行动计划》实施跨世纪园丁工程，要求以"不同方式对现有中小学校长和专任教师进行全员培训和继续教育"③。2003 年，《教育部关于实施全国教师教育网络联盟计划的指导意见》指出，要提高教师队伍的整体素质，以信息化带动教育现代化，在整合区域资源的基础上，将教师教育职前职后一体化，实施教师网联计划，构建"三步走"④ 的教师终身学习体系。这一系列的举措，改变了之前教师教育阶段分离的状态，逐步建立起职前培养与职后培训有机整合的良性的教师教育发展格局。

---

① 教育部. 中共中央关于教育体制改革的决定 [EB/OL]. （1985-05-27）[2015-10-15] http://old.moe.gov.cn//publicfiles/business/htmlfiles/moe/s6986/200407/2482.html.

② 中共中央、国务院. 中国教育改革和发展纲要 [EB/OL]. （1993-02-13）[2015-10-19] http://old.moe.gov.cn/publicfiles/business/htmlfiles/moe/moe_177/200407/2484.html.

③ 教育部. 面向 21 世纪教育振兴行动计划 [EB/OL]. （1998-12-24）[2015-10-17] http://old.moe.gov.cn/publicfiles/business/htmlfiles/moe/s6986/200407/2487.html.

④ 教育部. 教育部关于实施全国教师教育网络联盟计划的指导意见 [EB/OL]. （2003-09-04）[2015-10-17] http://www.moe.gov.cn/srcsite/A10/s7011/200309/t20030904_146042.html.

二、近三十年来我国教师教育政策变迁过程中出现的问题

改革开放以来，由于价值主体的多元性、教育政策内容选择的复杂性、教育资源的相对有限性以及教育政策理想价值与现实价值的疏离性等种种因素的影响，我国教师教育政策的发展受到了制约。重新审视改革开放三十年来我国教师教育政策的变迁历史，关照现实，我们能发现其存在一些问题，由此期望通过有针对性地反思这些问题，来促进我国教师教育政策逐步完善。

（一）工具理性的强势和价值理性的式微，导致教师教育政策内在张力失衡

马克思·韦伯从现代文明的紧张与对立角度，把理性划分为价值理性和工具理性，此二者在教师教育政策领域也有着不同的表现形式。需要说明的是，在此论述教师教育政策工具理性的强势和价值理性的式微，并不是要完全否定教师教育政策的基本导向功能。国家出台相关政策培养教师，从而为社会主义教育事业服务，这样外在的教育目的无可厚非，也应该被提倡。但在某些情况下，政策制定和执行主体片面地以工具理性为指导，以一种线性思维的方式处理问题，导致教师教育政策在内容设计和执行的过程中只考虑教育发展的阶段性而忽略其长远性，影响了政策效能的发挥。因此，我们认为有必要对其进行商榷和反思。

改革开放以来，由于市场经济的全面渗透，崇尚规模数量、强调效率逻辑的工具理性价值取向，一直是我国教师教育政策的核心诉求。如1985 年国家出台的《中共中央关于教育体制改革的决定》，就提出教育的目的就是满足社会主义现代化建设的需要[1]。这一时期的教育是和国家社会经济发展紧密结合的，教师教育政策也在无形中成为国家宏观战略计划的附庸，一定程度上成了从属于国家发展的工具，从而忽视了教育政策的内在独特性与规律性，教师个体意识与生命价值被弱化、被忽略。

随着教师教育领域种种弊端的显露，国家在制定教师教育政策时的价值取向逐步从工具本位向教师本位转移。1996 年，《关于师范教育改革和发展的若干意见》提出构建体现终身教育思想的师范教育体系[2]，标志着

---

[1] 教育部. 中共中央关于教育体制改革的决定 [EB/OL]. (1985-05-27) [2015-10-17] http：//old. moe. gov. cn//publicfiles/business/htmlfiles/moe/s6986/200407/2482. html.

[2] 何东昌. 中华人民共和国重要教育文献（1976～1990）[G]. 海口：海南出版社，1998：4095.

教师教育政策中工具理性与价值理性紧张关系的缓解，提升教师继续教育水平的人权观念开始萌芽，但这种缓解程度影响范围较小，并且教师教育政策的价值取向从工具理性向价值理性的移行幅度是有限的。此外，由于长时期受工具理性的影响，政策制定主体和执行主体之间管理失调，造成执行教师教育政策的地方政府和学校规避政策，导致执行亏空和推诿责任问题的出现，从而使教师教育政策内部结构的张力仍处于失衡状态。

（二）研究与沟通意识的缺失与随意，导致教师教育政策制定的泛化与不稳定

改革开放三十年来，我国教师教育政策的研究者和制定者依附性和封闭性较强，他们对政治、经济、组织机构的依附性较为明显，并已形成惯性，加上其与政策目标群体缺少沟通与协商，一定程度上处于封闭的自我建构环境中，缺乏对教师教育政策过程各个环节的积极关注，同时也较为缺乏以旁观者的客观视角反思和审视自己制定的政策的意识。因此，在教师教育政策的制定上，难免会带有一定的主观因素的烙印，在一定程度上导致了政策制定的泛化，使政策制定与实施两个环节呈平行状态。

2000 年，为全面推进素质教育，加强中小学教师队伍建设，教育部颁发了《中小学教师继续教育工程方案（1999—2002 年）》，提出了八大工程目标，如"对现有约 1000 万名中小学教师基本轮训一遍"，"全体中小学教师普遍接受计算机基础知识和技能培训"，"'工程'结束时，各地要基本形成一套比较完整的中小学教师继续教育政策法规"，等等[②]。国家提出这些目标的愿望是好的，但是政策制定者忽视了当时的现实条件，缺乏对政策转化实际成果的预见性，目标制定较为宏大和宽泛，以中国当年的社会现状和教育基础来说，想在短短三年时间里实现上述目标是较为困难的。

此外，我国部分教师教育政策的制定是"突发"型的，即在某一问题"症结"出现后，"止痛"的教育政策才制定印发，缺少完善的政策调研系统，在一定程度上存在着头痛医头、脚痛医脚的现象，这种政策制定的方式虽然具有针对性，但也略显随意，缺乏一定的稳定性和长效性。

（三）部分内容陈述的重复性与交叉性，导致教师教育政策理论创新不足

改革开放之初，由于教师教育政策的研究仍然处于探索阶段，颁发的部分政策内容重复性与交叉性较强，继承为多，发展较弱。对教师教育政

策相关内容的不断强调虽然保证了政策贯彻的连贯性，使教师教育政策形成一以贯之的纵向体系，但在某种程度上也使得部分教师教育政策理论创新不足。如国家教育委员会在 1980 年 8 月和 1983 年 1 月，分别出台了《关于进一步加强中小学在职教师培训工作的意见》和《关于加强小学在职教师进修工作的意见》，二者对于中小学在职教师的培训目标、培训方式以及培训机构的内涵释义大多相近，只是在表述用语上稍有变化，缺乏一些政策实质性的变化和理论的深入与创新。

此外，有关教师在职培训的教师教育政策内容颇多，但部分内容存在一定的交叉。如 1980 年颁布的《关于进一步加强中小学在职教师培训工作的意见》，提出要制定并完善中小学在职教师培训计划，建立在职教师进修制度[①]；1986 年，国家颁布的《关于加强中小学教师培训工作的意见》中，提出要提高在职教师的培训质量[②]。这两个文件不仅文件名相近，内容也较多雷同，使得教师在职培训的内容始终处于口头强调阶段，并不深入；而且由于受到路径依赖的影响，即使后来又提出不少新政策进行供给，但是，旧政策的痕迹仍然牵制着教师教育政策内容的变迁。

（四）执行过程的表面化与形式化倾向，导致教师教育政策内涵发展难以深化

脱离教育实践的教育政策，在实施中必然会丧失应有的价值和生命力。政策权力主体把目光主要定位在政策的解释和宣传上，执行的过程监督与成效评价被忽略和淡化，纷繁的教育现实和社会实际没有得到足够的体察，导致一些政策的实施带有仪式化色彩，不能产生持续的动态效能作用。因此，当新的教育问题出现时，解决问题的方式变成了起草另一个新的文件对此问题进行强调，变成了"以政策落实政策"的形式化现象，教师教育政策的内涵并未真正得到认同和贯彻。同时，部分教师教育政策由于目标不明确，内容不具体、不严密，在一定程度上增加了执行的难度，教师教育政策的贯彻效果也是不理想的。

此外，由于对破解教育失衡问题的急切心态，权力主体缺少对少数农村教师政策的执行者对政策内涵理解的偏差的准确预估，由此导致了对政策执行的滞缓。2006 年国家实施的"农村义务教育阶段学校教师特设岗

---

① 何东昌．中华人民共和国重要教育文献（1976～1990）［G］．海口：海南出版社，1998：1832.
② 何东昌．中华人民共和国重要教育文献（1976～1990）［G］．海口：海南出版社，1998：2372.

位计划"和 2007 年实施的免费师范生政策，为农村教育事业的发展提供了良好的师资政策基础，为农村教育发展注入了新鲜的活力，但在现实运行过程中，由于教育管理体制不够健全，相关部门各自为政，对相关政策理解的不到位和落实的偏差，使部分政策内容在执行中存在一定的形式化倾向，降低了农村教师的在岗保留率，在一定程度上影响了毕业生扎根乡村、服务乡村教育事业的信念。

三、完善我国教师教育政策的现实路径

教育体制的变革与发展是通过政策本身的演化来完成的。为了适应社会主义现代化与和谐社会的建设要求，教师教育政策总的演变方向需要从制度建立转向制度优化与创新，需要从计划型框架转向战略指导型框架。面对新的历史阶段，面对尚存的遗留问题和现实困境，教师教育政策要不断完善、充实和深化，进而成为助益和谐社会建设的主要基石与进路。

（一）关注教师本位的政策价值取向

改革开放初期"效率优先，兼顾公平"的教师教育政策价值取向，是当时对教育资源短缺的综合考虑和权衡，但在这种价值观指导下，不同区域产生了教师教育发展进程的节奏快慢不一，以致区域、数量与质量、公平与效率、结构与功能等矛盾日益凸显，最终导致教育事业的失衡发展。因此，加强教师教育的内涵建设是必然选择。2002 年，教育部下发《关于"十五"期间教师教育改革与发展的意见》，首次提出了"教师专业发展"[①] 的概念，但对于教师作为生命个体的尊重却只停留在表面。2011 年颁布的《国家教师教育课程标准（试行）》和 2012 年的《中学教师专业标准（试行）》中，提出了对教师素质和专业成长的新要求，在一定程度上体现了国家对教师个体发展的尊重，但是由于政策内容较为零散，关注的力度和范围较为局限[②]。

进入 21 世纪，在倡导构建"以人为本"的和谐社会里，关注教师本位的价值取向，成为当今教师教育政策发展重要的价值追求。因此，我们

---

① 教育部. 教育部关于"十五"期间教师教育改革与发展的意见 [EB/OL]. （2002-02-06）[2017-10-18] http：//old. moe. gov. cn//publicfiles/business/htmlfiles/moe/moe ＿ 290/200408/2546. html.

② 曲铁华，崔红洁. 我国教师教育政策的演进历程及特点分析：基于（1978—2013）政策文本的分析 [J]. 国家教育行政学院学报，2014（12）：56-62.

应坚持以科学、合理的政策价值选择来指导教师教育政策的制定与执行，使教师教育政策内容中的培养目标、培养任务、教育体制、职业发展性质真正体现对教师的关心、尊重、解放和满足，真正以提升教师个体全面发展和专业化为逻辑起点和最终归属，改变教师教育政策中工具理性的强势地位，使工具理性与价值理性处于一种较为平衡的状态。

同时，建立健全教师的利益表达机制和民主参与制度，提供教师参与政策决策的途径，实现教师教育政策的程序伦理，从而确立教师教育政策的公平运行机制，为教育公平的真正实现提供精神动力和有效支撑，调动教师的积极性和创造性，使教师以饱满的热情投入到工作当中，自觉担负起教育改革和发展的重要使命，在实现科教兴国的伟大战略目标中贡献自己的力量。

（二）优化教师教育政策决策机制

长期以来，我国教师教育政策在决策过程中缺乏科学的规划和设计，使得研究者缺少决策思维，决策者缺少研究意识，在一定程度上导致教师教育政策内容的模糊泛化、重复交叉和因袭滞后。为了改变这一问题，首先，要建立健全教师教育决策的组织与机构。国家相关部门应加强对教师教育政策的理论与应用研究，汇聚教育领域和社会各界各类专家，建立一个立体化、多层次、多渠道、多目标的研究咨询网络和审议评估系统，积极开展"学术文化"与"决策文化"两种文化的沟通与对话，改善"学术文化"与"决策文化"疏离的情况，改变以往教师教育政策研究主体的依附性和封闭性现象，让研究者关注政策成果转化，关注当下实际问题，关注研究的针对性和量化程度，让决策者以客观、理性的视角和价值中立的态度审视自己制定的政策，考量其与教育规律、现实资源和社会舆论的匹配度和适应性，使教师教育政策的研究既有理论积淀的深度，又有实践延伸的广度。

其次，促进教师教育决策程序制度化。中央携手地方共同构建科学、合理的决策程序和制度，加强教育立法建设，使教育行政机构在进行教师教育决策时能够有章可循，有法可依。最后，创造充分代表与深度协商的氛围和渠道。政策决策过程涉及多方主体利益，要让各行为主体代表的声音得以表达，要在内外沟通、上下协商的民主过程中，使教师教育决策符合大多数人的教育诉求。

（三）强化教师教育政策执行效能

教师教育政策的执行和实施影响到教师教育发展的全局[1]。改革开放至今，部分教师教育政策在执行过程中形式化与表面化，不仅理论深度不足，现实应用价值也十分有限，部分政策目标远超出现实，在实施过程中缺少落脚点和可操作性。因此，在崇尚充满活力、安定有序的和谐社会里，国家首先发挥教师教育政策执行者的主导作用，提高对教师教育政策的认知程度，以一种理性、敬畏、认同的视角认真遵从和执行政策，进而保障教师教育政策执行方向的正确性[2]。其次，规范和细化教师教育政策执行的标准，对教师岗前、在职和职后培训的目标、内容、时间、对象、途径、经费与条件保障等政策内容，须用清晰的语言进行陈述，不能笼统泛化、含糊其词，以保证其具有较强的实施性和针对性，避免教师教育政策在执行过程中出现失真和搁置现象，改善教师教育政策执行的表面化与形式化的失衡问题。最后，国家要明确教师教育政策的执行主体，落实政策执行主体的责任，制定保障政策执行的方案和措施，保证教师教育政策执行的良性运转，增强教师教育政策的实施效果。

［原文刊载于《四川师范大学学报（社会科学版）》2016 年第 2 期（曲铁华　王美）］

---

[1]　蒋珍莲. 中国教师教育政策建设的问题与对策［J］. 当代教育论坛（综合研究），2010（05）：52-54.

[2]　刘春梅. 失衡与制衡：教育政策执行的困境与消解［J］. 教育研究与实验，2011（04）：75-77.

我国学前教师培训政策的演进历程及特点

——基于 1978—2016 年政策文本的分析

学前教师是学前教育的具体实施者，是提高学前教育质量的关键因素，学前教师队伍的优劣，直接影响着整个学前教育事业的发展。建设一支高素质的学前教师队伍，对于我国学前教育的发展至关重要。提升学前教师素质离不开相关培训政策的支持。

一、我国学前教师培训政策的演进历程

改革开放以来，我国的学前教师培训政策，经历了从恢复、探索到规范、法治的演进。随着学前教育改革的不断推进，由巩固、创新阶段向着更加系统、完善迈进。历经重重考验，攻克无数难关，逐步建立起了完整的学前教师培训政策体系构架。

（一）恢复与探索阶段（1978—1988 年）

1978 年 12 月，党的十一届三中全会召开，标志着新中国历史上一次伟大的历史转折，教育工作开始全面走向健康发展的正轨，学前教育事业也得到了恢复和发展。这一时期，国家重建了有中国特色的学前教育体系，制定了一系列有关学前教师培训的政策。

1. 拨乱反正，学前教育纳入政府重要议事日程

1978 年原教育部恢复后，在普教司恢复了学前教育处，负责对全国城乡各类型幼儿园进行政策及业务的指导，负责幼儿教师与干部的培训工作，办好示范性幼儿园，加强对幼教科研的领导。各省（自治区、直辖市）、市、县、街道和乡镇的教育部门，也陆续设立了幼儿教育的行政管理机构和教研机构，配备专职的幼儿教育行政干部和教研人员负责学前教育工作，形成由上而下的统一领导、分级管理的体制。

1979 年 7 月，全国托幼工作会议召开，提出要以"恢复、发展、整顿、提高"[①] 为指导方针，对各种类型的托幼组织和保教队伍进行全面建

---

① 中国学前教育研究会. 中华人民共和国幼儿教育重要文献汇编［G］. 北京：北京师范大学出版社，1999：114.

设。会后，中共中央、国务院转发《全国托幼工作会议纪要》，文件中指出，要建立一支又红又专的保教队伍，努力提高保教质量。这次会议是我国学前教育史上非常重要的一次会议，意味着学前教育被正式纳入了政府重要议事日程，确定了学前教育事业的发展方针，理顺了我国学前教师培训政策的发展方向。

1979 年 11 月，教育部颁布《城市幼儿园工作条例（试行草案）》，其中第五章第二十五条则规定："应定期举办园长（园主任）轮训班，提高他们的领导水平和业务水平，使他们成为幼教工作的内行。"① 作为粉碎"四人帮"以后的第一个学前教育政策文件，该文件对指导学前教师把握方向、分辨是非起到了纲领性的作用，帮助许多幼儿园较快地恢复到了正常工作状态。在党和政府的关怀领导下，我国学前教育事业迅速脱离了"四人帮"造成的混乱无序的状态。

1981 年 10 月，教育部颁布了《幼儿园教育纲要（试行草案）》，着重提出"为提高各部门办园的教育质量，各地应根据《纲要》内容和要求，进行幼儿师资培训"②。作为我国改革开放后的第一个幼儿园课程标准，它起到了拨乱反正、促进学前教育规范化的作用，也为后续的学前教师培训政策的制定提供了参考标准和依据，由各地各园结合自身实际情况试行。

2. 专项部署，农村学前班教师加入师资培训规划

为推进农村学前教育发展，1983 年 9 月 21 日，国家教育委员会发布《关于发展农村幼儿教育的几点意见》，首次对我国农村学前教育进行了专项规划和部署，提出必须积极恢复和发展教育部门在农村办的幼儿园。文件尤其针对学前教师队伍建设提出了一些具体要求，"必须高度重视和采取有效措施，建设一支稳定、合格的幼儿教师队伍"③，以此促进保教质量的提高，更好地推动农村学前教育的恢复和发展。

在城乡学前教育均有所发展的情况下，学前班逐步成为农村学前教育最主要的办学形式。为确保学前班教育质量的稳步提升，1986 年 6 月，国家教委颁布《关于进一步办好幼儿学前班的意见》，肯定了学前班是现阶段解决农村学前教育问题的最佳途径，也是发展农村学前教育的一种形式。文件对学前班的办班指导思想、办班条件、教师培训等方面做出了明

---

① 何东昌. 中华人民共和国重要教育文献（1976～1990）［G］. 海口：海南出版社，1998：1755.
② 何东昌. 中华人民共和国重要教育文献（1976～1990）［G］. 海口：海南出版社，1998：1982.
③ 何东昌. 中华人民共和国重要教育文献（1976～1990）［G］. 海口：海南出版社，1998：2129.

确、细致的规定。在学前教师培训方面，政策指出"合格而稳定的师资，是办好学前班的关键"①。

1987年10月15日，国务院办公厅转发国家教委、计委、卫生部等部门联合签发的《关于明确幼儿教育事业领导管理职责分工的请示的通知》，以便重新理顺学前教育工作的管理分工，结束此前由于全国托幼机构领导小组被撤销后产生的混乱局面。文件明确规定，学前教育具有双重性质，既是"教育事业"，又是"福利事业"。

3. 讲求实效，学前教师进修培训接力学历补偿教育

1986年10月，国家教委针对学前教师单独提出了补充意见，即《关于幼儿园教师考核的补充意见》。着重指出："各省、自治区、直辖市教育行政部门在重视幼儿园教师考核合格证书的同时，应切实抓紧、抓好在职幼儿教师的进修培训工作，尽快落实培训基地、经费、教材和师资，并应妥善安排好教师的进修与工作。"②

1988年，国务院办公厅转发了国家教委等8个部门签发的《关于加强幼儿教育工作意见的通知》。文件强调，发展学前教育事业要从培养和提高师资入手，"要建立一支合格、稳定的幼儿园师资队伍"③，必须重视学前教师培训，以满足学前教育事业发展对教师能力的要求。首先，关于培训对象方面要视情况分别对待。对于不符合条件的在职学前教师，要"有计划地进行培训"，使他们获取专业合格证书；对于满足条件的教师，应"继续培训提高"，帮助他们快速成长为幼儿园工作的核心支柱和骨干力量；对于不适合继续留任学前教师岗位的，应"逐步调换"④。其次，关于实施培训的途径方面，各幼儿师范学校、幼教师资培训中心、教师进修学校等都应在能力范围内，担负培训在职学前教师的任务。要充分利用包括函授、夜校、寒暑假期短训在内的多种形式组织教师接受在职培训。

在这一阶段，地方负责、分级管理、教育部门主管和有关职能部门协作的学前教育行政管理体制基本形成，使我国学前教师培训政策具备了恢复与发展的环境和土壤。国家也先后颁布了一系列有关学前教育和学前教

---

① 何东昌. 中华人民共和国重要教育文献（1976~1990）[G]. 海口：海南出版社，1998：1755.

② 何东昌. 中华人民共和国重要教育文献（1976~1990）[G]. 海口：海南出版社，1998：2509.

③ 国家教育委员会政策法规司. 十一届三中全会以来重要教育文献选编 [G]. 北京：教育科学出版社，1992：343.

④ 国家教育委员会政策法规司. 十一届三中全会以来重要教育文献选编 [G]. 北京：教育科学出版社，1992：344.

师培训的政策法规，幼儿园和学前教师的数量和规模都迅速扩大。我国的学前教师培训政策得到了恢复，并在不断探索中改进。

（二）法治与规范阶段（1989—1998 年）

为推动幼儿园的规范管理和办园质量的提升，国家教委于 1989 年相继颁布了《幼儿园工作规程（试行）》（该规程于 1996 年修订）和《幼儿园管理条例》。这两部学前教育法规对学前师资等方面都做出了详细规定，直到目前都是指导我国学前教师培训工作的重要法规。以此为起点，我国的学前教师培训政策，开始走向法治化阶段并逐步规范。

1. 依法治教，学前教师培训迈向法治化新里程

1989 年 6 月，国家教委颁布《幼儿园工作规程（试行）》，全面、系统地对幼儿园各项保教工作进行了规定。文件要求幼儿园园长"具有幼儿师范学校（包括职业学校幼儿教育专业）毕业程度，或取得幼儿园教师专业合格证书者"，"还应有一定组织管理能力和实际工作经验"，从而提高了幼儿园管理人员的准入门槛。此外，要求学前教师也必须"参加业务学习和幼儿教育研究活动"[①]，以不断提升业务水平和从教能力。

为加强幼儿园管理，促进学前教育事业的发展，1989 年 8 月 20 日，国务院批准了新中国第一个学前教育行政法规——《幼儿园管理条例》。首次以法规的形式，提出各级教育行政部门要开展对于学前教育的各项评估工作，担负起"监督、评估和指导幼儿园的保育、教育工作，组织培训幼儿园的师资"[②] 的责任。这是国家从行政法规入手，规范了学前教师的岗位需求，强化了学前教师的专业化要求，从而激励他们不断提升自我专业水平，跨入更高的教育层次。对宏观调控幼儿园的管理和发展、加强对学前教育事业的领导具有重要意义，对于学前教师培训合法化而言也是一个良好的开端。上述两个法规性文件，标志着我国学前教育迈向法治化的新里程，推动了学前教师培训的规范化。

2. 质量并重，学前教师队伍着力提升专业化水平

1997 年 7 月，教育部发布了《全国幼儿教育事业"九五"发展目标实施意见》，为切实加强学前教育师资队伍的建设，提出要"采取多种形

① 何东昌. 中华人民共和国重要教育文献（1976~1990）[G]. 海口：海南出版社，1998：2861.
② 国家教育委员会政策法规司. 十一届三中全会以来重要教育文献选编 [G]. 北京：教育科学出版社，1992：397.

式加强在职教师的业务培训……不断提高专业技能水平"①，要有意识地培养和造就一批具有较高理论素养和丰富实践经验的学前教育专家。该政策文件体现了在新的历史发展时期，国家对学前教育和学前教师培训工作提出了质、量并重的新要求。

1998 年，关乎整个教师队伍建设的政策文件《面向 21 世纪教育振兴行动计划》出台，提出要实施"跨世纪园丁工程"，大力提高整个教师队伍的素质。尤其要加强师德建设，优化教师队伍，改善教师队伍结构，重点加强各学段的骨干教师队伍建设，发挥带动作用和辐射影响。此外，计划指出实施素质教育，要从幼儿阶段抓起，要用科学的方法启发幼儿的聪明智慧，培养他们健康的体魄、良好的学习生活习惯和健全的心理。这无疑对学前教师提出了更高的专业要求，他们迫切需要适应时代发展的需求，不断提升自身素质。

在这一时期，我国学前教师培训政策开始逐步迈入法治化与规范化阶段。一系列政策法规的先后出台，在法律层面上为学前教师培训提供了切实有效的保障。执行力度更大，开展工作的程序更为规范，学前教师队伍的整体素质得到了快速提升。借力于相对宽松和谐的时代背景，我国学前教师培训政策开始关注质的要求，也为此后的发展奠定了坚实的基础。

（三）巩固与创新阶段（1999—2009 年）

世纪之交，随着我国学前教育改革的持续深入推进，学前教育规模持续增长，学前教师学历水平快速提高，学前教师培训政策进入了新的发展阶段。在巩固已有政策框架的基础上，我国学前教师培训政策开始寻求突破，逐步找到在整个继续教育体系中的定位，积极开辟新思路，构建新体系，力图以创新引领进一步的发展。

1. 全面突破，学前教师培训纳入继续教育大框架

1999 年 9 月，教育部颁布了《中小学教师继续教育规定》，附则中明确指出所提及的中小学教师包含学前教师，这标志着我国的学前教师培训开始正式纳入国家继续教育体系。该规定在第一章总则中指出，参加继续教育是中小学教师的权利与义务。在第八条中对培训内容进行了具体规定，以提高教师实施素质教育的能力和水平为核心，主要包括思想政治教育和师德修养、专业知识更新与扩展、现代教育理论与实践、教育科学研

---

① 何东昌. 中华人民共和国重要教育文献（1991～1997）［G］. 海口：海南出版社，1998：4244.

究、教育教学技能训练和现代教育技术、现代科技与人文社会科学知识等。

此外，该政策还规定：在宏观、中观和微观层面组织管理上，由国务院教育行政部门、各级人民政府教育行政部门和各级教师进修院校，分别对学前教师继续教育工作进行指导、管理和具体实施，对学前教师继续教育的政策、教材、评估体系进行制定、审定和监督管理。在条件保障上，学前教师继续教育的经费以政府财政拨款为主，多渠道筹措，在地方教育事业费用中专项列支，用于对相关培训机构的投入，对培训教师队伍的建设以及对参与培训的教师相关的学费、差旅费的支持。在考核评估上，要将学前教师参与继续教育的考核成绩进行登记，作为教师职务聘任、晋级的依据之一。

2. 以园为本，开辟学前教师培训反思自评新思路

2001 年 7 月，教育部颁布了《幼儿园教育指导纲要（试行）》，重点提出教育评价环节在学前教育工作中的重要作用。学前教师作为幼儿园教育中最重要、最基本的力量，是高品质幼儿教育最主要、最直接的创造者，其自我成长的重要途径之一就是开展以教师和幼儿园团队为主体的教育评价活动，通过运用专业知识审视学前教育实践，从而发现、分析、研究、解决问题。要使每个幼儿得到充分的发展，就要让每位教师得到充分的发展；要使每位教师充分发展，就要使幼儿园成为教师发展的学校。因此，"园本幼儿教师培训"在这一背景下应运而生。这为学前教师培训提供了一个"以园为本"、以学前教师"自评"为主的新思路，一时间掀起了以反思教学、行动研究为特征的"园本培训"热潮。所谓学前教师"园本培训"，就是为了满足幼儿园和学前教师的发展目标和需求，由幼儿园发起组织，立足幼儿园实际而进行的师资互动式培训，旨在提高幼儿园整体办学实力和教育质量，促进幼儿园的可持续发展。"园本"主要有三层含义，分别是以幼儿园为基本单位，基于幼儿园的发展，以便幼儿园拥有较大的自主权[①]。

3. 创新机制，构建教师培训政策新体系

2003 年 3 月，国务院办公厅转发教育部等部门《关于幼儿教育改革与发展的指导意见》，要求按教育部《中小学教师继续教育规定》的要求，将学前教师的培训纳入中小学教师的继续教育规划。在师资建设上，政策

---

① 夏宇虹. 论幼儿教师园本培训［D］. 武汉：华中师范大学，2005：6.

要求"认真执行《中华人民共和国教师法》，让学前教师享受与中小学教师同等的地位和待遇。依法保障幼儿教师在进修培训……等方面的合法权益，稳定学前教师队伍"。[1]

2007 年 5 月，国务院批转教育部《国家教育事业发展"十一五"规划纲要》，指出"十一五"期间我国在教育事业方面的主要任务之一，就是"切实加强教师队伍建设，全面提高教师队伍素质"。[2]《纲要》指出，要加强教师培训，"鼓励和支持具备条件的综合大学培养和培训中小学教师……提高教师教育的层次和水平……进一步完善培训制度，创新培训机制，加强教师培训，进一步提高教师专业水平和学历水平"。[3]

在这一阶段，我国学前教师培训政策不断创新发展，逐步形成了开放灵活、规范有序的具有中国特色的学前教师培训体系。随着有关教师教育法律法规的不断完善，学前教师培训的顶层设计愈发趋于合理，从而促进了政策制定的发展演进。实践中，学前教师培训工作形式拓展、规模扩大、质量显著提升，为新时期的学前教育事业奠定了良好基础。

（四）系统与完善阶段（2010—2016 年）

近年来，教育优先发展的战略地位不断巩固，以教师培训促进教育发展的观念深入人心。提高学前教育现代化水平，满足人民群众接受良好学前教育的需求，引领着当下和未来一定时期内全国的教育改革和发展。以往在政策制定和执行过程中，大量成功经验的积累，再加上学前教师培训政策探索的不断深入，新思想、新成果不断涌现，使得新时期的政策发展充满活力，逐步走向系统与完善。

1. 教育先行，学前教师培训体系力图优化改革

2010 年 7 月，党中央、国务院召开了 21 世纪首次全国教育工作会议，颁布《国家中长期教育改革和发展规划纲要（2010—2020 年）》，将学前教育作为未来十年教育改革发展的八大任务之一。具体来看，首先要完善培训体系，做好培训规划，创新培训模式，增强学前教师培训的有效性。其次，要完善教师培训制度，将教师培训经费列入政府预算。第三，通过研修培训、学术交流、项目资助等方式，培养教育教学骨干、"双师型"教师、学术带头人和校长，造就一批讲求师德的教学名师和学科领军人

---

[1] 何东昌. 中华人民共和国重要教育文献（2003～2008）[G]. 北京：新世界出版社，2010：53.

[2] 何东昌. 中华人民共和国重要教育文献（2003～2008）[G]. 北京：新世界出版社，2010：1383.

[3] 何东昌. 中华人民共和国重要教育文献（2003～2008）[G]. 北京：新世界出版社，2010：1383.

才。最后，对农村幼儿园园长和骨干教师进行培训，政策向农村地区、民族地区和薄弱学校倾斜，追求均衡与公平。

2010 年 11 月，《国务院关于当前发展学前教育的若干意见》的颁布，标志着学前教育三年行动计划开始启动实施。政策提出，要通过多种途径加快建设一支师德高尚、业务精良、结构优化的学前教师队伍；要健全幼儿园园长和教师培训体系，满足学前教师个性化学习和发展需求；要争取在三年内完成对 1 万名幼儿园园长和骨干教师的国家级培训，同时要求各地结合实际情况，在坚持公益性和普惠性原则下，5 年内对幼儿园园长和教师进行一轮全员专业培训。

2011 年 1 月，我国学前教育改革试点正式启动，主要任务是着力破解制约学前教育事业科学高效发展的体制机制障碍，其中就包括"加强幼儿教师培养培训"的项目。与教育体制改革的其他项目有所不同，学前教育改革试点工作是在整个国家大力发展学前教育事业的背景下进行的。为贯彻落实规划纲要战略部署，实现学前教育事业的率先突破，国务院和教育部先后出台了一系列政策措施，给予学前教师培训工作以强力支持。

2. 幼师国培，农村学前教师培训迎来专项政策

为加强农村学前教师队伍建设，提高农村学前教师素质，2011 年 9 月，教育部、财政部先后发布《关于实施幼儿教师国家级培训计划的通知》，决定从 2011 年起实施"幼儿教师国家级培训计划"，所需经费由中央财政安排专项资金予以支持。由教育部、财政部负责"幼儿教师国家级培训计划"的总体规划和统筹管理，组织审核各省（区、市）培训计划，检查和评估各省项目工作。

2012 年 5 月，教育部办公厅、财政部办公厅发布《关于做好 2012 年"国培计划"实施工作的通知》。其中关于"幼儿园教师国家级培训计划"（以下简称"幼师国培"）指出，在培训课程内容上，一方面要贯彻落实教师专业标准，依据《幼儿园教师专业标准（试行）》和其他相关规定优化内容；另一方面要加强教师培训需求调研，"幼师国培"要根据农村学前教育实际和幼儿园教师需求，设定核心培训课程模块，避免课程内容"小学化"倾向，提高培训实效。

为进一步加强学前教师队伍建设，2012 年 9 月，教育部、中央编办、财政部、人力资源社会保障部联合发布了《关于加强幼儿园教师队伍建设的意见》。《意见》指出，要在明确学前教师队伍建设目标的前提下，着力提高学前教师培养培训质量，"全面落实幼儿园教师专业标准，提高教师专业化水平……依托高等师范院校重点建设一批幼儿园教师培养培训基地"①。以5年为周期实行学前教师全员培训制度,培训经费纳入同级财政预算。同时扩大实施幼儿园教师国家级培训计划,加大面向农村学前教师的培训力度。

3. 全员培训, 学前教师培训政策日趋系统完善

2014年11月,教育部、国家发展改革委、财政部三部委出台了《关于实施第二期学前教育三年行动计划的意见》。其中明确提出要"加强幼儿园教师队伍建设,建立满足不同层次和需求的培训体系,各地2015年底前完成对幼儿园园长和教师的全员专业培训"②。

2015年4月,《关于做好2015年中小学幼儿园教师国家级培训计划实施工作的通知》发布,要求将学前教师培训的工作重点转向乡村教师。通过开展专项调查,把握各地乡村教师队伍整体状况和乡村教师培训工作开展情况,针对乡村幼儿园教师需求,更好地研制规划方案,实施培训团队置换脱产研修、送教下乡培训、教师网络研修、乡村教师访名校培训、乡村园长培训等五类项目。

2015年8月,为全面落实"国十条"和教育部、国家发展改革委、财政部联合发布的《关于实施第二期学前教育三年行动计划的意见》,深入推进学前教育改革发展,决定在全国范围内选择部分地区开展学前教育改革发展实验,为全国其他地区提供经验,发挥示范带头作用。其中指出要完善学前教师工资待遇保障机制,为教师专业成长创造必要条件。

2016年1月,《关于做好2016年中小学幼儿园教师国家级培训计划实施工作的通知》明确了当年的工作任务,要求在做好上一年培训评估总结的基础上,进一步优化培训模式与内容,着力提升乡村教师教育教学能力,推动培训互联网+的同时,加强本土化培训资源建设。此外,还要示范性项目和"幼师国培"项目两手抓,针对各自的突出需求创新培训实践。

可见,以《国家中长期教育改革和发展规划纲要(2010—2020年)》

---

① 教育部,中央编办,财政部,人力资源社会保障部. 关于加强幼儿园教师队伍建设的意见 [EB/OL]. (2012-09-20)[2017-10-15] http://www.moe.edu.cn/publicfiles/business/htmlfiles/moe/s3735/201212/145541.html.

② 教育部,国家发展改革委,财政部. 关于实施第二期学前教育三年行动计划的意见 [EB/OL]. (2014-11-03) [2017-10-15] http://www.moe.edu.cn/publicfiles/business/htmlfiles/moe/s3327/201411/178318.html.

的颁布为历史节点，我国学前教师培训政策迎来了新的发展时机。在整个国家大力发展学前教育事业的宏观背景下，在从中央到地方各级政府的强力支持下，在国务院和教育部密集出台的一系列政策措施的指引下，学前教师培训政策得到了快速发展和率先突破。在中央财政对"国培"项目的大力支持下，其取得的成效也有目共睹，进而推动了相关政策的进一步完善与成熟。

二、我国学前教师培训政策演进的特点

回顾我国学前教师培训政策发展演进的历程，从改革开放之初的"百废待兴"到初步发展，再到日益完善，可以说成绩显而易见。我国的学前教师培训政策，表征着我国的学前教育一路走来的伟大成就。纵观我国学前教师培训政策三十多年来的发展演进历程，在不同的历史时期，政策都呈现出了不同的特点。

（一）政策总体追求由数量转向质量

学前教师政策作为学前教育政策的重要组成部分，其发展演变是在学前教育体制改革这一大的体制环境下进行的。因此，"本质上，我国的幼儿园教师政策变革正是幼儿教育体制改革在教师领域的集中反映"①。改革开放以来，我国学前教育事业经历了恢复与探索发展的十年，此后进入法治化时期并开始关注教育质量。在宏观背景的影响下，学前教师培训政策最初强调增加学前教师的数量并规范任职教师的学历资格，以凸显建设学前教师队伍的重要战略地位。如 1986 年国家教委发布的《中小学教师考核合格证书试行办法》，经过一系列培训措施的展开，仅用四年时间就使各地学前教师学历合格率大幅提升。在整个学前教师培训政策的恢复与探索时期，我国幼儿园和学前教师的数量和规模都迅速扩大。

后来，情况逐步转变为法律层面的严格要求，以适应当时学前教育事业发展的需要，并通过政策的调整，逐步过渡为质与量并重的局面，为开展学前教师培训提供适宜的体制环境与保障。如 1989 年，我国第一个学前教育行政法规《幼儿园管理条例》规定，各级教育行政部门要对学前教师培训工作开展监督与评估，促使其培训水平跨入更高的层次。1997 年《全国幼儿教育事业"九五"发展目标实施意见》，以造就一批精于理论、

① 庞丽娟. 中国教育改革 30 年（学前教育卷）[M]. 北京：北京师范大学出版社，2009：203.

强于实践的学前教育专家为追求，也体现了这一时期国家政策对学前教师培训质与量并重的要求。

随着学前教师培训被正式纳入中小学继续教育体系中，政策开始进入在巩固中求创新的阶段，并逐步过渡到如今系统完善的时期。自 2010 年起，国家层面对于学前教育事业的改革发展进入整体推动时期。国务院和教育部先后密集出台了一系列的政策措施，对学前教育事业给予全力支持。"国十条"作为近几年推动我国学前教育事业发展的纲领性文件，对各项改革进行了全面规划与部署，要求通过多种途径，全方位地加强学前教师队伍建设，在学前教育体制建设方面取得了重大突破。"学前教育三年行动计划"的编制与实施，围绕加强学前教师培训安排了一批重点项目，体现了对高质量的追求；"农村学前教育推进工程"为农村学前教育提供了保质保量的服务，中西部地区乡村幼儿园数量达到三千余所；中央财政专项经费对幼师培训类项目的支持，极大调动了地方政府发展学前教育、建设学前教师队伍的积极性。一系列规范标准的颁布，如《幼儿园教师专业标准》和《3—6 岁儿童学习和发展指南》等，不仅规范了学前教师的培训与管理，也奠定了重要的制度和政策基础。

在对政策文本的考察中，笔者选取改革开放以来明显涉及"数量"或"质量"字眼的 19 个政策文本进行了分析，如表 1 所示：

表 1 政策文本中涉及"数量""质量"等相关字眼的统计

时间	政策文件名称	关键词
1979	《政府工作报告》	"数量""质量"
1981	《幼儿园教育纲要（试行草案）》	"质量"
1983	《关于发展农村幼儿教育的几点意见》	"多数"
1986	《中小学教师考核合格证书试行办法》	"合格率"
1988	《关于加强幼儿教育工作意见的通知》	"合格"
1989	《幼儿园工作规程（试行）》	"合格"
1996	《关于师范教育改革和发展的若干意见》	"质量"
1997	《全国幼儿教育事业"九五"发展目标实施意见》	"水平"
1998	《面向 21 世纪教育振兴行动计划》	"素质"

续　表

时间	政策文件名称	关键词
2001	《幼儿园教育指导纲要（试行）》	"成长""充分发展"
2006	《中华人民共和国义务教育法》	"效率""公平"
2007	《国家教育事业发展"十一五"规划纲要》	"素质""层次""水平"
2010	《国家中长期教育改革和 发展规划纲要（2010—2020 年）》	"素质""骨干"
2010	《国务院关于当前发展学前教育的若干意见》	"精良"
2012	《关于做好 2012 年"国培计划"实施工作的通知》	"需求"
2012	《关于加强幼儿园教师队伍建设的意见》	"质量"
2013	《"国培计划"示范性集中培训项目管理办法》	"需求""创新"
2014	《关于实施第二期学前教育三年行动计划的意见》	"层次""需求"
2016	《关于做好 2016 年中小学幼儿园教师 国家级培训计划实施工作的通知》	"优化""创新"

〔资料来源：中华人民共和国重要教育文献（1976—1990）；中华人民共和国重要教育文献（1991—1997）；中华人民共和国重要教育文献（2003—2008）；中华人民共和国教育部网站〕

可见，我国学前教师培训政策的演进，的确经历了由追求"数量"和规模，逐步过渡到质与量并重，最后转变为更加关注"质量"和实际需求等方面。自改革开放以来，我国学前教师培训政策的发展演变，就受到学前教育体制改革的制约，不同的历史时期都有着相应的任务，是整个国家对于学前教育事业发展的总体布局和意志的体现。而这些相关的政策，也起到了为改革提供政策环境的作用，保障了公共利益，体现了由追求数量向关注质量的转变，履行着应有的使命。

（二）政策文本中学前教师主体性不断凸显

在我国，教育政策可以分为基本的教育政策与具体的教育政策，"具体的教育政策是针对教育工作的某一方面而制定的，是基本的教育政策的具体化"①。学前教师培训政策就是一种具体的教育政策，是我国教师教育政策的具体化。教师教育指的是教师的培养与培训，关于这里所谓"教师"范围的界定，在改革开放以来的很长一段时间里，很多重要的教师教育政策都是指中小学教师。这与我国学前教育起步晚、发展水平低有很大关联。因此，当时有关学前教师培训的政策，很多都是隐含在中小学教师培训政策之中的，或者以"基础教育"之名一笔带过。政策名称中并未提及学前教师，甚至很多政策文件中都没有明确标注是否涵盖学前教师，"学前教师"存在的主体性一度被掩盖。

从政策文本上来看，1986 年 6 月，国家教委颁布《关于进一步办好幼儿学前班的意见》，这是我国首个专门关于学前教师培训的规定，自此之后，学前教师培训才逐渐朝着专门的政策方向发展。同年 10 月，国家教委针对上述规定提出了《国家教育委员会关于幼儿园教师考核的补充意见》，尤其指出："各省、自治区、直辖市教育行政部门应切实抓紧、抓好在职幼儿教师的进修培训工作，尽快落实培训基地、经费、教材和师资，并应妥善安排好教师的进修培训工作。"②

此后，1988 年，《国务院办公厅转发国家教委等部门关于加强幼儿教育工作意见的通知》提出，必须抓紧在职教师的培训工作，以保证幼儿教育事业发展对师资的要求；1989 年颁行的《幼儿园管理条例》，作为新中国首个专门的学前教育行政法规，规定各级教育行政部门需要担负起组织培训幼儿园师资的责任。1997 年颁布的《全国幼儿教育事业"九五"发展目标实施意见》，要求采取多种形式加强在职学前教师的业务培训，且质、量并重。

（三）政策核心价值由效率转向公平

教育政策作为人的活动，具有一个重要的特性，即需要追求一定的价值目标，"价值为事物的存在和发展提供合理性依据，是事物以及人类文化和社会活动的内在尺度"③。因此，教育政策实质上是一种价值选择，它应以正确的价值观来引导教育事业的发展，其秉持的价值观念和标准，对教育政策的实施效果有着重要影响。学前教师培训政策是教育政策在学前

---

① 黄明东. 教育政策与法律 [M]. 武汉：武汉大学出版社，2007：10.

② 中国学前教育研究会. 中华人民共和国幼儿教育重要文献汇编 [G]. 北京：北京师范大学出版社，1999：243.

③ 褚宏启. 教育政策学 [M]. 北京：北京师范大学出版社，2011：69.

教育领域的一种形式。因此，把握住学前教师培训政策核心价值的变化，才能说是真正认识了其本质特点。

教育政策最突出的特征是其作为公共事务实践的公共性，为保障公共性的实现，教育政策必须要追求效能价值、效率价值和公平价值。所谓效能价值即"追求教育政策的目的性，追求效能价值也就是追求教育政策在最大程度上为教育目的的实现服务"[①]。效率价值即追求教育资源配置的效率，"使有限的教育资源对于教育事业的发展发挥最大的作用"[②]。公平价值即追求公共教育资源在区域、城乡、民族、个体间的公平配置，以教育为突破口实现社会的公平正义。

对效能价值的追求，贯串我国学前教师培训政策演变的始终，既要促进社会发展，也要促进个体的发展。但是，对于效率优先还是公平先行来说，在不同的历史发展时期，对于核心价值选择的侧重有所不同，这是由政治、经济、文化等要素共同决定的。

改革开放初期到世纪之交，我国的学前教育事业从重创中恢复并迎来逐步发展：一方面，当时的人力、物力都比较缺乏。因此，我们必须把追求资源优化配置的最大化作为重点。另一方面，学前教育师资水平和学前教育数量规模都处于较低水平，在短时间内提高比较容易实现，这是追求效率价值的体现。而随着学前教师培训被正式纳入国家继续教育体系，师资、经费都得到了妥善解决。尤其是在 2010 年《国家中长期教育改革和发展规划纲要（2010—2020 年）》颁布后，促进公平被明确作为国家基本教育政策，此后的各项教育政策，都要以公平取向作为出发点。

我们不难发现，在这之后的学前教师培训政策，秉持着公平价值的平等原则、差异原则和补偿原则，建立起了公平先行、以教育公平促进社会公平的核心价值。"国十条"提出面向全国学前教师，启动国家教育培训资源，三年内对 1 万名幼儿园园长和骨干教师进行国家级培训，各地五年内对幼儿园园长和教师进行一轮全员专业培训，并着重强调要坚持培训的公益性和普惠性，这体现了公平价值取向的平等原则。学前教师培训政策中对于做好培训需求调研、创新培训形式的要求，体现了教育政策对于个体差异的关注，尽可能创造条件满足不同教师的个性化专业成长需求，即公平价值取向的差异性原则。2011 年开始实施的"幼师国培"计划，将

---

① 褚宏启. 教育政策学［M］. 北京：北京师范大学出版社，2011：72.
② 褚宏启. 教育政策学［M］. 北京：北京师范大学出版社，2011：72.

目光锁定中西部地区农村学前教育，并拨付专项资金用于支持该项事业，这体现了公平价值取向的补偿性原则。

三、结语

学前教育是一个人最基础的教育，是人才培养的起点，它的重要价值不断得到认可。随着我们认识到早期经验的关键性，使得学前教育愈来愈引起政府和社会各界的重视。教育大计，教师为本。有好的教师，才有好的教育。推进学前教育改革发展，关键是要有强大的教师队伍。因此，国家对学前教师培训政策发展完善的关注度越来越高。以政策为导向，加强学前教师培训，提升学前教师素质，才能拥有一支有师德、有活力、精于业务、结构科学的专业化学前教师队伍。

我国学前教师培训政策自改革开放以来不断演进和发展，逐步建立起科学完整的体系构架。1978 年，学前教育处于恢复期，开始着手全面整顿学前教育事务。1979 年，第五届全国人大二次会议上的《政府工作报告》，强调加强幼儿教育并创造条件对教师进行培训。从此之后，我国学前教师培训政策的发展，经历了长期的探索和实践。1993 年《中国教育改革和发展纲要》颁布，指出要全力实施岗位培训与继续教育，此后，学前教师的职后教育作为一种制度，逐渐形成并完善起来。1999 年《中小学教师继续教育规定》推行，标志着学前教师培训开始纳入国家继续教育体系。2003 年，教育部等部门（单位）《关于幼儿教育改革与发展的指导意见》颁行，开始将学前教师的培训纳入中小学教师的继续教育规划。此后，学前教师的地位和待遇逐渐提高，国家出台的政策针对性也越来越强。2011 年，教育部、财政部《关于实施学前教师国家级培训计划的通知》颁行以后，学前教师国家培训在全国范围内开展并迅速发展。我国的学前教师培训体系，也在不断探索中逐渐建立起来，有效地促进了学前教师教育事业发展。

纵观我国学前教师培训政策三十多年来的发展演进历程，在不同的历史时期，政策都呈现出了不同的特点。自改革开放以来，我国学前教师培训政策的发展演变，就受到学前教育体制改革的制约，不同的历史时期都有着相应的任务，是整个国家对于学前教育事业发展的总体布局和意志的体现。而这些相关的政策，也起到了为改革提供政策环境的作用，保障了公共利益，体现了由追求数量向关注质量的转变，履行着应有的使命。

近年来，国家相关部委颁布的一系列政策，都见证了我国学前教师培训政策演变中，学前教师主体性价值逐渐被认可和重视的历程，也说明了学前教师培训政策的发展水平逐步提升。可见，学前教师培训政策与所有的社会意识形态一样，有着长时期的发展演进过程。由关注效率到重视公平，学前教师培训政策的发展水平，受到教育发展水平尤其是学前教育发展水平的制约，正是在这种互相影响、互相渗透的发展演进历程中，形成了自己特有的发展特点。这些特点都体现着动态的演进趋势，逐渐从不完善到完善、从片面到全面，一步步走向民主与科学，深深烙上了时代发展的印记。

［原文刊载于《河北师范大学学报（教育科学版）》2018 年第 1 期（曲铁华王凌玉）］

农村义务教育教师政策：近 30 年的演进与思考
——以农村教师工资待遇为视角

改革开放以来，我国农村义务教育不断发展，农村义务教育的教师问题在农村教育中越发凸显。保障农村教师的工资待遇成为农村义务教育教师队伍建设和提高农村教育质量的必要前提。

一、改革开放 30 年来我国农村义务教育教师政策的发展历程

（一）政策初始期（1978—1984 年）

自 1978 年至 1984 年，这一时期是我国改革开放的初始阶段，也是我国农村义务教育教师政策的初始阶段。1978 年底，党的十一届三中全会召开，进行全面的"拨乱反正"工作，决定把党和国家的工作重点转移到社会主义现代化建设上来。自此，中国经济逐渐发展壮大。在我国农村实行的家庭联产承包责任制，激发了广大农民的积极性，促进了生产的发展，使我国农村发生了巨大的变化。在教育上，党中央、国务院提出了 20 世纪 80 年代在全国基本实现普及小学教育的历史任务。

教育部、财政部于 1978 年 12 月联合发出通知，规定学校的民办教师和计划内长期顶编代课教师，可与公办教师一样实行一次性年终奖金[①]。国务院于 1979 年 10 月，颁布《关于职工升级的几项具体规定》，规定此次升级重点是各行各业各方面劳动好、贡献大的职工，包括有研究成果的科技人员、教学好的大中小学教师[②]。1981 年 10 月，国务院转发的教育部《关于调整中小学教职工工资的办法》规定：凡 1978 年底以前参加工作的中小学教师、中等专业学校（含中师）的教职工一律升一级；其中极少数教学工作成绩显著、贡献较大、教龄较长、与同类人员相比工资偏低

[①] 《中国教育年鉴》编辑部. 中国教育年鉴（1949～1981）[Z]. 北京：中国大百科全书出版社，1984：107.

[②] 《中国教育年鉴》编辑部. 中国教育年鉴（1949～1981）[Z]. 北京：中国大百科全书出版社，1984：107.

的优秀骨干教职工，也可以升两级①。

1983年5月，中共中央、国务院《关于加强和改革农村学校教育若干问题的通知》第6条规定："教育部应从速制定中小学教师的职称制度，在整顿教师队伍的基础上经过试点逐步推开。要采取措施，鼓励教师终生从事教育事业，由国家计委、财政部、劳动人事部会同教育部提出方案，先从小学教师开始，实行教龄津贴制度。为鼓励教师到农村，特别是到老、少、山、边、穷地区任教，除荣誉鼓励外，要适当增加生活补贴，还可保留城市户口，定期轮换。"② 1984年12月，国务院发出《关于筹措农村学校办学经费的通知》，规定："要采取有效措施，逐步改变中小学教师生活待遇偏低的状况，使教师这个职业成为最受人羡慕的职业之一。农村中小学民办教师全部实行工资制，逐步做到不再分公办、民办。"③

这一时期，是我国农村义务教育教师政策的初始期，国家还没有明确提出义务教育的目标和任务。党中央初步落实了知识分子政策，强调知识分子的绝大多数是工人阶级的一部分，初步解决了教师的地位和待遇问题，调动了广大教师教书育人的积极性与创造性。国家通过制定与实施发奖金、涨工资等政策措施，来提高人民教师的社会地位、政治地位与经济待遇。由于农村教师工资在这一时期兑现的情况比较好，因而农村的民办教师在经济上与农民相比还处于优势地位。

（二）政策发展期（1985—1992年）

这一时期我国的改革开放继续向前推进，从1985年起，农村乡镇企业异军突起，使我国农村经济快速发展，农村家庭联产承包责任制和统分结合的双层经营体制继续完善。自1985年起，将每年的9月10日确立为"教师节"，这有力地提升了教师地位并促成了尊师重教的社会风气。1986年4月12日，第六届全国人民代表大会第四次会议通过并实施的《义务教育法》，明确了我国义务教育的目的、任务和实施办法及要求。其中对我国教师的相关政策规定，为农村义务教育教师的工资待遇提供了相应的法律依据，具有十分重要的意义。

国家教委于1985年7月发出《关于教师教龄津贴的若干规定》，指

① 《中国教育年鉴》编辑部.中国教育年鉴（1949~1981）[Z].北京：中国大百科全书出版社，1984：107.
② 何东昌.中华人民共和国重要教育文献（1976~1990）[G].海口：海南出版社，1998：2087.
③ 何东昌.中华人民共和国重要教育文献（1976~1990）[G].海口：海南出版社，1998：2244.

出：中小学公办教师，教龄满 5 年，均可领取。从事教师工作满 20 年，因工作需要，经领导批准调离教师工作岗位，仍在学校从事教育工作及从事教师工作不满 20 年，调任学校行政工作并继续兼课的人员，也可领取[①]。1986 年 7 月 1 日起实行的《义务教育法》第十二条规定：实施义务教育所需事业费和基本建设投资，由国务院和地方各级人民政府负责筹措，予以保证。国家用于义务教育的财政拨款的增长比例，应当高于财政经常性收入的增长比例，并使按在校学生人数平均的教育费用逐步增长。地方各级人民政府按照国务院的规定，在城乡征收教育事业费附加，主要用于实施义务教育。国家对经济困难地区实施义务教育的经费，予以补助。

1987 年 11 月，国务院发出《关于提高中小学教师工资待遇的通知》，规定从 1987 年 10 月起，将中小学教师和幼儿园教师现行的工资标准提高 10％[②]。接着，国务院又发出《关于提高部分专业技术人员工资的通知》，规定：提高中、小学班主任津贴标准，建立中小学教师超课时酬金制度。班主任津贴标准提高的幅度和教师超课时酬金的具体数额，由各地结合实际情况自行确定。后来，国务院决定从 1989 年 10 月 1 日起，国家机关和教育、科研、卫生、文化等事业单位的正式职工，均可在本人现行职务工资标准的基础上，涨一级工资。同时规定"在普调工资的基础上，通过修改现行工资标准，将专业技术人员各职务起点工资标准和最高工资标准，分别提高两个档次"[③]。

在这一阶段，我国农村义务教育教师的工资政策，主要依据义务教育法的规定，通过制定发放津贴、超课时补助费、增加工资等政策，不断提高农村教师工资待遇。这一时期按照"分级办学"和"分级管理"的教育投资体制，我国农村义务教育教师工资采取了"分散型管理模式"。国家把教师工资的筹措和分配权力都下放到市、县级的基层地方政府，即农村中小学教师工资由基层县、乡政府负担。

（三）政策深化期（1993—2000 年）

党的十四大提出了建立社会主义市场经济体制，我国的改革进一步深化。1993 年，《中华人民共和国教师法》颁布实施；1994 年开始实施"分

---

① 何东昌. 中华人民共和国重要教育文献（1976～1990）[G]. 海口：海南出版社，1998：2312.
② 何东昌. 中华人民共和国重要教育文献（1976～1990）[G]. 海口：海南出版社，1998：2688.
③ 何东昌. 中华人民共和国重要教育文献（1976～1990）[G]. 海口：海南出版社，1998：2906.

税制财政体制"和新税制。由于受到 20 世纪 90 年代末亚洲金融危机的影响，这一时期世界经济的增长非常缓慢，我国国内产业结构的矛盾也非常突出。1998 年和 1999 年，我国农村大部分地区连续两年遭受有史以来的特大洪涝灾害，粮食减产，农民负担加重，导致城乡收入差距进一步拉大。对农村教育，虽然提出"基本普及义务教育、基本解决民办教师问题"，但是在经济落后的农村地区，许多基层县乡财政不堪重负，因而在这一历史时期出现了拖欠农村教师工资的现象。

中共中央、国务院于 1993 年 2 月 13 日发布《中国教育改革和发展纲要》，其中规定："改革教育系统工资制度，提高教师工资待遇，逐步使教师的工资水平与全民所有制企业同类人员大体持平。'八五'期间，教育系统平均工资要高于当地全民所有制职工平均水平，在国民经济十二个行业中居中等偏上水平，其中高等学校平均工资高于全民所有制企业职工平均水平。"① 《纲要》还规定，改善民办教师待遇，逐步使民办教师与公办教师同工同酬。

《中华人民共和国教师法》于 1993 年 10 月 31 日颁布。《教师法》第 25 条规定："教师的平均工资水平应当不低于或者高于国家公务员的平均工资水平，并逐步提高。建立正常晋级增薪制度，具体办法由国务院规定。"次年，国务院又发布《关于〈中国教育改革和发展纲要〉的实施意见》，该《实施意见》规定："农村实施义务教育各类学校公办教师的工资，一般由县级财政负责支付，经济发达的农村，也可以由乡级财政负责支付。民办教师工资属政府支付部分，由县级财政负责；乡筹部分，在征收的教育费附加中支付。"② 接着，国务院于 1997 年 8 月 15 日又发布了《关于保障教师工资按时发放有关问题的通知》。

1997 年 9 月 30 日，人事部、财政部发布《关于 1997 年调整机关、事业单位工作人员工资标准等问题的通知》，决定从 1997 年 7 月 1 日起，根据事业单位各类工作人员工资制度的特点及其工资构成比例，相应调整事业单位工作人员工资标准。调整职务工资标准，事业单位工作人员工资构成中固定部分调整后，活的部分按国家规定的工资构成比例相应提高。此次调资每人月增工资 20 元。1999 年 8 月 31 日，《国务院办公厅转发人事部财政部关于调整机关事业单位工作人员工资标准和增加离退休人员离退

① 中共中央，国务院. 中国教育改革和发展纲要［EB/OL］.（1993-02-13）［2011-07-12］http：// old.moe.gov.cn/publicfiles/business/htmlfiles/moe/moe_177/200407/2484.html.

② 何东昌. 中华人民共和国重要教育文献（1991～1997）［G］. 海口：海南出版社，1998：3666.

休费三个实施方案的通知》决定，从 1999 年 7 月 1 日起调整机关、事业单位工作人员工资标准和相应增加离退休人员离退休费。此次调资，中小学教师月工资最低增加 100 元，最高增加 160 元。

这一历史时期，我国制定颁布了《教师法》，基本解决了农村义务教育中的民办教师问题，实行了新工资制度。《教师法》明确规定了教师的权利义务和工资待遇及保障措施，使得农村教师工资待遇有了法律保障。《教师法》赋予教师六大职业权利，关于教师工资待遇方面，《教师法》规定："教师的平均工资水平应当不低于或高于国家公务员的平均工资水平，并逐步提高。"[1] 这一举措，对于保障农村义务教育教师队伍的稳定与发展具有十分重要而深远的意义。1993 年实施新的工资制度，规定各中小学实行职务（技术）等级工资制。同时规定，到条件艰苦地区和农村去工作的毕业生，待遇从优。在这一时期，存在的突出问题是，在农村许多地区教师工资不能按时足额发放，农村教师工资存在拖欠现象。

（四）政策完善期（2001—2008 年）

新的历史时期，城乡差距已引起全社会的关注与重视，党中央、国务院逐步加大对三农的支持力度，并逐步排除农村发展的体制性障碍。21世纪以来，我国农村的发展出现了新的生机。2000 年税费改革的试点和逐步推开，以及后来废除农业税、国家给予农业补助费，这些措施强有力地推动了农村经济社会的全面发展。这一时期，教育上明确了农村义务教育"以县为主"的管理体制。国家为解决以往农村教师工资拖欠问题，决定从 2001 年起，将农村义务教育教师工资的管理权，由基层乡镇上收到县，并逐步构建农村义务教育经费保障机制。这一时期，我国农村义务教育教师工资待遇政策逐步完善，主要体现在教师绩效工资改革和建立农村义务教育经费保障机制这两大方面。

一方面，实施教师绩效工资改革。人事部、财政部、教育部于 2006年 10 月，印发了《高等学校、中小学、中等职业学校贯彻〈事业单位工作人员收入分配制度改革方案〉三个实施意见的通知》，其中，《中小学贯彻〈事业单位工作人员收入分配制度改革方案〉的实施意见》明确规定：实施义务教育经费保障机制改革的地区，应将当地出台的、教师应享受的津补贴项目纳入绩效工资核定范围；中小学实行岗位绩效工资制度；义务

---

① 何东昌. 中华人民共和国重要教育文献（1991～1997）[G]. 海口：海南出版社，1998：3571.

教育学校教师的平均工资水平应当不低于当地公务员的平均工资水平。

这次工资改革涉及以下几个方面：1. 建立教师的岗位绩效工资制度。取消原来执行的职务工资制度，实行岗位绩效工资制，由岗位工资（岗资）、薪级工资（薪资）、津贴补贴（津贴）和绩效工资四部分组成教师的岗位绩效工资，其中"岗位工资"和"薪级工资"为基本工资。2. 完善工资正常调整机制，包括正常增加薪级工资；调整基本工资标准；调整津贴补贴标准。3. 健全收入分配宏观调控机制。明确中央、地方和部门的管理权限，实行工资分级管理，完善收入分配调控政策，加强工资收入支付管理，规范工资收入支付方式，建立统分结合、权责明确、运转协调、有效监督的宏观调控机制，将事业单位工作人员的工资收入纳入调控范围。

2006 年的教师绩效工资改革对农村义务教育教师工资待遇的改善具有重要而深远的影响。这次工资改革是根据党的十六届三中全会关于推进事业单位分配制度改革的精神，改革事业单位的工资制度，建立符合事业单位特点并体现岗位绩效和分级分类管理的收入分配制度，对于理顺分配关系、规范分配秩序、构建和谐的收入分配格局具有重要意义。这次工资改革，有利于缩小中小学教师工资的城乡差距和地区差距，保障了农村教师的基本工资待遇。

另一方面，完善农村义务教育经费保障政策。国务院于 2001 年 5 月 29 日发布了《关于基础教育改革与发展的决定》，《决定》第 8 条规定："确保农村中小学教师工资发放是地方各级人民政府的责任。省级人民政府要统筹制定农村义务教育发展和中小学布局调整的规划，严格实行教师资格制度，逐县核定教师编制和工资总额，对财力不足、发放教师工资确有困难的县，要通过调整财政体制和增加转移支付的办法解决农村中小学教师工资发放问题。县级人民政府要强化对教师工资的管理，从 2001 年起，将农村教师工资的管理上收到县，为此，原乡（镇）财政收入中用于农村中小学教职工工资发放的部分要相应划拨上交到县级财政，并按规定设立'工资资金专户'。"①

国务院办公厅于 2002 年 4 月 14 日发出了《关于完善农村义务教育管理体制的通知》，其中第 6 条规定，为确保农村中小学教师工资按时足额

① 国务院. 国务院关于基础教育改革与发展的决定［EB/OL］.（2001-05-29）［2011-07-18］http://old. moe. gov. cn//publicfiles/business/HtmLfiles/moe/moe_16/200105/132. html.

发放，地方各级人民政府要调整财政支出结构。接着，国务院又在 2005 年 12 月 24 日发布了《关于深化农村义务教育经费保障机制改革的通知》，《通知》明确规定："在合理确定农村中小学教职工编制的基础上，省级人民政府要统筹安排解决财力困难县农村中小学教职工工资的发放问题，并实行省长（主席、市长）负责制。通过调整财政体制和财政支出结构，逐县核实财力并建立确保农村中小学教职工工资发放的运行机制。"① 新的《义务教育法》于 2006 年 9 月 1 日颁布实施，其中第四十二条明确规定："国家将全面纳入财政保障范围，义务教育经费由国务院和地方各级人民政府依照本法规定予以保障。"② 国家要建立一种新型的义务教育投入体制，即教育经费由国务院及各级人民政府共同负担，由省级政府负责义务教育经费的统筹落实。

在这一时期，我国农村义务教育教师工资政策进一步得到完善。当前，农村义务教育教师工资增长速度较快，曾多次加薪。国家通过制定与完善相关政策，逐步建立与完善了农村义务教育教师工资保障机制。关于农村义务教育经费保障新机制政策的制定与实施，是我国义务教育发展史上具有里程碑意义的改革。它明确了中央和地方各级政府教育财政支出责任，确保了"三个增长"要求资金和地方配套资金及时、足额到位，取得了良好的效果。当前这一时期农村义务教育教师工资拖欠现象基本消除，教师待遇逐步得到保障。但个别地方还存在此类现象，需要彻底改善。

二、对我国农村义务教育教师政策的思考

综上所述，改革开放 30 年来，我国农村义务教育教师政策不断改善，教师工资待遇随之得以提高。从政策文本上看，我国中小学教师政策逐步完善，现已形成一个比较完整的体系。从初期恢复教师地位的规定到 1985 年教师节的确立，从 1986 年《义务教育法》的颁布到 1993 年《教师法》的颁布实施，再到 2006 年新修订的《义务教育法》，从中不难看出，我国教师政策 30 多年的改革发展，极大地提升了农村义务教育教师的社会地位，工资改革与多次加薪提高了农村教师的基本物质待遇，这些成就是有目共睹的。

---

① 国务院. 关于深化农村义务教育经费保障机制改革的通知 [EB/OL]. （2005-12-24）[2011-07-23] http：//www. gov. cn/gongbao/content/2006/content _ 185157. htm.

② 中华人民共和国义务教育法 [EB/OL]. （2006-06-29）[2011-07-23] http：//old. moe. gov. cn//publicfiles/business/htmlfiles/moe/moe _ 619/200606/15687. html（2006-06-29）.

但是，目前许多农村地区还不同程度地存在着各种现实问题：1. 国家财政性教育经费的总量仍然不足。来自国家统计局的数据显示，2007年国家财政性教育经费占国内生产总值比例为 3.32%，离 4% 的比例尚有0.68% 的差距，以 2008 年我国 30 万亿元的 GDP 计算，这 0.68% 的差距就是 2000 亿元，与国际相比我国财政性教育经费占 GDP 的比重一直偏低。公共教育经费占 GDP 的比重，世界平均水平为 4.9%，发达国家为6.2%，发展中国家约为 4.0%[①]。2. 城乡教师工资待遇的差别依然显著。许多地区农村义务教育教师的绩效工资名存实亡，教学奖基本没有资金来源，导致分配上的大锅饭。在一些地区，农村义务教育教师工资拖欠现象还未完全消除，更重要的是，地方补贴的兑现程度在一省之内就已千差万别，同一地区教师补贴远远低于公务员。"农村教师队伍社会地位和待遇较低、自我认同感不高、不稳定"[②]。3. 农村教师队伍的实际境况堪忧。由于农村教师工资低，导致骨干教师流失情况比较严重，现存农村教师队伍良莠不齐，整体素质较差。

据统计，我国南部某市郊区的农村教师月收入在 200 元以下占 1%，200—500 元的占 4%，500—800 元的占 51%，800—1500 元的占 44%，1500 元以上的几乎没有。农村教师工资收入中，初级职称教师平均工资约 600—700 元/月，中级职称教师平均工资约 800—900 元/月，高级职称教师平均工资约 1000—1100 元/月。小学聘任代课教师约 200 元/月，初中聘任代课教师约 400 元/月[③]。这使得农村骨干教师不断流入城镇地区。农村教师队伍存在一系列问题，如年龄结构、学科结构、性别结构、专业结构等不合理现象的存在，从而制约了农村义务教育的发展。

完善我国农村义务教育教师政策的路径有以下几点：

（一）农村义务教育教师工资应由中央政府予以保障

义务教育经费在坚持由各级政府共同分担的同时，应主要以中央政府教育投资为主，同时应确保农村义务教育财政拨款在公共财政中的优先地位。纵观世界各国，教师工资历来是义务教育公共经费的主要支出，一般达到政府公共投资经费的 80% 左右。在法国、韩国、泰国、埃及等国，都将义务教育的教师工资全额纳入中央财政预算，由中央财政独立负担。

① 杨会良. 当代中国教育财政发展史论纲 [M]. 北京：人民出版社，2006：3-4.
② 廖其发，等. 中国农村教育问题研究 [M]. 成都：四川教育出版社，2006：168.
③ 刘平秀. 武汉郊区农村教师队伍的问题与对策研究 [J]. 中小学教师培训，2007（04）：11-14.

在日本，国立学校的教师工资，全额由日本中央财政独立负担。其地方学校教师工资，由日本中央和都道府县财政各负担一半。在美国，由地方学区支付教师工资。但由于美国地方学区经费的半数以上来自州政府的财政补助拨款，实际上，美国教师工资是由州和地方学区共同负担的。

通过借鉴西方发达国家的教育改革实践经验，思考其义务教育教师工资保障制度，应该明确，我国农村义务教育教师工资应由中央政府主要负担。同时，通过立法将我国义务教育教师全部纳入公务员系列，不论城市还是农村，教师工资一律由中央财政统一支付。这种模式可以保障农村义务教育教师的社会地位和工资待遇，可以保障农村教师在生活、工作、医疗和退休等方面的合法待遇。同时，更有利于稳定农村义务教育的教师队伍，有利于提高农村义务教育的教育质量，也有利于中央对教师的统一考核与管理。

（二）建立农村义务教育教师工资发放保障监督机制

进一步提高农村教师工资待遇是改善我国农村义务教育现状的根本保障，教师队伍建设是农村义务教育发展的核心，提高农村教师工资待遇是解决农村教师队伍建设问题的根本出路。只有提高待遇才能吸引人才，留住人才，才能保证教师队伍素质，才能提高教育质量。"经济是教育发展的基础，经济形势是分析教育形势的大背景，我国经济发展的形势直接制约着我国教育的发展。近20年来，我国GDP连续以平均8％的速度增长，2003年突破了人均GDP1000美元，城乡居民收入都明显增长，与此同时，经济发展的地区差异和城乡差异也明显拉大"①。

所以，对于"教师工资不低于当地国家公务员的平均工资水平"，要明确"当地"一词的具体所指（是指省、市、县哪一级）。同时在执行这项规定时，工资应包括地方的各种津补贴。地方政府应保证正常的定期增资，保障农村义务教育教师的收入不低于当地城镇学校教师，各地津补贴应合理确定，使地区差距保持在合理水平范围内。要建立农村义务教育教师工资发放保障监督机制，使教师政策的落实真正得到保障。

（三）逐步创建教师资源共享的"城乡一体化"模式

国家应逐步打破"户籍制度"的限制，逐步建立"城乡一体化"的教

---

① 袁振国. 缩小差距：中国教育政策的重大命题 [J]. 北京师范大学学报（社会科学版），2005（03）：5-15.

师社会保障体制。第一，将农村义务教育教师的公费医疗纳入社会保障范围内，实现国家补助下的社会统筹，并逐步过渡到社会化的医疗保险体系。第二，政府逐步建立和完善农村义务教育教师的养老保险和失业保险制度，使农村教师由"单位人"向"社会人"转变，从而稳定农村教师队伍，解决城乡教师流动的后顾之忧，为城乡教师的制度化流动提供有力的社会保障。第三，政府应逐步完善农村教师的住房公积金制度，扩大住房补贴和公积金的发放范围，让农村教师与城镇教师一样真正享受住房补贴和公积金，不断拓宽农村教职工筹集建房资金的渠道[①]。

同时，建议政府出台"农村中小学教师安居工程"政策，建设具有公寓性的农村教师住校周转房。东北师范大学史宁中校长和柳海民教授曾提出建议：国家应实行城市中小学教师"农村服务期制"，支援农村寄宿制初中和小学提高教育质量。并且指出，现在实行城市教师"农村服务期制"的时机已经成熟[②]。此外，政府应推行"城乡流动教师子女升学就业照顾政策"和"农村学校的硬件标准化建设"等措施，以有效吸引城市教师特别是城市优秀、骨干教师向农村学校流动，从而逐步建立起"义务教育优质教师资源城乡共享制度"。

（四）制定农村义务教育教师队伍质量提升的"中长期规划"

注重优化农村义务教育的教师队伍结构，以《国家中长期教育改革和发展规划纲要（2010—2020 年）》为基本指导思想，制定农村义务教育教师队伍质量提升的"中长期规划"，从而提升农村义务教育整体水平。政府要始终给高师院校的毕业生提供最优惠政策，使其下乡从教，同时通过公开考核淘汰队伍中不合格的农村教师。对广大农村义务教育教师的职称评聘工作，一定要做到公开、公正、公平。同时，提高农村义务教育高级教师职务岗位的比例，使城乡义务教育教师评聘享有同等机会。制定农村义务教育教师中长期发展与培训规划，实施国家财政拨款为主、学校和教师个人分担的培训经费筹措政策，逐步形成一个系统性、灵活性、长期性的农村教师教育培训机制。

［原文刊载于《沈阳师范大学学报（社会科学版）》2012 年第 5 期（曲铁华
张立军）］

---

① 贾建国. 我国城乡教师流动制度创建的制度阻力探析 [J]. 教育科学，2009，25（05）：34-37.
② 史宁中，柳海民. 中国农村基础教育：问题、趋势与政策建议 [J]. 教育研究，2005（06）：31-35.

第三专题

教师专业发展研究

专业化语境下我国教师教育的困境与破解路径

在 21 世纪，教师教育已成为促进我国教育改革与发展的重中之重，教师教育发展的好坏，既关系到教师教育自身的发展，也对国家教育发展具有非常重要的意义。教师教育创新是当下我国教师教育改革与发展的重要内容。教师专业化自 20 世纪 80 年代以来，已经成为世界各发达国家提高教师水平的主导运动，以教师专业化为核心进行教师教育改革，业已成为世界教师教育发展的趋势与时代潮流。依据教师专业化理念，更新教育观念，构建科学、完善、系统、合理且符合中国国情的教师教育制度，是当前我国教师教育改革和发展必须面对和思考的主要问题。因此，从专业化的视角，审视我国教师教育的现状与问题，探讨我国教师教育的创新路径，是当下必须解决的重要课题。

一、专业化语境下我国教师教育的主要困境

"专业"是指按社会职业划分而言的专门职业，是社会分工和职业分化的结果，也是社会分化在职业上的一种表现形式。在国际上，一个行业或工作若被称为专业，就必须具备专业目的、专业能力与专业自主 3 个条件。专业化，主要是指一个职业的专业性质和发展状态达到专门性职业水平的状态。教师职业是一项必须经过专门化训练，有别于其他职业的专门职业。教师职业专业化的实质，就是要通过一系列的培养和训练的过程，使接受培养和训练的群体能够胜任所从事的教育教学工作，从而使没有受过专业培养和训练的群体被排除在教师职业之外。但是，不论是从教师这一职业的价值、功能、意义的特殊性看，还是从这一职业的专业化发展看，教师专业化归根结底要依赖于、植根于教师个体的专业化。如果没有教师个体的专业化，那么，教师职业的专业化就犹如空中楼阁，教师工作的成效、对受教育者和对整个社会的功能、作用、意义和价值就会令人担忧。因此，教师专业化的核心是教师的专业发展，即从教师个人主观成长的角度诠释教师的发展过程和从教师整体客观受教育的角度诠释促进教师

成长的过程。教师的专业发展是一个动态的、连续的过程，是教师不断成熟，逐渐成长为专业人员的过程。

教师专业发展空间是无限的，发展内涵是多层面、多领域的。如海德和泰勒认为，教师专业发展有着比"教师培训"更广泛的内涵，可以将其归纳为两个词——"改变"和"成长"。欧文认为，这种"改变"和"成长"是一个终身的过程。佩里则认为，教师专业发展包括教师技能的提高、信心的增强、教学知识的更新拓展。此外，功能主义学派强调学习在教师发展中的作用；符号互动学派强调教师专业发展的连续性和终身性；解释社会学派强调教师职业角色的理解和胜任，这种胜任是通过认知、情感和行为的转变来实现的；批判主义者更强调教师发展中的反思与自我更新的作用；而现象学视野下的教师专业发展，更加关注教师的生活体验和自主发展，强调主体精神和个体实践；教育人类学以关注成长中的"人"的视角，来认知教师的专业发展，强调教师专业发展的内在历程和自我超越，等等。总之，专业化教师具有鲜明的职业特性：一是通晓教育教学知识与技能，是教育教学的专家；二是能够对专业进行自主决策；三是具有反思批判能力；四是终身寻求自我发展。

当下，我国教师教育的改革方兴未艾，发展迅速，取得了可喜的成绩，但从专业化的视角对其进行审视，会发现其还存在着一定的问题。具体表现为如下几个方面。

（一）教师教育一体化：系统思考的缺失

教师的专业成长贯串于职前培养与职后培训的全过程，一体化是教师专业发展的必然要求。就目前我国教师教育一体化的现状而言，由于我国的教师教育长期以来以教师的职前培养为中心，形成了固化的思维模式，在一定程度上忽视了教师的职后培训。教师职前教育和职后培训分别由不同的教育机构承担：教师职前教育在师范院校，职后培训在教育学院。师范院校和教育学校，两者自成体系，彼此前后脱节，各自为政，课程内容交叉重叠，教学模式简单雷同，结果导致教师职前培养和职后培训缺乏过渡性与连续性。目前，我国部分地区虽然对教师教育资源进行了整合，完成了教育学院与师范院校的合并，但是，由于观念的陈旧，长期以来所形成的比较封闭的职前教育思维模式，使人们不自觉地在思考教师教育的问题时，参照了职前教育的做法，教师职后培训仍然沿用职前培养的方式，缺乏针对性和实效性，一定程度上导致了"合并"成为两种机构的机械相加。因此，如何以"一体化"的教师教育观念，系统思考我国的教师职前培养和职后培训，是教师教育改革过程中的一个关键问题。

（二）教师教育政策：标准体系的缺失

教师教育政策的制定与实施，对于规范和保障教师教育活动起着非常重要的作用。改革开放 30 多年来，我国教师教育政策经历了"发展—调整—再发展—再调整—再发展"的历史轨迹。"一系列教师教育政策的出台和完善，促进了教师教育观念的转变、教师教育体制的改革和教师教育体系的完善。"① 然而，目前我国教师教育政策中尚缺乏保障教师教育质量的教师教育标准体系。如以提高教育教学能力为取向的教师教育的专业标准、课程标准、教学标准、质量标准、评价标准，以及教师的学业标准、职业标准、行业标准及其考核标准等基准建设还不完备。因此，迫切需要从政策层面对其提出最基本的要求，形成完备的教师教育标准体系，以更好地、更快地推进我国教师教育走向制度化、规范化和科学化的轨道，为提高我国教师专业地位奠定坚实的基础。

（三）教师教育课程：实践性课程的缺失

教师教育是一种培养教师的专业教育，其专业性需要相应课程体系的支撑。到目前为止，我国的教师教育始终还没能建构起突出教师专业性的科学合理的课程体系。一些高师院校的课程设置，依旧重学术轻师范，重理论轻实践。现代教师教育制度"是一种实践性制度，这是现代教师教育的目标决定的，这个目标是教师发展、教师的专业成长，而教师发展、教师专业成长是在实践中展开的"② 。现代教师教育制度的根本特征是其实践性，教师的教学总是发生在特定的实践情境中的。同时，教育实践也是教师教育不可或缺的一个重要的教学环节。但就教师教育的现状分析，人们的教育实践观还比较陈旧落后，对教育实践本身价值的认识，还存在一定的偏颇，教育类课程在整个课程中的比例还偏低，教育实践的课程还不尽合理，如实践类课程开设不足（教学基本技能、案例教学、微格教学），教育见习、教育实习时间较短且较为集中等，急需加以进一步改革和完善。

---

① 王立科. 我国教师教育政策发展三十年回顾与展望 ［J］. 国家教育行政学院学报，2009（01）：30-35.

② 朱旭东. 我国现代教师教育制度构建 ［J］. 北京师范大学学报（社会科学版），2007（04）：15-20.

（四）教师教育制度：教师资格标准的缺失

教师专业化不仅是一种理念，更是一种制度。教师专业化的发展，需要以建立健全一套完备的教师教育制度作保障，如健全教师资格标准制定及其考试认证和再认证、资格证书颁发及其更新、与继续教育连线互动的制度，加强教师培养者的培养和培训者的培训，进一步完善教师教育机构和教师教育者资质的认可制度等。而目前情况下，我国的教师教育制度还不太健全，如教师资格证书制度还存在一些缺陷，诸如资格的认定流于形式、没有关于教师资格的有效期的相关规定，一次认定终身有效（终身制）、相关的教师教育机构和课程的认定体制尚未建立等。现任教师基本不可能被资格考试淘汰，即便不能胜任教师工作，除非教师自愿离开教师队伍，否则任何外力无法敦促其离开教师岗位，教师资格考试没有真正起到有效选拔和甄别的作用。因此，应切实提高教师资格考试的信度和效度。实施严格的教师资格制度，是教师职业走向专业化的必要步骤，体现了教师职业的专业性和不可替代性。

二、我国教师教育改革的现实路径

基于对专业化视野下我国教师教育主要困境的分析，笔者认为，应从以下几个方面寻求教师教育改革的路径，以促进新时期我国教师教育的健康发展。

（一）教师教育一体化：建设系统的运行机制

教师教育一体化建设应是一个系统的思考过程，需要我们全面地、系统地设计教师的职前培养与职后培训，在运行机制上实现职前培养与职后培训的一体化，要统一设计和规划教师教育的目标和内容。如在培养目标上，按照一体化的要求，调整教师教育的培养目标定位。职前教育的培养目标，应是为教师专业发展奠定必要的素质基础，培养的应是有自主发展意识和能力的预备教师。职后培训的目标定位，必须从学历教育走向资格教育，即由"学历补偿教育"转到"专业素质提高"上，全面提高教师的教育理念、教学改革能力和专业能力等，尤其是发展教师的实践智慧。

另外，教师教育一体化的理念，还表现在培养机构方面。不论是职前教育，还是职后培训，都需要大学与中小学校的充分合作。近些年来，尤其是职前教育，由大学与中小学共同负责这一态势愈加明显，已成为世界教师教育发展的趋势。由此可见，教师教育一体化建设亟须一个系统环境下的思考模式，从培养目标、课程设置、教育内容等方面统筹考虑，要重点从体制和机制上建立一体化的教师教育，以促进教师教育的健康发展。

（二）教师教育课程：注重"实践性知识"的积累与建构

目前，教师知识结构中不可或缺的实践性知识，越来越凸显其重要性。教师实践性知识是缄默的、很难表述清楚的知识，是渗透在教师实际的教育教学情境和行动中的。它主要强调从实践中发展出的个人观点与看法，是教师面对特定情境时所表现出来的教育智慧。这种实践性知识有以下几个特点：首先，它是一种经验性知识，是教师在具体的教育教学实践中，通过自己的体验和反思而获得的一种实效性知识，它强调经验对于教师知识的重要作用。其次，它是一种个体性知识，即带有教师个人背景的印记，是个人建构的。第三，它是一种整合性知识，即不仅包含意识化、显性化了的知识，也包含无意识地运用的"默会知识"。对于教师而言，教师实践性知识既是对过去经验的重建，又具有将来的意义。因此，教师教育课程就要培养师范生和在职教师的"实践智慧"。正如哲学家怀特海所言："真正的教育就是智慧的训练。"[①] 实践智慧的发展应成为未来教师职业发展的重要内容。而"实践智慧"的形成，在很大程度上是不能以语言的方式加以传递和移植的，实践性知识只能靠教师自己对已有实践过程的反思。

所以，在课程实施的过程中，要注重个体"经验"的形成和丰富，为师范生和在职教师提供机会，使其体验隐含在教学中的"隐性知识"，树立正确的教育实践观；同时要加大教育类课程比例和教育实践课程的开设力度，如教学基本技能、案例教学、微格教学、信息技术应用等；设置教学模拟，聘请优秀中小学教师做报告或执教某门课程的部分内容，增加教育见习，尤其是适当延长教育实习时间等。这样，才能为教师专业的可持续性发展提供思维与理智保障。

（三）教师教育政策：建立教师教育标准体系

联合国教科文组织在第45届国际教育大会上提出：推进教师专业化是"改善教师地位和工作条件"的"最有前途的中长期策略"。如此说来，

---

① 怀特海. 教育的目的［M］. 北京：生活·读书·新知三联书店，2002：66.

教师专业化也应成为我国制定教师教育政策的基础。在教师教育政策上，政府无疑应起主导作用，通过制定相应的政策，尤其是教师教育标准体系的制定，加大对教师教育的支持与保障力度。我国已于 2008 年 7 月启动了"中国教师教育标准研究"项目。"研制教师专业标准，将为教师专业发展指明方向，为评价教师教学质量提供依据，为提高教师专业地位奠定坚实基础。"① 所以，应尽快建立和出台教师教育标准体系，进而为建立"促进教师终身学习的教师教育制度"奠定专业发展的基石。

（四）教师教育制度：重点制定教师资格标准

教师资格证书制度与教师教育制度之间关系的实质，在于如何围绕教师资格证书制度构建现代教师教育制度。目前，世界上许多国家都有严格的教师资格证书制度，明确规定了教师资格的认证部门、相关测试、试用期以及资格证书种类等。如美国初任教师的资格认定由各州政府负责管理。州际初任教师评价与支持联合会就提出了 10 条初任教师资格认定标准。而且规定新教师有 1 年的试用期，期满并且实际工作能力鉴定为合格者，颁发教师资格证书。也就是说，教师资格证书制度规定了从事教师职业必须具备的基本条件。而且，世界上一些教师资格制度发展比较成熟的国家都明确规定教师资格的有效期，以此来代替教师资格的终身制。在教师资格期满后，需要继续通过不同的方式进行学习，然后对其进行严格的考核，考核通过时才能重新申请教师资格证书，才能继续从教。

我国应进一步完善教师资格证书制度，实行教师资格证书定期更新与年检制度，细化教师资格证书类别，增加种类，拓展考试内容等。现代大学的教师教育从根本上来说，就要以教师资格标准作为依据。所以，我国现阶段"应该建立基于教师资格标准的、以教师教育专业考试为前提的三权分离管理模式的教师资格体系，它是指通过以政府制定的教师资格标准为基础，在鉴定的教师培养机构的教师教育专业学习、参加国家考试中心组织的教师资格考试而对教师执照体系进行重建"②。这一模式的实施，既能保证教师资格制度的国家权威性，又能使教师质量得到保障。因此，教师资格标准是教师教育的先决条件。

总之，创新是教师教育可持续发展的根本动力，是教师教育实现自我

---

① 周南照.科学构建教师专业标准体系势在必行 [J].上海教育，2007（12A）：27-27.
② 朱旭东.教师教育标准体系的建立：未来教师教育的方向 [J].教育研究，2010，31（06）：30-36.

更新和自我发展的主要机制。教师是教育变革的实施者，教师的质量和发展水平决定着教育改革的成败。因此，在专业化语境下，如何实施教师教育创新，强化教师教育功能，优化教师教育结构，建构新型的教师教育体系，对于加快新时期我国教师专业化的进程，真正提高教师的质量和专业化水平，具有非常重要的意义。

［原文刊载于《湖南师范大学教育科学学报》2012 年第 4 期 （曲铁华）］

基于自我反思的教师缄默知识的显性化

在教师的专业发展中，知识处于核心地位。教师知识主要有三种：一是解决"教什么"的学科知识，即本体性知识；二是解决"如何教"的教学法知识，即条件性知识；三是渗透在教师实际的教育教学情境和行动中的内隐知识，即实践性知识。教师实践性知识的构成以缄默知识为主，教师缄默知识的挖掘和利用，是教师个人成长、教师群体发展的关键。反思，指行为主体立足于自我以外，批判地考察自己的行为及其情景的能力。对教师而言，自我反思是其专业发展的决定性因素。本文从教师的知识结构出发，将教师自我反思的意义指向教师的缄默知识，探讨教师缄默知识显性化的有效实践模式。

一、教师缄默知识的内涵

缄默知识一词来源于英语的"tacit knowledge"（亦被称为"隐性知识"），其有多种译法：一是相对于显性知识（explicit knowledge）而言的，译为"内隐知识"，即是说对这种知识的觉知不是外显的而是内隐的；二是相对于可以用言语表述的知识而言的，译为"不可言明的知识"，即不能用言语来描述；三是相对于可以明确传授的知识而言的，译为"意会知识"，即这种知识只可意会不可言传；四是相对于通过正式学习而获得的知识而言的，译为"默会知识"，即这种知识无法与人分享，只能由自己默默体会。

缄默知识论是当代西方哲学研究中的重要课题，由英国著名哲学家波兰尼于他的著作《人的研究》中首次明确提出，并在后来的著作如《个人知识》《缄默的维度》等书中，深刻论述了缄默知识在科学和其他社会实践活动中的重要作用[①]。波兰尼认为："人类有两种知识。通常所说的知识

---

① 高战荣，曲铁华. 缄默知识视阈下的英语教师信息素养教育［J］. 现代远距离教育，2008（02）：57-59.

是用书面文字或地图、数学公式来表述的，这只是知识的一种形式。还有一种知识是不能系统表述的，例如人们有关自己行为的某种知识。如果我们将前一种知识称为显性知识的话，那么我们就可以将后一种知识称为缄默知识。"[1] 波兰尼指出缄默知识是我们知识结构中不可或缺的部分，在日常生活中或是在科学活动中，它都与显性知识一样普遍存在，而且从数量上说，缄默知识比显性知识更多，诸如技能、方法、能力、态度、情感等方面的知识都是缄默知识。波兰尼举例说，我们可以在成千上万张脸中辨认出你认识的这张脸，而你是如何认出的却说不清楚。非常明显，在这里起作用的是一种难以说清楚的东西，我们有时就会认为是在"凭感觉"。其实，"感觉"是一种经验性的东西，而我们无法用语言对这种经验性的东西进行清晰地描述，但我们可以感觉到它是存在的，并且在起作用。

波兰尼进一步分析了缄默知识的特征：第一，它不能通过语言、文字或符号进行逻辑说明；第二，它不能以正规的形式进行传递；第三，它不能加以"批判性反思"。显性知识是人们通过明确的"推理"过程获得的，所以也能够通过理性而加以反思与批判；但缄默知识则是人们通过身体的感官或理性的直觉而获得的，因此是不能够通过理性加以批判和反思的[2]。虽然如此，它仍是十分重要的一种知识类型，是人们获得显性知识的"向导"。

哈耶克在《感觉的秩序》一书中，对缄默知识也进行了研究。他将缄默知识界定为"未阐明的知识"。在哈耶克看来，可阐明的知识只占总体知识的很小部分，而其余大部分知识可以说都是缄默知识。

日本学者野中郁次郎认为，缄默知识是高度个人化的知识，它在知识创新中具有非常重要的作用。因为知识创新的实质，是人们以缄默知识为动力，不断地发现和解决问题的过程。人的信念、世界观、价值体系和个人经验在这一过程中具有十分重要的作用。然而，由于人的信念、世界观、价值体系和个人经验等，是在各种实践活动中逐渐形成的，多数被无意识地纳入行为，所以很难用文字或语言陈述，甚至连持有者自己都没有意识，处于潜意识的状态[3]。

简言之，缄默知识是不能够以语言的方式进行传递和陈述的知识，是一种个人化的知识，我们也可称其为实践性知识。相对于显性知识，缄默

---

① POLANYI M. The study of man [M]. London：Routtledge&KeganPaul，1957：12.

② 石中英. 缄默知识与师范教育 [J]. 高等师范教育研究，2001（03）：36-40.

③ 吴晓义. 国外缄默知识研究述评 [J]. 外国教育研究，2005（09）：16-20.

知识具有理论上的优先性，它影响着显性知识的获得。对于缄默知识，不管你是否意识到它的存在，它总是存在着，并以其特有的方式，发挥着十分重要的作用；如果忽视这些知识的存在，教师知识体系的研究将是不完整的。正如斯腾伯格所指出的："缄默知识既能成为一种提高行为效率的资源，也能成为导致行为效率低下甚至是失败的根源。缄默知识的功效取决于人们对它们的接受及有效使用。"①

在一定意义上，若没有对缄默知识及其作用的正确认识和理解，就不可能完整和深刻地认识和理解教师的教育教学行为；而如果没有对教师日常教育与教学行为的完整和深刻理解，也就不可能重构教师与教育教学有关的内在知识基础和信念，也就不可能真正地重塑教师的教育教学行为②。可以说，缄默知识构成了人们广泛意义上的认识和实践行为的基础，在教育活动中，人们只有以这种"潜在的知识"为基础，才能真切地意识到自己的"理智力量"。缄默知识理论为我们重新认识和理解教师知识提供了一个平台，只有厘清对教师缄默知识的正确认识，才能够引起人们对教师知识内涵的全面理解，才能促进教师的专业发展。

二、自我反思与教师的缄默知识

关于反思概念的界定，在哲学、社会学和教育学等学科中均有论述。在近现代西方哲学中，"反思"是一个被广泛使用的概念。英国哲学家洛克认为，观念来源的途径是"感觉"和"反省"。"感觉"是外界事物作用于感官时人的心灵所产生的观念；"反省"是获得观念的心灵的反观自照，在这一过程中，心灵获得不同于感官得来的观念。由此可见，洛克把反思看作人类经验的内部来源，是人们自觉地把心理活动的过程作为认识对象的认识活动，是思维的思维③。

荷兰哲学家斯宾诺沙认为，反思的知识是对于观念的观念，反思是认识真理的比较高级的方式。观念本身是认识的结果，是理性认识的对象。霍尔巴特认为，反思来源于审查自己内部的内感觉。康德认为，反思构成了表象或概念在连接中归属于何种认识能力的主观条件。黑格尔认为，反思是一个把握绝对精神发展的辩证概念，它可以从联系中把握事物内部的

---

① STERNBERG R J, HORVATH J A, et al. Tacit knowledge in professional practice：researcher and practitioner perspectives [M]. NJ：Lawrence Erlbaum Associatesinc，1999：263.

② 石中英. 缄默知识与师范教育 [J]. 高等师范教育研究，2001（03）：36-40.

③ 王春光. 反思型教师教育研究 [M]. 长春：东北师范大学出版社，2010：53.

对立统一的本质。人们借助于反思把感性知觉中的内容加以改造，就能够使对象的真实本性呈现于主体意识的面前。因而，反思就是对于思维的一种反省和探查。

杜威将反思定义为积极、持续和仔细地对任何信念或者被认为理应是这一信念的知识基础，以及由这一信念所推导出的结论进行考察①。反思是问题解决的一种特殊形式，是一个能动的、审慎的认知加工过程。法国现象学家杜夫海纳将审美经验的过程列为呈现、再现和反思三个阶段，将反思看作审美的一个高级的阶段。法国解释学美学家利科尔也将反思看作理解语言符号与自我理解之间的重要环节，希望通过反思来沟通语言与存在，并认为只有通过对象和行为、象征和符号的理解和阐释，反思才能达到本真的自我。可以说，反思是理论清场和自审的重要品质②。社会学认为，反思表示作为具有资格能力的主体的一种"自我关注"、"自我评价"和"自我批判"。

对于教师而言，反思是教师把自己的教学过程作为思考的对象，对自己的教学行为、教学结果进行分析，从而进一步改进自己的教学实践，并使其更具合理性的过程。教师通过自我反思，进而检视自己的教学实践，能促进其对自己的专业活动有更为深入的理解。反思不仅是个人的思想需要，而且是一种高尚的精神活动，是精神产品的再生产。美国著名学者波斯纳认为，没有反思的经验是狭隘的经验，至多只能是肤浅的知识。他提出了教师成长的公式：成长＝经验＋反思。教师反思的特征具有实践性、反观性、反省性、自我性、过程性和研究性。教师反思的层次主要有三种：技术性反思、解释性反思和批判性反思。反思的形式主要有"在行动中反思""对行动反思"，以及前瞻性反思、即时性反思与回溯性反思。

教师缄默知识是"个人实践知识"，而教师的个人实践知识，具有高度个体化、不易言传和模仿的特点，它深置于教师个人的行动和经验之中，体现为教师在教育实践中的直觉、灵感、洞察力、信念、价值观和心智模式等，是一种体现教师个人特征和实践智慧的知识。它是教师体验教育世界，建构教育意义的结果，它的形成主要靠"经验"与"实践"。它既不同于理论知识，也有别于技术知识，从某种意义上来看，它不可学、

---

① John Dewey. How We Think [M]. D. C. Heath&Co.，1910：6.
② 王岳川. 布迪厄的文化理论透视（续）[J]. 教学与研究，1998（03）：45-50.

不可教，而完全内在于人自身的理性反思判断力^①。

缄默知识的形成，有赖于一定的实践情境的支持和个人反思，它不可能从他人那里传递给教师，只能在实践中体验、感悟和反思，它与教师的个人经验、性格、价值观等因素有着密切的关系，是教师在长期的教育教学中积累和创造的结果。正如许多依赖于知识和技能的人类活动都包含着默契或直觉的综合因素一样，教育的感知力部分来自于某种无言的直觉的知识，教师可以通过个人经历或者通过见习某个更有经验的教师获得这种知识^②。

可见，教师应是一个反思者。教师反思的作用在于：首先，它能帮助教师从压抑性的行为中解放出来；第二，它允许教师以一种目的明确、深思熟虑的方式去行动；第三，它把教师辨明为受过良好教育的人。即反思性实践是教师改进其教学实践，凭借个人自身不断努力，成为更优秀、更熟练、更有思想的专业人员的一个工具^③。由此可见，教师通过自我反思，让缄默知识"言说"是一个将缄默知识转化为显性知识的过程。反思性对话着眼于挑战教师自身的教育教学实践，通过在对话中不断叩问教育教学事件，去发掘教育事件背后的个人假设和教育理论。反思性对话是个人隐性知识的明朗化过程，在此过程中，教师自主发现解决问题的办法，最终能够发展实践知识，促进自身的专业成长^④。所以，引导教师进行自我反思，主动质疑和检讨自己的知识结构是非常必要的。

三、教师缄默知识显性化的实践模式

缄默知识既然是教师专业发展的重要基础，那么在一定意义上来看，研究教师的专业发展就应把着重点放在教师缄默知识的显性化和共享上。但是，缄默知识并非单纯"技术"层面的操作技能，由于其隐蔽性、缄默性的特点，使得这种知识很难以形式化的方式通过教学直接获得。这就要转变教师教育过多关注外部培训力量的传统做法，重视教师在自我成长中的主体意识。所以，教师教育应该注重个体"经验"的形成和丰富，以提供机会使其体验隐含在教学中的"缄默知识"，并强调"反思"意识与批

① Gadamer. Hermeneutics and social science ［A］. Matthew Foster. Gadamer and practical philosophy ［C］. Scholar Press，1991：9.
② 马克斯·范梅南. 教学机智：教育智慧的意蕴 ［M］. 李树英，译. 北京：教育科学出版社，2001：273.
③ Timothy G. Reagan，等. 成为反思型教师 ［M］. 沈文钦，译. 中国轻工业出版社，2005：34.
④ 申继亮，张彩云. 教师反思性对话的实践模式 ［J］. 教师教育研究，2006（04）：30-34.

判能力的培养，这样才能为教师的专业发展提供思维与理智保障①。下面几种教师自我反思性对话模式，立足于教师真实的教育实践，是教师缄默知识显性化的有效实践模式。

（一）反思札记

反思札记是一种教师与自己进行对话的方式，是教师对自己教育实践活动以及日常行为的想法的即时记录，包括自我的体会，也包括对某些实践问题的深入分析。反思札记具有针对性、具体性和探究性的特点。从形式上看，反思札记可分为描述性、解释性和评价性札记。描述性札记是教师真实而具体地描述其对教育实践活动的所思所想，是教师反思的第一手资料；解释性札记是教师围绕某一"主题"或"事件"所进行的对自己教育实践中的一些具体问题的审视和分析，它能促使教师反思隐含在事件背后的个人实践知识；评价性札记是教师记录自己的真实感悟，进而反思教育实践，超越个人经验，它能引发教师教育观念上的转变。所以，教师如果能经常对自己的反思札记进行分析，就能提高自己的反思意识和反思能力。

（二）教育自传

教育自传是教师反思实践性知识的重要路径和有效工具。自传，主要是对自己历史的讲述，是通过叙事的方式，分析教师自己在过去生活中的诸多因素对自我发展的影响及其意义。通过自传，教师个人的生活史，特别是受教育史能成为有价值的教育经验，对其经验的反思是通向真理的途径之一。关注教师的个人历史，主要是因为教师通过描述自己的个人生活史，来了解其能力和素质的形成，发现、反思和重塑自我，从而促进个体的专业成长。实质上，撰写教育自传的过程就是现实的"我"与历史的"我"之间的对话。在对话中，教师以自己的声音说话，而不只是听任研究者对他们的诠释，这样，教师的社会"我"、个性"我"以及专业"我"都能得到更好的诠释和发展②。而教师一旦以"自传"的方式叙述自己生活中的教育事件，那也就意味着教师开始以自己的生命经历为背景去观察世界③。

---

① 冯茁. 教师知识与教师的专业发展［J］. 沈阳师范大学学报（社会科学版），2006（06）：13-16.

② 谌启标. 教师自传研究与专业成长［J］. 中国教育学刊，2006（08）：75-78.

③ 刘良华. 改变教师日常生活的"叙事研究"［J］. 全球教育展望，2003，32（04）：16-20.

因此，教师记录个人教育生活史的过程，其实就是在对自己的教育生活经历进行反思。如：怎样的教育行为在何种教育情境下是有效的？这些教育行为是如何产生的？它造成的结果是怎样的？如果在当下，自己是否还会发生类似的教育行为？……对这些重要事件或关键事件的厘清，会帮助教师重新看待现实场景中的自己，进而对自身的教师角色产生新的认识。而当教师反思教育生活中发生的教育事件时，教师的缄默知识常常蕴含于其中，并已经内化为教师的某种教育理念。

（三）教育叙事

教育叙事是从文学叙事迁移到教育研究领域的一种方法。目前，关于"叙事"内涵的界定主要有以下几个方面：有人借鉴了《韦伯第三国际词典》中的解释，认为"叙事"就是"讲故事"，或类似讲故事之类的事件或行为，用来描述前后连续发生的系列性事件。有学者认为，"叙事"是为了"告诉某人发生了什么事"的一系列口头的、符号的或行为的序列①。也有学者认为，所谓"叙事"就是叙述故事，陈述人、动物、宇宙空间中生命事物已发生或正发生的事情等②。概言之，"叙事"就是讲故事，而故事体现了教师个体对教育事件的理解，从而彰显出教师的缄默知识和实践智慧。换言之，教育叙事是教师以叙事、讲故事的方式诠释对教育的理解。它表面上以叙述为主，实际上，它是教师在对自己的教育教学实践进行深刻反思的基础上形成的。

对教师而言，个人的教育行为、学生的成长经历和自己的成长经历等，都可以成为叙事的内容。对故事的描述与分析，能够帮助教师自我反思和自我理解，生成教育智慧以及增进对教育意义的理解等。教育叙事强调教师与教育经验的直接联系，关注教师当下的现实生活，强调教师个体的生活经验对教师理解和发展教育理念的重要意义。教育叙事的基本特征是其真实性和鲜活性，故事的描述有助于教师将隐含在思想深处的缄默知识转化为显性知识，有利于教师更好地构建自己的实践智慧，提高教育教学的自觉性。同时，通过其他教师对故事的倾听和解读，使个体的实践智慧转化为群体的共享性资源。

---

① 施铁如. 后现代思潮与叙事心理学 [J]. 南京师大学报（社会科学版），2003（02）：88-93.
② 邱瑜. 教育科研方法的新取向：教育叙事研究 [J]. 教育导刊，2004（Z1）：104.

（四）教师 Blog

Blog 是 Web Log 的缩写，译为"博客"。Blog 是一种个性化、共享化、数字化的网络工具。个人可以借助其完成隐性知识的挖掘、过滤、积累和管理，可以自由表达和展示自己的思想，可以与群体进行深度的交流。它是网络上简单而方便的叙事和交流平台，是当前流行的一种新的生活方式、工作方式和交流方式，是一种快捷易用的知识管理系统。利用博客进行知识管理，它的作用体现在知识收集、提取、共享和应用等过程中。教师博客是 Blog 在教育中的具体运用，教师自己可以根据个人的实际需要和具体情况，设置具有鲜明个性的专题，然后针对问题发表自己的帖子或文章，它们都是共享的，从而实现知识的交互性。这样，Blog 为网上信息交流提供了一个自由表达和平等参与的空间。

教师通过建立个人的博客，对相关的知识和案例进行收集、整理、分析、综合和评价，将有助于强化教师自己的反思意识，不断完善教师自身的知识结构，增加教师个人的知识储备。此外，教师在博客上通过叙写个人的教育教学故事、教学困惑、教学心得等各方面的内容，仔细整理平时教学实践的所思所想所悟，记录教学过程中的个人体会和发现，注重挖掘其中零散的隐性知识内容，有利于教师将缄默的教学实践知识显性化。Blog 作为教师一种反思的方法，具有很大的潜力。

［原文刊载于《四川师范大学学报（社会科学版）》2013 年第 1 期（曲铁华）］

教师职业专业化的途径解析

教师职业专业化的实质，就是要使教师成为更能胜任教育教学工作、具有普通人所不具备的专业素质的一个过程。也就是要通过一系列的培养过程使接受培养的群体能够顺利从事某一职业，从而使没有受过专业培养和训练的群体被排除在该职业之外。它是 21 世纪教师职业发展的必然追求，是从师资的角度解决教育问题的根本途径之一。

关于怎样才能实现教师职业的专业化，这是一个长期以来学术界一直在热烈讨论的问题，已有的研究和论述可谓仁者见仁、智者见智。笔者认为，应该在宏观政策和制度的保障下，通过教师个体的专业化发展，来实现教师职业的整体专业化。教师职业的专业化，是整个社会分工发展和职业分化的客观要求和必然结果。因此，这一目标的实现涉及国家、专业群体、有关组织和教师个人等方方面面的因素。教师职业专业化的途径，应该包括以下两大方面。

一、政策和制度的保障

要建立一支素质高、专业性强的教师队伍，政策的保障是十分重要的。尤其是在中央集权教育行政管理体制的国家，政策的保障就更为关键。放眼全世界，在教师专业化的发展过程中，各国的政策法规都曾起到了相当大的推动作用。20 世纪 80 年代以来，美国先后由"高质量教育委员会"、霍姆斯小组、卡内基工作小组和复兴小组等组织发布了多项报告，引起了学校和教育行政机构的极大关注。特别是霍姆斯小组的系列报告，对教师专业化产生了较大的持久影响。在《明日之教育学院》中，霍姆斯小组明确提出要重新设计教师教育课程，主张重复考虑年轻教师的学习需要和教师整个专业生活过程中的专业发展需要，力求提高教师专业学习的质量。

英国为了保障教师专业化发展，先后于 1983 年公布了《教学质量》白皮书、1989 年出台了《教师资格证书制度和教师试用期制度》、1992 年颁布了《教师职前训练改革》等政策性的文件。此外，法国、印度和泰国等国家也纷纷从国家的角度制定重大政策，支持教师教育的不断改革和发展。

从我国的情况来看，从《中华人民共和国教师法》到《教师资格条例》，以及国家确定的教师职务制度、教育职员制度和教师聘任制度等，都在政策上为教师走向专业化提供了重要的政策依据。但从目前的情况看，我国在教师专业化的政策上，还需要进一步加强和完善。

首先，应加大政府对教师教育体系的投入力度。随着市场经济在中国的发生和发展，在高等教育发展与经济建设的相互关系中，理工科大学和重点综合性大学都有很快的发展。而师范学校从事着培养教育工作者的基础性工作，它的公益性比较强。同时，师范院校筹措资金的能力又非常有限，所以师范院校要想获得发展，离不开国家的财政支持。采取以政府投入为主、市场机制为辅的财政投入政策是比较合理的。

其次，教师职业专业化不仅是一种观念，更应该是一种制度。教师的培养与采用都需要进行相应的改革，以便能够从制度层面为教师职业的专业化提供保障。在教师的培养上，要建立开放的教师教育体系，不仅要充分发挥师范大学的优势和长处，同时要鼓励综合性大学参与教师教育，广泛吸收非师范教育资源，促进多样化教师培养体系的形成，这已经成为学者们的一个基本共识。笔者认为，在中国，师资短缺的矛盾已经得到缓解，相应地，教师培养政策也应该从以满足数量需求为主转向以提高师资队伍整体素质为主。也就是说，21世纪对教师的需求已从单纯追求数量走向质的提升。开放性教师教育体系有利于在教师培养这一环节上引入竞争机制，而这种竞争有利于提高教师教育质量。

在教师的采用上，教师资格证书制度不仅应该被确立下来，而且必须不断完善和发展。通过教师资格考试，可以将不具备教师基本专业素养的人过滤掉，保证从职业入口这一关就把不能胜任的人排除在教师职业之外。

再次，要从政策上为教师的继续教育和在职培训提供可能和方便。教师继续教育是促进教师专业发展的又一个重要的途径。教师的工作特点，就是复杂性和时代性并存，无论是教学内容还是教学对象，都在随着社会的发展和时代的变迁而不断发展变化。这种动态的变化，使得教师职前所受的教育和入职培训，远不能给予教师足以受用终身的专业素养。对于教师而言，只有不断地继续学习才能跟得上时代发展的步伐，这是毫无疑问的。需要强调的是，教师继续教育和教师在职培训不应该仅仅是学历教育，而应该同时成为教师资格认证更新的过程培训。也就是说，教师的继续教育和在职培训，不仅要解决其任职的知识基础，同时要解决其能力基础。教师能否获得职后进修的机会，并不是教师的个人行为，它离不开政策的调节和保障。

二、教师的主动发展

政策和制度的保障固然是教师职业专业化得以实现的必要条件和基本前提，但要实现教师职业整体的专业化，必须通过每个教师个体的专业成长和发展来实现。每个个体的专业素养都提高了，从业人员队伍整体的专业水平也就提高了。这就要求每名教师充分利用良好的政策环境，积极寻求主动发展的途径。教师个体自身专业素养的提高，是其内在综合素质的变化，因而必须充分调动每个教师的内在主动性，激发其自我学习、自我完善和自我提高的内在动机，依靠个体的主动发展，达到实现整个职业专业化的目标。

需要强调的是，现代教育中从教师权威到教学民主的转变，要求教师在观念上有一个根本的转变。

首先是学生观的转变。作为主体的人，学生也有自己的需要、愿望和价值追求，这些是人的本质属性。尊重学生，首先就要正确地认识人的这些本质属性，把学生看作和自己一样的"人"，而不是"物"。当代教育的主题由"学会生存"转变为"学会关心"，说明人类越来越重视人与人之间的尊重和理解。

其次，教师还必须具备独立思考的能力。在教育实践中，如何将知识通过学生容易接受的方式呈现给学生，如何唤起学生的求知欲和学习兴趣，如何循循善诱地使学生形成良好的学习习惯，如何最大限度地解放学生的想象力和创造力，如何使学生学会为人处世，等等，都需要教师根据具体的现实情况来独立思考，并创造性地解决实际问题。

再次，专业化的教师必须具有开放的思想，对于新事物要有积极接受和敢于尝试的态度，对学生有尊重和宽容的理念，对于新思路和新方法能够由衷地赞赏、支持和鼓励，以便最大限度地解放学生的创造力。

最后，专业化的教师还必须具有通过反思不断自我提高的意识和能力，也就是说，教师要通过对自己实际教学的感受，反省自己在教学过程中存在的问题，并为解决这些问题而对自己的教学进行思考，通过对教学目的、教学内容、教学过程以及教学方法等方面的反思，全面提高自己的教学效率和水平。而所有这些（无论是新的学生观、独立思考的能力，还是开放的思想、反思的能力）都不是单纯依靠外塑而能达到的，唯有教师主动发展，才能获得上述观念和能力，也才能实现教师个体综合素质的专业化，从而达到整个教师队伍和教师职业的专业化目标。

教师职业的专业化，不是一蹴而就的，它需要一个过程。在这个过程中，无论是政府、教育行政机构、相关组织，还是教师个人，都有责任。在政策保障和环境允许的条件下，教师个体的主动发展，是实现教师职业专业化的根本途径。作为教育理论工作者，我们的责任是尽自己最大的努力，对教师职业专业化问题进行广泛探讨和深入研究，通过理论上的论证，来为实践的开展提供科学的参照。

［原文刊载于《中小学教师培训》2004 年第 5 期（曲铁华）］

教师专业发展与高等师范院校课程改革

当前，如何改革教师教育以促进教师的专业发展，已成为我国教育改革与实践的中心议题。高师院校的课程结构，是专业化教师培养的重要实施载体，课程结构科学与否，在很大程度上影响着专业化教师的培养质量和水平。高师课程如何为师范生提供良好的、可持续的专业发展的基础，以保证其在以后长期的职业生涯中，获得终身专业发展的意识和能力，成为教师教育改革面临的一个核心问题。

一、关注知识：教师专业发展的深层内涵

在教师的专业发展中，知识处于核心地位。"一个专业既是一种高度复杂和熟练的工作，又是一种根植于知识的专业行为。而这些知识是在学院、大学、实验室和图书馆里产生、测试、丰富、被否定、转化并重建起来的。把某些事情称为专业即表示这些事情有一个在学府里被广泛运用的知识基础。"[①] 不能否认，教师作为一种专业，知识是其从事教育教学工作的前提条件，是其专业素质的重要组成部分。1986 年，美国的《国家为培养 21 世纪的教师作准备》和《明天的教师》两个报告就指出，欲确保教育的质量，必须提高教师的专业水准，而提高教师专业水准的重点所在，乃是明确教师专业的知识基础。

从某种意义上说，教师的专业性问题，主要是教师专业知识与技能、专业情意等的发展问题。广义上讲，知识包括陈述性知识和程序性知识。因此，知识也就涵盖了技能。如此说来，探讨一个专业化教师所应具备的知识和技能问题，也就是探讨他应该获取什么样知识的问题。[②] 但是，有关教师成长过程中的知识问题，却一直是众多研究中的薄弱环节。直到 20 世纪 80 年代，专业发展的内涵，才开始由群体转向个体，更多地关注

① 李·S. 舒尔曼，王幼真，刘捷. 理论、实践与教育的专业化 [J]. 比较教育研究，1999（03）：37-41.

② 于泽. 教师专业发展视野中的高师课程改革 [J]. 高等教育研究，2004（03）：55-60.

教师的角色、任务与实践问题，专业发展的指向从对外在条件的追求转向对内在素质的完善，从追求教师群体职业的专业地位和权力，转向对教师个体专业能力发展的追求。换言之，教师专业发展经历了由关注教师的"量"到关注教师的"质"，由关注教师群体专业化到关注教师个体专业发展，由关注专业发展的"外部环境"到关注"内部"专业素质的提高的这样一个逐渐变化的过程。[①] 在这一转变过程中，"教师知识"才逐渐走入研究者的视野，受到应有的关注和理解。

早期关于教师知识的研究，多是在"过程—结果"的研究范式下展开的，更多关注的是与学生成绩提高有关的具有统计意义的教师知识，而不关心教师知识的结构和维度。此后，关于教师知识研究最具影响的就是舒尔曼对教师教学的知识基础的研究。舒尔曼对以往教师教学行为研究进行了认识论和方法论上的批判，并提出教师专业知识的七种分类：（1）学科内容知识（content knowledge）；（2）一般教学法知识（general pedagogical knowledge）；（3）课程知识（curriculum knowledge）；（4）学科教学知识（pedagogical content knowledge）；（5）关于学生及其特性的知识（knowledge of learners and their characteristics）；（6）有关教育背景的知识（knowledge of educational contexts）；（7）关于教育目标与价值的知识（knowledge of educational ends，purposes and values）。在上述七种知识范畴中，舒尔曼尤其强调学科教学知识的重要性，并称其为教师研究中的"遗漏的范式"。[②] 学科教学知识"包括学科内容和它的可教性方面的知识"，"它是特定的学科内容与教育学的混合物，是教师独特的领域，是他们专业理解的特殊形式"。[③] 舒尔曼认为，这是教师被视为一门专业所必备的知识，是最能体现教师专业性的一个独特的知识领域，也是使教师和学科专家有所区别的专门知识。[④]

在舒尔曼研究的基础上，格罗斯曼、伯利纳、玛克斯、泰默、普特南和博克等人，又对教师知识进行了不同的分类。虽然他们对教师知识分类

---

① 叶澜，等. 教师角色与教师发展新探［M］. 北京：教育科学出版社，2001：203.

② SHULMAN L S. Those who understand：knowledge growth in teaching ［J］. Educational Researcher，1986（2）.

③ GRIFFIN，GARY A. The education of teachers ［M］. Chicago：The University of Chicago Press，1999：194.

④ SHULMAN L S. Knowledge and teaching：foundations of the new reform ［J］. Harvard Educational Review，1987（1）.

的表述不尽相同，但都包含了学科内容知识、一般教学法知识、学科教学知识等。与舒尔曼等人关于教师教学知识基础的研究不同，另一些研究者主张研究教师在教学实践中所形成的、运用的知识，强调教师知识的实践维度。艾尔贝兹认为，各类教师知识形成了实践，但同时也被实践所形成，它们组成了"实践的知识"（knowledge of practice）和"以实践为媒介的知识"（knowledge mediated by practice）。[①] 克兰迪宁和康纳利则采用经验哲学的方法，力图通过对教师的记叙来理解教师的个人实践知识。[②]

在我国，林崇德、申继亮从认知心理学观点出发提出的教师知识结构最具代表性。他们认为，教师的知识包括四方面内容，即本体性知识（subject matter knowledge）、条件性知识（conditional knowledge）、实践性知识（practical knowledge）以及文化知识（cultural knowledge）。[③] 本体性知识即特定的学科知识；条件性知识是指教师所具有的教育学、心理学的知识，它对本体性知识的传递起理论支撑的作用；实践性知识主要指教师教学经验的积累，包括教师所拥有的课堂情景知识以及与之相关的知识；文化知识即指教师具备的除上述三种知识以外的广博的通识文化知识。在这里，实践性知识的含义类似于舒尔曼提出的学科教学知识。

总之，在对教师知识的研究中，由于各研究者对教师知识性质的理解和研究侧重点等的不同，出现了许多类别的知识，甚至教师知识有哪些类别、各类知识之间有哪些联系以及如何建立分类框架本身也成了一个研究的领域。[④] 尤其是近年来对专家教师与新手教师的比较研究，使得人们逐渐认识到，离开了对教师知识的关注，教师的专业发展也就成了乌托邦。

二、走向实践：教师专业发展范式的重心转移

（一）从"技术理性"到"理念理性"

综观教育学术界有关教师专业发展的理论，尽管对于教师专业发展的

---

① ELBAZ F. Teacher Thinking：A study of practical knowledge [M]. London：Croom Helm，1983：47.

② CONNELLY F M，CLANDININ D J. Teachers' personal practical knowledge on the professional knowledge landscape [J]. Teaching and Teacher Education，1977 (7).

③ 辛涛，申继亮，林崇德. 从教师的知识结构看师范教育的改革 [J]. 高等师范教育研究，1999 (06)：12-17.

④ DAVID C，ROBERT C CALFEE. Handbook of educational psychology [M]. London：Macmillan，1996：716.

内涵与过程的论述各有不同，但在对教师专业发展范式的探讨中，我们可以清晰地梳理出两种不同的取向，即技术取向的教师专业发展和理念取向的教师专业发展。两种不同的范式体现了对教师专业发展的不同要求。技术取向的发展观认为，能保证教师有效进行教学的最重要的因素，是教师所拥有的知识，他们所关心的核心问题是"什么样的知识对于教学是必要的"。因此，他们主张应把专业性置于专业领域的科学知识与专业技术的熟练程度上，进而形成"技术熟练者"的专业发展范式。理念取向的专业发展观更为关心的问题是"教师实际知道些什么"。他们强调教育活动是一种复杂多变、高度综合的实践活动，认为教师的专业程度不是单单凭借外在的技术性知识就能保障的，主张教师的专业发展，应强调通过各种形式的"反思"，促使教师对于自己、自己的专业活动直至相关的物或事有更为深入的"理解"，发现其中的"意义"，促成所谓的以"反思性实践"为追求。①

教师的专业发展乃是教师健全人格和教师实践性智慧的成长过程，这是一种寻求教师的"人格化""个性化""文化化"的过程，而"技术化"的要害，就在于否定了这种过程。认知与技能的发展固然重要，但过分偏重则可能导致教师沦为教育技术人员。② 教学实践证明，对知识和技术的追求，使得教师变得越来越理智而成了技术劳动者，教学过程变得越来越技术化，教师对课程和教学意义的阐释空间越来越小，学生则越来越缺少创造性。实际上，与其说教师职业是一种技术型职业，不如说它是一种理念型职业更确切，因为"许多技能并不十分关键，这些技能加在一起的总和，也构不成好的教学要素的总和"③。这就是为什么"教师学了教育学、心理学，还是不会教书"的症结所在。

可以说，"技术型"教师只是一种工具性的教师，由于他们很少关注教育技术背后所蕴含的价值，缺乏对教育过程的研究和反思，因而在教育行为上很难呈现出自主性、创造性的特征。而只有通过教师自身的反思和研究，将教育理论转化为自己的教育理念和实践智慧，才能创造性地解决复杂变化的教育实践问题。当前，"理念"取向的发展观所倡导的"实践—反思"越来越受到青睐，教师的专业发展，正在由"技术熟练"范式走

---

① 教育部师范教育司. 教师专业化的理论与实践 [M]. 北京：人民教育出版社，2003：29.
② 钟启泉. "教师专业化"的误区及其批判 [J]. 教育发展研究，2003（Z1）：119-123.
③ 巴格莱. 教育与新人 [M]. 袁桂林，译. 北京：人民教育出版社，1996：160.

向"实践反思"范式。

(二)从"公共教育知识"到"个体实践知识"

不同的学者对教师的知识构成的不同的认定,体现了教师知识结构的复杂性和多样性。归结起来,教师知识不外乎三种。其一是解决"教什么"问题的学科知识,即所谓的本体性知识。其二是解决"如何教"问题的一般教学法知识,主要是教育学与心理学方面的知识,即所谓的条件性知识。这两类知识呈外显状态,可以通过系统的学习来掌握,在具体的教学实践中加以熟练,属于公共教育知识。

除此之外,还有一种独特的知识,通常呈内隐状态,渗透在教师实际的教育教学情境和行动中,正是由于它的隐蔽性、复杂性、非系统性和缄默性的特征,使得它很难被把握,也因此导致关于教师知识分类的不同界说和争议。笔者认为,可以用"个体实践知识"来涵盖这种作为教师所不可或缺的、基于教师个人经验和个性特征的独特的知识形态。与公共教育知识相比较,教师个人实践知识具有明显的独特性。它存在于人的过去经验之中,存在于当前的大脑和身体之中,存在于未来的计划和行动之中。知识不仅在"大脑中"(in the mind),也在"身体中"(in the body),"在我们的实践中"。[①]

教师个体实践知识具有以下几个特点:(1)是依存于有限语脉的经验性知识,比之研究者的"理论性学识",虽缺乏严密性与普适性,却是异常丰富生动、充满弹性的功能性知识;(2)是特定的教师在特定的课堂,以特定的教材、特定的儿童为对象形成的知识,是作为"案例知识"(case knowledge)加以累积、传承的;(3)具有不能还原于个别的专业领域的综合性,而且具有有意识地整合了的知识之性质,旨在发现与解决理论上尚不确凿的未知问题;(4)不仅是意识化、显性化了的知识,而且包含了无意识地运用的"默会知识"在发挥作用;(5)具有个人性质,是基于每一个教师的个性经验与反思而形成的,这种经验的传承也是以接受者的实践经验的成熟作为基础的。[②]

可以说,它在外延上涵盖了上述国内外研究者提出的教学内容知识、教育背景知识、关于教师自我的知识,等等。正是这种独特的知识,影响

---

① F. 迈克尔·康纳利,D. 琼·克兰迪宁. 教师成为课程研究者:经验叙事 [M] . 2 版. 刘良华,等,译. 杭州:浙江教育出版社,2004:26.

② 左藤学. 课程与教师 [M]. 钟启泉,译. 北京:教育科学出版社,2003:369-379.

着教师对"教什么"和"怎么教"的知识的理解和运用，实实在在地支配着教师的日常教育教学行为。它介于理论与实践之间，既包含智慧技能，又关涉态度情感；与直觉、顿悟相连，又具有一种可习得的性能。[①]

以往人们把教师从实践中获得的知识单纯看作经验性的、偶然的和不系统的，同时由于教学理论在普遍性和系统性方面似乎更符合"科学"标准，从而使得本应该是一个相互靠拢的局面，变为理论的专断和实践对理论的屈从。这实际上从根本上否定了教师作为探究者的可能，漠视了教师建构知识的主体性，动摇了教师专业发展的基础。[②] 实际上，恰恰是这种实践性知识，凸显了教师专业发展的深层内涵。与外在理论相比，它对教师更具亲和力，更能为他们带来稳定感和安全感，因而也更具持久发展和自我生发的可能性；与机械模仿相比，它更加系统、明朗，更具有批判反思的可能。教师只有以这种知识为基础，才能意识到自己的理智力量，去除对专家的迷信，言说自己的知识，找到自己知识的生长点和自我专业发展的空间。[③]

三、反思与重构：我国高师课程改革的重新定位

教师专业知识的培养，需要相应的课程体系的支持；教师教育的各项改革，最终也要以课程改革为落脚点。高师院校作为师资培养的第一阶段，其课程改革的基本要求，一方面是培养作为教师所必备的各种综合的知识与技能；另一方面，也是尤为重要的，就是通过课程的设置与实施，为学生奠定终身专业发展的坚实基础。

（一）当前我国高师课程体系的缺失

1. 课程目标不明确

由于受专业本位观念的影响，我国教师教育的目标，一直偏重于学科专家型教师的培养，课程设置属于一种"学科本位"模式，课程体系呈现单一学科纵深发展的特点，注重深度而忽视广度，教师教育的专业性特征不明显。

---

① 鲍嵘. 教师实践知识初探［J］. 现代大学教育，2002（02）：27-30.
② 鲍嵘. 论教师教学实践知识及其养成：兼谈教师专业发展的基础［J］. 高等师范教育研究，2002（03）：6-10.
③ 陈向明. 实践性知识：教师专业发展的知识基础［J］. 北京大学教育评论，2003（01）：104-112.

2. 课程结构比例失调，且缺乏弹性

由于没有从教师专业发展的角度去审视各类知识之间的关系，通识教育课程、学科专业课程以及教育专业课程、教育实践课程的比例失调，通识教育课程、教育专业课程以及教育实践课程所占比例过小，不利于形成合理的教师专业知识结构，不能为教师的专业发展奠定合理的知识基础。

3. 课程体系缺乏整体设计

课程内容陈旧且缺乏综合性，忽视学科之间横向知识的联合，导致学生的综合素质和创造能力欠缺，专业知识与技能不强。许多毕业生走上工作岗位后教学态度不端正，教学技能不高，缺少追求自身专业发展的主动性。

4. 缺少对教师职业道德的关注

教师职业具有更为严格的专业道德要求，但不能否认，在教师专业发展的道路上，师德却是薄弱的一环，潜伏着很大的危机，这成为高师课程改革不可忽视的一项内容。

此外，我国高师在课程设置上，缺少实践性知识对教师素质的支撑。教师成长和发展的关键，就在于这种实践性知识的不断丰富和实践智慧的不断提升，然而由于可操作性差，尚未被纳入高师院校的课程范畴，这使得教师的职前教育在很大程度上难达预期效果。高师课程回归自己的生命属性，即关注学生的专业发展乃至生命的成长与发展，这是课程改革的实质所在。

（二）走向专业发展的高师课程改革

1. 课程目标与理念：回归师范性

教师教育是一种培养师资的专业教育，其专业性需要相应课程体系的支撑。当前，我国高师课程必须由"教师专业"取代"学科专业"。长期以来，世界各国在实施教师专业化过程中，都把教育科学类课程列入专业课，并视之为教师教育专业的标志性课程。我国的教师教育在"学术性"与"师范性"间徘徊的时间也并不短暂，教师属于"双专业"的理念也并不陌生，却始终没能建构起突出教师专业性的课程体系。许多高师院校仍在盲目向综合性大学看齐，课程设置上依旧"重学术，轻师范""重理论，轻实践"。我们把教师的本体性知识、条件性知识和实践性知识具体化为普通文化课、学科专业课、教育理论课和教育实践课。在我国高师院校的课程设置中，学科专业课程占总课时的 72%，而教育专业课占总课时比例的 7％，并且其实施也往往流于形式。① 观念转变的结果是行动，这就要求我们对课程结构进行调整，确立普通文化课、学科专业课、教育理论课、教育实践课的合理比例。

20 世纪 70 年代末，国际劳工组织和联合国教科文组织对 70 多个国家教师教育的调查显示，各国教师教育课程比例大体为：学科专业课约占 35％，普通文化课和教育理论课各占 25％，教育实践课占 15％。② 在整个课程体系中，教育专业课程占 40％，教师的专业性特征明显。那么，我国高师课程结构的比重可以是：普通文化课程占 20％，学科专业课程占 40％，教育理论课占 25％，教育实践课占 15％。③ 它们共同构成了专业化教师必备知识的结合方式，合理整合，体现出教师培养的专业要求。

2. 课程设置与实施： 突出实践性知识的积累与建构

不可否认，教师职业是一种实践性很强的职业，需要较强的教学实践能力。但是，"培养专业人员不能只是简单地把他们所学知识应用于实践，而是在不可避免的、不确定的情况下学会运用判断，即学会变化、适应、融会贯通、批判、发明，把学校所学的理论知识，变成专业工作所需的临床知识"。④ 这其中所蕴含的隐蔽的、缄默的、很难表述清楚的知识，就是我们前面所提到的教师知识结构中不可或缺的实践性知识。这种实践性知识并非单纯"技术"层面的操作技能，因而很难以形式化的方式通过教学直接获得，而是基于教师的个人经验和个性特征，故需借助于反思与批判而形成。高师课程就是要培养师范生这种综合性的"实践智慧"。

知识的生成和价值不能完全独立于个体之外，个体的"经验"和"自我知识"都参与了知识的建构。因此，个人经验在人的发展中具有不可替代的作用。教师的"实践智慧"的形成，在很大程度上是不能以语言的方式加以传递和"移植"的，这就要求高师在课程实施过程中，必须注重师范生个体"经验"的形成和丰富，为师范生提供机会使其体验隐含在教学中的"隐性知识"，注重反思意识与批判能力的培养，为教师专业的可持续性发展提供思维与理智保障。

---

① 于泽. 教师专业发展视野中的高师课程改革 [J]. 高等教育研究，2004（03）：55-60.
② "高师教育类课程体系和教学内容改革研究"课题组. 高师教育类课程体系和教学内容改革研究 [J]. 山东师范大学学报（人文社会科学版），2004（06）：3-8.
③ 曲铁华，冯茜. 专业化：教师教育的理念与策略 [J]. 教师教育研究，2005（01）：10-15.
④ 李·S. 舒尔曼，王幼真，刘捷. 理论、实践与教育的专业化 [J]. 比较教育研究，1999（03）：37-41.

一方面，将反思意识的培养渗透在课程实施的各个环节，使反思成为师范生的一种日常的、自觉的行为。因为当这种自觉、自为成为一种行为习惯后，不需要从外界施加影响，就能使一种理想的行为在主体身上得以持续。为此，必须转变高师教育中普遍存在的一种观念，即认为师范生教学实践能力的培养是教育类课程的任务，学科专业课程只需关注专业知识的传授。实际上，无论是教育类课程教师，还是专业学科课程教师，都应注重通过适当的训练提高学生的反思意识与批判精神，这涉及教学方法改革与课程资源开发的问题。

另一方面，在具体实践性课程的操作层面，高师课程设置应考虑如何最大限度地增加师范生的实践体验，以使他们在实践的基础上形成个人经验的积累，进而借助于反思与批判升华实践经验，形成实践性知识，并在此过程中获得自身的专业发展。具体说来，涉及以下几方面的措施：延长教育见习、教育实习的时间，增加师范生的个体经验和实践体验；建立并规范高师与中小学的伙伴关系，为师范生提供充分的教学实践情境；开展虚拟性实践教学活动，如微格教学，以补充师范生的教学实践体验并形成主体意识；变集中实习为分散实习，形成"实践—反思—再实践—再反思"的教学模式；理论讲授注重情境性，使学生从案例中学习；通过与专业发展学校的合作，促进师范生在真实的教学实践中不断反思，增加其知识结构中实践性知识的比重。

3. 课程伦理建设： 关注专业态度培养， 注重专业身份建构

埃文斯认为，教师的发展除了功能上的发展之外，还包括态度上的发展。[①] 所谓专业态度，就是主体对自身职业的理智性的价值判断和情感体验。教师的专业态度是教师价值观的基础，是构成教师个性的重要因素，也是教师专业情意发展成熟的标志。高师院校课程的主要使命就是在师范生身上"发展社会期待于他们的伦理的、智力的和情感的品质，以使他们日后能在他们的学生身上培养同样的品质"[②]。教师的专业发展具有个体性、情境性的特点，师范生专业态度的形成过程，也就是其专业信念的发展过程。专业态度的形成是一个循序渐进、不断深入的过程。

因此，高师应注重课程伦理建设，课程安排与实施应考虑如何提升学生的自主意识，培养学生的专业态度。专业身份的建构，也是高师课程要

---

① EVANS L. What is teacher development? [J]. Oxford Review of Education，2002（1）.

② 刘捷. 专业化：挑战 21 世纪的教师 [M]. 北京：教育科学出版社，2002：236.

面对的主要问题之一。所谓教师的身份，就是教师所感受到的以及实际存在的之所以成为教师的东西，它对新教师迅速适应教学文化以及教育改革起着重要作用。[①] 专业身份的建构，对师范生日后缩短专业角色适应期和促进其持续的专业发展有着决定性的作用。专业身份的建构和专业态度的形成，还涉及高师隐性课程的开发与实施问题，如学校文化的建构，对教师生命意义的探求和关注，师生之间在人格、态度上的平等对话，等等。可以说，专业态度的形成与专业身份的建构，是促进教师实现自我专业成长的内在动因。

关注教师的专业成长，已成为当前教育研究与改革的热点。从教师专业发展的角度看，课程改革若能在理念上明确以教师的专业发展作为终极目标，注重从教师知识的视角，探寻教师的成长规律，至少是教师专业发展起始阶段的一个正确取向和充满生命活力的开端。

[原文刊载于《教育研究》2007 年第 9 期（曲铁华　冯茁　陈瑞武）]

---

① 　于泽. 教师专业发展视野中的高师课程改革 [J]. 高等教育研究，2004（03）：55-60.

基于学术特质的高校教师专业发展论

　　高校教师从事的是一种学术性职业，学术性是高校教师的最基本特质，是高校教师职业生涯的核心，自然也是衡量高校教师专业发展水平的重要价值向度。从教师角色及高校教师的专业性质分析，首先，教师的基本职责是教学，高校教师首先必须具备的就是教学的学术水平。教学对高校教师的专业知识有着严格的学术规训，高校教师的知识必须是专门的、系统的、规范的，同时，如何教学的知识也是必备的。其次，高校是知识生产的重要场所，科学研究是高校教师的又一主要工作。这就要求高校教师具备"发现"的学术水平，拥有"探究"的学术理念与精神，在其专业领域内不断地发现知识、创造知识。再次，高校不仅是传播知识的场所，更是创造新科学、新知识的重要机构。服务社会是高校教师运用专业知识开展专业活动的一个主要方面，是其"应用""综合"的学术水平的重要表征。因此，高校教师的学术研究必须与社会实践紧密相连，进行实践中的理论研究。高校教师的专业内涵包括教学、研究和社会服务的专业知识与学术能力，高校教师专业发展的目标，在于通过自我反思、合作以及必要的专业引领和政策支持，不断提升其教学、研究及社会服务的学术品位、学术修养、批判精神，进而提升整体教育质量。

一、目标偏差：当前高校教师专业发展的误区

（一）片面理解"教学"的学术水平，忽视高校教师的教育专业化

　　反思我国当前的高等教育，在对"学术性"的强调和关注上是达成共识的，但由于对"学术"内涵的狭隘理解，导致高校教师的专业发展出现了很大的偏差。人们在潜意识里默认了"学者必良师"的合法性，似乎对专业知识的权威性也同样赋予了教师教育教学水平的专业化。在这种导向下，教学成为一种纯粹的传递和掌握知识的活动，变成外在于教师和学生理性的活动，而不是原本意义上理智的探险或游戏。从一定程度上说，教

学过程本身毫无吸引力，变成了一种纯粹的理智负担。课堂，这个原本应该充满理智、欢乐的地方，变成了窒息师生理性的空间。① 故克服教学的非理性化，提高教学的理性化程度，提升以教育教学能力为核心的教育专业化水平，应成为高校教师专业发展的重要取向。

（二）将"学术性"窄化为研究素质，高校教师评价标准偏离专业发展目标

当前，在对高校教学与科研关系的认识上，存在着一个普遍的误区，即科研重于教学，反映在对高校教师素质的要求上，则是学术研究素养高于教学素养，对高校教师的考核评价以及职称评定的唯一标准就是科研成果，教学效果不得不退居次要地位，成为一个参考项目。在这样的激励制度下，对教学的忽视和对科研的盲目追求，形成了巨大的反差，大量低水平重复性研究的学术垃圾不断出现。因此，需正确理解高校教师的学术性，全面理解高校教师的专业内涵。

（三）缺乏必要的专业引领，高校教师成为一种孤立的职业

20 世纪 80 年代以来，作为一种国际潮流的教师专业化运动，极大地推动了世界各国教师教育理念和制度的创新。然而，对于高校教师来说，专业化问题却非常模糊，高校教师的专业引领极其匮乏，专业培养主要是一种职前模式。然而，事实是，高校教师成长是一个连续的、动态发展的过程，在其职业生涯的不同阶段，应该侧重不同的培训内容和发展形式。岗前培训作为高校教师入职教育的手段，不可能涵盖整个教师职业生涯。从理论上说，高校教师在专业知识方面具有很强的优势，更应走在专业化的前列，引领教师专业化发展方向，为教师专业化提供有效的范式。因此，进行必要的专业引领，构建终身性专业发展体系，是我国高校教师专业发展面临的一个重要问题。

（四）学术自由受到过度规训，高校教师的专业自主无从体现

学术职业是一个自由的职业，学术自由是高等教育的一种基本自由，是大学的生命所在，也是高校教师专业发展的价值基础。"教师在专业上可以自由探讨、发现、出版、教授在各自专业领域内所发展的真理，并且

---

① 石中英. 教育哲学导论［M］. 2 版. 北京：北京师范大学出版社，2004：223.

这种真理不受任何限制。"① 学术自由作为一种重要的教育自由，涵盖了教师的教学自由和研究自由。然而，事实上，由于传统科层制的影响，高校教师的学术自由，受到了极大的规训和限制，使得他们在很大程度上缺乏自由探究的空间和自主发展的权利。"学术在本质上必然是独立的、自由的，不能独立自由的学术，根本不能算是学术……学术失去了独立自由就等于学术丧失了它的本质和它伟大的神圣使命。"② 学术自由是高深学问在理智上的要求。从高深学问自身来看，研究高深学问的主体——教师理智上应该是自由的，其合理性至少基于三个支点：认识的、政治的和道德的。当然，从高深学问与社会关系来看，这种自由也必然会受到限制，没有限制的学术自由，就如同经济上的不干涉主义一样，会给人类带来灾难性的后果。③ 因此，如何把握规训自由的尺度，保障高校教师合法的学术自由和专业自主，是解决其专业发展问题的一个重要方面。

二、策略解读：高校教师专业发展的愿景

（一）制度层面：提供高校教师学术发展的政策导向和立法

教师专业发展是一个终身的、持续的过程，不仅需要一定的学术专业知识的积累，更需要有效的知识增长和更新机制。基于高校教师的学术性取向，从政策上保护高校教师的学术发展和教师的主体价值，是至关重要的，只有立足于学术职业的本质属性的教师制度和政策，才能够真正促进高校教师的专业发展。

首先，政策的制定应最大限度地保护作为高校教师内在权利的学术自由。在政策上保证高校教师的学术自由，是维护其专业自主的重要举措，要给予教师宽松的学术探究环境，要在宽松自由的氛围中培养教师的批判精神，从而保证教师学术自由的实现，真正推动高校教师的学术发展。其次，高校教师制度和政策必须以学术职业的价值向度进行评价，在这一过程中，高校既是政策的执行者，也是政策的设计者。再次，制定具体的教师学术发展政策。西方许多国家的高校教师政策为我们提供了很好的借鉴。美国高校通过实施资助青年学者和研究者的优惠制度，设立教学、科研奖金和学术休假，建立教师专业发展专项基金制度，鼓励教师走出校门

---

① 石中英. 教育哲学导论 [M]. 2版. 北京：北京师范大学出版社，2004：277.

② 贺麟. 文化与人生 [M]. 北京：商务印书馆，1996：246-247.

③ 孟宪乐. 高校教师专业化：问题、目标与策略 [J]. 黑龙江高教研究，2005（08）：61-63.

参加各种学术交流活动。美国高校也经常为教师提供短期学术假和一定的经费，或者减少工作负担，为教师到校外进行协作科研、到企业和国家实验室短期工作以及其他目的与形式的业务进修创造条件；德国的教授每四年可享受一学期的研究假；法国的高校教师也享受学术休假，部分高校实行工龄 6 年以上的教师获得 1 年以内的学术休假制度；日本的国立、公立大学教师可享受每年最长为 30 天的"年度休假"。①

从我国高校的实际出发，也可试行学术休假制度，根据教师学历、职称、学科的不同，确定学术休假的形式与发展目标，以提高教学和专业理论的学术水平。如助教和讲师主要以教学与科研基础知识、基本技能的专业理论教育和实践活动为主，发展目标指向教学水平和科研能力的提高；副教授、教授以参加国内外学术交流、高级研讨班等形式为主，发展目标定位于掌握本学科发展前沿信息，进一步提高综合学术水平。此外，可以制定标准，根据学科需要选送优秀教师出国进修或讲学，开展合作研究，这样既可以推动学科建设，提高教师和学校的学术地位，也能扩大国际学术影响。

（二）学校层面：开展专业对话，形成合作的教师文化

教师专业发展既是教师个体的发展，也是学校的发展。在高校教师专业发展问题上，高校作为一个组织，其首要任务就是致力于合作的组织文化的建设，这也是我国高校教师专业发展的必然要求。建构合作的教师文化是高校教师走出"孤立"，超越纯粹的个人反思，获得学术发展和组织认同感的必然选择。鉴于高校教师的专业性质，专业对话是形成教师合作文化的关键，也是高校教师缄默知识显性化的重要途径。

高校教师的学术性质，决定了隐藏在其教学、科研背后的更多的是教师个人的缄默知识，这些缄默知识隐含在教师所认同的信念、价值观之中，体现在其经验化的教学行为和学术研究中。作为一种主观的、内在化的知识体系，缄默知识在教师的生活中有着独特的价值。"如果一个组织之中，许多能够增值的知识都是缄默的，那么，在知识管理和职业教育中就应当要求人们把这种缄默的知识作为一种心理学和社会学的现象进行深入的理解。"② 无疑，缄默知识的共享，是教师个人成长、教师群体发展的

---

① 李子江，李子兵. 国外高校教师队伍建设的经验与特色［J］. 大学教育科学，2006（01）：59-61.
② STERNBERG R J，JOSEPH A HORVATH. Tacit knowledge in professional practice［M］. NJ：Lawrence Erlbaum Associates，Inc.，1999：8.

关键。对话则无疑是一种有效的促进缄默知识共享的专业成长方式。就实际情况来看，教师最大的援助也是来自其他教师。对话仿佛是意义的溪流在我们之中通过我们和在我们之间流动。通过对话，共同创造机会，分享经验，共享资源，共享意义。

另外，在高校教师的知识体系中，也存在着类似于伽达默尔称为"偏见"或"前见"的缄默知识，即"理解的视域"，它往往会使教师陷入唯我论的泥沼中。通过不同理解者之间的专业对话，一方面可以达到"补充"、"限制"和"修正"这种"个性化"和"主观化"的理解目的；另一方面，也有利于达到视界的融合，开辟新的意义空间。① 总之，高校应通过开展合作课程开发、合作课题研究、同伴互助等专业对话，形成一种合作的组织文化，使对话成为教师的一种专业生活方式，使学校成为高校教师的专业学习社区和专业发展的知识社区。

（三）教师个人层面：形成专业自我，建立关于教育的哲学体系

在专业成长的过程中，形成自我专业发展意识，进而确立专业自我起着最为关键的作用。教师的自我专业发展意识，从时间维度看，包括对自己过去专业发展过程的意识、对自己现在专业发展状态和水平的意识，以及对自己未来专业发展的规划的意识。自我专业发展意识能将教师过去的发展过程、目前的发展状态和以后可能达到的发展水平结合起来，使得教师能够"理智地复现自己、筹划未来的自我、控制今日的行为"，使得"已有的发展水平影响今后的发展方向和程度"，"使得未来发展目标支配今日的行为"。② "正是教师的自我专业发展意识所扮演的对教师自身专业发展路线的调节、监控角色，才使得教师专业发展构成一个动态发展的循环，促使它朝着积极的方向不断发展。"③ "一个好的教师首先是一个人，是一个有独特的人格的人，是一个知道运用'自我'作为有效工具进行教学的人。"④

在高校教师形成专业自我的过程中，作为实践哲学的教育哲学具有不可替代的作用。教育哲学是教师所坚持的价值取向和信念，行动源于信

---

① 石中英. 教育哲学导论［M］. 2版. 北京：北京师范大学出版社，2004：178-179.

② 叶澜. 教育概论［M］. 北京：人民教育出版社，1991：218.

③ 叶澜，等. 教师角色与教师发展新探［M］. 北京：教育科学出版社，2001：241.

④ COMBS A W. The professional education of teachers［M］. Boston：Allyn&Bacon，Inc.，1965：6-9.

念。教育哲学的主题，就是对教育实践的反思与批判，缺乏教育哲学反思的高校教师，就缺乏一种自由的、理性的和开放的学术态度。教师的行动，实际上依据一个隐含的哲学体系，正是这种"日用不知"的教育哲学，引导了教师的行动，它为教师提供了一个反思和发展的基础。

反思是专业人员最重要的品质，通过经常性、系统化的自我反思与对话，才能对自己当前的专业发展水平做出诊断，进而调整自己未来的发展规划，提高教育实践的理性自觉。费尔认为，教育哲学的目的，就是把教师从固定僵化的程序中和大量的偶然事件中解放出来，使之获得"教育的自由"，从而促使教师个体教育生活的自我更新。[①] 尽管只有少数教育者构建了成文的教育理论体系，尽管离开正式的教育哲学体系，运用我们自己的一套信仰和假说也能生活，但能够清楚地表达我们工作的取向和假设，对高校教师是非常有用和必要的。正如马克辛·格里姆所说的，我们在向着"清醒"的状态迈进，并且我们的生活变成了"做的哲学"。只有当我们清醒的时候，我们才能成为完全的自我，才能更好地履行专业人员的职责：做出批判性的决定并使用我们对教育的设想使研究更有价值。[②]

[原文刊载于《教育研究》2009 年第 1 期（曲铁华　冯苗）]

---

① 　石中英.教育哲学导论［M］.2 版.北京：北京师范大学出版社，2004：44.

② 　乔安妮·M·阿哈尔，等.教师行动研究：教师发现之旅［M］.黄宇，等，译.中国轻工业出版社，2002：55-65.

专业化：教师教育的理念与策略

20 世纪 80 年代以来，教师专业化成为世界各国广泛关注的热点之一。在这一背景下，明确教师职业的专业性，进行以"专业化"为核心理念和策略的改革，成为教师教育发展的潮流与趋势。

一、教师专业化：内涵与标准

（一）经验化—技术化—专业化：教师专业化的缘起与发展

教师职业伴随着人类社会的产生而产生，但作为专门培养学校教师的专业性教育，却只有三百多年的历史。教师专业化是一个内涵不断丰富的过程，概括起来，其发展大致上经历了三个主要阶段，即从"经验化"到"技术化"再到"专业化"，教师教育目标则经历了培养"工匠型"教师到"技术型"教师再到"反思型"教师的发展历程。

1. "经验化" 与 "工匠型" 教师观

从上古学校产生之日起到工业制度形成以前，教育还没有被作为科学研究的对象，因此也没有进行专业化训练的教师教育机构。随着工业化制度的建立以及义务教育的普及、国民教育制度的建立，一方面，教育规模扩大，对教师的需求量激增；另一方面，人们开始认识到，若要提高教育质量，提高劳动效率，还要对教师进行必要的职业训练。于是，许多国家在设置初等学校、国民学校、初级中学的同时，也开始设置培养专职的中小学教师的师范教育机构。1861 年，拉萨尔在法国兰斯创立世界上第一所师资培训学校，可以算是人类教师教育的滥觞。此后，奥地利、德国等纷纷出现了一些短期师资培训机构，但这些早期的师资培训机构培训时间很短，水平很低，充其量是一种职业训练而非专业训练。它好比是师傅带徒弟，培养的关键在于有经验的指导者，指导者必须是这个行业的专家，年轻的受训者通过模仿"专家"的手艺技术，遵循他的指导和建议来学习，通过这种程序，专业技术被一代一代传递下来。^① 这种"学徒制"的师资培养模式，把教师看作工匠，认为只要有一定的文化知识，在教学实践中自然就会掌握教学和管理技能。但这种方法在理论上缺乏系统性，虽然能使新教师获得一些感性的知识和个别的经验，却不能形成系统的理论和规律性的认识，因而也就无法对以后的教学具有普遍的指导意义。

2."技术化" 与"技术型" 教师观

随着教育学的发展，教育规律被大量揭示，教育不再是过去的教师随心所欲的活动，而是必须依据由教育科学所揭示的教育规律行动。换言之，教师必须受过严格的职业技术训练，必须依据严格的操作程序，熟练地掌握职业技术，才能较好地完成国家所赋予他们的重任。特别是伴随现代科学技术及技术理性的发展，技术理性主义亦成为教育领域的主导意识形态，这使得教师的专业化理论发展到新的阶段，教师教育的专业化因而转向"技术化"。

20 世纪 60 年代以后，"能力本位"的师范教育理念，将"胜任型"教师的培养推向高潮。教师职业被看作学科知识与教育知识及技术的熟练应用。这种技术原理模式强调的是教学的技能以及与此相关的其他行为的"能力"，以此来提高他们工作的有效性。这种理念逐渐被扩展为制定师范教育计划的模式，美国斯坦福大学教育学院依此创立的微格教学模式，就是最为典型的例子。这种培养模式解决了师范教育扩展数量的问题，却付出了惨痛的代价，即在让师范生单纯操作技术的过程中，把"只要掌握各种技术，就能有效工作"的假设，也传递给了师范生，从而使他们渐渐失去了批判地分析、思考复杂的教学背景和过程的愿望与能力，放弃了根据自己的思考而决定自己的行动的责任感，^② 成为按照固定模式和方法操作的"技术员"。

3."专业化" 与"反思型" 教师观

尽管早期的教师教育缺乏现代教育科学理论的支撑，但毕竟标志着从经验型教师向专业型教师的历史性转变，意味着教师专业化的开始。1966年，国际劳工组织和联合国教科文组织提出的《关于教师地位的建议》，首次以官方文件的形式对教师专业化做出了说明，提出应把教育工作视为专门职业。1986 年，美国卡内基工作小组和霍姆斯小组同时强调以确立

---

① 钟富坤. 教师专业化理论发展与教师教育模式的演变 [J]. 教学与管理，2002（33）：6-8.
② 教育部师范教育司. 教师专业化的理论与实践 [M]. 北京：人民教育出版社，2003：22.

教师的专业性作为教师教育改革和教师职业发展的目标。这种追求专业发展的教师专业化理论，与 20 世纪后期兴起的后现代主义不谋而合。在后现代主义看来，现代学校制度把人当作"工具"来塑造，师范教育也只是强调教师教学技术行为训练而忽视对教学行为的理性思考和价值评判，不能解释教学行为背后的理论基础。后现代主义由此提出，教育不应是冷冰冰的工具主义的技术操作，而应是充满爱心、平等对话、相互理解的过程；教师不再是知识权威的代表，而是各种教育教学理论和政策报告的解构者，在解构过程中与学生共同参与知识文化的建构与再建构。

教师的专业性，不是建立在严格、科学、确凿的一般性原理之上，而是以教师个体化、缄默式的"实践性知识"来保障的。① 这种以后现代主义思想为背景而形成的教育理念，推动着教师专业化运动中"反思型"教师观的形成与确立。实践也证明，成熟的教师应该是反思型的教师。他们不仅要有有效的经验行为，还要有理性的思考，应能解释、反思自己的教学实践。他们能以研究者的心态置于教育情景，以研究者的眼光审视已有的教育理论和教育实际问题，对教育的理论和实践持有一种"健康"的怀疑，并及时地把思想变为行动。而经验型教师在现实教学中是直觉的而非理性的，是例行的而非自觉的。②

（二）专业发展：教师专业化的核心

专业化是一个社会学概念，是指一个普通的职业群体在一定时期内，逐渐符合专业标准，成为专门职业，并获得相应的专业地位的过程。教师专业化作为职业专业化的一种类型，简单地说，就是教师职业不断提升社会地位，争取成为专业的过程。世界教师教育专业化运动经历了两个不同阶段。第一阶段在 20 世纪 60—70 年代，此时的专业化更多地关注教师专业性职业地位的提升，即把教师视为社会职业分层中的一个阶层，专业化的目标是争取专业的地位与权利及力求集体向上流动；第二阶段是在 20 世纪 80 年代以后，此时的专业化更多地关注教师的角色、任务与实践问题，即把教师视为提供教育教学服务的专业工作者，专业化的目标是发展教师的教育教学的知识与技能，提高教育教学的水平。可见，教师专业化的目标，从对外在条件的追求转向对内在素质的完善，从追求教师职业的

---

① 钟启泉. 教师"专业化"：理念、制度、课题［J］. 教育研究，2001（12）：12-16.
② 傅道春. 教师的成长与发展［M］. 北京：教育科学出版社，2001：176.

专业地位和权利转向对教师专业发展的追求。这种转变使得以发展教师的专业能力为目标的取向逐渐清晰并成为教师专业化的方向和主题。从本质上讲，教师专业化强调的是成长和发展的历程。

从上述对教师由"经验化"到"技术化"再到"专业化"的追求中，我们也不难看出教师专业化内涵的不断深化。试想，既然提高教师专业地位的有效途径只能是不断改善教师的专业教育，那么，只有不断提高教师的专业水平，才能使教学工作成为一种受人尊敬的专业，成为具有较高社会地位的专业。如此说来，教师专业化的两阶段目标并不矛盾，而且后一目标可以说是前一目标实现的基础和条件。

具体说来，教师的专业发展，是指教师个体在其整个职业生涯中，依托专业组织，通过终身专业训练，习得教育专业知识技能，实施专业自主，表现专业道德，不断增长专业能力的过程，或者说是教师"个人成为教学专业的成员并且在教学中具有越来越成熟的作用这样一个转变过程"。[①] 这个过程是教师个体通过不断的学习与探究来拓展其专业内涵的历程，是教师不断学习新知识，增长专业能力，从而达到专业成熟的过程。实践也证明，教师的专业发展的确是促进教师教育发展和提高教师社会地位的成功策略。自卡内基小组和霍姆斯小组同时提出应以教师的专业发展作为教师教育的改革方向，进而提高教师的专业化水平后，人们越来越认识到，提高教师专业地位的有效途径，只能是通过改善教师的专业教育，促进教师的专业发展。那么，如何依据教师专业化理念，从教师专业发展的角度，构建科学、完善、系统且符合中国国情的教师教育制度，必然成为当前我国教师教育改革的主流话语。

二、问题与差距：我国教师教育专业化面临的挑战

（一）教师教育的"一体化"问题

教师教育的一体化，是伴随教师教育终身化思想发展起来的，教师的"专业成长"贯串于职前培养与职后进修的全过程，一体化是教师专业发展的必然要求。一体化的教师教育包括三层含义：一是职前培养、入职教育、职后提高的一体化，即学历教育与非学历教育的一体化；二是中小幼教师教育一体化；三是教学研究与教学实践的一体化，即师范大学与中小

---

① 邓金. 培格曼最新国际教师百科全书 ［M］. 北京：学苑出版社，1989：553.

学的伙伴关系。就目前我国教师教育一体化的现状而言，基本上还是一种"终结性"教育，职前培养与职后培训分别由师范大学和教育学院实施，彼此前后脱节，体制机构分离，课程体系各自为政，造成教师培养和培训缺乏过渡性与连续性，并且由于后者的专业水平与教育水平远远落后于前者，致使职前教育与职后教育低水平重复问题较为突出。因此，如何以"一体化"的教师教育观念，整合我国的教师培养和培训，是教师教育改革过程中的一个关键问题。

（二）教师教育的"制度化"问题

教师专业化不仅是一种理念，更是一种制度，它的完善和发展，必须以建立健全一套完整的教师教育制度做保障。目前我国教师教育制度尚不完善，尤其是作为教师专业化进程中最有力保证的教师资格证书制度，无论在法规完善还是在配套建设等方面，都存在许多缺陷，如资格认定的流于形式，一次认定终身有效，相关的教师教育机构和课程的认定体制尚未建立等。因此，我国教师教育在规范化、制度化方面还面临着严峻的挑战。

（三）教师教育的"合作化"问题

教师教育是一个长期的专业发展过程，而教师的专业发展，必须与基础教育改革相适应。专业发展不能游离于教学，而教学无疑是在中小学这一大环境下进行的。因此，中小学校应该而且也必须成为教师专业发展的重要基地。美国著名教师教育专家、霍姆斯小组成员古德莱德，极力推崇大学与中小学之间的"共生关系"（或"平等伙伴关系"），认为"学校若要变革进步，就需要有更好的教师。大学若想培养出更好的教师，就必须将模范中小学作为实践的场所。而学校若想变为模范学校，就必须不断地从大学接受新的思想和新的知识，若想使大学找到通向模范学校的道路，并使这些学校保持其高质量，学校和教师培训学院就必须建立一种共生的关系，并结为平等的伙伴"。[①]

可见，加强大学与中小学的伙伴合作关系，是教师教育发展的必然。美国的 PDS 学校和英国的"合作式"师资培训模式，无疑是大学与中小

---

① 全国比较教育研究会. 国际教育纵横：中国比较教育文选 [M]. 北京：人民教育出版社，1994：342.

学合作伙伴关系的典范。近年来，我国已经开始认识到这一问题，但"伙伴关系"流于表面化、形式化，规范程度远远不够。那么，如何深化大学（尤其是师范大学）与中小学之间的伙伴关系，加强理论与实践之间、研究与教学之间的对话，是教师教育有待解决的重要问题。

（四）教师的"专业继续教育"问题

教师的在职教育和培训，是教师在职前教师教育基础上的专业继续教育，但传统在职教师教育的目标，存在着强调理论知识（特别是专业学科理论知识）而忽视教学实践能力的偏差。从教师专业发展的角度看，教师在职教育的意图，更应放在改善教师的专业水平上，使之在专业上有所发展。因此，应把注意力转到教师个人长处和自我的知识更新上，转到帮助教师增强专业决策和解决专业实践问题的能力上，帮助教师拓宽从事专业活动的知识来源。[①] 因为教师在职教育的最重要目的，是改善教师的专业水平，促进教师的专业成熟。基于此，作为在职教师的"专业继续教育"制度，也需要进一步改进。

三、现实回应：我国教师教育专业化的策略选择

（一）应对的理念

1. 实现从"师范教育"到"教师教育"的话语转变

百余年来，我国一直把教师培养称之为"师范教育"，相应地，我国传统的教师培养制度为独立的师范教育体系。随着教师教育的综合化、专业化、一体化，这种定向的、一次性的师范教育观念必须转型。国际上，"教师教育"作为一种新理念，已取代传统意义上的"师范教育"。顺应世界教师教育发展的潮流，在我国，"师范教育"这一概念也正在被"教师教育"所取代，但从总体看来，教师教育理念尚待进一步到位。不同的理念反映出不同的教师专业发展观，概念的替换绝不是简单的文字游戏，它要求我国在师资培养上要实现从观念到制度上的实质性转变。

2. 明确教师职业的专业性，树立教师专业化理念

强调教师是一种专门职业，并将教师专业化作为教师教育发展的理念，是教师教育发展的国际趋势。在我国，对教师是否是一种专门职业还

---

① 唐玉光. 基于教师专业发展的教师教育制度 [J]. 高等师范教育研究，2002（05）：35-40.

存在认识上的模糊性，对教师职业的不可替代性尚存在一些争议，这是目前必须澄清的一个问题。教师是一种专门职业，教师教育要在教师专业化理念的指导下，依据教师专业发展的不同阶段，进行整体规划，全面设计。

（二）策略选择

1. 教师教育政策："微观管理" 转向 "宏观导向"

联合国教科文组织在第 45 届国际教育大会上提出：推进教师专业化是"改善教师地位和工作条件"的"最有前途的中长期策略"。如此说来，教师专业化也应成为我国制定教师教育政策的基础。在教师教育政策上，政府无疑应起主导作用，通过制定相应的政策，加大对教师教育的支持力度。但另一方面，在教师专业化发展的过程中，政府在政策规范的同时，更应注重政策的引导。也就是说，政府在一定程度上要转变管理观念，改进调控手段，从微观管理向宏观管理转变。一方面，政府把握宏观决策权，强化教师教育政策法规的导向作用，变事务管理为宏观指导；另一方面，将微观权力下放给学校，突出市场的调节作用。例如，从政府规范教师教育的行为，走向政府制定教师标准和发放教师资格证书，而由高等院校（主要是师范院校）进行资格培训，由市场选择教师。换言之，在教师教育政策中要"去行政化"，实行"尽可能的市场、必要时的政府"的策略[①]，进而形成一个使教师教育和教师教育机构既能够自主发展又能够自我约束的机制。

2. 教师教育体制："一元封闭" 转向 "多元开放"

相对于"师范教育"观，"教师教育"是一种职前培养和职后培训相统一、正规教育与非正规教育相结合的多层次、全方位、一体化的终身教育。目前，在"教师教育"和"教师专业化"理念的指导下，我国的师资培养正在突破一元封闭的师范教育体系，逐步走向开放。现阶段，话语转变的目标，是要努力形成"以师范院校为主体，其他高等学校共同参与""培养、培训相衔接"的开放的教师教育体系。为此，一方面，要坚持教师教育的双轨制，即打破单一的教师教育体系，吸收非教师教育系统的力量，形成多样化的教师培养体系，这对于拓宽教师来源渠道、提高教师教育质量、促进教师教育走向开放具有深远的意义。但是，综合性大学及其他非师范类高校兴办教师教育在我国毕竟刚刚起步，因此需要相应的政策

---

① 王建磐. 教师专业化与教师教育政策的选择 [J]. 高等师范教育研究，2001（05）：1-4.

措施加以引导和扶持。

　　另一方面，在教师培养模式多样化的背景下，还要正确看待独立设置的师范院校的发展。从我国的国情看，独立的教师教育体系近期内还不会消亡，但必须加以改造。首先，师范院校的功能需重新定位，按照大学的规律和模式，打通师范与非师范，在学科结构、专业设置及人才培养模式上走向综合化，促进教师教育模式朝开放式和高层次的方向发展。其次，保持优势，强化教师教育特色，以提高教师专业教育水平，实现教师教育"双业"在更高层次上的融合。再次，整合教师的职前培养与在职培训，以一体化的教师教育体系取代教师职前培养与在职培训相分离的体系，加快教师教育的一体化进程。

**　　3. 教师教育目标："学历教育" 转向 "资格教育"**

　　以往我国的教师教育，可以说是一种学历教育，学历成为衡量教师从教资格的唯一标准。目前，学历作为一种任教资格已不能满足社会和学校对教师的要求。从某种程度上说，学历教育只是解决了教师任职的知识基础问题，而没有解决教师任教能力的基础问题，这个问题的根本解决需要教师资格证书的调节。那么，我国的教师教育，必须从学历教育走向资格教育。当然，这种转变并不意味着对学历的彻底否定，相反，要提高我国教师的专业化水平，教师学历层次的整体提升也是一个重要内容。从学历教育转变为资格证书教育，意味着教师来源渠道的多样化，它使得教师资格认证标准和教师资格考试成为资格教育的重要手段。这就要求改进和完善我国现行的教师资格制度，改进其目前存在的标准粗放、对教师专业发展缺乏激励机制等不足，对教师专业课程、教师资格有效期、教师资格社会考试制度等做出明确的要求，确立科学、规范的教师资格认定程序，并将教师资格认定机构置于法律监控之下，以确保教师资格认证工作的公正与有效。

　　此外，与教师培养的社会化和开放化相适应，教师教育机构认可制度、教师教育课程鉴定制度、教师教育质量评估制度等也应逐步建立，以保证在全国统一标准下教师教育模式的多样性与灵活性、开放性与规范性，为教师教育走向开放和提高教师专业化水平提供制度保障。

**　　4. 教师教育课程："学科本位" 转向 "双业范式"**

　　教师教育是一种培养师资的专业教育，教师的专业发展需要相应的课程体系支持。但长期以来，我国教师教育的课程设置，属于一种"学科本位"模式，课程体系呈现单一学科纵深发展型的特点，教师教育的专业性特征没有凸显。而世界各国在实施教师专业化过程中，都把教育科学类课程列入专业课，并视之为教师教育专业的标志性课程。鉴于此，我国的教师教育，也应走出"学术性"与"师范性"之争的樊篱，树立起"双专业"课程观，建构突出教师专业性的课程体系。这就要求对课程结构进行调整，确立普通文化课、学科专业课、教育理论课、教育技能课、教育实践课的合理比例。

20世纪70年代末，国际劳工组织和联合国教科文组织对70多个国家教师教育的调查显示，各国教师教育课程比例大体为：学科专业课约占35％，普通文化课和教育理论课各占25％，教育实践占15％。在整个课程体系中，教育专业课程占40％，教师的专业性特征明显。借鉴这种结果，我国教师教育课程结构的比重可以是：普通文化课程占20％，学科专业课程占40％，教育理论课占20％，教育技能课占10％，教育实践课占10％。这样，可以体现出教师教育的双业性。课程结构的调整涉及以下几方面的具体措施：首先，增加教育学科课程门类；其次，加强教育教学实践环节，延长教育实习时间；再次，规范师范大学与中小学的伙伴关系，为师范生提供类似于临床医院的教学实践情境，并使大学和中小学都能从中获益。

5. 继续教育："传授模式" 向 "发展模式"

教师的专业成熟是一个长期的发展过程。自詹姆斯首次将终身教育理论运用于教师教育实践，提出教师教育的"三阶段理论"，各国对教师的在职研修普遍重视，大都通过立法保障教师的继续教育，采用灵活多样的培训方式，不断完善培训体制，以保证教师专业化水平的提升。在我国，中小学教师的在职研修，从20世纪70年代末的教材教法过关培训开始，经过学历补偿教育的实施，基本形成"行为主义"的教师研修取向。当前，教师的在职研修必须走向以专业发展为价值取向的专业继续教育，这就要求以"反思型"教师培训模式取代传统的以传授和训练为特征的"技术型"培训模式。

实际上，教师的专业发展乃教师健全人格、教师实践性智慧的成长过程，这是一种寻求教师的"人格化"、"个性化"和"文化化"的过程，而"技术化"的要害，就在于否定这种过程。认知与技能的发展固然重要，但过分偏重则可能导致教师沦为教育技术人员。[1] 况且，教师真的可以寄

---

[1] 钟启泉. 教师"专业化"：理念、制度、课题 [J]. 教育研究，2001 (12)：12-16.

希望于这种偏重教育理论知识传授的技能熟练模式，为他们提供可以直接操作的教学方法和技术吗？实践证明，效果并不理想。技术型教师只是一种工具性的教师，由于很少关注教育技术背后所蕴含的价值，缺乏对教育过程的研究和反思，因而在教育行为上很难呈现出自主性、创造性的特征。而只有通过教师自身的反思和研究，将教育理论转化为自己的教育理念和实践智慧，才能创造性地解决复杂变化的教育实践问题。因此，教师的在职研修应走出以往脱离教师专业环境和教学实践、过分偏重理论知识传递的误区，探索突出教师自主成长的专业培训模式。例如行动研究、校本培训、案例研究、教例研究等模式，都是比较有效的凸显"以师为本"，且融教学、研究与实践为一体的教师专业发展模式。

〔原文刊载于《教师教育研究》2005 年第 1 期 （曲铁华　冯茁）〕

论教师专业化与职前教师教育课程改革

当今世界各国都不约而同地进行了教师教育的变革。"但是客观地分析近几年来的改革，体制的改革是主体或主流，改革关注的热点是结构的调整与资源的重组。"[①] 影响教师教育质量的因素有很多，如体制的建设、政策的改进、培养范式的转变等。其中，教师教育课程质量的高低起着非常关键的作用。"课程设置是学校教育的灵魂，是任何教育研究都无法回避的核心问题。"[②] 对教师教育而言，无论是教育思想、教育观念的变革，还是人才培养模式和教学内容体系的改革，最终都要归结到课程改革上来，都必须通过课程改革来加以具体实现和落实。因此，在教师教育改革的今天，教师教育的课程改革，就成为我们首要谈论的重点问题。

教师专业化，是现代教育发展的潮流和必然趋势。我们强调教师是一种专门职业，把教师专业化作为教师教育发展的理念，是顺应我国基础教育改革的要求，代表我国教师教育发展的方向。因此，本文将教师的专业化发展作为教师教育改革的基本理想，以教师专业化为思想出发点，提出对职前教师教育课程改革的思考。

一、专业化教师的职业特性

1966 年，联合国教科文组织与国际劳工组织建议将教师作为一个专门职业，教师职业的专业化由此开始日益受到各国政府及研究者的重视。如今，教师作为一个专门职业已经成为全世界的共识，促进教师专业发展已经成为诸多国家改革教师教育的重要目标。笔者认为，专业化教师的职业特性有如下几个方面。

[①] 柳海民. 教师职业专业化与高师教育学科课程结构改革 [J]. 课程·教材·教法，2002（08）：49-52.

[②] 李其龙，陈永明. 教师教育课程的国际比较 [M]. 北京：教育科学出版社，2002：2.

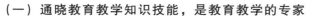

（一）通晓教育教学知识技能，是教育教学的专家

专业工作的首要特征是专业工作者是专业领域的专家。作为专业人士的教师，也应该是教育领域内的权威、专家。教育方面的问题，只有教师才能解决得了或者说是解决得好，遇到此类问题第一选择就是寻求教师的帮助，教师所给出的解决方案是有效的和令人信服的。他们的这种地位和作用是他人无法取代的。换言之，教师作为一名专业人员，必须具备作为专业组织所具备的基本知识，更应具备传授这些知识时所需要的技能技巧，即具备专业的知识和技能及将其付诸实践的能力。

（二）能够对专业进行自主决策的人

高度的专业自主权和权威性是专业工作者的突出特征：能够独立解决专业生活中出现的问题，或者是采取最有效的方式获得最佳的成效；具有明确的专业职责，并能够承担专业职责。作为专业工作者的教师，应该是一个能够对教育生活领域的问题进行决策的人。他能够根据教育对象的不同做出教什么、怎样教的决定，并对自己的决定负责，能够根据不同的情境采取最佳的方式，解决教育工作中遇到的困难或难题，使之获得最佳的效果，并能够对所采取的问题的解决策略及效果进行反思和评估。

（三）具有反思批判能力的人

"对于专业人员来说，最难的问题不是采用新的理论知识，而是从经验中学习。学术知识对专业工作是必需的，但又是远远不够的。因此，专业人员必须培养从经验中学习和对自己的实践经验加以思考的能力。"[①] 专业工作具有复杂性、专业性，作为一个专业人士，仅仅从外界汲取知识、技能是不够的，还必须对自己的从业经验和实践过程、专业行为、思想加以反思批判，并根据反思的结果改进自己的专业工作成效；批判性地分析实践过程中遇到的困难和问题，突破旧思维体系的框架性束缚，创造性地采取新方式获得圆满地解决。教师职业所面对的工作对象具有特殊性，教师必须不断地学习，不断地研究新情况、新环境、新问题，并不断地反思自己的教育教学行为和经验，以此来适应新环境，促进教师教育教学工作

---

① 李·S·舒尔曼，王幼真，刘捷. 理论、实践与教育的专业化 [J]. 比较教育研究，1999（03）：37-41.

的有效开展。

（四）终身寻求自我发展的人

1965 年，法国教育家保罗·郎格朗提出了终身教育思想，此后这一思想迅速得到世界各国的认同，演变成为一股教育思潮。这一思潮不仅对人们的思想产生了冲击，更改变了人们的教育和生活。教育不再是人生的某一阶段的事情，受教育也不再是某一年龄阶段人的特殊权利，它是贯串人一生的事业。教师作为一个专业工作者，其自身的发展是一个"硬道理"。这个发展贯串于其职业终身，遍布于其职业生活。职前的师范教育是教师专业化发展的起始阶段，是入职教育；走上工作岗位之后，教师还要不断寻求在职进修、学历提升等为了提升专业能力而进行的继续教育；对课堂教学经验的反思，是教师不断超越自我、提升自我的一种学习方式，课后教师之间的研讨、交流、公开课的观摩等，又是教师之间互相学习、互相促进的有效途径。因此，教师的学习是无时无刻的，教师的发展也是终其一生的。

上述四个特征构成了专业化教师的理想素质。而要拥有这些素质，就需要正规、科学的专业训练，也就是我们所说的教师教育。由此可见，教师职业的专业化发展，不仅促进了教师发展的新境界，而且也为教师教育的发展指明了新的方向，赋予了其新的内涵和特性①。

二、教师教育特性：职前教师教育课程改革的现实基础

专业化教师的特性，就是发展到专业阶段的教师所具有的区别于非专业、半专业或准专业阶段教师的专业素质和特性。准确、科学地认识这些特性，可以帮助我们更清晰地明确专业化阶段教师教育的特性，对于正确选择教师教育的课程具有非常重要的意义。

（一）教师教育的双专业性

教师教育具有"师范性"和"学术性"，它们是教师教育不可缺少和统一不悖的两个重要方面。教师专业化理论的发展，更加肯定了二者在教师发展中的作用。它要求教师既是学科方面的专家，又是教育方面的专家，即有效的教育教学活动，不仅要有精深的学科知识和广博的科学知识

---

① 胡亚天. 教师教育的特性与政策选择［J］. 课程·教材·教法，2003（05）：59-62.

和文化知识，还要有娴熟的教育学知识和技能。这必然要求教师教育要进行学科专业与教育专业两种教育。"目前，学科专业与教育专业、学术性与师范性的双重整合与质量提升已经成为世界教师教育改革与发展的共同特性和趋势。"①

（二）教师教育的学术探究性

反思性、批判性是专业化教师应具有的职业特性，反思能力是专业教师应具有的基本能力。因而教师教育不仅仅是教育学科知识、教育教学知识的学习过程以及教育教学实践能力的培训过程，更是学科知识、教育教学知识的研究过程，是对教育教学实践的反思过程。不仅要研究学科的主要概念和组织原则、知识的传递方法，更要在经验中反省学习，发展获取新知识的能力。因此，教师教育具有学术探究性。

（三）教师教育的终身性

教师的专业性劳动，需要教师专业知识和专业技能的不断丰富和发展，要求教师成为终身学习者。这种专业知识和技能的丰富和发展，既有赖于教师在从教过程中通过对自己教学实践和经验的不断反思和探索，同时也需要科学的、有效的教师教育对教师的培训和指导。教师学习的终身性决定了教师教育也具有终身性的特点。

三、职前教师教育课程改革：教师专业发展的实现途径

教师教育是涵盖了职前、职后教育在内的一体化教育。教师的专业发展贯串于职前培养与职后进修的全过程。不同阶段的教师教育，由于所处的教师发展的不同阶段，因此决定了其发展的侧重点的不同，需要完成的任务的不同，在教师专业化成长过程中起着不同的作用。

笔者将根据教师专业化对教师教育提出的新要求，结合职前教师教育阶段的基本任务，提出对职前教师教育课程改革的思考。

（一）注重实践课程开发，加强教育实习，实现知识的整合

教师教育具有"双专业性"。"双专业性"就是要求作为培养、培训对象的教师必须具备本体性知识（精深的学科专业知识和广博的科学文化知

---

① 李其龙，陈永明. 教师教育课程的国际比较［M］. 北京：教育科学出版社，2002.

识）和条件性知识（教育学知识与技能），这两种知识是形成教师专业的知识基础。然而，是不是具备了这两种知识，我们就可以说具有了专业教师的素质了呢？能否说明两种知识的同时拥有就必然促进教师专业能力的提高呢？回答当然是否定的。两种知识的简单叠加，并不能形成教师的专业素质，更不是促进教师专业能力提高的充分条件。只有通过实践性知识的参与和整合，使二者内化为教师的专业素质，它们才能真正成为专业化教师所拥有的知识素质，才能促使教师专业化职能的提高。

由此可见，以促进教师专业化发展为最高目标的职前教师教育，如果课程紧紧围绕着教师本体性知识和条件性知识来开设，非但不能促进教师的专业发展，还会将专业发展带入一种"畸形"的状态，使教师成为"理论上的巨人，行动上的矮子"，虽然"学富五车"，却"英雄无用武之地"。因此，职前教师教育的课程设置，必须以促进教师双专业知识的整合为着眼点。在满足本体性知识和条件性知识设置需要的同时，更要侧重实践性课程的开发和设置，从内容的选择，到结构安排，再到形式的确立，力图使其更加科学有效，最终促进本体性知识和条件性知识的整合，促进教师专业的成长。

1. 注重实践性课程的开发

实践性课程是为培养学生实践性或应用性知识和能力的课程，它并非是以训练动作技能为任务的课程，而是一种以发展人的实践智慧、形成人的实践能力为任务的课程。教育是一种实践的艺术，实践的智慧和实践的能力是教师应具备的最重要的素质。职前师范教育的理论教学，主要是以传授教师所需理论性知识为主的课程，然而单纯依靠理论教学不可能培养出具有实践能力的合格的师资。因此，职前师范教育应注重开发实践性的课程，培养能够解决教育实际问题的、具有实践智慧和能力的教师。

2. 加强教育实习环节

实践性知识的获得离不开实践环节。教师教育过程中实践性知识的获得，有赖于教育实习的帮助。因此，对教师教育课程的改革，也必然要求对教育实习的时间、形式、内容、方法等进行全面的改革。如增大实践性环节在整个教育体系中的比重，将集中式的、阶段性的教育实习拓展和延长为分散式的，甚至是全程式的。在内容上，改变见习加讲课的"两部曲"，代之以教学实习、行政实习、管理实习等全方位多形式的实践内容，同时还要注重内容安排的灵活性及与学生自身和中小学教育实际的紧密联系。

3. 合理安排理论教学和实践教学

理论教学和实践教学是教师教育课程的两大基本形式，在培训教师方面二者相辅相成、缺一不可：理论教学离开实践会显得空洞，实践教学同样离不开理论的支撑。实践性课程不能离开理论课程体系独自发挥其教育作用，更不能完全取代理论课程。因此，以促进教师实践性知识的提升为目的的课程的设置和开发，应充分利用理论课程和实践课程的各自优势，在课程设计和实施中将二者有机结合起来，既发挥理论课程在传授基本知识和技能方面的优势，兼顾实践课程在开阔学生学术视野、形成实践能力、提升道德品质和综合素质方面的优势。

（二）增进交流，加强写作，促进反思能力的提高

教师职业专业化要求教师成为反思型教师。反思型教师不仅要具有专业性教师所具有的专门学科的知识和技能，而且还应具有深厚的教育理论修养、广阔的教育视野、敏感的问题意识、过硬的科研能力。虽说这些能力的成熟和发展，离不开教育实践的锻炼和促进，然而其意识萌芽和能力的初步形成，主要是在职前教师教育阶段完成的。教师专业化发展呼唤反思型教师，职前教师教育课程的设置，也应该侧重师范生反思与批判能力的培养。在课程设计中，可通过以下几种类型的课程来培养受教育者的反思习惯和能力。

1. 沟通与交往

这是一种通过师生交流、生生交流方式培养反思能力的课程。我们说，某种能力的习得和实现，离不开个体自身的努力。独立思考、仔细揣摩、反复体验、独立解决，正是在这样一个不断探索的过程中，个体的反思能力才得以不断发展。但是，这并非培养反思能力的唯一途径。个体之间的经验交流与借鉴，也是一种有效的方式。因此，在针对教师反思能力习得和培养方面，可以通过后一种交往一类的课程来实现。

2. 写作体验

写作是培养思考能力和研究能力的最好手段。一个完整的写作过程，就是一个完整的反思和研究的过程。在这一过程中，写作者要根据所拟题目广泛搜集、汇总资料，还要通过精细地阅读、缜密地思考后对材料去粗取精、去伪存真地进行筛选，然后提炼出自己的观点，拟定合理的体系，最后，还要富有逻辑性地、顺畅地将自己的观点阐述出来。因而，职前教师教育开设的写作培训课程，并不需要针对写作技巧进行过多的培训和讲解，它的主要目的是创设一个让学生思考问题、研究问题、解决问题的机会，是对未来教师反思能力的一种培训，使他们在思考理论的同时发展实践能力，在反复实践的同时促进反思，从而提高理论水平。

（三）宽基础，广视角，培养学会学习能力，为终身学习奠定基础

教师教育具有终身性，职前教师教育是教师终身发展的一个起始阶段。教师专业化发展是教师教育的总体目标，职前教师教育只是实现这一总体目标的第一步。因此，职前教师教育没有必要也不可能实现教师教育的全部目标。因而，在设计职前教师教育课程时，必须从观念上明确职前教师教育在整个教师教育体系中的地位和所能发挥的作用，以此来确定职前教师教育课程的深浅、宽窄、难易和繁简。职前教师教育阶段属于"准教师培养阶段"。在这一阶段，教师一方面需要为未来的工作做入职准备，另一方面，还要为以后的继续教育阶段打好学术基础和积蓄学习潜力。因此，职前的教师教育课程设置，需要考虑到职前职后全程教育的一体化，还要考虑入职教育的基础准备。

根据以上的分析，职前教师教育课程的设置，应该突出以下特点：

1. 门类广

在教育类课程的设置方面，应打破"老三门"的局限，多开设一些能够开阔学生视野的课程。在专业课设置方面，应从强调专业对口向拓宽专业口径转变。同时，增设文化基础课，为专业发展奠定广博深厚的文化基础。

2. 内容精

教师的专业发展是一个持续的、终身的发展过程，教师的知识和能力也会在入职后得到不断的更新和完善。因而，在增加课程门类又不增加学时的情况下，就必须精简精炼课程的内容，剔除不必要的烦冗论述和讲解，做到精益求精，既要保证体系的广泛，又要保证丰富的信息含量。

3. 突出学习能力的培养

教师的专业发展空间是无限的。因此，教师在其职业生活中需要不断地完善知识结构，充实和提高智慧和才能。因而，职前教师教育课程的设置，必须有助于教师现在和未来专业性的发展，使他们具有终身学习的能力，培养他们独立获取所需知识的能力等。

［原文刊载于《教育科学》2004 年第 4 期（曲铁华　马艳芬）］

论研究性学习中教师教育理念的更新

　　研究性学习是一种以培养学生的创新精神和实践能力为特征的新型课程教学改革模式。要把这一全新的教育理念带进课堂并用其指导教学、培养人才，以适应时代发展的新要求，教师首先必须树立新的教育理念，对课程、教学工作、学生、环境以及教师自身的角色和任务，都要有一个崭新的认识；在教学活动中，教师对自身的行为要重新审视，力求成为学生学习活动的指导者、组织者、参与者、促进者，以充分发挥教师的作用。

　　教育理念是一个精神或态度的体系，它既集中反映教育现实的变化，又深刻地影响教育现实的存在。树立新的教育理念，是任何一项教育改革的先导和成功的基本保证。研究性学习在我国作为一项新的教育改革实验，要想成功地付诸实施，必须同以往的任何一项教育改革一样，将树立新的教育理念作为实验的起步和先声。

一、树立崭新的课程观

　　课程观决定教学观，并因此决定教学改革的深度和广度。在传统的教学论概念系统中，"课程"被理解为规范性的教学内容，而这种规范性的教学内容是按学科编制的，所以，"课程"又被界定为学科或各门学科的总和。教师只是既定课程的阐述者和传递者，学生只是既定课程的接受者和吸收者。课程是"专制"的一方，课程成为一种指令、一种规定，教材则成为"圣经"。传统课程观强调现成的学科知识的传授，而忽略了儿童在学校活动中所获得的各种经验及儿童个体成长的经历，学生的生命力、主体性因此得不到充分发挥。而研究性学习这种新的课程形态，它不仅重视学生的学习结果，同时也注重学习的过程。

　　在研究性学习中，学生可以在教师的指导和帮助下，在一定的范围内，选择自己感兴趣的问题进行研究。更重要的是，学生可以自己搜集资料，亲自动手实验，亲身到社会上去搞调查，了解情况，通过自己的努力，获得可靠的第一手资料。这样的过程不仅可以使学生深刻体会学术研究的严肃和辛苦，而且在与人合作、接触社会等过程中，能够真切地领会到许多为人处世的道理，形成一定的人文素养。

作为一种新的课程形态，研究性学习具有传统的学科课程所无法比拟的开放性。它不仅打破了学科课程中学生学习场所和学习内容的既定范围，而且允许并鼓励学生通过多种方式、多种渠道去获取知识，允许学生用开放的眼光去看待事物，用开阔的思维去考虑问题。在这样一种开放、宽松的课程形式中，学生得到了空前的解放，想象力自由地驰骋，创造力尽情地发挥。开放而自由的课程形态，在学生封闭已久的学习生活中注入了一丝活力，洒下了一抹光彩。当课程由"专制"走向民主，由封闭走向开放，由学科内容走向学生经验的时候，课程就不只是"文本课程"（教学计划、教学大纲、教科书等），更是"体验课程"（被教师与学生实实在在地体验到、感受到、领悟到、思考到的课程）。

然而，在研究性学习付诸实施之初，却难免会遇到部分教育工作者尤其是教学一线的教师们的不理解。在这些教师的观念中，只有传统的学科课程，才是真正意义上的课程，因为在学科课程中，教师组织起来有板有眼，学生也绝对遵从教师的权威，教师凭多年的教学经验，对学生在学习过程中存在的困难和可能出现的问题了如指掌。所以，教师在传统的学科课程中，总是感到非常自信和沉稳。可是面对开放性的研究性学习，教师一下子感到了从未有过的焦虑和担心，失去了"控制者"的优越感，教师一时觉得无所适从。

要想真正开展好研究性学习并获得好的教学效果，教师必须更新自己的观念，树立崭新的课程观。课程是学生通过反思性、创造性实践而建构人生意义的活动。课程的学习活动方式，以理解、体验、反思、探究和创造为根本。教师和学生不是课程的简单执行者，而是课程的创生者。课程也由此变成一种动态的、生长性的"生态系统"和完整文化。

二、树立崭新的教学观

传统的教学观认为教学就是教师教、学生学的过程。它表现在如下几个方面：一是以教为中心，学围绕教转。教师是知识的占有者和传授者，对于求知的学生来说，教师就是知识宝库，是活的教科书，是有学问的人，没有教师对知识的传授，学生就无法学到知识。所以，教师是课堂的主宰者，所谓教学，就是教师将自己拥有的知识传授给学生。二是以教为基础，先教后学。在教师的固有观念里，教学过程本身就应该是由教师来包办代替的，学生是一个小仓库，他们所需要做的只是把教师准备好的现成知识存进去，用的时候学生能够提取出来就行了。也就是说，抱着传统教学观的教师认为，学生只能跟着教师学，复制教师讲授的内容。在教学实践中，"教"统摄全局，教学由共同体变成了单一体，学生的学不过是一个被动接受的过程，学生的独立性因此丧失。

而研究性学习则力图让学生在知识、能力、情感和价值观等方面都有所收获。这与以往教学中单纯的书本知识传授相比，显然要丰富和开阔得多。在研究性学习这种学习形态中，教师必须树立起新的教学观，把单纯传授书本知识的教学观转变为教会学生学习的教学观。我国著名教育家叶圣陶关于教学观曾经有过一句凝练而精辟的论述："教是为了不教。"伟大的人民教育家陶行知也曾明确地说过："先生的责任不在教，而在教学，在教学生学。"

在研究性学习中，教学过程是真正的师生互动过程，是学生自由探究、积极创造的过程，而不再是教师的"一言堂"和教师全面包办代替。开放性的新课程形态，使每个学生都有发挥自身特长的机会。平时少言寡语的同学可能做事比较细致，在资料的搜集和整理中，可能表现得比其他同学更突出；平时做事莽撞的同学，可能比较敢闯，对其进行适当的引导，他可能在外出时的联络工作中发挥更大的作用；平时学习成绩落后的同学，可能承受挫折的能力、意志力都比较强，在活动处于困境的时候，他的精神可能对其他同学能够起到一定的鼓舞作用……因此，教师要树立"面向全体学生"和"每个学生都能得到发展"的教学观。

总之，崭新的教学观，强调理性的、间接的、主动的、共同性的教学特点，强调教学是学生在教师引导下进行的反思性、批判性、探究性的活动，是以理解为基础的体验生活和建构生活的过程，是师生互动的交往活动。师生双方相互交流、相互沟通、相互启发、相互补充，在这个过程中，教师与学生分享彼此的思想，师生互教互学，形成一个真正的"学习共同体"。在研究性学习的开展过程中，教师要在新的教学观的指导下，给学生留有一定的选择、发挥、探索和创造的空间，这样才能使学生的学习活动充满生机和活力，使研究性学习开展得有声有色。

三、树立崭新的学生观

由于基础教育长期以来形成的应试倾向的影响，教育的目的发生了异化，以教育手段代替了教育目的。这种状况导致教育工作者，甚至还有大多数的家长，以一种焦灼的心态来对待学生。他们的头脑里往往积存着理想的学生形象——应该刻苦努力，应该取得好成绩，等等；而往往忽视了学生的本质，极少考虑学生实际的状态。

实际上，家长和教师希望学生刻苦、上进、有良好的道德修养和精神品质，这些愿望是好的，但是，不应该把这些愿望和对学生的客观认识混为一谈，用这些主观的愿望来代替对学生的客观认识，这对于有效实施教学活动、达成教育目标是极为不利的。

事实上，学生作为学习活动的主体，是有血、有肉、有思想、有情感、有意志的活生生的生命体。主体性是人的本质特征，发展是人的天性。教育和教学活动就是要促进学生的发展。树立新的学生观，首先就要树立学生是发展中的人的观念。学生是处于发展状态中的、尚未成熟的生命个体，具有巨大的发展潜能和极强的可塑性。然而，这些潜能的外化和显现，不是学生在成长历程中自然而然就能实现的，它需要引导和诱发。教师在挖掘学生的各种潜能的过程中，要注意学生的个性特点和兴趣爱好，着重激发学生的内在动机，使用各种策略使学生发挥自身的主观能动性，这样，学生感到自己是学习活动的主人，才能全身心地专注于各种学习活动，并积极主动地进行各种尝试和探索，而不是被动地遵从教师的命令、执行教师的任务。研究性学习正是为学生提供了一个充分展现自我、自由探索和创造的舞台，鼓励他们充分发挥自己的潜能，尽可能地促进他们充分地发展。

其次，要树立学生是独特的人的观念。独特性是个性的本质特征。珍视学生的独特性和培养具有独特个性的人，应成为对待学生的基本态度。独特性也意味着差异性，学生与学生之间在能力、水平和个性特长等方面，存在着个体差异性，这是任何人无法否认的客观事实。差异不仅是教育的基础，也是学生发展的前提。树立新的学生观，就要看到学生在不同方面的优势和特长，相信每一个学生都可以在某一特定的方面做得出色，可以在某件事情上获得成功，要能够真正以一种欣赏的眼光来看待每一个学生。

树立了新的学生观，教师对学生就会少一些指责和挑剔，多一份鼓励和支持。而教师的欣赏、鼓励和夸奖，带给学生的将是无比的快乐和巨大的信心，从而将产生无穷的学习动力，使每个学生都得到更好的发展，也使教学活动充满生机和活力。

四、树立崭新的教师观

提到教师，人们很自然地会想起韩愈的著名论述——"师者，所以传道受业解惑也"，这是传统教师观中的一个比较有代表性的观点。它从教师的职责和作用入手来定义教师这一角色。后来人们对教师的描述又有了很多的比喻，如把教师比喻成蜡烛，把教师比喻成园丁，也有人把教师比喻为人类灵魂的工程师。这些比喻从不同方面揭示了教师劳动的特点以及教师的作用和职责，这也是一部分人的教师观的体现。自古以来，教师在人们心目中的形象就是学识渊博、品格高尚、仪容威严的，甚至连教师的外表，在人们心中也已经形成了一个固定形象。但总的说来，传统的教师观，虽然从不同侧面反映了教师职业的某些特点和人格特征，但是，在现在看来，其对教师的看法和认识，不免有些片面、有失偏颇，使教师形象或趋于神圣，或趋于迂腐，或趋于刻板，或趋于完美，总之，对教师形象的理解，相对缺少了一些人性特征。

谈到要树立新的教师观，按照传统教师观的思维定式，第一反应就是对教师又提出了哪些新的、更高的要求，这是长期以来教师教育研究留下的遗风。由于过于关注理想教师形象的建构和描绘，人们几乎忽视了对教师的人性关怀。事实上，研究性学习固然要对教师的各方面素质提出新的、不同于以往的要求，但必须以对教师的科学认识为前提。

树立正确的教师观，必须首先尊重一个事实——教师也是人，和其他任何身份和职业的人一样，是有血、有肉、有情感、有需要的生命个体。按照终身学习的理念，教师在学识和能力上也是发展中的、尚待提高和完善的人。所以，在这种开放性的课程形态中，更多的时候是教师和学生一起学习，共同探索，有时在某些方面，教师甚至还要向学生学习。从这一点上讲，新的教师观应该以一种更宽容、更客观、更开明的态度来看待教师。此外，教师是社会的成员，处在一定的社会关系中，对教师的认识无法脱离和超越一定的社会现实。在信息激增的社会背景下，绝大多数教师都不具备全程指导研究性学习所需的所有知识。

树立新的教师观，还要正确认识教师在研究性学习中所处的地位、所承担的角色和所应起的作用。在研究性学习中，教师不再是高高在上的权威，而是学生学习活动的组织者、协调者、合作者、促进者，对学生的研究和探索活动起到协助和宏观指导的作用。

树立新的教师观，对于教师而言，就是一个重新认识自我、重新审视自己的职业角色、重新定位自己在教学中的地位的过程。有的教师在参加研究性学习之初，感到茫然无措，诚如有的教师自己坦言："以前走上讲台，教师就是权威，充满自信，课堂内、课堂外我都可以控制学生，甚至对学生课堂上可能出现的疑惑都了如指掌，对如何解决也胸有成竹。而现在情况完全不同了……有时面对学生的困惑，却帮不了一点儿忙，只能暗暗着急，真有一种失去自信的苦恼。"① 这段自述真实地表达了教师在失去权威后的忐忑不安，深层的原因在于"教师权威"的教师观在头脑中作祟。教师只有树立新的教师观，才能够正确地认识自己在教学中的地位和作用，那样，即使在个别比较疑难的问题上被学生难倒，也能够坦然面对，并以平等的身份与学生协作来共同解决问题。这种精神和态度正是开展研究性学习所需要的。

总之，树立新的教师观，一方面要对教师给予应有的人文关照，另一方面，教师要不断提高自身的各方面素质。

五、树立崭新的环境观

教育是一项系统工程，教育活动绝不是单一因素作用的结果。我们通常把与教育活动相关的一切因素统称为环境。因此，广义的环境观认为，环境应该包括学校教育赖以进行的一切因素和条件。受旧教育观念的影响，长期以来我国学校教育呈现封闭状态，局限于学校内部的小环境中，而较忽视大环境。现代社会是快速变革的社会，社会的生产方式、人民的生活方式、信息的传递和获取方式，以及社会对学校培养规格的要求，等等，都在发生着迅速而巨大的变化。这样的现实情况，要求每一个教育工作者都要树立广义的环境观，以避免学校教育与社会脱节，应努力使教育适应社会进步和时代发展的需要，培养未来社会的合格公民。

由研究性学习的性质和任务所决定，树立崭新的环境观有以下两层含义：

其一，要把学校这个小的教育环境系统置于社会这个大的环境系统中来加以考虑。当今社会正经历着巨大的变革，"学习化社会"也好，"信息化社会"也好，还是"知识经济社会"也好，都在表明社会发展到今天已经出现了与以往社会不同的诸多本质性的特征。这些特征要求我们的教育

---

① 霍益萍，等. 让教师走进研究性学习：江苏省太仓高级中学研究性学习实验报告 [M]. 2 版. 南宁：广西教育出版社，2002：170-171.

不能仅仅满足于向学生提供一些知识储备，而要着眼于学生未来的学习和可持续发展。为了达到这一目标，学校教育必须与家庭、社会建立起新型的合作关系，学校、家庭与社会携手并肩，共同为学生的成长和发展创设必要的条件。需要强调的是，作为学生学习和发展的环境，学校、家庭和社会应该是融为一体的，而不是像过去那样，学校自我封闭、孤军作战，社会和家庭只在某些时候起到些许的配合作用，结果是学生所接受的教育很容易被校外的环境作用抵消。树立新的环境观，学校教育就要充分考虑到校外环境对学生的影响，要着眼于大环境对学生进行有效的教育，这样才能真正做到培养适应社会的人。

其二，在上述基础上，教师还必须树立崭新的生态环境观。这是由研究性学习的任务决定的。环境教育是研究性学习的一个重要的课题目标，是以往的学科课程中所缺乏的内容。环境教育就是要激发学生的环境意识，使其具有保护环境以及改善环境的兴趣和责任感，以形成一定的价值观和态度，并在此基础上，促进学生积极参与一定的保护环境的活动和实践。

我国的研究性学习中，关于环境问题的选题占有相当大的比重，而且选题的范围也十分广泛，研究内容也十分丰富，涉及环境问题的各个角度、各个层面，如"一次性发泡塑料饭盒的危害及取代途径研究报告"[1]、"珠江（中山大学北门段）水质检测及分析"[2]、"太仓市机动车尾气污染研究"[3] 以及上海七宝中学"人与自然"系列研究[4]，等等。

教师要对学生进行环境教育，自己首先必须树立起正确的环境观。如果教师自身的环境观就是陈旧落后的，那么在研究性学习的实施过程中，就可能出现南辕北辙的情况。此外，在引导和启发学生的过程中，教师的观念会潜移默化地影响学生某些观点和认识的形成。从这个意义上讲，教师树立新的环境观，对于研究性学习中环境教育的成败，起着至关重要的作用。

作为研究性学习的宏观调控者、设计者、组织者和促进者，教师首先要树立系统的环境观、未来的环境观和全球的环境观。树立系统的环境

① 刘婉华，罗朝猛. 聚焦研究性学习：从理论到实践 [M]. 广州：中山大学出版社，2002：239.
② 刘婉华，罗朝猛. 聚焦研究性学习：从理论到实践 [M]. 广州：中山大学出版社，2002：250.
③ 霍益萍，等. 让教师走进研究性学习：江苏省太仓高级中学研究性学习实验报告 [M]. 2 版. 南宁：广西教育出版社，2002：92.
④ 霍益萍. 研究性学习实验与探索 [M]. 南宁：广西教育出版社，2001：109.

观，就是要把环境保护同自己的日常生活行为联系起来，从自身做起，把保护环境作为约束自身行为的一个条件；树立未来的环境观，就是要着眼于人类与环境的长远利益，形成为后代的生存全面考虑的理念和意识；树立全球的环境观，就是要从全世界的整体利益来考虑环境问题，认识到不仅自己的行为会对其他国家的环境造成一定影响，同时，别国的行为也会对自己国家的环境产生一定的作用。这些观念的形成，将在教师的教学活动中直接或间接地起作用，从而影响学生环境观的形成和发展。

总之，在研究性学习中，树立崭新的环境观，对教师而言具有非常重要的意义，它不仅是教师自我完善的必要条件，更重要的是它可以作用于学生的成长和发展，是培养未来社会公民不可缺少的一种潜在的教育力量。

六、树立崭新的评价观

教学评价，按照评价的目的，可以分为"形成性评价"和"总结性评价"两大类。形成性评价主要是通过诊断课程计划或方案以及实施过程中存在的问题，为课程的实施提供反馈的信息，以此来提高课程实施的质量，它强调的是过程评价。总结性评价是为了分等鉴定、区分优劣以实施奖励，它强调的是结果评价。研究性学习不仅注重学生学习的结果，更注重学生在学习过程中的体验、参与程度以及在学习过程中所体现出来的创新精神和实践能力。由此决定了它的评价要两类评价手段相互补充，在评价中兼顾过程和结果。也就是说，研究性学习的评价，既要肯定优秀的学习结果，又要帮助和促进学生正确认识自己在态度、能力等方面所具有的优势和不足，以使学生在此基础上改进学习方法，提高学习效率。

由于研究性学习不像传统的学科课程那样把目光紧紧盯在学习成绩上，同时也注重学生在学习过程中的感受和体验，这就使自我评价自然而然地成为研究性学习评价中不可缺少的一个重要组成部分。自我评价是学生对自己学习过程反观的过程。通过自我评价，学生不仅能够对自己在学习中的所得、所表现出来的优秀品质和所获得的情绪体验有一个正确的认识，而且可以使教师了解到学生对学习过程的看法和体验，这是在他评当中无法获得的信息。教师在学生自评的基础上再来评价学生，除了原有的评价内容外，还要对学生的自我评价情况进行及时的反馈。对于那些有骄傲自满倾向的学生，要委婉而策略地提醒他们在学习过程中存在的不足和出现的问题；对那些有妄自菲薄倾向的学生，要多指出他们取得的成绩、在学习过程中表现出来的优秀品质，鼓励他们在今后的学习中继续发扬；对那些自评比较客观的学生，要表扬他们实事求是和看问题比较客观的科学态度。这样，自评与他评有机结合，相辅而行，将更有利于发挥评价的诊断和激励功能，有助于提高学习与教学的效果。

此外，在定性评价和定量评价上，同样也要力求两种评价互相配合使用。以往在学科课程中，精确的定量评价几乎一统天下，这种评价手段虽然具有比较好的区分度，但是师生之间相对缺少情感沟通和交流，激励功能也相对较弱；而定性评价虽然更便于沟通和交流，但是不如定量评价精确。可以说，无论是定性评价还是定量评价，都各有千秋。研究性学习固然注重过程和体验，但并不忽视结果，如果淡化对结果的评价，那么，将使取得良好学习结果的学生积极性受挫。事实上，只要是能够增进学生学习积极性、提高学习和教学效果、促进学生发展的评价手段，都是可以使用的。

总之，树立新的评价观，就是要清楚评价的最终目的，它不在于把学生分成三六九等以给学生贴上标签；评价是一个动态的过程，只要学生在学习的过程中表现出了一点点进步，教师就要通过评价及时地给予表扬和鼓励。要珍视学生取得的每一个进步，欣赏学生的每一个创造，肯定学生的每一分努力。评价的目的在于及时给学生提供一个反馈，以使学生能够认识自己在学习过程中的优势和不足，促进学生更好地学习和发展。

［原文刊载于《课程·教材·教法》2003 年第 7 期（曲铁华　殷忠民　梁清）］

教师职前教育的理念创新与战略实现研究

到 2007 年底，"普九"人口覆盖率达到 99%①。我国义务教育普及的任务已经基本完成，当前和未来一段时间，基础教育的核心任务是提高教育质量，而提高教育质量的核心，是提高教师素质。教师职前教育承担着培养未来教师的重任，教师职前教育问题成为教师教育研究领域的重要问题。

一、当前教师职前教育中存在的问题

中华人民共和国成立后，特别是改革开放以来，我国教师教育得到了较快发展，教师职前教育也取得了重大成就。但是教师职前教育仍然不能适应当前教育形势发展的需要。特别是在当前国际教育竞争日益加剧，基础教育快速发展，我国基础教育改革不断深化，新课程改革对教师职前教育提出新要求，免费师范生政策等教师教育政策不断创新的新形势下，教师职前教育面临问题与挑战。

（一）师范生选择教师职业的动机问题

人类的动机源于生物需要和社会需要。当人类的基本生物需求得到满足后，社会需要比生物需要对人类动机的影响更大。从某种意义上讲，正是社会发展促使人类产生了某些新的需求。这些需求影响着人们的行为动机，影响着当代大学生的学习动机，有些需要本身就可以说是一种动机。有研究者对大学生上学的动机进行了研究（见下表②）。这一研究显示，从利己动机（1、2、3、4、6、7、8、10）和利他动机（5、9）看，利己动机已远远超过了利他动机。

---

① 教育部. 五年来农村义务教育的巨大成就［EB/OL］.（2008-02-25）［2008-10-13］, http：// old. moe. gov. cn//publicfiles/business/htmlfiles/moe/moe_1969/200802/31908. html.
② 徐子勇. 地方高校学风现状调查与对策［J］. 当代教育论坛, 2005（13）：111-113.

动机类型	选择（%）	动机类型	选择（%）
1. 实现理想与抱负	50.76%	6. 为今后找个好工作	28.90%
2. 能胜任未来工作	58.43%	7. 获取奖学金	3.49%
3. 完善自我	48.12%	8. 继续深造	18.56%
4. 出国	2.39%	9. 报答父母	23.95%
5. 为祖国昌盛	15.73%	10. 来自社会竞争	25.25%

　　教师职业是一项需要很多奉献的职业，而且这种奉献多数是不能被看到，不能立即就有结果的，利己动机太强是无法实现的。从师范生选择教师职业的情况看，师范生的上学动机也不容乐观。有研究者对优秀师范生入学之初的学习动机进行了研究，该研究发现，除了部分（31.58%）师范生是由于喜欢当教师和从社会需要出发自愿报读师范的，相当部分的优秀师范生，之所以选择教师职业是因为客观原因而不是主观原因，也就是说，他们并不是完全自愿地想来读师范的。具体数据如下：受分数影响不得不报考师范类学校的优秀生占被调查人数的 34.5%；顺从父母或教师要求报考的优秀生有 7.96%[1]。

　　部分免费师范生学习动机不足问题，也成为当前教师教育中的一个重要问题。免费师范生政策是为基础教育（特别是农村基础教育）服务的教师教育政策的一个重要创新。这对教师培养具有重要价值。但是，在这一政策实施过程中，也发现了学生学习动机不足的问题。根据有关统计显示，2007 年免费师范生的生源结构，中西部地区的生源有所增加，占全部生源的 90.8%；农村生源占全部生源的 60.2%，比 2006 年增加了 16个百分点；男生比例有所增加，达到 38.7%[2]。一些免费师范生报考师范院校是因为家里贫穷而非真正喜欢教师职业本身。

（二）教师教育发展滞后于中小学教育实践
　　从教师教育发展与中小学教育实践的关系看，教师教育改革与发展往

---

[1] 梁婉倩. 优秀师范生学习动机的调查与分析 [J]. 现代教育论丛，1999（02）：49-52.
[2] 6 所部属师大共招免费师范生 10933 人 [N]. 现代教育报，2007-09-03.

往滞后于中小学教育实践发展。教师教育的目标是为中小学培养教师，教师教育要适应中小学教育的改革与发展。教师教育能够回应中小学教育改革与发展时，教师教育就可能表现出令人满意的培养质量；否则，就不能适应中小学教育实践。教师职前教育有一定周期，教师职前教育要提前预测好中小学教育改革的趋势，或中小学课程改革的设计者，要提前让承担教师教育的机构知情，承担教师教育的机构，提前对将要在中小学进行的教育改革做出应对。而事实上，教师教育对中小学教育改革与实践的反应是滞后的，当中小学进行了教育改革之后，承担教师教育的机构才能对中小学的教育改革做出反应。实际走了"中小学教育改革—教师教育课程调整"的教师教育课程改革的后反应模式。

这种后反应模式与教师教育承担机构的科系设置有直接关系。以综合课程改革为例，在中小学普遍开设的文科综合课程和理科综合课程，需要教师教育机构分别整合文科院系和理科院系力量，承担文科综合课程和理科综合课程教师培养工作。但教师教育培养机构相对独立的院系设置，在培养学生时，只能是学生跨院系学习综合课程所涉及的不同课程内容，至于这些内容的内在综合并没有人专门考虑。

（三）教师职前培养教育专业课程缺乏

公共基础课程、学科专业课程和教育专业课程，是我国教师职前教育课程设置中的三个主要板块。教育专业课程是培养教师职业素养和专业技能的课程，包括教育学、心理学、学科教育学等。教育实践课程是学生运用所学的知识和所掌握的技能从尝试教育活动到初步熟悉教育活动的过程，在这个过程中，学生验证其所学的知识，调适其所掌握的技能，实现学生知识和技能与实践的初步整合。

教育部 1981 年颁布的《高等师范院校四年制本科文科三个专业教学计划（试行草案）》规定：公共基础课（外语、政治、体育）占教学总时数的 20％，专业课占教学总时数的 65％，教育类课程占 15％。1995 年，国家教委颁布了《高等师范专科教育二、三年制教学方案（试行）》，要求各试点学校根据要求，自行制订教学计划。1995 年的"教学方案"没有像 1981 年的"教学计划"那样对公共基础课程、学科专业课程和教育专业课程设置问题的规定那样具体，试图给高校留出课程决策的空间。而现实教师教育中，教育专业课程的比重实际已经变得很小：公共基础课程

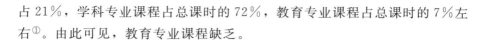

占 21％，学科专业课程占总课时的 72％，教育专业课程占总课时的 7％左右①。由此可见，教育专业课程缺乏。

二、教师职前教育理念创新

先进的教师职前培养行为，要基于先进的教师职前培养理念。教师职前培养理念创新是教师职前教育的起点，教师职前教育要想适应教育形势的发展和教师教育政策的要求，必须研究教师职前教育理念，创新教师职前教育理念。

（一）"尊重的教育"和培养教育家的理念

目前，我国的基础教育改革以"建构主义"和"多元智能"为理论基础，强调创新精神和实践能力的培养。改革的理论基础，决定了当前基础教育需要以学生为本位，促进学生德智体全面发展，促进学生在知识与能力、过程与方法、情感态度与价值观等多层面发展，最终实现学生全面、充分的发展。要想适应和出色地从事基础教育，需要中小学教师具有卓越的教师专业素质。教师职前教育承担着培养未来优秀基础教育教师的任务。对当前基础教育发展整体状况的深入了解，是教师职前教育机构培养学生的重要内容，也是学生日后投入基础教育实践的重要认识基础。具有卓越素质的教师培养，不是仅具备专业知识能力就能完成的，还必须在"尊重的教育"理念指导下，营造大学文化和大学人文环境，在这种文化与环境中，让学生体会到自己作为现代大学生在自主、自由、负责状态下的成长过程，积累对教育教学活动中渗透的"尊重的教育"理念的认识和体验。这种认识及体验与专业知识与能力共同构成了成为卓越素质教师的必要条件。

东北师范大学在长期的办学实践中，积淀出体现现代大学精神的教育理念——"尊重的教育"理念。东北师范大学倡导的"尊重的教育"，主要包括尊重教育规律、尊重人才成长规律、尊重受教育者的人格人性、尊重教育者的劳动成果四个方面。这一理念体现了以人为本的科学发展观的时代要求，体现了培养未来优秀基础教育教师的要求。在"尊重的教育"环境中成长的大学生，将有更强的学习主动性和教育主体性。只有具有学

---

① 李盛兵. 我国高师课程体系的缺失：人文性和师范性研究［J］. 课程·教材·教法，1998（05）：53-56.

习主动性的学生，才能在大学学习和之后的工作中形成终身学习的品质，提高终身学习的能力；具有了教育主体性，学生和未来的教师就能够在教育教学实践的基础上，不断进行教育教学反思，提升自己的教育素质，从而从传统的教书匠向现代教育家转变。

（二）"为基础教育服务"的理念

从一定意义上说，教师职前教育发展的历史，是为基础教育服务的历史，国家基础教育发展政策和社会的教育发展需要，应该成为教师职前教育机构办学的方向。在我国，为基础教育服务，尤其要体现在为农村教育服务上[①]。为农村教育服务，也会带来更大的社会收益[②]。基于此，东北师范大学把"为基础教育服务，为经济和社会发展服务"作为办学方向，把为基础教育服务发展成为学校的特色。

东北师范大学于 1988 年在吉林省白山市抚松县、辽源市东丰县和西部贫困地区的通榆县，相继建立了基础教育服务区和实验区，开创了师范大学为基础教育服务的新模式——"校府合作"模式。之后，东北师范大学不断丰富为基础教育服务的方式，走过了为基础教育服务的二十年。当前，在免费师范生教育政策下，作为教育部所属六所试点学校之一，东北师大积极改进并完善对师范生的培养教育，用自己的教育行动解读和充盈着为基础教育服务的学校办学特色。

（三）注重教育实践的理念

教育实践是大学生成长的重要平台。具备理论知识和实践技能的大学生在实践中体验，在体验中成长，教育实践是培养未来优秀教师的重要环节。教育知识是一种实践知识，教育智慧是一种实践智慧。注重教育实践的理念，恰恰是对教育知识的实践性的回应。

师范大学生对基础教育的理性热爱的重要前提，是对基础教育发展状况的了解和在了解基础上形成的实践能力。东北师范大学通过顶岗实习等各种形式安排师范生深入基础教育实践，在专业知识学习和教育教学理论应用于实践的过程中，学生不仅加深了对理论知识的理解，而且能够运用

---

① 杨兆山，张海波. 标准化学校：教育均衡发展视角下农村义务教育的发展路径 [J]. 东北师范大学报（哲学社会科学版），2008（01）：24-29.

② 秦玉友. 体系完善：农村教育发展的多维分析与战略选择 [J]. 东北师范大学报（哲学社会科学版），2008（01）：18-23.

所学的理论解释和解决实际问题，积淀了教育智慧，初步形成了驾驭教育实践的能力。由此，大学生走出了象牙塔式的理论学习和粗陋的实践，在充满实践关怀的理论学习和充分理性思考的教育实践过程中，逐步具备了成为优秀教师所必备的素质条件，这为他们日后投身基础教育实践，成长为优秀教师乃至教育家准备了必要的素质积淀。

三、教师职前教育培养高质量教师的战略实现

教师职前教育培养高质量教师，应该在基于先进的教育理念的基础上，研究教师职前教育策略。教师职前教育不是教师教育的开始，教师职前教育机构要建立严格的准入制度。在培养过程中，要注重培养层次，体现基础教育实践的内在要求，同时，建立严格的教师资格考核制度，对不同个体接受教师职前教育质量进行考核，做出评价。

（一）依据教师职业标准，严把教师职前教育入口关

教师职前教育不是教师教育的开始，也不是教师教育的结束。对于后者，大概没有人会质疑；但是说"教师职前教育不是教师教育的开始"，却是需要做出说明的。我们这里通过对能倾的研究对此做出说明。日本学者把能倾分成四个不同层次[①]：第一个层次的能倾即"并无履行该职务的必不可少的基本条件"，如无不适应长期"站立作业"的平足，无不适应智力作业的胃肠病等生理缺陷，无口齿不清、语言障碍，无易激动等心理功能障碍。第二个层次的能倾即"技能、性格性能倾"，如"对人类自身抱有兴趣者"才有可能当教师。第三个层次的能倾即"社会适切性能倾"，即个体是否拥有人人都能接受的做教师的社会标准。决定这种社会适切性的是"年龄、性别、最终学历、家室之累、资格"等。第四个层次的能倾是"生活信念"和"使命感"层次。谁更适合成为教师，从能倾的相关研究来看，并不是完全取决于教师职前教育，还应充分考虑学生的素质差异和之前的教育质量。

（二）通过多种层次的师资培养满足多元现实需求

19 世纪末，中国教育仿照日本进行改革与建设。1897 年，盛宣怀在

① 钟启泉. 关于能力倾向与择业教育的思考 [J]. 教育研究，1994（07）：54-58.

上海创办的南洋公学设立师范院，我国教师教育由此诞生①。同年，在北京成立京师大学堂，内设"师范斋"，后改为"师范馆"。后经过制度建设，基本形成了较为完备的教师教育体制。1922 年，中国全面仿照美国进行改革。高等师范学校与普通大学合并，中等师范学校与普通高中合并。到 20 世纪 30 年代，师范教育又相对独立出来。

中华人民共和国成立后，我们以苏联为师，对教师教育进行了改革与探索。但由于多方面的原因，我国的师范教育并没有得到很大发展。改革开放后，特别是 20 世纪 80 年代中期以来，我国的教师教育发展较快。1985 年，中共中央《关于教育体制改革的决定》和中共中央、国务院《关于深化教育改革全面推进素质教育的决定》，提出对师范院校教师培养的要求和鼓励非师院校参与教师教育的要求。20 世纪末，我国教师教育的培养主体和培养层次格局发生了重要的变化：教师职前培养由中等师范学校、高等师范专科学校和师范大学（师院）三级教师培养体系，向高等师范专科学校、大学（师范学院、师范大学和综合性大学）和研究生教育三级教师培养体系过渡。

三级教师培养体系为提高当前教师学历水平和素质提供了条件，目前应该强化各级教师培养与小学、初中、高中的对应关系，针对小学、初中、高中不同阶段学生的特点和学科分化特点，增加各级教师培养的教育课程，为教师未来适应不同阶段教育教学做好充足准备。此外，师范教育应加大高层次人才的培养力度，通过"4＋1"或"4＋2"模式，开展双学位或研究生层次师范培养模式的改革，进行双学位或本硕连读培养模式的探索。

（三）通过多元主体参与，增加教师教育培养的实践环节

教师职前教育课程必须提供给学生学科知识、教育学和学科教育学知识及教育实践知识。从国际教师教育发展趋势看，美、英、日、韩、新加坡、俄罗斯等国家的教师教育课程，具有实习时间普遍较长、实习方式多样化、非常重视学生真正地参与学校的管理活动、实习的管理基本上都实现了制度化与合作化等特点②。国内也有学者指出，教师职前教育应把课程教学与实际训练相结合，加强教育科研和教学研究能力的培养；不仅注

---

① 顾明远，等.中国教育大百科全书（第2卷）[M].上海：上海教育出版社，2012：319.
② 彭小虎.高等师范课程比较研究与我国师范课程体系的建构 [J].高等师范教育研究，2000（05）：62-70.

重实际教学能力的培养，同时强调教学管理、学生学习与行为指导等综合实践能力的培养，等等①。

单纯靠大学进行的教师教育，更多地侧重于理论与知识学习，不利于大学生了解基础教育实践，也容易使学生产生"职前教育就是书本学习，职后教育就是教育实践"的认识，这实质上是把教师职业生涯分成了两段，大学毕业前是接受大学的书院式教育，大学毕业后是从事教育工作。这种认识与终身教育思想是相悖的，同时，教育理论学习与教育实践的分离，使教育理论学习和教育实践难以形成良性的互动关系。这一困境在基础教育改革与发展日益频繁的今天，越来越暴露出来。

政府、基础教育一线学校参与教师职前培养，由大学、政府、基础教育一线学校共同完成培养教师职前教育的实践环节，成为当前教师职前教育的必然要求。美国在教师试用期内，就采取大学教师、中小学教师和行政区人员参与的方式培养教师。美国"新教师试用制"规定：新教师试用期为一年；试用期内，由大学教师、有经验的中小学教师和行政人员组成小组指导其工作；试用期满后，小组对其实际工作能力进行鉴定，合格者颁发正式教师资格证书②。

鉴于对政府和基础教育一线学校参与教师职前教育，增加教师职前培养实践环节的重要性的认识和基础教育一线学校对大学参与基础教育学校发展的需要，东北师范大学一直以来非常重视基础教育服务区和实验区建设。"邀请"政府和基础教育一线学校参与教师职前培养，并且派教师对基础教育一线学校教育教学进行指导。近年来，特别是国家实施师范生免费教育政策后，作为六所试点学校之一的东北师大，积极改进和完善教师职前培养，基础教育服务区向更广的范围拓展。2007年12月，东北师范大学与东北三省的教育厅分别签订协议，在东北三省境内选定若干县市作为东北师大研究基础教育改革、培养优秀教师与教育家的基地——"教师教育创新东北实验区"，合作实施"优秀教师与教育家培养工程"。这也是东北师大为基础教育发展服务的一个重要途径。

（四）建立严格的初任教师资格证书认证制度

教师队伍素质是由教师职前教育入口标准、职前培养和出口标准（教

---

① 张斌贤.教师培养模式改革若干问题的思考[J].教育研究，2005（12）：19-24.
② 易红郡.借鉴美国教师教育认定制度，推动我国教师教育改革[J].高等师范教育研究，2002（01）：74-78.

师资格认定标准）决定的。前面，我们谈到了教师职前教育入口问题和教师职前培养的相关问题。接下来我们谈一下出口标准，也就是教师资格证书制度问题。教师资格证书制度将一些通过入口但经过培养不能胜任教师职业的教师，暂时排除在教师队伍之外，许多国家都有严格的教师资格证书制度。这些制度对教师资格的认证部门、相关测试、试用期、证书种类都做了明确规定。

美国初任教师的资格认定，由各州政府负责。州际初任教师评价与支持联合会（INTASC）为初任教师资格认定提出了十条标准。州际初任教师评价与支持联合会要求申请者除写一份基于上述标准的专业发展计划外，还要接受州政府"Praxis Series"之二的四种测验和"多元学科评估测验"。新教师试用期为一年，试用期满且实际工作能力通过鉴定确认为合格者，颁发教师资格证书。中小学教师资格证书种类繁多，纵向上分为幼儿、小学、中学三个等级，横向上分为专科、职技、特教、指导四种，任期上分为短期、长期和终身三种。

长期以来，我国基础教育教师资格证没有严格的阶段和学科划分，而不同阶段和不同学科的教师所需要的知识和能力，不仅存在共通的方面，也存在具有强烈个性的方面，我国基础教育教师资格证的宽泛化，客观上造成了教师资格形式化。这方面我们可以适当借鉴国际经验，细化对不同阶段和不同学科教师资格的要求。

［原文刊载于《东北师大学报（哲学社会科学版）》2009 年第 3 期（曲铁华 李娟）］

论教师劳动的真善美价值

　　教师劳动作为人类劳动的一种特殊形态，具有育人价值和社会价值。除此之外，还具有真善美的价值。真善美是人类个体和社会的精神需求，是崇高的终极的追求。这种真善美的精神，在教育目的、教育内容、教育过程、师生关系、教师人格等各个方面无不统一地体现着。我们探讨教师劳动的价值，剖析其在育人和促进社会进步方面的价值，是十分必要的，但如果仅仅停留在这个层面，而看不到其真善美的价值，不仅不能回应教师劳动价值低微论者的挑战，而且也不能满足教师劳动光荣论者的理性要求。本文试图从哲学价值论的角度，分析教师劳动所具有的真善美价值。

一、真善美及其统一的精神价值

　　作为哲学范畴，真，即真实、真理，是指主体对客体及其规律真实正确的反映，是主体认识客体的一种理想，真的本质在于主体的思想和行为达到了同客体的本质和规律的高度统一。善，常常被理解为伦理学范畴中道德的价值，它表示的是人与人之间的关系。从广义上讲，善泛指在社会生活中人的一切合乎目的的行为和事件，这些行为和事件达到了同人的社会关系和人的社会需要的统一。美，指的是人的本质力量在客观对象中合乎人性的实现或对象化。它表示的是客体的存在和属性，满足了主体身心的一种特殊需要——"美感"的需要，它是客体某些方面达到了与主体高度统一和谐。

　　真、善、美作为人的活动的三种理想，作为主客体的三种统一的状态，本身就是三种不同的价值表现形式。概括地说，对真的需要实际就是认识世界和认识自己的需要，包括对科学、文化的需要，追求真理的需要；对善的需要实际上是人在同他人、自然及自然的关系中，对理解与被理解、尊重与被尊重、爱与被爱的需要；对美的需要是人的自我解放的需要。美感的形成，美的获得，使人的活动开始摆脱某种实际需要和超越功利，使人不断获得解放，走向理想的人生境界。所以，对于真正具备了主体能力的人来说，对真、善、美的需要是最根本的需要。

真、善、美虽同属于同一层次的价值，但三者既有区别又有联系。

在真与善的关系中，二者有区别也有相同的地方。在现实生活中，常常出现真与善相背离的现象。真不等于善，真所导致的结果可能是善，也可能是恶，这取决于包括生产关系在内的一系列的社会条件，但二者从根本上又是相通的。人的善的行为，都是在一定道德意识指导下进行的，科学真理有助于人们形成先进的道德意识，摒弃落后的道德意识，培养一种科学的世界观及发展高尚的道德意识。进一步说，善是指人的合目的的行为和事件，合目必须以合规律为前提，只有按科学规律办事，才能达到预期目的。所以，善以真为前提和基础，善内含有真。同时，善又高于真、影响真。善是人们追求真理的内在动力之一，离开善，真理就容易被恶所支配或失去意义。此外，善也客观影响和制约着人们认识对象的选择，以及认识真假的判断和客观真理的应用。

善与美的关系也是既相通又有差异。首先，善往往存在于人及其行为之中，具有伦理的性质。而美可以存在于社会现象中，也可以存在于自然现象中。从内容与形式的角度讲，善更注重形式下的内容，而美更注重反映一定内容的形式。其次，善与美又有着密切的关系。古往今来，许多人认为善就是美，美就是善。在社会生活领域中，具有美感的对象往往具有一定的伦理学的色彩。美的往往是善的，恶的往往是丑的。美的必然是善的，美以善为基础，它来源于善，又高于善。

美与真的关系也是既相通又有差别。由于美以善为基础，善以真为基础，自然，美也以真为基础。真有助于发现美。当我们掌握事物的命运，变"自在之物"为"为我之物"时，本来平淡无奇的现象，就会显示出美的天地。真本身也具有美。这不仅因为宇宙及其发展具有和谐的特点，更因为反映真理是人的能动的、创造性反映的结果。不仅真理的内容，而且真理的形式，它的思维的连贯、推理的严密、论证的充分、体系的完整等，都可能带有美的特征，令人愉悦和赞赏。美以真为前提，反过来美又促进真理的发现。科学家们常常遵循美感的引导，去追求真理和发现真理。

总之，真、善、美既有区别又有联系，它们是一个有机的整体。真是最基层的价值，美是最高层的价值。三者中，前者为后者的基础，也是达到后者的手段；后者包含前者，也是前者所追求的目的。它们之间相互影响、相互作用，创造一个理想的境地。

二、教师劳动自身的真、善、美升华

真、善、美统一的价值，是教师劳动达到的最高境界（理想境界）。教师劳动蕴含着真，包含着善，体现着美，具有真、善、美统一的精神价值。

（一）教师劳动蕴含着真

教师劳动的真，首先在于发现培养人的规律，即按教育规律办事，发现教育真理。教师在劳动过程中，探索、发现、认识、掌握、运用教育规律，体现了对真的追求。教师劳动符合人类自身生存发展这一客观规律。教师用自己的知识、才智和思想品德向青少年一代传播人类社会的生产经验和生活经验，为人类社会培养和造就各种人才的劳动者，是人类思想、道德、文化传播和发展的中介，是过去和未来之间的一个活的环节。教师的历史责任，就是为推动社会的发展，从德、智、体、美等诸方面培养一代又一代的新人。没有教师的劳动，人类可能永远在蒙昧的黑暗中徘徊。所以，从这一角度来讲，教师劳动蕴含着真。

其次，从教师劳动的主体——学生的角度讲，对真的需要可以表述为认识世界和认识自己的需要，包括对科学的需要，对文化的需要。学生的需要如何满足？主要从教师那里获得。教师是文化科学知识的传播者，是人类文明的引路人，传播科学真理是教师的天职。青少年学生具有渴求知识、追求真理、喜欢思考和探索的天性。他们对社会、人生所发生的一切总要寻根问底，找到答案。可是，由于他们的理论修养、文化水平、思想方法等不可避免地存在不足，再加上对实际情况缺乏全面深刻的了解，常常被纷繁复杂的现实挡住了认识真理的视线，往往易把谬误当成真理。教师作为指点学生人生之路的灯塔，往往能帮助学生拨开迷雾，引导学生去辨别谬误，认识真理，并培养学生为追求真理而奋斗的精神，使学生对真的需要得以满足。因此，我们说教师劳动蕴含着真，教师传播真理、维护真理、追求真理、享用真理，这是教师劳动价值的非功利特质。教师劳动与真同义，失真即失去劳动的意义。

（二）教师劳动包含着善

教育向来被认为是为人类社会造福的慈善事业，教师劳动的目的和结果中包含着善意。同时，教师的劳动作为客体可以满足主体——学生追求善的需要，这更是教师劳动善的具体体现。在这里，我们应特别重视教育过程的特点，要求教师劳动首先要把善的态度贯串全程，才能产生良好的教育效果。教师劳动本身也包含着善。这就告诉我们，教育目的、教育过程和教育结果都表明，教师劳动是最善的、最崇高的。教育家们曾这样认为，教师从事的教育工作，不仅仅是一种职业，而是一种事业。教师们在从事教育事业的过程中，主要的精神支柱，是无私奉献的精神和这种精神得到社会的认可。赵朴初先生在献给人民教师的《金缕曲》中曾形象确切地概括了这种精神："不用天边觅，论英雄，教师队里，眼前便是。历尽艰难不悔，只是许身孺子。……幼苗茁壮园丁喜。几人知，平时辛苦，晚眠早起！燥湿寒温荣与伴，都在心头眼底。费尽了千方百计。他日良材承大厦，赖今朝血汗番番滴。光和热，无穷际。"① 多少年来，教师耐得住寂寞，不为金钱利欲所诱惑，不为"俗"事"尘"事所羁绊，一盏孤灯，三尺讲台，教学数年，桃李芬芳。人们赋予教师众多的颂咏之辞，喻教师如吐丝的春蚕，为他人御风寒；如燃烧的红烛，燃烧自己照亮别人；如报春的梅花，俏也不争春，只把春来报。这些美好的赞誉，是教师在"光和热，无穷际"的教育实践中呕心沥血、辛勤耕耘的真实写照和对教师奉献精神的认可。教师靠着这种奉献精神支持安于本职工作，终生在传授知识、育人中度过，终生在汲取知识中进取。教师劳动的善具体表现在如下几个方面：

首先，从教师劳动的目的看，教师劳动的目的是无私的，是善的。教师劳动的目的，是培养社会主义"四有"新人。而"四有"新人的规格，是完全依据国家的需要确定的。教师的个人职业理想、生活理想，在育人的劳动中，与社会理想、政治理想融为一体。在培养新人的过程中，教师严格按照国家规定的培养目标要求，以及规范化的教育内容、教育行为和教育方法来进行。在教育劳动中，每个教师充分发挥自己的积极性、主动性、创造性，自觉地工作。

教师把一代新人看作国家的宝贵财富和未来的希望，而没有谁把学生看作个人或小集团的私有财产。他们是以自己的心血和智慧，为祖国的繁荣富强和人民的幸福而造就人才，没有丝毫的个人打算。他们以满腔热忱把心血倾注在每个学生身上，把他们培养成才。在教师的劳动中，为了国家，为了人民，他们的个人利益服从国家和人民的利益，以献身教育为

---

① 藏乐源. 教师学 [M]. 天津：天津人民出版社，1987：3-4.

荣、为乐。在这方面，人民师表徐特立、陶行知，苏联著名教育家马卡连柯、苏霍姆林斯基等，都是光辉的典范。教师的劳动目的是纯洁无私的；他们的劳动意识是白璧无瑕的；他们的劳动行为是光明磊落的；他们的劳动形象是熠熠生辉的。

其次，从爱劳动对象来看，尊师爱生是我国教育史上师生关系的传统美德。这种美德在我国现实的师生关系中增添了新的色彩。因为新的师生关系摈除了旧师生关系中的"师道尊严"等观念，代之以"民主平等""教学相长"等原则。

为什么孔夫子在他的弟子中享有那样崇高的威望？为什么裴斯泰洛齐会被奉为"爱的教育之父"？为什么马卡连柯能创立那样光辉的业绩？为什么陶行知在他的学生心灵中会留下那样深的印记？为什么斯霞会被誉为"小学教育界的梅兰芳"？……这些属于不同阶级、具有不同教育观的教育家，他们教育成功的共同秘诀，用他们切身体验的话来说，就是对自己的教育对象"要有一颗以诚相待的心，真心实意地爱他们"。这一句简洁而又朴实的话，道出了一条重要的、具有普遍意义的教育真理：只有用爱铺设的"无泵管道"[①]，才能使真理和智慧畅通无阻地流向受教育者的心田。

为什么爱的教育具有这样大的力量？马克思主义教育理论认为，爱的教育的核心问题，就是教育者的教育爱，在整个教育过程中对各种教育因素来说是一种最有效的"催化剂"。教育爱是教育者对受教育者的一种自觉的、纯真的、持久的、普遍的爱。为了实现教育的目的和要求，整个教育过程必须把教育爱放在中心地位，这是任何教育取得良好教育效果的前提。一个根本不爱他们教育对象或者以教育对象为敌的教师，即使他运用若干条妙计，即使他的教育内容全是闪闪发光的真理，也很难吸引受教育者真正参与教育过程，也难以收到预期的教育效果。

在教师面前的每一个活生生的受教育者，同任何职业的劳动对象不同，他们首先和教育者一样，是我们社会中的平等的一员，他们具有独立的人格和尊严，他们时刻需要教育者对他们真诚的同情、关怀、信任、尊重、体贴和帮助。这是每个正常人合理的、健康的需要。教育爱可以使受教育者的这些需要首先得到满足。只有在此基础上，才能激发他们对教师的尊敬、爱戴、感激和信任，才能使他们向教师打开心灵的窗户，同教师保持人间最透明的关系。教师只有在这种情况下，才能看到教育者每个

---

① 王逢贤. 爱的教育、陶冶教育新探 ［J］. 吉林师大学报，1980（02）：79-82.

"细胞"的活动，有的放矢地进行教育。受教育者也只有在这种情况下，才能自觉地、愉快地接受教育，甚至会超过教育要求，创造性地接受教育。这就是教育爱的真正教育价值之所在。因此，我们说教师劳动包含着善，教师爱学生，爱社会，爱人类，体现了对善的追求。

（三）教师劳动体现着美

当教师劳动的主体——学生从教师的劳动中看到了真，看到了善，那么，美也就自然从中产生。教师劳动的美主要体现为以下几个方面。

1. 人格美

教师人格也称教师个性，是指教师的整个精神面貌，即具有一定倾向性的心理特征的总和。它是教师工作成败的关键。罗杰斯在回顾自己的学生生活时发现，给自己留下深刻印象的教师，并不是那些知识渊博的老学究，而是那些具有人格力量的老师。教师人格对学生的影响是长期的，其影响力不只体现在学生的学校生活中，还体现在学生的社会生活中——即使学生走出校园走上社会，教师人格的影响也可能改变他的将来。这种影响是深刻的、广泛的，它不仅表现为一种教育的力量，而且还表现为教学的效果，是教育的有力手段。

教师的人格美，就是教师具有高尚的师德，它具体表现在如下方面：对教育事业有无限的爱和进取精神，以身作则，为人师表；治学严谨，一丝不苟；热爱学生，诲人不倦。师表是教师完整形象中一个"人师"的高峰，是教师获得自然影响力的基础，是在学生身上留下痕迹的一种长效教育力，给学生以强烈的感染。教师人格美是强有力的美，它对学生的心灵辐射力最强。教师的人格之光，对学生心灵的烛照深刻且久远，甚至可能影响学生的一生，它可以使学生获得美的享受，形成美的人格。

2. 艺术美

我国科学界、教育界的老前辈严济慈教授曾经指出："从某种意义上说，讲课是一种科学演说，教学是一门表演艺术。……一个好的教师要像演员那样，上了讲台就要'进入角色'，'目中无人'。一方面要用自己的话把书本上的东西讲出来；另一方面你尽可以'手舞足蹈'，'眉飞色舞'，进行一场绘声绘色的讲演。这样，学生不知不觉地进入到探索科学奥秘的意境中来。"[①] 学生一旦进入这种意境，他们不仅可以高质量、高速度地掌握教师传授的文化科学知识，而且更能够从教师的教学艺术中得到艺术的

---

① 严济慈. 谈谈读书、教学和做科学研究 [J]. 红旗，1984（1）：19.

享受和丰富多彩的性情陶冶，进而焕发出一种不可抑制的创造活力。

教学艺术的美按其性质，可分为理性美、机智美和风格美。

（1）理性美。美与真理同在，只有真正把握了教学中包蕴的理性，才谈得上领略作品的美。教师的责任之一，就是要引导学生去领略作品中包蕴的情境或理性的美。对于文学、美术、音乐等课，教师像一名导游，带领学生曲径探幽，深入美的境界，把握作品中的诗意，接受人生的启迪。对于自然科学的一些学科，教师在教学中努力挖掘理性的美、科学的美，使学生既受到真理之光的烛照，又受到美的感染。如数学，其概念的简要性、统一性，结构系统的协调性、对称性，都闪烁着美的火花，当教师充分地挖掘并且传达出教学内容包蕴的理性美时，当教师与课堂中美的情境达到一种高度的和谐时，教师便成了美的化身，给学生以美感。

（2）机智美。《现代汉语词典》对"机智"的释义是"脑筋灵活，能够随机应变"[①]。教学机智是指教师在教学过程中随机应变、灵活创造的能力。它表现在在异乎寻常的情境下，多数是在旧情境向新情境的突然转换，或遇到意想不到的问题之际，教师能灵活应变，巧妙处理。教学机智具有应变性、直觉性、灵活性、巧妙性的特点。例如，有一位教师在向学生进行情感性教学时，启发学生要建立无产阶级感情，要学会爱人。不料这时有一位很顽皮的学生站起来向她提出了一个难堪的问题："老师，你有爱人吗？"这位老师是大龄未婚女青年，还没有对象，这个问题对她来说无疑有点儿尴尬。可是，她对这个问题的回答很巧妙："这位同学问我有爱人吗，谢谢你的关心。首先，我有你们这些学生，你们就是我所爱的人；其次，我将来会有一位家庭爱人，他会成为你们所喜欢的好叔叔。"学生们听了，高兴地笑了。此时，这位教师冷静沉着的态度，巧妙地"化险为夷"的方法以及对学生的真诚的态度，都转化为一种灵魂的感化力量渗入学生的心田，使学生原始的、生理的快感，上升为高尚的从心底获得真正愉快的美感。教师的教学机智之美是一种智慧之美。

（3）风格美。是指教师教学风格的美。邵瑞珍等在《教育心理学》中认为，教学风格是"在达到相同的教学目的的前提下，教师根据各自的特长经常所采用的教学方式方法的特点"，它是"教师的能力和性格的多样性"的反映。[②]李如密在其《教学风格初探》中专门系统研究了教学风格，提出"教学风格是教师在长期教学实践中逐步形成的，富有成效的一贯的

① 　现代汉语词典［Z］.北京：商务印书馆.2016：600.

② 　邵瑞珍，等.教育心理学［M］.上海：上海教育出版社，1983：257.

教学观点、教学技巧和教学作风的独特结合的表现，是教学工作个性化的稳定状态之标志"①。教学风格因教师的学识、修养、性格、气质、兴趣的不同而不同。教学风格可分为典雅型教学艺术风格、新奇型教学艺术风格、情感型教学艺术风格和理智型教学艺术风格等。教学风格是多样性、独特性的精妙排列，它给学生以审美愉悦，在教学活动中表现出极强的审美价值：感情充沛给学生以愉快感；严谨持重给学生以严肃感；轻松活泼给学生以灵动感；逻辑严密给学生以严谨之美。

3. 形象美

从教师自身的外在形象上看，仪态美是教师劳动美的又一体现。

教师外在形象先声夺人，其仪表本身就是一种传意工具，对学生具有很强的示范性和熏陶作用。教师外在形象包括言谈、仪表、举止。丰富的表情也是教师仪表的重要内容，特别是温和的微笑、慈爱的目光，更能直接打动学生的心。教师的形象美属于形式美的范畴，主要包括仪表风度的美、语言的美和节奏的美等。

教师的仪表风度参与整个劳动过程并影响到劳动后的过程。教师热情大方、活泼开朗、稳重端庄、善良和蔼的风度仪表，体现了教师的高度文化修养，对学生具有很强的感染力，给学生以优美感。语言是教师劳动的重要手段和工具。教师的教学语言是一种艺术性很强的实践语言，它集回环美、多样统一美、对称美、抑扬美于一体，其生动、恰当、机智、幽默、悦耳给学生以丰富的美感。再如节奏，在课堂教学中，教师使全课的结构严谨，注意设置波澜，留下"空白"，给学生以思考的余地等，这种鲜明的节奏，也是形式美的一个重要因素，也会给学生带来美感。

总之，教师劳动具有真善美的价值，只有充分认识到这一点，教师才能愉快地胜任繁重而艰辛的教学工作，才能从自己的辛勤劳动中获得艺术创造和艺术欣赏的快乐。也只有充分认识到这一点，才能使全社会提高对教师劳动价值的认识，使更多的人尊重教师的创造性劳动，教师劳动也将获得升华，教师成为真善美的化身。可以说："师者，真善美也。"

[原文刊载于《东北师大学报（哲学社会科学版）》1998 年第 1 期（曲铁华）]

---

① 李如密. 教学风格初探 [J]. 教育研究，1986（9）：51.

论教师劳动的经济价值

党的十四大明确提出："必须把教育摆在优先发展的战略地位。"《中国教育改革和发展纲要》中也指出："振兴民族的希望在教育，振兴教育的希望在教师。"天下不可一日无政教，人类不可一日无教师。教师是先进生产力的开拓者，是塑造未来一代灵魂的工程师，是社会主义现代化建设的主力军。教师劳动具有价值。教师劳动价值是全方位、多层次的，包括对人的发展的价值、经济价值、政治价值、文化价值、审美价值等。本文谨就教师劳动的经济价值试作探讨，略抒管见。

十九世纪德国著名教育家第斯多惠有一句名言："学校的重要性到处都等于学校教师的行政管理性"，这就凝练地表达了教师在教育中的重要地位和作用。教师是教育的主体，教育的经济价值的实现，要靠教师劳动。目前，我国教师地位低、待遇差，"能人不当教师"，教师职业不具吸引力，教师队伍不稳，质量不高，严重影响着教育质量和效能的提高，影响着教育功能的发挥，影响着现代化建设的进程。究其原因，很重要一点就是人们对教师劳动的价值（尤其是经济价值）认识不清，或存有偏见。因此，有必要对教师劳动的经济价值做比较深入的研究，使人们提高认识，更新教育观念，重新认识教师劳动的价值，给教师劳动以公正的评价，从而真正提高教师的地位、待遇，充分调动教师工作的积极性，在全社会真正形成尊师重教的良好氛围，使教育充分发挥为社会主义现代化经济建设服务的功能。

一

教师劳动的价值涉及教育经济效益的计算问题，关联着教师劳动效益的种种特点，它难以用精确的数值来表示（难以定量化）。但教师劳动具有很大的经济价值，这一点是确定无疑的。

第一，促进劳动者劳动能力的提高。

"教育会生产劳动力"，主要是教育对人的脑力和体力的再生产，这种劳动力再生产活动是由广大教师的劳动来实现的。劳动者是生产中的主动因素。只有通过人的劳动，才能创造出社会的物质财富，满足人类的各种需要。劳动者的劳动性和创造性越高，劳动的技能、技巧越熟练，他可能创造出的财富就越多，但这一切都不是靠遗传获得的，而是靠教育培养，靠教师劳动实现的。正如马克思所说："要改变一般的人的本性，使它获得一定劳动部门的技能和技巧，成为发达的和专门的劳动力，就要有一定的教育或训练。"教师劳动可将一个简单的劳动力"加工"成为一个具有良好素质的、智力发达的专门劳动力。这主要表现在以下几个方面：（1）提高对生产要求过程的理解程度和劳动技能技巧的熟练程度，从而提高工作效率。（2）能合理操作、使用工具和机器。（3）提高学习知识和技能的能力，能缩短学习新技术或掌握新工种所需的时间。（4）提高创新意识和创造能力。（5）提高加强生产管理的愿望和能力。在现代化的生产条件下，劳动者劳动能力的提高主要靠教师的劳动实现，教师劳动成了劳动力再生产的一个必不可少的因素，而劳动能力也就构成了教师劳动和社会再生产的联结点。

今天，人类社会的一个总特征是经济竞争激烈，经济结构、经济活动和科学技术日趋一体化。经济竞争的实质是生产实力竞争，生产实力大小不仅取决于物化劳动基础，更取决于劳动者的素质。我们要在世界经济竞争中站住脚，并赶上和超过发达的国家，单靠普通劳动力是办不到的，必须提高劳动者的素质，从根本上提高生产率，增长生产后劲。教师劳动提高了劳动者劳动能力，向社会生产部门、管理部门等输送各种需要的人才。没有教师的劳动，就没有劳动力的再生产，也就不可能有经济的繁荣。可以说，社会经济每向前发展一步，都渗透着教师在劳动力再生产中的预付劳功。

第二，实现科学的生产和再生产。

马克思曾指出，科学是推动历史进步的革命力量。生产力中包括科学，科学技术是第一生产力。知识形态的生产力再生产，并能转化成现实的生产力，主要靠教师的劳动实现。教师通过劳动把人类在实践中形成的科学不断再生产，传给一代又一代人，使其成为新科学发现的基础。教师的劳动不仅培养劳动者成为直接劳动力，而且科研成果与生产相结合创造出新的生产力，为经济的腾飞提供智力支持。在人类文明发展史上，人们认识世界和改造世界的能力每提高一步，都沉淀着教师在科学再生产中付出的辛勤劳动。随着我国经济建设向依靠科学技术进步和提高劳动者素质的转轨，改革开放和现代化建设步伐的加快，社会主义市场经济的形成和发展，必然带来产业结构、技术结构、劳动力结构的发展和变化，必然对人才和劳动者的结构、层次、数量和素质提出新的要求，这就要依靠教师进行科技知识的再生产，培养各种人才，提高劳动者素质。

第三，熟练劳动、复杂劳动创造的价值体现了教师劳动的成果。

由于教师的劳动成果不可能用诸如创造价值或国民收入的增长等直接的价值指标来表示，于是就利用在某种程度上反映教师劳动对提高劳动生产率和创造国民收入所起作用的间接指标。比如，教师劳动对复杂劳动、熟练劳动的形成起很大作用，这种劳动的效果，在某种程度上就可作为衡量教师劳动经济价值的间接指标。我们知道，非熟练劳动与熟练劳动、简单劳动与复杂劳动创造的价值是不同的。复杂劳动、熟练劳动能在相同的时间里创造出比简单劳动、非熟练劳动高出多倍的价值，即比较复杂的劳动是多倍的简单劳动。美国著名经济学家舒尔茨曾做过统计，小学文化程度的人生产率为 43％，中学、大学毕业的人生产率分别为 108％、300％，他们之间的生产率的比是 1：2.5：7。由此可见，由复杂劳动和熟练劳动创造的这种额外价值，也就是社会从教育和培训复杂劳动力与熟练劳动力的支出中得到的经济效果，它在某种程度上反映了教师劳动的经济价值。

第四，在现代社会生产、教育、科研一体化的条件下，从事科学研究的教师以其科技成果推动经济发展。

随着我国科技体制的改革和科技市场的建立，教师在教学的同时进行大量的科研活动，一方面要总结、证实前人的科技成果，另一方面，又能寻求和探索科技研究的前沿，探讨新的科学奥秘。教师劳功不单纯是一种传授知识的活动，科学研究是一项重要内容。教学与科研是密不可分的有机整体，教学能够推动科研的开展，科研又能极大地促进教学，很多教师尤其是高等学校的教师，他们结合本专业本学科的特点，充分利用科研实验条件，不断开拓研究新领域，创造新的科技成果，解决生产实践中的难题。这不仅有利于提高教学效果，而且，其进入科技市场，推广科研成果的经济价值，将极大地推动市场经济的发展。近年来，我国教育领域的科技成果比重不断上升，应用性研究成果提高很快，为社会创造了较高的经济效益。

教师劳动的科研成果，一方面可以进入科技市场进行交换，另一方面，可以根据学校具备的条件和实际情况进行直接生产，形成教育、科研、生产一体化，对教学、实习和科研具有重要的作用，而且提高了同类产品的竞争力，能够把握市场，创造出巨大的经济价值。教师正是以创造科研成果这种特殊形式参与创造新的社会生产力，推动社会经济的发展。

二

教师劳动具有经济价值，并有着明显的自身特点。

第一，教师劳动经济价值的间接性。

教育的本质是培养人、教育人。教育部门不是物质生产部门，不直接生产物质财富。教师劳动是人的劳动能力的再生产，教师通过培养训练合格的熟练劳动者，提高劳动者的劳动技术水平、科学技术水平，进行创造发明，从而来提高劳动生产率，创造出更多的社会财富，对社会经济发生作用。教师劳动的经济价值不是直接实现的，而是间接地实现的。教育过程不能直接产生经济价值，教师劳动的经济价值是在教育过程结束之后，通过另一个过程，即物质生产过程体现出来的。也就是说，教师劳动的经济价值是通过它所培养出来的人，通过物质生产过程而间接地实现的。由于间接性这个特点，人们往往认识不到教师劳动的经济价值，只从表面上看问题，从现象上看问题，因而看不到问题的本质，对教师劳动不重视，只顾眼前利益而忽视其真正的价值。所以，要正确认识教师劳动经济价值的间接性，要把教师劳动同经济建设联系起来，重视教师劳动，重视教育，通过教育的振兴，促进经济的振兴。

第二，教师劳动经济价值的迟效性。

教师劳动虽然有着很大的经济价值，但这种价值却有着明显的迟效性（也称滞后性），即教师劳动的经济价值不能立即实现，也不能在较短时间内实现，而是需要经过较长时间才能实现，亦即见效慢。教师劳动的经济价值，要在学生进入社会并为社会做出贡献之后，才能得到最终体现，而教育过程周期又比较长。我国古代思想家管仲就说过："一年之计，莫如树谷；十年之计，莫如树木；终身之计，莫如树人。"种庄稼，年内可以收获；种树，桃树需要三年、杏树需要四年、梨树需要五年才能结果，栋梁之材蔚然成林则需要十年左右；而树人，则是一辈子的事情。工农业生产在较短时期内即可产出产品，人才的培养则需要经过相当长的周期，10年，15年，甚至近20年的时间。办教育要有长远的战略目光。今天的教育就是明天的经济，教育的发展应略先于经济的发展。教育要先行。谁掌握了今天最好的教育，重视教师劳动，谁就能主宰未来，就能成为21世纪的主人。

第三，教师劳动经济价值的长效性。

教师劳动是培养人、教育人的劳动。教师对学生的影响不会随学生学业的结束而消失，教师在学生身上曾经付出的劳动，往往会影响学生的一生。教师通过劳动为学生在德、智、体、美、劳等各方面打下的基础，会成为学生一生发展的宝贵财富。也就是说，学生所掌握的知识、技能形成的劳动能力和思想道德素质，在一般情况下，将终生不会消失而会逐步提高，并长期发挥作用。

上述三个特征，是教师劳动经济价值的基本特性，是其本质属性的体现。它们之间是有机联系、相互依存的。我们决不能因为它的间接性和迟效性而否认它、忽视它，而要深刻地认识到它的长效性特点。

总之，随着我国现代化建设步伐的加快，社会主义市场经济体制的建立和发展，教师劳动的经济价值将越来越大。我们应尊重教师的劳动，重视教师劳动的经济价值，提高认识，转变观念，积极采取措施，切实提高教师的地位和待遇，以充分发挥教师在社会主义现代化建设中促进经济发展的巨大功能和效益。

［原文刊载于《中小学教师培训》1996 年第 5 期 （曲铁华）］

第四专题

教师教育改革与发展研究

义务教育师资均衡发展的对策研究

　　义务教育是由法令形式规定的适龄儿童和青少年必须接受的教育，具有普及性、强制性和公共性的特征。它与选拔教育、精英教育有着本质的不同，是适龄儿童、青少年必须接受的，是国家、社会、家庭必须予以保证的国民教育。义务教育的这些本质，决定了义务教育必须是均衡的，这样才能保证不同地区、不同学校为每个受教育个体提供质量相同的知识和教育。

　　然而，由于社会政治经济发展的不平衡和教育政策选择的偏失，当前我国义务教育的发展呈现出不均衡的状态。这种不均衡主要体现在三个层面：地区之间发展不均衡；同一地区内城乡之间发展不均衡；阶层之间发展不均衡。在当前义务教育"普九"目标已基本实现的前提下，义务教育的非均衡发展主要体现在教育资源的非均衡配置上。同时，教育资源的非均衡配置，也加剧了义务教育的非均衡发展。因此，从现实角度看，实现义务教育的均衡发展，教育资源的均衡配置是关键。

　　教育资源是学校正常运行中需要的一切人力、物力、财力资源。教育资源的均衡配置，包括对办学所需的人力、物力、财力资源的均衡配置。我国各级政府近几年来在通过财力、物力的投入进行义务教育扶贫方面，已经做了不少的工作，并积累了一些经验。而师资的均衡配置问题，虽然也得到了重视，但由于涉及问题较多，关系教师的职称问题、聘任问题、工资问题等，同时又影响到教师队伍的稳定和教师工作的情绪，因而始终未取得实质性的进展。教师是教育教学活动的主导，教师质量的高低直接决定着学生受教育质量的高低。因此，"当前优质教育资源配置集中归结到教师资源的配置上"①。

一、义务教育师资非均衡发展的根源

　　义务教育师资的非均衡发展，是一个毋庸置疑的现实。正视这种现

---

①　顾月华. 基础教育均衡发展的实质及其实施［J］. 教育发展研究，2004（05）：11-13.

实、分析这种现实是我们必须首先做到的。对于这种发展的不均衡，我们首先要明确它产生的原因——是什么导致了义务教育师资的非均衡发展。

对于义务教育师资非均衡发展的原因，通过对事实、政策、价值等多方面进行探讨，我们可以得出结论：义务教育的师资发展，在质量和数量上都存在着严重的失衡，其原因既有经济上的、制度上的，也有政策导向上的偏失。

（一）社会经济发展的不平衡是导致义务教育师资非均衡发展的根本原因

与义务教育的发展特征相似，改革开放以来，中国经济发展的特点是快速发展与不平衡发展并存。发展的不平衡表现在中国东西部经济发展的不平衡、城乡发展的不平衡和阶层发展的不平衡三个方面。这种过大的差距不仅引发了一系列的社会问题，也导致了义务教育和义务教育师资的非均衡发展。

目前我国义务教育投入中，78％由乡镇负担，9％左右由县财政负担，省里负责11％，中央财政负担甚少。税费改革后，原来由乡镇负担的部分上划到县，而省和中央政府的负担比重未发生改变。由于我国义务教育供给实行的是中央与地方共同承担的制度，因此当地方政府的供给能力有所不同时，尤其是地方经济发展出现很大差距时，地方政府之间就会出现义务教育供给的差异。甚至可以说，地方经济的发展状况直接决定着义务教育的发展状况。

地方经济的发展影响到义务教育的投入，也影响着地方教师的福利待遇和生活工作环境。因此，优越的经济环境和良好的福利待遇，吸引着优秀的师范毕业生和骨干教师们来此扎根发芽。反之，失去了待遇和环境的吸引，经济非发达地区非但不能引来优秀的教育人才，还会成为人们纷纷逃离的地方。经济杠杆的调节作用，导致了教育人才由不发达地区向发达地区的流动，更导致了义务教育师资发展的不均衡。

（二）"重点学校制度"——区域内师资非均衡发展的制度原因

新中国成立初期，由于教育资源的缺乏和建设人才的紧缺，国家为了多快好省地培养人才，选择了一条培养精英人才的教育路线——通过激烈的竞争和筛选使一部分人受到较好的教育。这种制度影响至今。由于得到政府和教育部门的重视，用于培养尖子人才的"重点学校"获得了优势资源的发展，拉大了与非重点学校的差距。这种发展是以牺牲非重点学校的发展换来的。层层设置的"重点学校"，加剧了义务教育领域内部资源配置的失衡，导致了区域内学校间差距的拉大，人为地制造了一大批财力、物力、人力雄厚的"重点学校"和基础薄弱的"差校"。

然而，"重点学校"的优势，绝不仅仅体现在学校的规模、设施等物质条件上，名师的聚集和高质量的教学才是"重点学校"真正吸引人的魅力所在。因此，在实行师范毕业生国家统一分配的时候，教师资源的配置就呈现一种偏向性：教师资源的配置优先满足"重点学校"，然后再考虑其他学校。后来，国家实行了师范毕业生与用人单位的双向选择制度，"重点学校"的雄厚的财力、物力和优厚的待遇，又为他们赋予了优先选择的权利，"重点学校"必然成为毕业生的首选，而非重点学校只是其退而求其次的选择。因而，自然地形成了一股优秀教师资源流向"重点学校"的潮流，也加剧了"重点学校"和非重点学校之间师资发展的不均衡。

（三）教师从业准入资格认定制度的缺乏

教师是教育教学活动的主导，教师的质量对教育的质量可以产生决定性的影响。同时，教师又是一种专业，他需要具有专业的知识和经过专门的训练才能够胜任教师职业。可以说，教师是一个对从业人员具有较高知识技能要求的职业，并非每个有志于此的人都能够胜任。这就要求我们需要一种甄别制度，能够对具备从事教师职业知识技能的人员资格进行认定，以确保每一位即将走上教师工作岗位的准教师能达到从业的底线要求，达到教师从业的基本水平。

目前我国实施的教师资格制度，具有类似的功能。它是国家对教师实行的一种法定的职业许可制度；是国家对准备进入教师队伍，从事教育教学工作人员的基本要求，同时规定了从事教师职业必须具备的基本条件。在此，它所发挥的不仅仅是对教师职业的法定许可作用，更是对从事教师职业人员的一种职业技术的认定。如果大力推广实行这种制度，必定会是对教师队伍质量的有力保证。

但是，这种制度在我国全面实行三年以来，却并未真正成为教师职业准入的真正凭证。尤其是在欠发达地区，由于当地经济贫困，文化教育事业落后，师资匮乏又没有合格师资人员愿意来此任教，教师资格制度无法真正贯彻实施。虽然让无教师资格证的人员上岗从教是无奈之举，但是，却没有保证教师从业的技术资格和法定资格。正是由于教师资格制度得不到类似于法律的强制执行的力度，才导致了部分教师未达从业的条件，师资呈现了良莠不齐的发展状态。

二、义务教育师资均衡发展的对策

义务教育师资非均衡发展既有经济的原因，又有制度的和政策导向上的原因，这些因素交互作用，引起了义务教育师资的无序流动和师资质量的良莠不齐，形成了义务教育师资的非均衡发展态势。师资的非均衡发展是发展中出现的问题，因此也必须通过发展来加以解决。在这一前提下，调整现行的教育制度和政策，抑制师资的无序流动，保障和提高义务教育的师资质量，义务教育师资的非均衡发展问题就会得到有效的控制和缓解。

（一）抑制教师资源的无序流动

需要指出的是，我们并不是反对教师资源的流动。教师资源的有序流动，可以促进优秀教育思想的传播，促进教学经验的交流，加速教师队伍的新陈代谢，促进教师人才的快速成长。因此，教师资源的有序、合理流动，对于义务教育的发展是必要的。但由于我国当前经济发展的不平衡和教师待遇的差别过大，义务教育的优质教师资源，呈现出无序流动的状态。流动的方向是优质教师资源由经济落后地区流向经济发达地区，区域内表现为由薄弱学校向优质学校流动。这种单向的、非常规的流动，非但不能够起到交流师资、促进发展的作用，反而导致了优质教师资源和劣质教师资源的过度集中，造成了师资的地区之间、学校之间质量差异过大，呈现了师资非均衡的分布态势。因此，要实现教师资源的均衡配置，必须控制优质教师资源的无序流动。

1. 消灭教师收入差距

如果说社会经济发展不平衡是义务教育和义务教育师资发展不均衡的根本原因的话，那么，这种经济发展的不平衡引起的教师收入的巨大差异，则是导致义务教育师资无序流动的根本原因。因此，若想实现义务教育师资的均衡配置，应该消灭教师收入的过大差距，实现义务教育教师收入的均衡。

当前我国义务教育教师收入差距过大已成为不争的事实。这种差距表现在不同区域及同一区域的不同学校之间。例如在一些大中以上的城市中，教师职业的收入水平很多已超过一般白领，成为高收入的领军者，教师也成为具有吸引力的职业；而在贫困落后地区，由于受到当地政府财政实力的制约，不但教师工资待遇较低，甚至有时用以维持其温饱生活的教师基本工资都不能及时、全额地发放到手；就是在同一地区，教师收入也相距悬殊，相同级别、不同学校的教师收入差别多则可达相差数倍。付出相同的智慧和劳动，却得到反差如此巨大的待遇回报和生活境遇。悬殊的待遇激励着有能力改变现状的教师去寻求更好的生活和更大的发展。这样就形成了师资的单向流动，造成了义务教育师资的不均衡。

教师收入的均衡并不是指不加区别的绝对的相同，也不是指不考虑差别的绝对的平等。从义务教育的发展来看，应根据地域的经济发展程度和消费水平进行加权修正。同一学校内教师收入应该根据业绩情况有所差别，但是同一区域内同等级别的教师收入应该保持"零差距"；在全国范围内，抵消掉各地消费水平的差异，义务教育教师应该实行基本一致的工资水平。甚至应该是在消费水平较低的乡镇农村学校工作的教师，拿着与城市里一样的工资，获得相对较高的薪酬待遇，以弥补由于生活工作环境的恶劣而产生的影响。这样才可能抑制优质师资的无序流动，甚至可能形成反向流动。而要真正地实现上述构想，就要改革现行的教育财政体制，同时还要对贫困落后地区的教师予以特殊津贴。

首先，解决教师工资水平不够均衡的问题，就必须改变现行的教育投资体制。变现行的地方负责、分级管理的教育投资体制为由国家和省区政府统筹的模式，加大中央、省级政府对教育的投资，以此来保证教师工资的来源，而减少地方政府财政实力对教师收入的影响。

其次，建立贫困落后地区义务教育教师特殊津贴制度，稳定教师队伍。教育的开展离不开教师，贫困地区受生活环境和经济状况的影响，师资队伍建设面临诸多困难。因此，必须采取一种特殊政策稳定贫困地区的教师队伍——实行贫困地区教师特殊津贴政策。国家应该通过中央财政负担的方式，来承担全部资金所需，而不能将负担转给地方政府，这样才能够保证资金来源的稳定性；同时津贴的额度应该具有一定力度，而非点缀性、象征性的。唯有如此，才能达到稳定、巩固和发展贫困地区的教师队伍，同时吸引各个领域的优秀人才，以壮大贫困地区的教师队伍。

2. 改造薄弱学校

薄弱学校的产生是中国推行"精英人才"培养路线，实行"重点学校"制度而产生的自然结果。由于中国长期重视少数"重点学校"的发展，在人力、物力上大力扶持"重点学校"，而导致区域内校与校之间的差距日益明显且不断加剧。伴随着实力雄厚的"重点学校"的诞生，基础薄弱的"差校"也产生了。

薄弱学校的薄弱，不仅表现在学校硬件上的欠缺，导致教师工作环境较差，还表现在教师福利待遇差、职称晋级指标少、教师晋级难及生源质量差难以显现工作成果等方面。种种的不利导致薄弱学校引进优质教师资源难，留住优秀教师更难。师资力量不足，整体素质不高，不仅加剧了薄弱学校的弱势发展态势，而且扩大了与"重点学校"的发展差距，加剧了区域内义务教育发展的不均衡，形成了恶性循环。因此，抑制区域内的优质教师资源的无序流动，必须缩小"重点学校"与薄弱学校之间的差距，实现校际的均衡发展，才是实现区域内师资均衡发展的根本。

随着义务教育普及工作的深入，促进义务教育均衡发展成为当前发展义务教育的工作重点，薄弱学校的改造工作也提到日程上来。教育部部长周济在 2004 年教育部年度工作会议上就曾提出，教育部 2005 年大力开展实施基础教育阶段薄弱学校改造工程。周济指出："促进教育全面协调可持续发展，必须促进区域教育内部的均衡发展，首先是基础教育特别是义务教育的均衡发展。在普及义务教育初期，集中力量建设一批重点学校，有利于快出人才、出好人才。现在，工作重点要有一个转移，要大力改造薄弱学校，促进义务教育均衡发展，从而解决'择校问题'。"① 可见，薄弱学校的改造，对于义务教育师资均衡和义务教育的均衡发展，均有重大的意义。

薄弱学校的产生，首先是由于政府对学校的教育资源配置不足而形成的。因此，对其改造最迫切需要的就是政策的倾斜，从而加大投入。在这里需要强调的是，薄弱学校的改造是为了缩小学校之间的差距，实现学校的均衡发展和共同发展，因而均衡发展的过程，是绝大多数学校办学水平的提升过程，因而决不能限制学校的发展，尤其是目前处于强势地位的学校的发展。

教师是决定教学质量高低的关键，因此，薄弱学校的改造，关键还是提升薄弱学校的教师素质。教育行政部门应针对薄弱学校师资培训问题，制定专门政策对薄弱学校教师进行培养和培训。首先，可以通过与"重点学校"建立一帮一互助关系，通过与"重点学校"的骨干教师师徒结对的

---

① 教育部明年从改造薄弱校入手治"择校"［EB/OL］.（2004-12-20）［2004-12-30］http：//zqb. cyol. com/content/2004-12/20/content＿999574. htm.

方式，由"重点学校"帮助薄弱学校培养、培训骨干教师；其次，通过教师定期交流机制促进"重点学校"与薄弱学校之间的师资交流交换，达成校与校之间的师资均衡；再次，通过教师在职培训与脱产进修相结合的方式，促进薄弱学校教师的学历提升、教育观念的转变和教师技能的提高。

3. 建立师资交流机制

推进义务教育的均衡发展，师资队伍的均衡配备是关键。当前，由于我国义务教育优质师资的无序流动导致了义务教育师资的非均衡发展。因此，需要采取必要的措施和手段来抑制这种无序的流动。但是，控制义务教育师资的无序流动并不代表要限制教师资源的流动，保持义务教育师资静止不动的状态对于义务教育师资的均衡发展也是不利的。尤其在当前义务教育师资不均衡的发展态势下，东部发达地区和大中城市中，教师岗位饱和，高学历教师屡见不鲜，甚至出现了博士任教中小学的情况；而在西部不发达地区和某些偏远落后地区，教师队伍的状况不够理想，甚至还存在着大量的民办、以工代干、代课教师的现象。一面是大量过剩资源聚集，一面是教师资源的短缺，优质教师资源和劣质教师资源呈现过度集中的状态。因此，在当前形势下，要促进教师资源的均衡发展，就必须打破这种过度集中的状态，实现优质资源向不发达地区或落后地区流动，这是提高师资质量、促进师资均衡的捷径。所以，我们既要抑制义务教育师资的流动，又要利用义务教育教师资源的流动，在动态发展中寻求师资均衡的对策。

首先，要通过政策鼓励与分配任务相结合的办法，让师范学校为贫困地区定向培养师资。贫困地区相对于发达地区来说，无论是生活环境、文化氛围，还是制度环境、教师待遇，都处于无可比拟的境地，在同样条件下，贫困地区难以吸纳优秀的毕业生来此任教。因此，必须采取政策鼓励的方式吸引师范毕业生的到来。如通过提高边远贫困地区教师的待遇和补贴，缩短晋级年限，加快职称评定速度，提供在职培训机会等，吸引优秀师范毕业生前往任教。

实行定向就业制度也是引进师范毕业生的一种方式。地方政府可以通过提前接触师范学校在校的本地生源学生，或毕业后有志于前往者，通过全资培养或在校补贴的方式，提前为这些在校生提供生活和学习的津贴，并与其签订毕业就业任职协议，规定服务年限、服务地区，实行毕业后的定向就业机制，以此来保证贫困地区从教人员的数量和质量。

其次，实行大学生和骨干教师定期支教的政策。东西部地区、城乡间的差距的存在是难以消除的，在这种差距影响到毕业生或教师的选择的时候，大学生和骨干教师的暂时性的定期支教政策，就成为一个较有效的权宜之计。

大学生支教活动已在我国实行了几年，效果显著。国家通过派遣大学毕业生支教，既是对当地教师资源的一种暂时性补充，缓解了教师资源的匮乏，同时，"在支教过程中为所在学校的当地教师教育观念的转变、教学方法的改进、教学技能的提高做点实事，真正使支教活动对当地的义务教育的普及起到推动作用"[1]。

教师的支教活动虽已不是新事物，但却是一个很有效的方式。通过将教师的评优、晋级等活动与教师的支教经历相联系，既可以提高教师参与支教活动的积极性，又可以为受援地区带去先进的教育思想和成熟的教学经验，促进当地教育和师资的发展。

再次，实行教师定期流动制度，促进教师人才的合理配置。教师流动制度就是教师在某一学校工作时间满一定年限后，按照教师管理的制度和法规规定，调职到其他学校继续任教。实行教师流动制度，不仅可以解决超编与缺编学校之间编制的平衡，还可以对学校教师队伍在结构上的不合理之处进行调整，使其趋于合理；同时还从制度上保证了不同地区、不同基础的学校，都有可能"轮流"得到优秀的教师，这是促进区域教师资源优化配置的佳策。

我国具备实行教师定期流动制度的"天然环境"。我国的教育管理，具有自上而下进行调控和指导的特点，教师的管理权限又相对集中在一级教育行政部门，有利于政府在区域内对教师就职学校进行调配，促进师资的合理有序流动。教师的定期流动制度，能够合理地配置教师资源，保持学校之间的均衡发展，尤其是教师在同一城市之间的流动，以及在偏僻地区与发达地区之间的流动，对于促进我国当前义务教育师资的均衡发展，不仅具有现实的意义和可行性，而且也具有较强的可操作性。

（二）健全义务教育师资质量保障机制

义务教育的师资质量对于义务教育的质量可以产生决定性影响。这也是我们在推进义务教育均衡发展的同时，强调义务教育师资均衡发展的原因。促进义务教育师资的均衡发展，一方面，在于将发达地区的优质师资

---

① 毕正宇. 论教师资源合理配置与义务教育均衡发展之关系 [J]. 天中学刊，2004（04）：95-97.

引向贫困落后地区，使优质教师资源的分配在地域上达到平衡；另一方面，更在于全面提高贫困落后地区师资的质量，缩小其与发达地区义务教育师资的差距，这才是实现义务教育师资均衡发展的根本途径。因此，实现义务教育师资的均衡发展，还应该从两方面着手，以保障和提高义务教育的师资质量：一是实行教师资格准入制度，严把教师入行质量关；二是加强教师的在岗培训，促进师资质量的全面提升。

1. 全面严格贯彻教师资格制度

保障和提高义务教育的师资质量，应从入职教师质量抓起。教师是一个专业性很强的职业，并不是每一个拥有较高学历和学科知识的人都能够胜任教师的工作，这种限定对于非师范和师范专业毕业生都同样成立。因此，需要一种教师从业资格的认定制度，它既能够对希望从事教师职业的人的教师职业素养和能力进行甄别和鉴定，又是进入教师行业的准入证和入职教师的质量合格证，目前我国只有教师认定制度能够承担起上述的全部职能。

教师资格制度不仅规定了从事教师职业必须具备的基本条件，而且还实行了考察制度。通过特殊的标准和评价方式来强调专业性，对参与考察的人进行关于从事教师职业能力和素养的鉴定，对于通过鉴定者颁发教师资格证。教师资格证作为一种法定的国家资格，取得之后具有普遍使用的效力，适用范围不受时间、地域限制，全国范围通用。实行教师资格制度后，只有具备教师资格证书的人，才能被聘任或任命担任教师工作。因此，教师资格制度是一种对从业教师能力和素质进行有效考核的手段，全面严格地实施教师资格制度，是对进入教师行业人员质量的全力保障。

教师资格制度的实施，不仅保障了入职教师的质量，而且取消了对非师范专业毕业人员从事教师职业的禁令，形成了开放式的教师培养体系，拓宽了吸引优秀人才从教的途径。对此，钟启泉教授曾经说："面向社会认定教师资格，吸收非师范类优秀人才从事教师工作，打破了师范学校'专营'教师教育的格局，这也是世界教师教育发展的共同趋势。"① 这样既缓解和解决了师资供需的矛盾，又吸引了优秀人才步入教师行列，全面有效地提高了义务教育师资的质量。

2. 加强教师的在职培训

加强教师在职培训，是提高教师队伍素质，提高教育教学质量，推进

---

① 钟启泉. 教师"专业化"：理念、制度、课题［J］. 教育研究，2001（12）：12-16.

义务教育师资均衡发展的必然选择。当前我国义务教育师资发展不均衡，师资质量良莠不齐且分布不均衡是师资发展的突出问题。因此，我们既应该通过制定教育制度、政策引导优质师资向贫困落后地区流动，实现师资配置的均衡，又要从贫困落后地区本身师资质量的改善方面着手，切实采取措施，加强对该地区教师的在岗培训，实现教师质量的真正提高，才是实现师资均衡的根本。

教师的在职培训异于职前的教师教育，教师要承受较大的身体压力和心理压力：一方面，要承担繁重的工作任务和学业的负担，另一方面，还未必能够得到学校领导的支持，承受着经济和工作的双重压力。因此，开展教师的在职培训工作，需要解决好两方面的问题——培训的经费和教师参与的积极性。

任何政策的实施，都离不开一定的经济支持，对教师的培训，尤其是贫困落后地区教师的在职培训，经费是制约其能否如愿展开的条件。开展专门的教师培训需要为场地、交通和培训教师提供费用。对于贫困落后地区来说，学校和政府是无力承担这些开支的。因此，就需要中央政府及相关的教育行政部门，设置专款专项对教师培训尤其是贫困地区教师的培训买单。只有拥有可靠的资金支持，教师的在职培训工作才能够顺利地开展。

教师对培训工作的理解和参与热情，是决定教师培训工作成效的关键因素。只有教师本人认识到培训工作的意义而全身投入地参与其中，才能取得培训的真正实效。对此，应该采取鼓励与压力并举的方式，促使教师积极参与培训。对于积极参与教师培训者，若取得学历的提升，那么可以获得工资的晋级，还可以获得一些评奖评优的机会。通过规定从事教师职业者所需要的最低学历水平，以及接受师范教育的基本要求等规定，给予资历不达标的教师在岗压力，使其产生接受培训的主观需要，积极寻求机会参与在岗培训。

〔原文刊载于《东北师大学报（哲学社会科学版）》2005年第5期（曲铁华 马艳芬）〕

教师教育制度创新探微

一、教师职前教育制度创新

针对我国目前教师职前教育现状，教师职前教育制度创新主要应从以下方面进行。

（一）由师范院校培养教师到综合大学培养教师：教师培养场所拓展

目前，我国中小学任课教师大部分来自师范院校，而研究表明，师范院校毕业的教师与综合大学毕业的教师相比，其在专业水平上并无优势，甚至处于较低水平。这就使得师范院校的办学水平受到质疑。师范教育要摆脱专业水平低这一困境，师范院校在加强学生教育学基本知识、基本技能训练的同时，还要提高学生的学术水平。因为教育的首要目的是进行知识传承，如果不精通所教授学科的知识体系和前沿信息，教育科学的种种理论知识就难以在实际教学中发挥作用。

一流的教师需要通过高水平的大学培育，这就要求人们改变培养教师仅仅是师范院校任务的传统观念，充分利用综合大学的资源和优势，扩大教师培养的场所，使教师不仅仅是"师范生"，同时也是一流大学的毕业生。这样不仅可以扩大教师来源，也可以提高教师的综合水平。我国目前的许多综合院校已经设立了教育科学学院这样的教育研究机构，但这些学院往往注重教育理论的研究，而没有充分发挥培养教师的职能。这说明人们已经认识到综合大学不能在教育领域袖手旁观，但具体操作还需要理论研究及国家政策上的肯定。

（二）通过职业因子分析遴选生源：招生制度急需变革

对于教师应具备的素质，理论界多有论述，但很少从教师的源头——学生这一角度思考教师素质问题。教师作为一种专业人才，在生源上就应该要求具备从事教师职业的最基本因素。国外的能倾理论研究为教师职业因子分析和职业筛选提供了有效依据。

能倾研究取向认为，能倾（能力倾向）归根结底是指适于从事某种职务的潜能——现实或潜在地拥有有效履行某种职务的能力和特性。[①] 根据国外的研究，能倾可以分为四个不同层次：并无履行该职务的必不可少的基本条件；技能、性格性能倾；社会适应性能倾，即个体是否拥有人人都能接受的做教师的社会标准；生活信念和使命感。这种研究取向是一个更加客观现实的框架，如果将各部分细化，可以作为指导我们选拔教师的标准。根据能倾理论，对有志于从事教师职业的学生可以进行能倾测试，使之具备履行教师职务必不可少的基本条件。这就要求对招生制度进行改革，改变传统以分数为唯一依据的招生办法，对每个学生进入教师领域前进行多方面检测，这对于保证教师队伍的质量意义重大，并且，这种遴选也有利于学生选择更适合自己的职业。

（三）变学年学分制为学分制：增加非师范专业学生选择教师职业的机会

目前，在我国师范院校中，与师范专业并存的还有大量非师范专业。非师范专业开设的本意是增加生源，扩大就业途径，提高师范院校的竞争力。但由于专业之间没有互通，非师范专业的毕业生即使想当教师，由于没有学习相应的教育课程，也难以与师范生竞争。这在师范院校内部造成了师范与非师范专业的鸿沟。为扩大非师范专业学生从事教师职业的机会，学校应该为之提供教育课程。

这一目的可以通过学分制实现。目前我国大多数高等师范院校实行学年学分制，在课程设置上规定了公共基础课、专业基础课和专业课三部分内容，学生必须在规定的四年内学完教学计划中所有内容，且成绩合格才准予毕业。学生对于自己所学课程具有很少的选择权，不仅院系、年级之间不能互选课程，在本学年本专业内部，也只有少量的选修课可自主选择，并且，选修课的开课质量较低。在学制上，学生也无权向学校申请延长或提前毕业，只能按教学计划中规定的学制年限学习。这种制度不仅限制了非师范专业学生进入教育领域，实际上也极大抑制了所有学生学习的主体性和个性发展。这与培养创新型教师的宗旨大相径庭。所以，要变学年学分制为学分制，增加非师范专业学生选择教师职业机会。

---

① 钟启泉. 关于能力倾向与择业教育的思考 [J]. 教育研究，1994（07）：54-58.

（四）由单科教师向多科综合型教师转变：适应课程改革的需要

当今社会要求人才要有实践能力和创新能力，这就需要学生具有综合运用知识的能力和利用知识解决问题的能力。当代课程改革和《基础教育课程改革纲要（试行）》都极为强调课程的整体性和综合性，目标综合课程、研究性课程等进入中小学课堂并成为中小学课程的重要组成部分。而师范学校面对新基础教育课程改革没有做出积极的回应。师范院校设置的院系，是以学科为分水岭，不同院系之间缺乏必要的联系，以至出现这样的情境：我们要求学校开设综合课程时，却找不出一个能教综合课程的教师。师范院校应把培养目标定位于适应中小学教育改革和课程改革的需要，培养适应现代教育发展和课程改革的教师。为适应当前教育改革和课程改革的需要，师范院校要打破原有的院系设置体系，革除专业划分过细的弊病，实现相关学科和院系的联合和统整。这是使教师走出只能教单一学科，缺少必要的综合知识这一困境的一个重要途径。

作为定位于培养中小学师资的师范院校，应做好中小学教师需求分析，适时对院系和学科专业做出调整。以理科为例，各师范院校可以先打通各院系的基础课，然后在这一基础上，探讨一个院系的学生完成两个院系以上课程的可能性和可行性，当然这要与学术性区分开来，不把某门课程开得过深，使许多学生没有时间和精力选择其他课程。在教材编写上，要精选学科最新研究成果；在课程设置上，要加大实践课的比例，使教育理论与实践得到有效结合，在实践中培养师范生的创新精神和创新能力，这是回应中小学课程改革，培养研究型、创新型教师的重要途径。

二、教师职后教育制度创新

长期以来，我国教师职后教育没有受到应有重视，现行教师职后教育存在诸多问题，难以达到教师培训的预期目的，也没有真正反映教师职后教育规律，急需进行必要调整。教师职后教育制度需要创新。

（一）走出学历与知识本位培养的误区：凸现校本培训的重要性

传统的教师培训，是一种以学历补偿和学历提升为主的"学本"培训模式。在有相当数量教师学历未达标，教师培训的主要任务是对未达标教师进行学历补偿教育的情况下，这种模式有其不可替代的优越性。但随着我国师范教育和教师继续教育的发展，教师培训的主要任务开始由学历补偿向"实践能力"补偿和学历提高转变，并逐渐转向侧重教师教学实践水平的提高。这时，传统的"学本"培训的局限和弊端便逐渐暴露出来。单一的"学本"培训模式，难以适应当前多元的教师培训需要，特别是难以完成提高教师教学实践水平的任务。这就要求产生一种与教学实践密切联系并能有效提高教师教学水平的教师培训模式。

校本培训是一种典型的侧重教师实践水平和教学质量提高的教师培训模式。它越来越受到国家的重视。《中小学教师培训教育工程方案》提出要"完善和加强国家—省—市（地）—县—乡—校各级培训机构建设"。这就以文件的形式承认了中小学校作为教师培训机构的地位。这也说明国家把校本培训作为一种重要的教师培训形式确定下来。相比之下，我国关于校本培训的理论探讨，特别是微观理论的探讨却显贫乏。

我国校本培训的实践发展和校本培训的理论现状，都要求我们对校本培训进行理论研究，以推动校本培训实践的发展和填补理论上的空白。关于校本培训实施应注意以下问题：（1）校本培训是在教育行政部门和有关部门的规划、领导和指导下进行的。不能庸俗化地理解为完全把培训权交给中小学校。（2）校本培训的场所是教师所在学校或附近学校，不能教条化地理解为每个教师必须在本校接受培训。（3）校本培训是以提高教师的教学实践能力为主的，是教师拥有相当的学历水平后进行的。（4）在校本培训中，教学与培训相结合，不是为培训而培训，而是为改善教学而培训。（5）教学与研究相结合是校本培训的重要方式，但研究的目的不是为发现理论，而是为改善教学。

（二）重视教师的发展：强调教师行动研究

教师行动研究是目前国内较受关注的教师培训方式之一。行动研究不仅是一种研究类型、方法和策略，也是一种教师教学和工作的方法。行动研究的理论和它所倡导的实践，蕴含着一种新的教育研究和教育实践的方法论。它的提倡，在某种程度上也冲击了传统的教师职后培训模式。

当今行动研究的提倡者艾略特（J. Elliot）认为，教师应该成为"行动研究者"，使研究与行动真正合二为一。这是对"研究者"与"实践者"长期处于分离状态——前者以"发展理论"为己任，追求"科学"理想，后者以"发展实践"为己任，追求"职业"理想的教育研究与实践分离状况的一个否定。行动研究者认为，研究者与实践者的分离，科学理想和职业理想的分离，阻碍了教师教学实践水平的提高。

为了克服这一弊端，行动研究不仅提倡研究者要深入教学第一线，更提倡教师对自己的具体教学实践情境进行研究。行动研究将职业理想和科学理想统一起来，使教师开放性地改进教学实践，又通过批判和修正实践提高教师对教学实践的理解水平。行动研究使教师认识到教学与研究结合的重要性，同时，对教学的反思又促进了教师实践知识的系统化和实践能力的提高。当然，行动研究不是教师能够自发进行的，必须经过有关人员的培训。校本培训中，专家和名优教师进入中小学，和广大教师共同研究、探讨教学实践中的问题，帮助广大教师进入行动研究。行动研究的主要目的，不是为了产生理论，而是为反思和改进教学，从而提高教师的教学实践水平和教学质量。

（三）以科研促发展：促进教师教育科学知识向实践性知识的转换

有关研究将教师的知识分为以下三大类：（1）本体性知识（subject-involved knowledge）；（2）条件性知识（conditional knowledge）；（3）实践性知识（practical knowledge）。[①] 教师所具有的教育学与心理学知识，属于条件性知识，这种知识只有放在教学过程中考查，才能真正考查出教师是否掌握。传统的教师职前培养和职后培训，可以让教师知道几条教育规律和教学原则，但无法让教师在实际教学中自主地运用这些知识。实践性知识是指教师面临实现有目的行为所具有的课堂情景知识和相关的知识。这种知识是艺术地运用教师经验积累和教育教学知识完成教学的知识。教师只有掌握了实践性知识，才算真正掌握了教育科学知识，教育理论才能真正发挥作用。

教育科研是促进教师教育科学知识向实践性知识转换的重要途径。教师只有以一种科学研究意识对待他所从事的教育教学活动，才能用教育科学知识实质性地指导他的教育教学实践，从而将教育教学理论知识转化为教育教学实践能力。学校要指导教师树立科学研究意识，教师要认识到关系学生发展的每一个问题都是一个课题，一个有价值的科研课题。教师要主动地培养问题意识和科学精神，主动地捕捉教育教学中有挑战性但又能通过自己努力得到某种程度解决的问题，并把它确立为自己的研究课题，通过科学研究，提高自己解决教育教学问题的能力，提高教育教学实践水平。

[①] 申继亮，辛涛. 论教师素质的构成 [J]. 中小学管理，1996（11）：4-7.

（四）营造适合教师发展的校园人文环境：为教师发展提供学校组织文化

组织文化是"组织成员分享的，无意识运行的和在一个基本的想当然的方式下定义的对自己组织的观点和对它的环境的更深层次的基本假设和信仰"①。学校文化一旦形成，便具有强大的惯性。对学校文化保持敏感特别重要。

目前，我国中小学普遍缺少促进教师进修培训的学校文化。教师对培训缺少主体意识，往往是在学历进修完成之后，不再主动进修。教师的培训，都是由上级教育部门下达命令，学校要求教师执行而已。在学校内部，特别是非重点学校和农村中小学，教师职后培训被看作任务，是实现教育达标的手段，而培训的实际效果却不被重视。

作为学校领导者，如何缔造一种适合教师发展的文化，成为当前教师发展研究中的一个重要课题。我们认为，要想使教师在学校层面得到发展，就要改变传统的学校组织文化观，以一种全新的学校组织文化观为指导，来建构学校组织文化。全新的学校组织文化，就是不仅把教师的发展看成一个简单的培训过程，而且把教师发展看作一个"培训＋支持＋提供条件"的过程。在这个过程中，教师的发展需要一个一致的、具有合力的组织文化，这就使得不仅培训是必需的，而且学校领导的支持以及校方和学校提供的条件，也是必不可少的。

（五）建立教师校际交流：实现各校优势互补和扩大优势学校的教育影响

建立校际交流，在某种程度上可以解决校际发展水平的差异，使差的学校得到较快发展，提高不同学校之间的均衡发展水平。即使处在相同发展水平的学校，不同学校之间也有各自的特点和优长，校际教师交流也可以取长补短，相互借鉴。思想的创新需要交流碰撞出火花。通过校际交流，教师接触不同的学校文化、教学情景，融合不同的教育教学思想，这对于丰富教师经验，提高教师素质是极其有效的途径。

但目前各校优势互补和扩大优势学校的教育影响的校际交流，在全国还没有形成一种制度。有些地方在本地城乡学校间进行了一些校际交流的尝试，但都是自发的，而不是制度化的、日常化的，收效也非常有限。我们认为，在我国目前优势教育资源极其有限的情况下，应该努力扩大优势

---

① SCHEIN E H. Organizational culture and leadership［M］. CA：Jossey Bass，2010：6.

教育资源的辐射影响，这是全面提升我国教师质量和教育质量的一项重要措施。

　　教师教育既不是教师成长的开始，也不是教师成长的结束，教师教育是一个连续的整体。以上为了陈述的方便，我们把教师教育划分为职前教育和职后教育，其实教师教育只是对具有教师潜质的人追加特定时代所需要的教育素质。我们认为，当教师职业变成一个具有吸引力的职业之后，所有选择这一行业的人，必须通过职业因子测试，遴选出具有教师职业优势的人进行教师教育。教师进入教育教学实践领域后，也并不意味着教师成长的结束。教育教学实践本身就是教师成长的重要环境和基本内容。把教师的成长过程一分为二——前半段学习而后半段简单地从事教育教学的时代已经过去，教师教育将成为伴随教师成长终身的过程。

〔原文刊载于《教育科学研究》2003 年第 9 期（曲铁华　李娟）〕

师范生免费教育应处理好的几个关系

近两年来，教育界最热点的问题之一，就是师范生免费教育政策的出台和实施。2007 年 5 月 9 日，国务院办公厅转发教育部等部门《教育部直属师范大学师范生免费教育实施办法（试行）》，决定从 2007 年秋季起在教育部直属师范大学实行师范生免费教育。该《办法》还指出要通过部属师范大学的试点，积累经验，建立制度。消失了近十年的免费师范教育开始重新出现。这一决议的出台和实施，不仅体现了国家对教师培养体制与政策的转变，也体现了国家意志：落实教育优先发展战略，促进社会公平和社会的和谐发展。

其实，师范生的免费教育政策在我国并不是一个新鲜事物。从近代师范教育体制建立以来，国家就对在校师范生予以优惠待遇，如 1897 年创建的南洋公学师范院，是中国近代师范教育的开端，同时也是我国免费师范教育的滥觞。虽然那时并没有国家层面的政策性规定，但南洋公学师范院还是给予了师范生十分优厚的待遇。师范生入学后，食宿杂费均由学校供给，每月还按层格（根据成绩划分，共五级）发给津贴，每进一层格加银一两，加到十两为止。1898 年京师大学堂成立，1902 年、1904 年清政府连续颁布《钦定学堂章程》、《奏定学堂章程》（即"壬寅癸卯学制"），正式建立了中国最高师范学府——京师大学堂师范馆，并继续实行师范教育免费制度。只是到了 20 世纪 90 年代末期，师范生的优惠待遇在高校并轨的进程中被取消。10 年后，教育部在 2007 年的工作要点中重新提出："加强教师教育改革与发展，开展师范生免费教育试点，引导各地建立鼓励优秀人才当教师的新机制。"[①]

师范生免费政策的重新回归，虽然目前只在 6 所部属师范院校中展开，而且也只是部分学生能够享有，但是政策本身的预示意义及其所传达

---

① 教育部. 教育部 2007 年工作要点［EB/OL］.（2007-01-01）［2008-04-23］http：//www. Edu. cn/zong _ he _ news _ 465/20070101/t20070101 _ 212598. shtml.

的明显的信号，对我国当前和今后教育事业具有重要的意义，它体现了国家对教师教育事业的关注与关怀，体现了国家对实现教育均衡发展、实现教育公平的追求与决心，更被视为高校收费制度调整的先声。

但是，随着市场经济的成熟和大学生择业方式的转变，师范生免费政策的实施环境，却与 10 年前相比发生了巨大的变化，"减免学费，定向分配"思路已不再适合更加灵活、自主的市场经济和开放的教师教育体制的要求，取而代之的是在享受免费权利时承担一定义务的规定性政策。因此，师范生的免费政策，是免费师范生享有的权利和应尽义务的集中体现，主要内容如下：师范生 4 年在校学习期间免缴学费、住宿费，领取生活费补助；免费师范生入学前与学校和生源所在地的省级教育行政部门签订协议，承诺毕业后从事中小学教育 10 年以上；到城镇学校工作的免费师范毕业生，应先到农村义务教育学校任教服务 2 年。国家鼓励免费师范毕业生长期从教、终身从教。①

具体而言，免费师范生享有如下权利：一是由中央财政负责安排免费师范生在校学习期间的学费、住宿费和生活费补助；二是由省级教育行政部门负责落实免费师范毕业生的教师岗位；三是免费师范毕业生在协议规定服务期内，可在学校间流动或从事教育管理工作；四是为免费师范毕业生在职攻读教育硕士提供便利的入学条件。而相应的，免费师范生需要承担如下义务：一是入校前学生需要与所在省份的教育行政部门签署协议，承诺毕业后返回所属省份工作；二是免费师范生毕业后，必须从事中小学教育 10 年以上，并且，分配到城镇工作的师范生要先到农村义务教育学校服务 2 年；三是如果享受到免费师范教育的毕业生毕业后没能履行回到生源所在地服务中小学的承诺，或在中小学服务的年份不足 10 年，将根据违约程度收回师范生在校期间所享受的免费费用，并追缴一定数额的违约金。

由于免费受教育权利的享有与政策性、规定性的分配政策和任教服务相挂钩，师范生免费教育政策的出台与实施，不仅受到学生、家长、教育专家、媒体的关注与赞赏，同时也引起了公众的一些质疑与争议。这些质疑与争议主要集中在与学生未来发展息息相关的就业政策、考研条件、执教义务等方面。这些质疑与争议既有公众对免费师范教育政策的误读和曲

---

① 师范生免费教育政策的主要内容 [EB/OL]．（2007-5-23）［2008-04-23］http：//www. moe. edu. cn/edoas/website18/info28398. htm.

解，也有免费师范教育实施过程中的敏感问题，还有师范生免费政策设计的一些不足与疏忽。因此，我们必须为免费师范教育正名，为公众做出合理解读，厘清免费师范生权利与义务的关系，这样才能让广大师生与家长更好地认识和理解免费师范教育政策，保障和促进免费师范教育顺利、有效地开展。

一、"指定就业"与"自主择业"

师范生免费政策规定，免费师范生毕业后必须回到生源所在省从事中小学教育 10 年以上。在择业过程中，首先由"省级教育行政部门负责组织用人学校与毕业生在需求岗位进行双向选择"[①]，在学生自主选择未果的情况下，由生源所在省的省级政府负责安排免费师范生的就业事项，并保证有岗有编。由此可见，对于免费师范生来说，他们享有的是保障就业前提下的自主择业，即受到限定的双向选择。有人据此认为，免费师范生实施的是指定就业。

整合教师资源配置、促进教育均衡发展是免费师范生政策制定的目标之一。因此，按照权利与义务对等的逻辑推演，在高等教育全面收费的大环境下，享有免费受教育权利的师范生，有义务为教育事业的均衡发展做出贡献。但是，在社会主义市场经济条件下，限制学生的自主择业权利并不是政策制定的初衷，也不利于免费师范生政策的开展和推进。因此，免费师范教育的实行，需要处理好"指定就业"与"自主择业"的关系，就是要在政策规定的范围内给予免费师范生最大的择业自主权。这种自主权主要体现在免费师范生分配就业的环节中。

如果免费师范生在双向选择环节没有达成就业协议，其就业工作将交由所在省的教育行政部门负责组织安排。虽然进入了指定安排阶段，仍然可以兼顾地方的师资配置需求和师范生的就业要求。在进行免费师范生的就业安排前，可以首先对毕业生的就业意愿进行调查和了解，在充分考虑学生希望的就业地点、就业学校、任教科目等后，根据学生的要求和各地方的实际需要，为毕业生的就业安排提供几个可选择的方案，让学生在限定的范围内进行选择。这样既能够满足各地方的师资配置需要，又在政策允许的范围内，给予了免费师范生最大的自主择业的权利，体现了免费师

---

① 教育部，财政部，人事部，中央编办. 教育部直属师范大学师范生免费教育实施办法（试行）[EB/OL].（2007-05-09）[2008-04-23] http：//www. drcnet. com. cn/temp/subject/bjzl_3835. html.

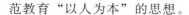

范教育"以人为本"的思想。

二、"限制考研"与"发展需求"

师范生免费教育政策对服务年限内的免费师范毕业生实行限制考研的政策，即在毕业服务的 10 年内，免费师范毕业生不得报考脱产研究生。对于有继续深造要求的免费师范生，如果通过学校的考核要求，可以录取为教育硕士专业学位研究生，通过在职学习可获得硕士研究生毕业证书和教育硕士专业学位证书。因此，有些学生与家长就认为，这一政策实际上是对毕业生未来发展的一种限制，束缚了师范生自我发展的实现。

其实，国家在师范生免费教育政策中对师范生的考研要求进行限制，是有另一番考虑的。从优秀教师的成长经历来看，从师范院校的毕业生成长为优秀教师，至少需要 3 至 5 年的时间。因此，以培养优秀基础教育教师为目的的师范生免费教育政策，保证免费师范毕业生走上工作岗位后，能够持续无间断地留在教育第一线的要求，既是对免费师范生专业发展的一种保护与扶持，也是保障和提高教育质量的有力措施。但是，考取研究生进行学业深造是当前大学毕业生实现自我发展的重要途径，而如果从入学之初就用政策性的规定阻断了其未来发展的可能性，那么，学生和家长对这一规定的担忧和疑虑显然就不是杞人忧天。而如果不能够令学生和家长的这种担忧和疑虑释怀，它必然会降低公众对师范生免费教育政策的认可度和信任度，影响到它推广和实施的效果。因此，免费师范生政策必须处理好"限制考研"和学生"发展需要"的关系。

国家对免费师范生限制考研的目的无非是促进免费师范毕业生的专业发展，实现教育质量的快速提升。而免费师范生自我发展需要的实现与此并不矛盾，相反，还是互为促进的动力。只要能够保证免费师范生深造后依然能够回归预设的工作岗位，这是对师范生的发展和当地教育质量提高双赢的事情。因此，我们认为，师范生免费教育政策不仅应该取消对免费师范生的考研限制，相反，还应该积极探索更加灵活、更有利于实现免费师范生自我发展需要的培养模式（如本硕连读模式、"4＋2"模式等），并制定相应的就业服务政策。通过减少服务年限、提升服务学校级别的方式，鼓励免费师范毕业生先走出去、再学成归来，这样既能够满足免费师范毕业生的自我发展的需求，又可以引进更多的高层次人才，服务于西部和贫困地区基础教育，真正实现师范生免费教育政策的宗旨。

三、"确保就业"与"严进宽出"

免费师范生享受免除学杂费、免交住宿费和补助生活费的待遇，并且政府保证其毕业后有编有岗，这种在市场经济条件下对学生毕业去向的强力保障的政策，在我国当今高等教育体制下，除了为数不多的军事院校，这种待遇已经不复存在了，这也引起了一些专家与学者的担忧：对毕业去向的强力保障，会不会使学生产生优越感和懒惰情绪，使他们感觉进了保险箱，从而影响学习的兴趣和动力？

20 世纪八九十年代，在计划经济体制下，国家对高等教育全盘买单，不仅负责学生的吃、住、学费，而且实行国家统招统分的分配体制。正是在这样一种优待下，高校内最流行的一句话就是"60 分万岁，61 分浪费"。虽然这只是少数人持有的惰性心态和消极做法，但是也反映了国家过度保护下学生缺乏危机意识的消极后果。那么，师范生的免费政策中的"确保就业"，会不会助长这种消极行为呢？又如何能够避免因"确保就业"而产生的"严进宽出"问题呢？

首先，应建立淘汰制，打消学生毕业无忧的念头。所谓的淘汰制，其实质就是打破免费师范生的"终身制"。免费师范教育待遇的获得和保持，不仅依靠入学时的成绩，更需要依据其在校读书的成绩和状态作为保障，如果不能达到对免费师范生的要求和标准，则将剥夺其免费接受师范教育的权利，同时还要令其返还减免的费用和生活补助。

其次，将免费师范生的学业成绩与其毕业后的就业去向相关联。可将免费师范生的学业成绩作为就业分配的重要指标。

再次，引入激励机制。对于学习刻苦、成绩优异的学生，予以奖学金等方面的奖励。同时，还可实行硕士研究生的保送制度，给予成绩突出的学生免试读研的机会。

四、"城镇就业"与"乡村就业"

师范生免费政策力图通过为中西部和欠发达农村定向培养教师的方式，来达到缓解、改善这些地区师资力量薄弱的目的。但是，从目前的现实状况来看，由于不同地区间的经济、文化发展水平存在很大差异，对于师范毕业生来讲，留任执教于不同地区会造成生活环境、发展空间、福利待遇等的巨大差异，这样就使学生和家长对免费师范生毕业后在乡村任教服务和在乡村学校就业产生了忧虑。另外，这一政策也产生了新的问题——实行免费师范教育，如何处理好"城镇就业"与"乡村就业"的关系？怎样才能吸引更多的免费师范生自觉、自愿地走向偏远的乡村地区呢？

师范生免费教育政策对此问题缺乏更多的考虑，它给予不同就业地点的毕业生以同等待遇，只是规定到城镇学校就业的免费师范生，要先到农村义务教育学校任教服务 2 年。我们认为，这样做显然是不够的。城乡就业的巨大差异是客观存在的，而对此采取统一的规定和要求，不仅不能实现对贫困落后地区师资配置的政策倾斜，反而是对免费师范生面向农村就业积极性的打击。因此，免费师范生政策应该允许差别对待，应该灵活多样。在政策规定上，坚持分配到城镇工作的免费师范生履行 2 年执教义务的规定，对于到乡村或偏远地区执教的学生，则可以根据地区差异适当减少毕业服务规定的年限，如缩短为 8 年等。同时，国家对服务年限期满的教师的出路，也应予以考虑。尤其是对于在乡村执教的教师，更应该实施扶持政策。服务期满后，如果教师愿意继续留在原岗位工作，应采取一定的奖励性措施，如职称晋级、待遇提升等。对于寻求进一步深造或想调换工作环境的教师，国家不应该强行挽留，相反，应该为他们创造一定的条件，如对于寻求学业发展的教师，在考取硕士或博士研究生时，国家应该给予其适当的降分，或同等条件优先录取的照顾政策；而对于离职教师，国家则不应设置任何障碍，应给予这些教师重新选择职业和岗位的充分自由，力争做到以政策和感情留人，而非以制度留人。

总之，师范生免费教育，应该通过差异对待的方式来引导免费师范生选择就业地点。这样做的目的，并不是再一次追求教育的不均衡和差异，而是对已经存在的差异问题采取灵活变通的手段。对处于弱势地位的地区和领域予以适当的政策倾斜，才是解决不均衡问题的方法和途径。我们应该提倡利用差异消灭差异的思路和方法，因为消除差异才是我们的最终目的。

［原文刊载于《首都师范大学学报（社会科学版）》2010 年第 1 期（曲铁华　马艳芬）］

三十多年来我国教师教育改革的困境
与摆脱路径

三十多年来，我国逐步实现了由传统师范教育向现代教师教育的转型，取得了很大的成就，但在长期发展过程中积累的深层次问题，也亟待解决和突破。当前我国教师教育改革存在诸多困境：知识困境、结构困境、模式困境和政策困境。其产生的原因主要有以下几个：社会的质疑和干预，学校的"制约"与"集权"，教师的"遵规"与"失权"，法制的欠缺与约束。摆脱教师教育改革困境的现实路径有四条：一是重拾话语权，二是全面一体化，三是教育求优质，四是法治与民主。

改革开放以来，我国一直坚持走中国特色的教师教育道路，在借鉴世界教师教育改革经验的前提下，逐步实现了传统师范教育向现代教师教育的转型。然而，在长期发展过程中积累的深层次问题，也亟待解决和突破。"教育有如一座大厦，合格的教师队伍是教育大厦的支柱，缺乏合格的教师队伍，教育大厦就会倒塌。因此，对教师教育的改革要慎之又慎。"①

一、我国教师教育改革的现实困境

改革开放三十多年来，我国的教师教育改革，虽在层次水平、专业标准、课程方案、资格制度等方面取得了一定的成就，也积累了一些宝贵的经验，但是，要想实现突破和新的飞跃，仍然面临着诸多现实困境。

（一）知识困境

从本质上讲，教师教育的目的，在于通过一系列的培养和培训，使得受训群体能够更好地从事教育教学活动，也可以说是使其实现专业化发展。而自20世纪80年代以来，世界教师教育改革的潮流就锁定了教师专业化，即培养出更加专业、优质的教师队伍。一般而言，一个专业对其领

---

① 顾明远. 思考教育（顾明远自选集）[M]. 北京：首都师范大学出版社，2008：320.

域内知识的要求，应该是极为精确和深入的，甚至可以说是"独门"的。然而就此来看，教师这一专业却是无法达标的。叶澜教授曾将教师的知识结构分为五个部分："普通文化知识、专业学科知识、一般教学法知识、学科教学法知识以及个人实践知识。"① 抛开容易掌握的第一层知识不说，教师的学科知识和教育学知识，都无法称得上是"专业性强"的知识，尤其是教育学，至今都不能说是一门成熟的学科，相应的知识运用于实践时往往会表现得力不从心，这使得教师教育改革中最基础的环节就阻碍重重。要达到专业且优质的目的，就需要做到"高精尖"，甚至"不可替代"，而当下如何提高教师教育知识的专业水平，则成了对其进行改革的一大难题。

此外，从应然的角度考虑，成为专业教师所要掌握的知识本身不具有行业垄断性；而从实际的情况来看，许多正在从事教师职业的人，真正具备的专业知识尚且未能达标，尤其是一些新任教师，他们尽管有本科甚至研究生的学历，但所学的知识与实际教学是脱节的，甚至有一些教师，仅仅在报考教师资格考试的时候短期突击了相关的知识，教育知识不系统且不完整。这就造成了我国当前教师教育改革的知识困境。

（二）结构困境

在我国传统的教师教育中，按照对象和任务的不同，逐渐形成了分级分类办学与管理的格局，即"我国职前培养主要在各级师范院校中进行……职后培训体系主要由教育学院或教师进修学校组成"②。师范院校的责任终止于职前培养，不关心也基本不参与教师的职后培训工作，即便是在职前培养中也往往脱离中小学实际；而专门从事职后教育的机构，大都会以自身的规划开展相应的培训课程，并且在诸多方面都有着参考和仿照职前培养的痕迹，长久以来仍未形成个性化的培训系统。尽管它们在长期以来的教师教育改革中都发挥了重要的作用，但固有的缺陷也显而易见：师范院校毕业生缺乏实践；在职培训环节重复教师培养内容，造成资源的浪费等。

这种职前培养与职后培训相脱节的局面，在 20 世纪 90 年代后期教师教育一体化进程的推进中发生了改变：首先，作为我国教师教育重要组成

---

① 叶澜，等. 教师角色与教师发展新探［M］. 北京：教育科学出版社，2001：237.
② 梅新林. 中国教师教育 30 年［M］. 北京：中国社会科学出版社，2008：168.

部分的高等师范教育实现了结构调整和层次的提升，表现为本科层面的师范院校数量大幅增加，且更加注重教师培养环节的实践性。其次，综合性大学开始参与到教师教育中，体现了我国教师教育改革走向开放和多元，也使得教师培养获得更加丰富优质的教育资源。此外，师范院校和综合性大学越来越多地承担起教师继续教育的重担，加之全国或者区域性的教师培训基地的建立，大大提高了教师教育的效率，使得相应的教育学院和教师进修学校的规模开始萎缩，确保了教师教育的连贯性。

尽管如此，我国教师教育改革仍然存在一些问题：一是承担教师继续教育的学校或培训机构之间的信息沟通不畅，一般来说，每个地区的中小学教师培训都是由当地的师范院校或者进修学校承担，但是，由于并未开展合作，没能明确共同的教育目标，导致培训的效果与实际要求并不相符，组织培训的主体之间各自为战，造成了教师教育改革面临很大困难；二是"在全国范围内还存在着职前和职后教师教育机构水平倒挂的问题，影响了我国教师教育的实效性"①。在职培训本应是职前培养基础上的一个提升和实践，由于一些培训机构课程安排和形式脱节的问题，往往造成职后的培训甚至不如职前的培养，这就造成了教师教育资源和时间的双重浪费，也不利于教师的专业发展。因此，如何突破现有困境，有效发挥师范院校在教师教育改革中的核心力量，实现真正意义上的职前职后一体化，也是一大问题。

（三）模式困境

从培养模式来讲，"教师教育从一开始的师范院校学科教育与教师专业教育相混合，到转变为综合大学学科教育与教师专业教育相分离，是全球大环境下教师教育发展的基本进程与趋势。"② 我国也顺应潮流，逐步建立并完善了开放而灵活的教师教育体系，积极推进师范院校改革。因而，在这里我们主要关注的是教学环节的模式困境。在教师教育的实际教学中，职前培养和职后培训的教学模式存在诸多问题，这对于改革教师教育的现状而言，也是一大难题。

在职前培养环节，对于未来即将从事一线教学的学生进行教学，必然不能像常规授课一样进行，因为此时教师的教学模式带有参照性，很可能

---

① 瞿葆奎. 中国教育研究新进展·2001 [M]. 上海：华东师范大学出版社，2003：525.

② 张瑜. 论我国教师教育的现实困境与创新 [J]. 青海师范大学学报（哲学社会科学版），2007（01）：150-152.

就是这些学生以后的教学方式。然而，在现有的职前培养教学模式中，教师大多是关注静态知识的系统传授，而相对忽略实践技能的养成。这种没有情境的构建，没有经验的交流，没有情感的共鸣的教学模式是僵化的、低效的，学生获得了理论知识，却没有付诸实践的经历，这与教师教育的要求是不符的。在职后培训的过程中，理应是在专业学习的基础上，结合实际教学工作进行实践能力上的提升，此时的目标应该是帮助新任教师树立终身学习的理念，并做好专业发展的规划。因此，职后培训应是一种引导辅助性的学习。然而，在实际操作中，往往由于忽略了受训教师的主体性，以及他们作为成年人的心理发展特征，而将原本自我导向、资源共享、问题中心的培训，演变成了另一种"你教我学""你说我记"的教学模式。这并没有使受训者达到经验的生成，也没能提高其在实践中发现问题和解决问题的效率，从而浪费了教学双方的时间，事倍而功半。

（四）政策困境

教师教育政策是实现我国教师教育改革的关键保证。然而，目前相关政策的缺失，反映出国家的重视程度和支持力度还远远不够。一方面，从经费上来看，作为开展教师教育和进行有效改革的主要阵地的师范院校，其本身就具有诸多限制自身发展的因素，由于"改革方向很大程度上受到国家政策的导向和制约，加之基础性学科多且集中，应用性学科发展薄弱，在衔接市场、中外合资办学等方面机会少之更少"[①]；另一方面，国家在进行全局性的战略部署时，对于教育的投资虽然在逐年递增，但总体经费依然不足，而在分配时对于师范院校的支持力度又往往少于对重点高校和综合型院校的支持力度，这就造成师范院校在进行教师教育时缺乏物质保障，推行改革也底气不足。

此外，从具体政策内容来看，对规范教师教育活动意义重大且对于教师专业化起质量把关作用的一系列标准体系和专业制度，其完善程度还有待提高。就教师资格认定来说，2000 年 9 月，教育部颁布《〈教师资格条例〉实施办法》，这标志着教师资格认定制度在全国全面展开。但是，在真正实施时，往往只要符合了相应的学历标准，同时达到普通话等级要求，就允许进入中小学校从事一线教师工作。尽管自 2015 年我国就开始

---

① 张瑜. 论我国教师教育的现实困境与创新［J］. 青海师范大学学报（哲学社会科学版），2007（01）：150-152.

逐渐全面推行教师资格全国统考，提高教师入职门槛，并打破教师资格终身制，实行每五年定期注册制度，但对于教师教育的专业标准、考核标准、评价标准等问题的解决来讲，这也只是一个改革和调整的起点。上述问题都需要我们从政策文本上有明确的体现，并配有切实可行的操作办法，使其真正起到规范教师教育质量，护航教师教育改革的作用。

二、我国教师教育改革困境形成的原因

（一）社会的质疑和干预

从专业知识的层面来说，提高教师教育的专业化程度，始终是一大难题，多年来也一直受到社会各界的质疑。的确，与医生、律师、工程师等职业相比，教师的专业知识更容易被了解和琢磨，但这并不代表着任何人都可以横加干预和指点。归根结底，教师的工作是言传身教地帮助学生实现心智上的提高，道德品格上的养成。虽然不需要艰深的知识，但是，其依然具有不可替代的独特性和专业性。如果社会大众无法扭转偏见，将不利于我们在教师教育中更好地传递教学的知识和理念，也不利于帮助教师做出正确的发展规划，以及树立合理的职业价值观。

另一方面，由于教育带有社会委托与责任的属性，其手段和结果都需要受到社会要求的普遍制约。而在当今社会，人们评价一所学校、一名教师，往往会以升学率和成绩做标准。因此，一旦学生出现成绩下滑的现象，家长们和整个社会的舆论就会直指学校和老师，甚至对教学的内容、进度，教师的教学方式、情感态度横加干涉和指责。这类做法不利于教师的专业成长，也会使得学校迫于种种压力而改变既定的目标和规划。对于教师教育改革而言，一个宽容和理性的社会风向必然是至关重要的。我们对于教师专业技能的培养和职业道德的培训，需要在一个科学客观的前提下进行，只有在这一前提下设定的教师教育目标，才能够保证教师队伍的专业性和长远发展，对于教师情感、态度、价值观的形成，也才能发挥积极的作用。

（二）学校的"制约"与"集权"

从学校这一主体来分析，我们着重关注中小学和师范学校这两方面。首先，我国长期以来对教师教育实行定向培养，导致人们认为合格教师的成长之路，就是在学校里的系统学习加上自己在实践中的不断摸索。这一

观点投射到中小学，就表现为以校长为代表的管理层，对教师的职后培训重视不够，这使得教师在实践教学中遇到的问题得不到及时的反馈和解决，使教师自身多样的专业发展需求得不到满足；而对于整个教师教育改革来讲，不利于职前培养与职后培训的衔接和一体化。因此，造成了在结构上的困境。

不仅如此，学校受到来自社会和家长的压力，对于教师的教学时间、教学任务都进行严格的控制和要求，不仅做出了教师在专业发展上的错误导向，还大大限制了教师的自主权，制约了其专业成长。其次，师范院校作为师范教育体系的中流砥柱，长期以来却存在固守师范学校办学思路的局限性，导致其整体发展与时代需求在一定程度上脱节，教师教育体系保守且封闭。加之"'师范'和'非师范'的学科划分，也是造成我国高等师范教育科研动力不足，学术水平不高的原因之一"[1]，长此以往，过分强调师范性使得师范学校受到多方制约，培养模式难以实现创新，也使得师范院校的毕业生难以符合现代教师的素质和要求。

（三）教师的"遵规"与"失权"

1. 教师自主意识淡薄

与学校的制约与集权相对的，就是作为教师的自主意识丧失导致的过度遵规与权利缺失。从教师作为一种职业的特性来看，实践教学工作的琐碎性和简易性，造成了教师对于自身发展的淡漠，周而复始、缺少挑战的工作场景，也使得他们满足于对既定内容的重复和掌控，自身不愿在繁复的日常教学管理中抽出时间针对专业发展进行规划和提升。加之"中小学教师常常将自己看作国家体制内的公职人员，对烦琐的管理、监督和考核已经习以为常，工作性质的因素也令他们更加看重经验传承，而在教育专业发展的方面存在短板"[2]，长此以往，不论在客观上还是主观上，教师教育活动都没有平台和动力开展下去，即便是"发生在办公室等场所的互动，也大多是非专业性的生活和琐碎事务，专业层面的教学经验、意见与信念交往却很少发生"[3]。恰恰是教师自主意识的日益减弱，更加令学校无暇顾及教师职后培训的开展。

---

① 瞿葆奎. 中国教育研究新进展·2001 [M]. 上海：华东师范大学出版社，2003：524.
② 梅新林，杨天平. 教师教育：实践与思考 [M]. 重庆：重庆大学出版社，2008：251.
③ 梅新林，杨天平. 教师教育：实践与思考 [M]. 重庆：重庆大学出版社，2008：251.

2. 教师专业组织空缺

从教师权益方面考虑，我国目前为止还没有专业化的机构组织，已经存在的相关组织，也欠缺广泛的社会影响力。"现有的各级教育学会、教师工会、各学科教研组织等，它们的权责界限并不明确，这直接导致教师想要寻求进一步的专业发展时阻碍重重，无法形成群体凝聚力和影响力。"① 教师的整体"失权"，必然造成政策制定主体的过分"集权"，同时也缺乏一定的监督和谏言，使得教师的利益在教师教育政策中没有得到充分考虑，决策方也无法获得更加权威和准确的参考信息，因而对于当前教师教育改革的政策层面也有所影响。

此外，从培训教师的角度考虑，教师培训中也经常会出现"师生"之间的冲突和相互抱怨，究其根源就是由于培训教师将自己定位为教育理论的掌握者，一味地输送给受训教师，而缺乏对一线教学工作的了解，以及对这些教师专业发展需求的把控，从而导致双方之间没有达成有效的沟通，理论学习与实际相脱离，很难使这些受训教师接受并主动学习。"其实多数时候我们所做的就是企图把不是从教师们日常生活中产生出来、不是解决他们的问题的所谓理论灌输给他们"②，这样必然是不利于教师培训顺利开展并取得成效的。因为在他们看来，这些理论是外在于他们的，对他们没有什么用处。

（四） 法制的欠缺与约束

从法制建设上看，首先，我国教育法律制度建设不很完善，缺乏系统化和操作性且权威不足，尤其缺乏关于教师享有促进专业发展和行使自主权利的专门法律；其次，现行的各项规定大多都是由政府、教育部门、学校等做出的自上而下的规定，过分强调教师应遵循的义务与规范，而忽视教师享有的专业发展权利。这使得教师（尤其是没有行政职务的教师），成为制度化工作中的沉默者，渐渐失去对自身专业发展的热情和积极性，按部就班地重复工作，积累所谓的经验；再次，除去基本的教师权益不说，现有的教师教育改革方案，都是来自国家的自上而下的行政行为，并不是教师在一线的实际教学中提炼出来的，缺乏与现实情况的紧密联系性，那么，我们制定出来的改革政策的针对性和实效性就可想而知了。

综上所述，使得我国当前的教师教育改革陷入困境的原因，有着深层

① 梅新林，杨天平. 教师教育：实践与思考［M］. 重庆：重庆大学出版社，2008：251.
② 徐辉. 教师教育研究与评论［M］. 杭州：浙江大学出版社，2006：146.

的机理和多方的因素。明确问题的症结所在，有助于让我们从社会、学校、教师和法制等方面入手，寻求突破上述困境的可能路径。

三、摆脱我国教师教育改革困境的现实路径

（一）走出知识困境——重拾话语权

尽管教师所需的专业知识，并不能达到垄断地位，并因此饱受社会的质疑和干预，但是，我们要意识到教师这一职业因其教育对象的特殊性，依然是与众不同的。作为教师，不仅需要知道传授什么知识，而且需要知道怎样传授知识，就是要"根据不同的教育对象选择有效的教学方法进行教学，在教学中真正实现科学精神和人文精神、理论和实践、知识和人生的统一"①。因此，面对一个个鲜活的、富有个体差异的学生，教师必须根据自己对教育知识的理解，加上对已有教育经验的反思，以及对具体教育情境的充分判断，创造性地进行应用。

找到了教师专业知识的独特性，我们就有理由坚信作为教师的不可替代性，也就明确了在教师教育改革中，如果我们想要建设优质的教师队伍，就更加需要作为文化的、社会的、政治的、伦理的、实践的复合体，在教与学中渗透文学、艺术、社会学、政治学、人类学、伦理学、哲学等人文社会科学研究的所有领域的理论知识，也"意味着教师的知识，是一种专业领域的理论知识与科学技术难以制约的特殊知识"②。同时，我们更要注意，"教师教育改革应更加重视未来教师德性和情感的教育和养成，使其成为教师区别于非教师学科人员的典型特征，这也能在很大程度上激励教师实现在专业技术上的持续发展"③。

（二）走出结构困境——全面一体化

长期以来的历史因素导致我国教师教育体系中职前培养与职后培训相分离，虽然近年来的教师教育改革在有意打破这种分离状态，努力实现教师教育一体化，但面临的问题依然有待解决。要想"打破界限和阻隔，将教师教育纳入高等教育体系中，发挥大学的学科资源优势，培养和培训高

① 金忠明. 教师教育的历史、理论与实践［M］. 上海：上海教育出版社.2008：218-219.
② 佐藤学. 课程与教师［M］. 钟启泉，译. 北京：教育科学出版社.2003：244.
③ 刘小强，蒋喜锋. 关于教师教育改革的反思与建议［J］. 教育理论与实践（中小学教育教学版），2015（1）：26-28.

水平师资队伍，使教师教育更好地为基础教育服务"①，就要做到职前培养和职后培训从培养目标、课程设置、管理机构上全面实现一体化。

1. 培养目标"一体化"

在培养目标上，要打破固有的思维定式，树立教师教育一体化的理念。意识到职前培养是准备性的教育，其主要目标是使学生获得基本的专业知识和技能，确立明确的从教意向；职后培训是一种延续性的教育，主要目标是"对早先学习的教育理论知识重新理解并积极实践，不断强化对实践工作的反思意识与能力，努力成为一个有着内在学习意识和自主发展能力的专业教师"②。因此，教师教育在培养目标上的一体化，就要求教师教育改革以专业化为导向，相互补充，相辅相成，不断深化和提高。

2. 课程设置"一体化"

在课程设置上，要按照一体化的培养目标进行合理安排。职前培养的课程设置，要在立足于服务基础教育实际的前提下，一方面夯实基础，丰富和扩展教育理论课的种类，另一方面，加大并合理设置与基础教育密切联系的实践课程；职后培训的课程设置，要坚持以实践课程为主的原则，并且以问题为中心，围绕教师的自我导向性学习安排课程，多样化地满足不同教师的具体需要。此外，还应"发展多元文化的课程，培养教师对于不同成长环境、不同民族文化的学生群体的理解和包容"③，以提高教学效果。

3. 管理机构"一体化"

在管理机构上，就现有的三种主要模式来看：将普通高师与教育学院机械合并，把管理权交给前者的合并模式，往往会由于实力不均衡造成教师教育变相的分离；将普通高师与教育学院合作性联合，发挥各自长处的联合模式，同样有着因水平悬殊导致的具体问题。因此，在今后的教师教育改革中，不论选择怎样的管理模式，都要在明确管理机构内部分工与权限的前提下，坚持教师教育一体化的整合原则，甚至可以考虑将现有的模式优化重组，在具体的区域灵活地运用和改进。

---

① 张瑜. 论我国教师教育的现实困境与创新 [J]. 青海师范大学学报（哲学社会科学版），2007（01）：150-152.

② 董静，马云鹏. 困境与超越：对我国教师教育专业化的思考 [J]. 内江师范学院学报，2010，25（01）：113-116.

③ 曲铁华，王凌玉. 新世纪美国教师教育改革的新举措及对我国的启示 [J]. 国家教育行政学院学报，2016（03）：89-95.

（三）走出模式困境——教育求优质

"社会的变革要求学生在学校获得的不仅是学什么，更重要的是如何学。这就要求教师从关注教什么向关注如何教转变，教师培养机构必须满足社会对教师高素质的专业化要求。"① 顾明远教授曾就近些年来的教师教育改革指出："在教师教育转型进程中，没有真正做到培养模式的转变，也没有在专业、课程、教学上做出适时调整，没有把综合学科的优质资源进行开发来加强教师教育的质量。"② 因此，当我们反思教师教育改革时，首先要思考的是，作为教师教育者的我们，是否真正提高了教师培养的质量，是否真正提升了教师的专业素养，因为这正是教师教育改革的核心追求。而在当前的教师教育改革中，我们更应明确一个理念：要想实现教师教育模式的创新和完善，就要实现教师教育服务的优质化。

为此，首先，要具备明确的培养目标、严格的学术标准、优良的教师团队和良好的课程组织，使之有机结合达成合理的培养模式，从而促进每一位教师的专业发展，提升他们的职业生活质量；其次，要深入研究符合时代要求的高素质教师应该掌握哪些知识和技能，具备哪些职业道德和情感态度，在区分不同类型、不同学科教师素养的前提下，务实地从"机制创新、团队创新、培养模式创新、学科创新以及培养模式、培养方案、课程标准、教材、教学等"③ 每一个培养环节入手，"注重'个体经验'的形成和丰富，为师范生和在职教师提供机会使其体验隐含在教学中的'隐性知识'"④，真正地推进教师教育工作的改进，在实践中逐渐摸索出有益的培养模式。

（四）走出政策困境——法治与民主

教师的专业活动需要政策导向和制度规范，但并不意味着各种政策都可以任意插手和限制教师的专业发展。"要以教师专业化为导向，以终身教育思想为指导，以培养和造就优秀教师和教育家为目标，遵循教师专业

---

① 于忠海.教师教育的机理：与学生共生［M］.成都：电子科技大学出版社，2014：105.

② 顾明远.思考教育（顾明远自选集）［M］.北京：首都师范大学出版社，2008：317.

③ 杨跃，张婷婷.试论教师教育课程改革的权力冲突：基于社会学视角的分析［J］.当代教育科学，2008（15）：30-32.

④ 曲铁华.专业化语境下我国教师教育的困境与突破路径［J］.湖南师范大学教育科学学报，2012，11（04）：9-12.

发展规律"①，进行顶层设计和整体规划。在教师教育改革中，首先，要对关乎教师自主权的政策法规进行完善，发挥规范管理的作用；其次，具体到教育部门和学校，需要两者共同"创设民主的运作体系，改变教育行政'自上而下'的国家主义倾向，改变学校行政'一刀切'的模式化管理方式，下放教师专业自主权"②，并通过与政策精神相一致的规章制度，保障教师的专业生活和自由发展的空间，同时做到依法管理；再次，要强化教师专业组织的参与地位，尤其在选择专业发展内容和方式上，赋予和教育行政组织同等的权力，从而起到监督和平衡的作用，努力使教师减少来自外界的压力，在专业领域范围内保障其行使专业发展的权利。

此外，更加重要的是，"为了帮助教师具备过公平正义政治生活的能力，教师教育尤其需要加强现代人文精神教育"③。因此，教师的民主自觉和维权意识也要同步提升，要树立清醒的专业自主意识，合理规划和追求自身的专业发展，充分行使专业自主权，这对于我国当前的教师教育改革而言，也是至关重要的一条路径。

[原文刊载于《贵州大学学报（社会科学版）》2017年第6期（曲铁华　王凌玉）]

① 刘益春.教师教育何以创新：东北师范大学教师教育研究论文精选（2008—2012）[M].长春：东北师范大学出版社.2013：209.

② 姚静.论教师专业自主权的缺失与回归[J].课程·教材·教法，2005（06）：70-74.

③ 陆如俊.教师教育：精神的事业[M].上海：上海教育出版社，2016：97.

基于教师实践性知识生成机制的
教师教育课程实施改革策略

教师实践性知识是指教师通过对自己教育教学经验的反思和提炼所形成的对教育教学的认识；教师对其教育教学经历进行自我解释而形成经验，上升到反思层次，形成具有一般性指导作用的价值取向，并实际指导自己的惯例性教育教学行为①。它是凝聚教师智慧、彰显教育专业性的关键所在。明晰和把握教师实践性知识的生成机制，对于教师教育改革尤为必要。本文从教师实践性知识生成机制的视角，探究当前高师院校教师教育课程实施中存在的问题及改革策略。

一、教师实践性知识的生成机制

生成机制是指以一定的运作方式，把构成事物的各要素联系起来，使其由非存在到存在，或由某种质到另一种质的过程。教师实践性知识的构成要素包括专业信念、个体经验和行动策略，三者在反思和行动中生成、扩充和完善。

（一）教师实践性知识的构成要素

首先，专业信念是教师实践性知识的理性内核，是经教师认可或相信的专业理念，具有抽象性和普适性。它"以特定的实践环境和社会环境为特性，是高度经验化和个人化的：是关于学生、课堂、学校、社会环境、所教学科、儿童成长理论、学习和社会理论所有这些类型的知识，被每位教师整合成为个人价值观和信念，并以他的实际情境为取向"。② 教师专业信念在教师实践性知识价值实现中的作用，是帮助教师在选择问题解决的行动策略，或在已有策略基础上进行加工改造时，指引正确方向，从而减少教师在教育教学实践中试误的次数，减少不必要的资源浪费。

---

① 陈向明. 对教师实践性知识构成要素的探讨 [J]. 教育研究，2009，30 (10)：66-73.
② Freema Elbaz. The teacher's "practical knowledge"：report of a case study [J]. Curriculum Inquiry，1981 (1) 43-71.

其次，个体经验是教师实践性知识的感性材料，具有形象性、直觉性和个体性特点。它来源于教师个人全部的生活史，参与、浸染了所有"形成于一个人"所经历的事。^① 具体而言，个体经验包括形象性的情境信息和直觉性的情感体验。个体经验在教师实践性知识中的作用有三：一是促成专业理论知识向教师个体专业信念的转化；二是通过意义建构巩固专业信念在教师头脑中的存储；三是因其作为映像系统相较于言语系统易于被激活，可以作为教师实践性知识在实践场域中的启动器。

最后，行动策略是教师实践性知识的实用手段，其具有工具性和有效性特点。它来源于教师在学习场域中的观察学习，或是亲身参与的问题解决的实践。杜威将知识界定为"通过操作把一个有问题的情境改变成为一个解决了问题的情境的结果"^②。教师实践性知识中行动策略的作用体现在，当教师面临教育教学问题情境时，被激活的教师实践性知识中的行动策略，或是可以直接作为解决问题的工具，或是可以作为加工处理的原型，经改造而创生出新的行为策略，用以解决当前问题。

（二）教师实践性知识的生成方式

反思和行动中反思是专业信念、个体经验和行动策略合成教师实践性知识的主要运作方式。"反思"一词是指"对某个问题进行反复的、严肃的、持续不断的深思"^③，是"现有的事物暗示了别的事物（或真理），从而引导出信念，此信念以事物本身之间的实在关系为依据，即以暗示的事物和被暗示的事物之间的关系为依据"^④。杜威在反思概念中所指的"现有的事物"可以解读为教师正在接触的新信息，如教师所正处于的问题情境信息、教师正在学习的专业理论知识等；"别的事物（或真理）"则是存储在教师头脑中的旧信息，如教师以往经历过的，其时已转化为教师个体经验的问题情境信息、情感体验、教师学习过的专业理论知识等。

可见，反思的过程，就是教师正在接触的新信息与教师头脑中个体化的旧信息反复地、严肃地、持续不断地交互作用的过程。需要特别指出的

---

① 陈静静. 教师实践性知识及其生成机制研究：中日比较的视角［D］. 华东师范大学硕士论文，2009.

② 约翰·杜威. 确定性的寻求：关于知行关系的研究［M］. 傅统先，译. 上海：上海人民出版社，2005：188.

③ 约翰·杜威. 我们怎样思维·经验与教育［M］. 姜文闵，译. 北京：人民教育出版社，1991：1.

④ 约翰·杜威. 我们怎样思维·经验与教育［M］. 姜文闵，译. 北京：人民教育出版社，1991：8-9.

是，依据这一互动过程是否在专业信念的参与并指导下进行，反思可以分为高水平反思和低水平反思。只有高水平反思才是教师实践性知识的主要生成方式。在反思过程中，或是通过新旧直观信息的碰撞，偶然擦出星星点点理论性的火花；或是有目的、有意识地在专业理论指导下新旧信息的互动，最终使得专业理念与直觉经验联结，从而构成了教师实践性知识的雏形。雏形的进一步发育、生长，直至成熟，则是在行动中反思的过程中实现的。

阿吉里斯和舍恩在其《实践理论——提高专业效能》一书中，强调行动中反思对教师实践性知识生成的重要作用。[1] 在阿吉里斯和舍恩的基础上，我国学者陈向明对行动中反思做了进一步解释：教师将陌生的问题"看成"或"做成"熟悉的问题，与情境对话，将学生和研究者的反应作为回话，对问题进行重构，并通过自己的实践意识对行动进行反思性监控。[2] 这里的"对话""回话""重构"突出了行动中反思与反思的差异所在。反思与行动中反思显然是一般和特殊的关系。从逻辑上讲，行动中反思的内涵不仅应包含反思的本质属性，还必须具有自身独特的本质属性，其独特之处则集中体现在"行动中"。

解读行动中反思，首先必须辨明的是，"行动中"虽有正在进行的含义，但该"行动中"不应仅限于实在的"行动中"（客观存在的实践过程），也应该包含认知的"行动中"（头脑中以表象为材料建构的实践过程）。也就是说，个体调动头脑中的旧信息与新信息进行对话，以一定依据（或是理论，或是经验）假想回话，对知识进行重构的实践性认知过程也应属于"行动中反思"的范畴。其次，行动中反思中的"行动中"强调的是，这种新旧信息的互动不是"一来一回"的一次性互动，而是"来来回回"的反复互动。为了方便理解和说明这一反复互动的动态过程，试以某一教师实践性知识雏形（一定专业信念、少量个体经验和十分有限甚至没有行动策略联结而成的信息模块）与外部教育教学问题情境互动的过程来加以阐释。

当教师面临某一教育教学问题情境时，教师头脑中某个相应的教师实践性知识被激活。其具体过程为：教师实践性知识中的个体经验，因与外部教育教学问题情境信息具有相同要素，故较为敏感，率先被激活，相应

---

① 克里斯·阿吉里斯，唐纳德·A. 舍恩. 实践理论：提高专业效能 [M]. 邢清清，赵宁宁，译. 北京：教育科学出版社，2008：6.
② 陈向明. 对教师实践性知识构成要素的探讨 [J]. 教育研究，2009，30（10）：66-73.

与之联结的该教师实践性知识中的其他构成部分，即专业信念和行动策略随之被激活，进而该教师整个实践性知识的信息模块全部被激活，并参与与问题情境的互动。第一步，教师倾向于运用被激活的实践性知识，去"看待""框定"外部所面临的教育教学问题情境；第二步，在该教师实践性知识中包含的专业信念指导下，直接选用或加工改造出一定行动策略，与外部问题情境信息进行"对话"；第三步，根据问题情境给予的"回话""反应"重复以上步骤，或是其他教师实践性知识信息模块被激活，然后重复以上步骤，直至问题得以圆满解决，或在主客观因素的限制下，不得不使问题解决的选择性试误终止。可见，在行动中反思的过程中，教师实践性知识信息模块将逐渐获得丰富和改良，教师实践性知识的质量和层次也将不断得到充实和提升。

二、教师教育课程实施的问题分析

从教师实践性知识生成机制的视角，笔者选择从专业理论知识建构的质量、教学中案例情境信息的逼真性、行动策略积累的实践机遇，以及反思性思维训练四个维度，探讨教师教育课程实施的缺陷。

（一）专业理论知识缺乏深度加工

专业理论知识在教师实践性知识价值实现中，起到举足轻重的导向作用，其在对行动策略的选用和改造，保证行动中反思的科学合理性方面至关重要。故而专业理论知识在教师头脑中的数量和质量，特别是其明确性、巩固性，直接决定教师实践性知识应用的效率。然而，在当前教师教育的课程实施中，却存在专业理论知识因缺乏深度加工所导致的明确性、巩固性不足等问题。

首先，理论解读不够明确，以致对专业理论知识的理解有误。所谓理论解读是指用学过的概念或原理，以符合逻辑的方式推演或解读新的概念或原理。由于旧的概念或原理已经完成了意义建构，因此，该过程也能间接使新的概念或原理建立与意义的联结。理论解读的实质，是用旧符号解读新符号。该操作的好处是促进知识系统化建构，便于形成学科体系，实现知识的巩固。在教师教育课程实施中，理论解读不够明确，表现为概念或原理的解读比较随意，未能突显概念的本质属性或原理的主要矛盾。这就导致学生出现对本质属性和非本质属性、主要矛盾和非主要矛盾的混淆，干扰了对知识的理解和巩固。

其次，理论论证缺乏案例支撑，导致巩固性不足。陈向明等人曾将教师实践性知识定义为教师"对外在事物正确把握后形成的信念"，是"必须通过行动做出来的信念"①。由此可见理论知识向主体信念转化在教师实践性知识生成中的重要性。教师教育的课程目标，不应仅是实现师范生对专业理论知识的理解，还应转化成师范生的主观信念——既使其"知其然"，又使其"信其然"，并愿意在实践中尝试运用。故此，在理论传授中，理论的论证是由客观理论向主观信念转化的不可或缺的一环。

纵观当前的教师教育课程，在教学方式上，只重讲"理"，不重讲"例"；对于理论的证明，大多引经据典，或是名人名言，或是专家观点。此种"权威论据"有时在表达上甚至更抽象、更晦涩，难以完成抽象理论与直观经验的意义建构，反而可能加重学习者的记忆负担，妨碍专业理论知识的记忆和巩固。

（二）教学案例情境信息脱离实际

作为教师实践性知识构成要素之一的个体经验（包括表象化的情境信息和深切的情感体验），并非与生俱来的，它是在教师主体实践过程中，与外部环境交互作用，进而将外部刺激内化而生成的。因此，学习经历、以教育教学问题解决为内容的教学案例及教育教学实践，是教师形成教育教学方面个体经验的必要条件。在教师教育职前培养阶段，教学案例中的情境信息是师范生获取个体经验的主要途径。

然而，在当前教师教育课程教学中，教师教育者在教学中所选用的案例，或者情节陈旧，年代久远，缺乏时代气息；或者引自国外，未经本土化，不符合中国国情；或者粗制滥造，矫揉造作；或者虚假煽情，夸大其词；或者省略了大量情境信息，将原本丰腴的教育问题简化得瘦骨嶙峋。这样的教学案例，一方面难于内化为教师的个体经验；另一方面，即便内化成功，在现实的教育教学实践中也难以被激活。

首先，那些虚假做作、夸张失真的案例，与师范生以往学习和生活经历不符，难以引起共鸣。因此，在信息输入阶段即遭到主体认知结构的排斥和拒绝，根本无法充分内化，也即未能完全实现客观信息向个体经验的转化。其次，即便有些教学案例合情合理、感人至深（如源自中国古代或引自异国他乡的教学案例），也会由于其与现时文化和本国国情不相符合，

---

① 陈向明. 对教师实践性知识构成要素的探讨 [J]. 教育研究，2009，30（10）：66-73.

即彼时彼地的教育教学问题情境信息，因与师范生将要面临的问题情境刺激大相径庭，严重缺少共同要素，而无法被激活，进而无法发挥其引导教师实践性知识中专业理论知识和行动策略参与问题解决实践的功能。

简言之，这样的案例所形成的个体经验，只能实现师范生对专业理论知识的意义建构，完成学习情境中由理论向信念的转化。但该信念在实践场域里，则难以被激活，也无法"通过行动做出来"，只能成为相信的信念，而不能成为"做出来"的信念。这种在教育教学实践中长期得不到激活的信念，终将被遗忘或沦为"非信念"。

（三）实践场域中的"摹""练"难两全

"摹"主要指观摩，即观察、模仿，学习经验型教师与专家型教师的教育教学策略和行为，并在虚拟实践场域中将其付诸实践。"练"主要指参与到实践场域中，真刀真枪地进行教育教学实践。真实的教育教学实践，并非教师实践性知识形成的唯一途径，在观摩、仿效经验型教师和专家型教师的有效策略和行动中，比如模拟课堂教学、教学案例分析、现场观摩或观看教学实况录像，甚至是一线教师实践性教育讲座，都可以促进教师实践性知识的生成。

"摹"主要可以帮助教师学习和积累有效的行动策略，以备实践中随时提取或改造。因此，"摹"在教师实践性知识生成中的价值是显而易见的。但，"练"在教师实践性知识生成中的意义更为重要。行动中反思语境中的"行动中"，强调的就是新旧信息互动的反复性和真实性。问题的解决过程是新旧信息不断过招儿，教师主体的多个教育学实践性知识信息模块随情境回应而不断被唤醒、选择、整合，方可实现问题的圆满解决。有时，甚至对问题实质的识别，都是在问题解决过程中逐渐明朗化、清晰化的。

另外，论及教师主体专业理论知识与直觉经验联结的紧密程度，观察学习所获得的替代强化与亲身经历而产生的直接经验也是有差别的。观察学习对榜样行为之结果（可能是强化，也可能是惩罚）虽能感同身受，但榜样行为的动机以及榜样行动之时内在的心理活动和情绪体验等，却只能通过揣测而得，其揣测之结果已然浸染了观察学习者浓烈的主观色彩，极有可能或多或少偏离了榜样行为赖以有效的背后的、内在的、深层的原因。只有在真实的实践中，边实践，边反思，边摸索，一点一滴去探寻、发现、尝试，尝试后真实的反馈，才是教师找到自己教学风格的重要依据。

当前，教师教育对象的实践机会匮乏，主要指向的是在校的师范生，即准教师们。大多数师范院校都为师范生们设置了优质的教师教育实习实训平台。但目前纠结之处在于，一般教学资源丰富、教学质量较高的学校，由于顾虑到实习生专业水平偏低、在校生及其家长的反对等问题，婉拒实习生上课的诉求；而对于教学资源相对匮乏、教学质量偏低的学校，实习生确实能够获取真刀真枪实习实训的平台（比如顶岗实习的做法），但缺失了可供模仿和学习的优质榜样。这种实习实训学校选择顾此失彼的两难局面，往往使实习生们纠结彷徨、不知所措。

（四）课程实施不注重反思性思维训练

反思，无论是在教师实践性知识形成上，还是在教师实践性知识价值实现中，都起到至关重要的作用，它是理性信念走向实践价值的必由之路。未经反思的实践，不可能有效促进教师实践性知识的生成。教师反思能力的培养和提升，本就应是教师教育的重要任务之一。然而，现实的教师教育课程实施，对反思能力培养和提升的"忽视"、"误解"和"低效操作"，直接导致了学习者反思能力的匮乏。

首先，部分教师教育机构及教师教育者，固守以信息量大小和知识前沿与否作为评价一堂课好不好的标准，忽视甚至排斥在大学当中实施启发式教学。这些教师教育者的高等教育观念，仍旧以精英教育理念为指导。他们认为，高等教育就是向学生传递大量前沿性信息，至于对这些信息的选择、加工、处理等，都应该由学生自己来完成，这是他们应该而且能够做到的。因此，这些教师教育者在课堂教学中仅仅关注自身在知识传授中的表现，很少给学习者提供展现其对知识建构和价值判断的机会，至于学习者对于教师教育知识是否与自身经验建立联结，学习者自身理性信念是否与新信息进行了深入、充分的互动，更是不得而知。其次，有些教师教育者对反思并没有一个科学、明确的认识，他们对反思的理解仍然停留在"回顾""经验积累"等常识层面上，没有认识到理性信念的参与是反思的灵魂。

在教师教育教学中，不能灵活运用专业理论知识而仅凭直觉常识对教育问题进行分析和评判，这种没有专业理论知识参与的反思只是形式上的反思，根本称不上实质上的真正的反思。另外，由于目前我国教师教育课程实施受到班额过大、课时有限、学习者学习模式固化等问题的影响，即使教师教育者存有注重反思性思维训练的愿望，也无能为力，也难以实现。思维活动可以借助语言表达得以明晰、深刻，在课堂教学中采用谈话、讨论、辩论等教学方式，将有助于学习者反思能力的发展。

然而，无论是讨论还是辩论，如果脱离了教师的主导，就很可能导致该训练流于常识水平，无法实现真正的反思性思维训练。而目前教师教育课程实施的现实是，一般一个教师教育类公共课教学班的学生人数，大约在 100 人左右，甚至更多，课时数量相对于学科专业课也比较少，学生在基础教育阶段所形成并固化的被动接受的学习模式，成了教师教育者在课程实施中实践反思性思维训练难以逾越的障碍，使得大量教师教育者面对培养学生反思能力的课程目标束手无策，无能为力。

三、教师教育课程实施的改革策略

（一）加强专业理论知识的精致性复述

在信息加工理论中，对信息进行编码主要有两种策略：维持性复述和精致性复述。维持性复述是指通过简单重复记忆目标信息，如机械重复。精致性复述则是以某种方式对信息进行转换，主要是建立新旧信息之间的联系。对于精致性复述的记忆效果明显优于维持性复述的结论，在学界已基本达成共识。

针对加强教师教育课程实施中专业理论知识的精致性复述，首先，强化理论解读的明确性。所谓明确性，是指注重对概念本质属性和原理主要矛盾的解析，它是对理论知识进行进一步建构的基础和前提。由于社会科学本身的复杂性和人文性，在对概念和原理进行表述时，不得不加入与本质属性和主要矛盾无关的词汇或表达，以确保逻辑的严密性和意义的完整性。有时为了对某个要点加以强调，还会进一步解释说明，或换一种表达方式进行阐述。这对于初学者即对该学科话语系统和表达方式并不熟悉的学习者来说，极易造成混淆。这就要求教师教育者通过讲解，辨明概念或原理的实质，帮助学习者直指要点，减少不必要的记忆负荷。

其次，在明晰理论实质的基础上，促使学习者对专业理论知识进行精致性复述，即建立新旧知识之间的联系。其方式主要有两种：一种是建立新理论和旧理论、新抽象符号和旧抽象符号之间的关联，促使理论知识在学习者头脑中逐步系统化，以形成布鲁纳所指的学科基本结构；另一种是通过案例教学，实现直接经验与间接经验的结合。应特别引起教师教育者注意的是，该阶段仍属于知识的领会阶段，学习者对理论知识的巩固尚浅，仍处于易混淆和易迷惑阶段。因此，应尽量选取典型案例完成对专业理论的初步意义建构。所谓典型案例，是指问题的典型形态，即在问题的呈现形态中，没有或较少影响问题判断的干扰因素渗入，问题的因果关系也比较明显，主要矛盾十分突出。所以，理论的指导功能也就立竿见影。典型案例的典型性，不但能够实现抽象理论和直观表象的联结，还可以引发学习者积极的情绪体验，加深学习者对理论知识的印象，增强其对理论有效性的认同。

（二）引入情境信息丰满的真实案例

从学习者的视角观之，理论的理解过程，实质上是知识的内化过程。教师教育者通过促使学习者对理论知识进行精致性复述，建立新旧信息之间的联系，使新知识牢固地存储于学习者的认知结构中。而理论的应用过程则是知识的外化过程。教师教育者需要做的是，帮助学习者留下提取线索，或创造能够使知识得以快速提取的条件。在教学情境中，真实案例作为由理论建构向理论应用的过渡，其中丰满的情境信息，将成为与未来教育教学问题情境刺激的共同要素，启动与之相联结的专业理论知识，指导教育教学问题的解决。

欲在教师教育课程实施中引入情境信息丰满的真实案例，首先，要搜集、甄别和积累有代表性且兼具一定复杂性的教育教学案例，组成优质教育教学案例库。这是一项耗时持久，需要教师教育者和一线中小学教师，特别是专家型教师通力合作、共同参与的复杂工作。一线中小学教师主要负责撰写教学案例，要求尽量将问题解决的实况做翔实的记录，争取做到客观、真实，且需同时捕捉自身彼时彼刻的心理活动和内心感受。教师教育者主要负责依据专业理论知识，甄选出与专业理论知识最具契合度的教学案例，并通过点滴积累，汇聚集合，形成优质教育教学案例库。

其次，依托"互联网＋"，构建"U—S"教师学习共同体，即大学中的教师教育者与一线中小学教师相互交流、互动学习的学习型组织。在"U—S"教师学习共同体中，大学教师教育者通过借助其专业理论优势，帮助一线中小学教师排忧解难，为其教育教学问题的解决提供理论参考和策略支持；一线中小学教师发挥其经验丰富的实践性优势，可以将一些新鲜出炉的新理论、新方法付诸实践，完成理论向应用的实践性转化。通过以上两种途径，实现大学教师教育者与一线中小学教师的优势互补，不但可以扩充和完善优质教育教学案例库中的案例资源，同时也可以创生更多新的优质案例。

（三）提供"摹""练"结合的实习实训机会

"摹"与"练"如同一枚硬币的两面，对于教师实践性知识生成来说，二者既是不可或缺的，又是优势互补的。"摹"，一方面，可以积累有效的教育教学行动策略；另一方面，可以巩固和扩充教师实践性知识构成要素即专业理论知识、个体经验模块、行动策略之间的信息联结，使信息模块愈加稳固，不断完善。"练"则更强调实践场域中已有的教师实践性知识信息模块与教育教学问题情境的真实互动，以及由此而产生的真情实感。"练"能促使教师实践性知识与个体特征相结合，成为趋于个性化的必由之路。

要实现实习实训中的"摹""练"结合，首先，要为师范生提供不拘一格、无处不在的榜样学习机会。榜样思想和行为的来源，可以是文本式教育资料，如教育专著杂志、教师日志、教学案例等；也可以是形象生动的声像材料，如优秀教师的课堂实录、专家型教师的专题讲座等；同样可以是实践场域内的观摩学习，如教育见习、现场观摩课等。课堂教学中的案例分析、学生模拟课堂大赛选手间的互相学习、深入中小学的教育见习实习等，处处皆可作为教师观摩学习、促进教师实践性知识要素积累和联结巩固的场域。

其次，拓展教育教学实习实训的平台。应打破将为期仅两个月左右的集中实习作为师范生唯一有机会可以真枪实弹、上阵操练的局限。教师教育应放眼社会，与社区合作，在服务社会和回应市场需求中，谋求实践机会的扩展。如假期和课后托管机构对教师人力资源的需求。随着教育部对中小学减负力度的加大，各大中小学校普遍将放学时间进行了调整，放学时间因此提前，由此导致出现学生放学后无人照管的难题。正是应小学生假期和课后托管的市场需求，小学生假期和课后托管机构如雨后春笋般蓬勃兴起。假期和课后托管机构以及其他一些社区或社会儿童及青少年教育服务机构，也应成为师范院校有待开发的实习实训平台。这样的实习实训平台，与传统的实习实训平台相比，地理位置临近学校，"上班"时间为学生的课余或假期，便于学生参与。另外，该机构提供的主要服务是托管和辅导，故对教师人力资源专业水平的要求并不很高。所以，可以给学生提供大量实战训练的机会。

（四）重视教学中的反思性思维训练

反思，特别是理性参与的高水平的反思活动，是教师实践性知识生成必不可少的运行方式。反思是人的本能。皮亚杰认为，人生来就具有简单的图式。婴儿借助与生俱来的简单图式，与外部环境进行交互作用，通过同化和顺应，不断丰富和改善自身的图式。这种内外信息的交互作用，实质上就是反思。非理性的低水平的反思，有时并不是有意识进行的，但理性参与的高水平的反思，却需要有目的、有意识地培养和训练。目前教师教育课程实施的重点和难点，就是提升师范生的反思层次，培养师范生高水平的反思能力。

首先，切实扭转教师教育者落后的教学观，提高对反思性思维训练重要性的认识。教师教育者必须改变其传统的以知识为中心的教学观，应建立"以教师为主导，以学生为主体"的进步的、科学的教学理念。有效的课程实施应体现在以下三个方面：教师对学生信息加工过程的启发和引导是否富有成效；学生对新信息是否进行了正确而充分的意义建构；学生的认识水平或思维能力是否得到了最大化的发展和提升。总之，学生的教学参与度及通过课程实施体现在学生身上的发展和变化，才应是教师教育者评价课程实施成败的关键。

其次，还反思一个科学、正确的解读。高等教育阶段，教师教育课程实施所应培养的反思能力，绝不是停留在"回顾""经验积累"等非理性参与的低水平反思，而必须是理性、特别是专业理论知识充分参与的高水平的反思能力。欲养成学生运用所学专业理论知识去辨别、分析、指导、评价实践的习惯，教师教育者必须率先养成理性思考问题，运用专业理论知识认识问题、解决问题的习惯，并在与学生的互动中将这种习惯传递给学生。

最后，应改善条件，提高反思性思维训练的有效性。充分的思维碰撞、反复的思想互动，能引导学生思维走向深入，宽松、包容、自由的学习氛围能增强学生参与互动的动机，持续不断、坚持不懈的反思性思维训练，是将高层次反思行为转化为思维习惯的必由之路。这就要求逐渐平衡教学资源紧缺与教学质量提升之间的矛盾，适当增加教师教育课程在课程体系中的比重，营造良好的学习氛围，发展学习型组织文化，引导并激励学生养成高水平的反思性思维习惯。

[原文刊载于《四川师范大学学报（社会科学版）》2018 年第 2 期（曲铁华　李虹）]

高校师德建设的策略思考

近几年来，我国的教育事业有了较大发展，尤其是高校，变化更为突出，如高校扩招、高校合并、高校办学自主化等。高校教师在这些变化面前，必然引起思想的"风暴"。现阶段加强高校师德建设已显得尤为必要。

一、加强高校师德建设的意义

1. 从社会角度看

现时期是我国市场经济逐步完善的时期，市场经济中一些观念也逐渐被人们所理解和接受，如公平、竞争、合作、效益等。但市场经济讲求投入和回报，讲求利益的最大化，而教师是一种特殊职业，奉行的是"爱"和"奉献"的职业准则。教师是人类灵魂的工程师，教师的劳动对象是人，教师的任务是对人进行教育，使学生的社会化健康地进行，培养合格的公民。学校师德具有"基因"的作用，来不得半点儿"变异"，否则会使整个社会"畸形"。但是学校处于市场经济大潮中，时时受到一些不良因素的侵袭，这就必须加强师德建设，以增强学校"免疫力"，必须以社会主义精神文明做支持，自觉抵制拜金主义、极端个人主义、享乐主义等腐朽思想的侵蚀。

加强师德建设工作，是贯彻落实党的十六大精神的实际行动。党的十六大报告中强调，要"加强教师队伍建设，提高教师的师德和业务水平"。江泽民同志在庆祝北京师范大学建校一百周年大会上的讲话中，向全国广大教师提出了"志存高远、爱岗敬业、为人师表、教书育人、严谨笃学、与时俱进"的殷切希望，希望广大教师做先进生产力和先进文化发展的弘扬者和推动者，做青少年学生健康成长的指导者和引路人，努力成为无愧于党和人民的人类灵魂的工程师，切实担当起在民族复兴大业中所肩负的重任，这是高校师德建设的方向，是学习贯彻党的十六大精神的一项具体行动。

2. 从高校内部看

经济体制改革促成的高等教育改革，使得高校内部有了新的变化，如教育方法、教育内容、人事制度、机构增减、对外交流等。另外，高校合并、升格和隶属级别的改变等，所有这些，都使得高校教师思想有了较大的改变，原有的职业道德产生了松动，急需用与新时代、新情况相适应的教师职业道德来使之稳定。因此，高校加强师德建设是客观要求所需。

加强师德建设工作，是提高教学质量、创建一流大学的需要。提高高校教学质量，创建一流大学，这是党中央、国务院对高校教育工作的要求，也是广大人民群众的期盼。高校承担着为实现全面建设小康社会和中华民族的伟大复兴提供人才和智力支持的光荣任务，肩负着培养大批高素质劳动者的历史使命。要落实党中央、国务院的要求，担当好教育工作的光荣使命，就必须建设一流的师德师风，打造一流的教师队伍，这是创建一流大学的重要前提。我们必须从创建一流教育的高度，切实加强师德建设工作。

二、高校加强师德建设的策略

（一）师德建设的目标要分层进行

科学地确立教师道德发展目标，是对教师职业道德进行有效管理的重要手段，也是不断提高教师道德水平的重要活动。管理者一定要科学构建教师职业道德目标体系，尽量使其层次化、明晰化、具体化，达到可操作的程度。师德建设目标太高太远，显得大而空，便很难奏效。因此，在师德建设中要把目标层次化，使师德建设不同阶段有不同目标。一般把师德目标分为师德理想、师德原则、师德规则三个层次。

1. 师德理想

对教师专业行为的最高要求是师德理想。这种师德理想体现了教师应该努力的方向，即师德最终要达到的目标。师德理想体现着教育专业至善至美的道德境界，给教师确立一个个人职业道德发展的基本价值取向和不懈追求的终极目标，激励着教师形成高尚的职业行为。美国的师德理想是要"相信每一个人的价值和尊严，追求真理，力争卓越，培养民主信念"。联合国教科文组织提出的师德理想是"应该以人类个性的全面发展，以集体精神的、道德的、社会的、文化的和经济的进步，以及以对人权和基本自由极大尊重的谆谆告诫为目标；将最主要的注意力集中于教育对于和平以及对于各民族、种族或宗教集团间的了解、宽容和友谊所做的贡献上"。

2. 师德原则

它是对教师的中级要求。师德原则受师德理想的制约，是指导教师的行为准则，它主要包括对待学生和对待教育专业两个方面。在对待学生上，要力争帮助每个学生实现自身的潜能，使他们成为有价值的社会成员；在对待职业上，要尽力提升专业标准，创造条件来吸引那些值得信赖的人从事教育工作，并且阻止不合格的人从事教育专业。师德原则是指导教师职业行为的准则和依据，它表述的是社会和教育界认同的，教师应该达到而且能够达到的一般性要求。原则具有一定的概括性，在教育实践中，教师可以根据实际发生的情况，在不违反原则所包含的内在精神的前提下，灵活选择处置事物的方式和方法。

3. 师德规则

师德规则是对教师职业行为的最低要求，不论是肯定性要求，还是否定性要求，教师在执行中都不能违背。它属于对教师职业道德的最低要求，或者是教师个人必须达到的基本要求，也是师德规范的核心部分，规定得更明确、更具体、更具有操作性，直接影响与限定教师在课堂内外的表现和教学行为。教师对待学生要做到以下五点：（1）不得无故压制学生求学中的独立活动；（2）不得无故阻止学生接触各种不同的观点；（3）不得故意隐瞒或歪曲与学生有关的材料；（4）必须做出合理的努力，以保护学生不受对于学习或者健康和安全有害的环境影响；（5）不得有意为难学生或贬低学生。

（二）师德建设要采取多种方法

道德形成过程的实质，是把外在的社会要求内化为人的思想品德的过程。对于新的道德内容内化，一般按道德认知、道德情感、道德意志、道德行为的步骤来完成。但高校道德建设的对象是成年人，他们已有自己的道德体系。所以，师德建设是在原有道德基础之上，对新的道德内容进行建构。这样，师德建设就不一定按知、情、意、行的顺序进行，可以根据高校道德建设对象现有道德水平，以及外在的德育内容，来选择知、情、意、行中的某一步骤单独开展。也就是说，把知、情、意、行作为单独的师德建设方法。

1. 对师德的认知

师德认知是人们对教师职业准则、行为规范等观念体系的认识，以及在此基础上形成的观念和对是非、美丑、善恶的评价。"知"是师德形成和发展不可缺少的。一般来说，师德方面的知识越丰富、认识越深刻，就越有助于形成坚定的师德信念，做出美好的师德行为。对思想道德毫无认识的人，在实践中其行为常常表现是不自觉的。理解是热爱的基础，当教师对所从事的事业缺乏正确的理解和认识，是不会热爱它的，更不会想怎样从事它。教育工作是一个什么样的职业？它的任务是什么？它在历史和现实中处于何种地位？它与国家、民族、未来的关系如何？只有在能够正确地回答这些问题的时候，才算对教育工作有了较高的理解和认识，才能知晓其伟大和神圣，进而产生荣誉感、责任感和使命感。

对于国情、国策以及政治等，教师更应该学习了解。新时期师德认知要以"三个代表"重要思想为指导，让广大教师认真学习党的十六大精神，进一步深化对师德建设重要性和教师职业社会价值的认识，增强自己热爱祖国的情感，坚定忠诚于人民教育事业的信念。认真地学习毛泽东、邓小平、江泽民同志关于教育方针和教育思想的重要论述。另外，要熟悉教育法规、政策。高校中广大教师要学习《教育法》《教师法》《高等教育法》等法律法规，学习《公民道德建设实施纲要》。江泽民同志在庆祝北京师范大学建校一百周年大会上的重要讲话中，明确教师角色的权利和义务，遵循与法制相协调的道德规范，提高依法施教与以德治教相结合的水平，树立现代教育观念，做到率先垂范，志存高远，与时俱进。

为了能使高校教师不断认识时代发展情况、高校教师职业发展状况、教育改革发展动向以及教育教学理论方法，高校就必须建立师德建设的保障机制，保障教师经常性地学习教师德育内容。师德建设保障机制要制度化，并且是常设性的，目的是给教师经常性的师德教育，使师德能与时俱进。

2. 激发师德情感

师德情感是在师德实践中评价自己或他人行为时，对一定的思想准则、道德规范所产生的内心体验。师德情感是伴随师德内心体验而产生的，反过来又常常表现出以好恶的态度驱使人主动接受、追求，或拒绝、舍弃一定的思想准则和品德要求。可通过树立榜样来激发教师职业道德情感，发挥先进典型的榜样和示范作用。在师德建设中，典型的示范作用是不可低估的。要树立一批体现时代精神、师德高尚、敬业奉献、教书育人的先进典型，并通过各种渠道大力宣传，使广大师生学有榜样，行有标杆，以典型的力量教育人，激励人，鼓舞人，从而在高校形成崇尚先进、学习先进的良好风气。这是教师道德建设的一条重要途径。学校管理者要根据教师职业道德发展需要去发现和培养典型，对先进典型实行奖励制度，让其体验到自尊感、荣誉感和幸福感，以激发广大教师对典型人物、事件的向往追求和模仿践行。对于不道德的行为要敢于批评，让其体会到不安、内疚、忧虑和耻辱感。

所以，培养和激发教师职业道德情感，主要是建立有效的激励机制。不但可用榜样来激励，也可用事业的美好性来激励和引导广大教师，让他们有奋发向上的巨大热情，去投入教育工作，不断努力进取。

3. 培养师德意志

教师职业道德意志指教师的内部职业道德向外部稳定行为转化过程中，克服困难和挫折时所表现出来的顽强不懈的努力。在教师职业道德中，意志能使人坚持从事达到预定目的所必需的行动，制止不符合达到预定目的的行为，从而使人的道德表现出稳定性、坚毅性和专注性。在改革开放的新形势下，面对市场经济的负面影响和入世的挑战，高校教师职业道德建设必须要培养建立坚定的职业道德意志，抵制和克服一切腐朽道德观念的影响和侵蚀，不断提高师德品质。可采用与其他职业对比的方法，来使教师加深对教师职业性质、意义的理解，从而坚定不移地热爱教育事业。

从另一方面讲，培养职业道德意志的同时，要建立健全约束机制。约束机制主要从责任和义务上约束教师不违背职业道德规范。《教育法》《教师法》《高等教育法》等相关法规条例，对教师的职业道德、责任和义务都做了明确和具体的规定，这对职业道德意志薄弱、违反法规和纪律者起了较好的约束作用。因此，高校一定要建设好约束机制，严格要求教师，对道德意志薄弱、违反纪律屡教不改者坚决予以处分。

4. 加强师德行为实践

高校教师职业道德建设，可通过实践来强化教师职业道德认知、情感和意志。让教师参加各种实践活动，在活动中形成师德。"行"反过来又会提高"知"的水平。师德建设，重在建设，重在实践。投身教育实践是教师进行师德修养的根本途径，也是检验其师德修养的唯一标准。践行师德是一种自觉的意志行为。高校教师要把对师德的"知"自觉地渗透到自己的教学科研活动中，渗透到丰富多彩的文化娱乐活动中，渗透到精神文明的创建中，渗透到生活的各种领域中，以自己的人格潜移默化地感染和教育学生，乃至影响社会。同时，道德实践活动还可以进一步强化自我教育，以锤炼师品，做到知与行的统一。

高校教师职业道德主要通过行为表现出来，所以要建立评价机制。评价机制以一定的标准来对教师行为事件进行道德评价。这种量化的标准能给教师一种现实的道德目标，有效唤起和激发教师实践师德原则并能规范行为。

[原文刊载于《当代教育论坛》2005 年第 4 期（曲铁华　朱永坤）]

论我国农村基础教育教师队伍建设策略

近年来，随着我国农村教育事业的全面进步，农村基础教育教师队伍建设取得了显著成绩。但是，农村教育依然是我国整个教育体系中的薄弱环节，农村师资力量薄弱的问题还没有从根本上得到解决。在国家致力于构建和谐社会、重点解决"三农"问题的今天，有必要分析农村基础教育教师队伍中存在的问题，并找出解决问题的策略。

一、农村基础教育教师队伍存在的主要问题

（一）教师队伍整体素质较低

当前我国农村基础教育教师队伍整体素质较低，与实施素质教育以及教育现代化的要求不相适应。教师队伍的学历水平总体上偏低，专业化程度不高，部分教师职业道德意识淡薄，教育观念、知识结构、教学方法、创新意识和创新能力不能适应素质教育的要求。仅从学历水平看，2004年，全国仍有31万小学、初中教师未达到法定学历。2005年，全国小学具有专科以上学历的教师，城市占78.01%、县镇占67.17%、农村占47.49%，农村比城市低约31个百分点；全国初中具有本科以上学历的教师，城市占62.44%、县镇占34.5%、农村占24.34%，农村比城市低约38个百分点。①

农村基础教育教师队伍主要由三个方面组成：公办教师、民办教师和代课教师。其中部分贫困地区农村民办教师和代课教师占整个教师队伍的三分之一以上。由于民办教师和代课教师未受过严格的师范训练，相当部分的农村教师专业知识水平低，难以承担教学任务，教学效果差。公办教师中也有相当部分不合格，教师职业意识和职业道德欠缺，严重影响了教

---

① 2006年教育部第4次新闻发布会全文［EB/OL］. （2006-03-07）［2007-03-01］http：//learning. sohu. com/20060308/n242171360. shtml. html.

师队伍专业发展，降低了农村基础教育水平。

（二）教师待遇偏低，队伍不稳定

教师待遇低是农村教师队伍长久以来难以解决的问题。主要反映在教师工资低、拖欠工资、社会保障体制不健全等方面。根据教育部的统计，截至 2002 年 7 月份，全国累计拖欠教师工资总量距国家规定标准还有 127.06 亿元，涉及 24 个省份；仅 2006 年 1～4 月，全国新欠的教师工资就达到 14.6 亿元，涉及 21 个省份，420 多个行政县。[①] 农村教师待遇低，极大地影响了农村基础教育教师队伍的稳定。农村中小学教师队伍流失严重，尤其是农村的边远山区和贫困地区，难以补充到合格教师，大批村级小学只好找代课教师维持运转。[②] 农村中小学教师除了工资以外，基本上没有别的收入。农村教师在医疗、子女就业等方面，均比其他行业困难得多，福利待遇几乎没有。我国农村基础教育教师队伍的不稳定状况已严重制约了农村基础教育的进一步发展，稳定农村基础教育教师队伍已成为当前农村教育发展的紧要课题。

（三）教师队伍结构不合理

1. 学历结构不合理

虽然很多的农村中小学教师通过各种渠道也获得了大专或本科学历，但事实上并没有接受大专或本科的教育，正规院校毕业的大中专生只占少部分，农村中小学教师学历水平和专业化程度总体偏低。

2. 年龄结构不合理

教师队伍的年龄结构是反映师资队伍质量的一个重要方面。在年龄结构上，农村小学年轻教师偏少。城市、县镇、农村小学教师中 35 岁以下的分别占 57.83％、51.44％和 41.02％。[③] 农村教师年龄老化和断层现象严重。或因为编制紧张，或因为财政困难，有的农村学校近几年来基本停止了录用新教师，导致农村学校教师平均年龄越来越大。据湖南新宁县教

① 教师工资拖欠问题必须解决 [EB/OL]. (2003-09-29) [2007-03-01] http：//edu. anhuinews. com/system/2003/09/29/000456569. shtml. html.

② 我国农村教师生存状况观察 [EB/OL]. (2004-09-10) [2007-03-03] http：//www. people. com. cn/GB/jiaoyu/1055/2775737. html.

③ 2006 年教育部第 4 次新闻发布会全文 [EB/OL]. (2006-03-07) [2007-03-01] http：// learning. sohu. com/20060308/n242171360. shtml. html.

研室 2004 年 11 月统计，全县在职在岗的 3849 名教师中，农村中小学教师 2744 名（除县镇教师 966 名）；其中年龄在 45 岁以上者达 2069 人，占农村学校教师总数的 75.4%。而且，老龄教师又集中在农村小学。新宁县回龙寺镇塘尾头中心小学有教师 42 人，平均年龄高达 51.3 岁，全校没有 40 岁以下的教师。① 这种状况不仅会给农村基础教育的改革和发展带来影响，而且在一定程度上限制了农村中小学学生整体素质的提高。

3. 职称结构不合理

在职称结构上，农村骨干教师流失严重，使农村学校中高级职称教师越来越少，初级职称教师占了绝大多数。2004 年，全国农村小学高级教师占比为 35.9%，农村初中一级及以上职务教师占比为 32.3%，分别比城市低 8.9 和 14.5 个百分点。这种不合理的职称结构不利于调动农村教师教学的积极性，因而缺乏必要的教学激励机制。造成这种现象的主要原因，在于现行评价机制不合理，以及农村贫困地区高级教师向城市发达地区流失的严重倾向。②

4. 学科结构不合理

在农村中小学教师中，语文、数学等学科教师占大多数，而音、体、美、心理辅导等学科教师却很少。在诸多贫困农村小学，几乎只开设语文和数学两科，其他各科专任教师根本没有，更不用说开设外语、计算机课程。素质教育在贫困农村地区因教师问题而难以真正实施。在九江市调查所及的 22 个乡的 22 所中心小学和 138 个村小及教学点中，仅有 20 所中心小学开设了英语和艺术类课程，18 所开设了计算机课程；仅有 4 个村小及教学点开设了英语、音乐、体育课，而没有一个能够把美术、计算机的课程开起来。江西省永修县教育局长说："按照县政府给的编制，我们的教师人数可以全部到位。但历史形成的教师专业配备失调，使外语、计算机及艺术类教师缺乏，而语文、数学等学科的教师又偏多。因为编制的原因无法按需要补充紧缺的教师，我们只得将剩余的学科教师改任其他专业，这在一定程度上又影响了教学质量。"③

① 唐湘文. 农村教师严重"老龄化问题"及其解决措施 [J]. 当代教育论坛，2005 (14)：58-59.
② 朱德全，王世雄. 西南贫困地区农村师资现存问题与发展对策 [EB/OL]. （2004-04-07）[2007-03-03] http：//www. people. com. cn/GB/jiaoyu/1055/2434251. html.
③ 苏婷. 提高教师素质难在哪里？：关于江西九江农村小学教师队伍建设的思考（三）[N]. 中国教育报，2004-07-27（01）.

二、农村基础教育教师队伍建设的对策

（一）提高农村中小学教师队伍的整体素质

教师队伍整体素质不高有多种表现，我们可以根据教师队伍素质低下的不同影响因素，采取多种形式，有效提高农村教师队伍水平。

1. 提高教师职前培养质量

目前教师职前培养出现了诸多问题，正为社会各界所关注。以提高教师质量为旨趣的教师教育改革在全国广泛进行，教师教育已走向开放，师范院校课程结构也在不断调整，创造出各种培养模式，如"2＋2"模式、"4＋2"模式、"3＋1"模式等。师范院校应根据基础教育新课程体系的要求，调整培养目标、课程结构、专业设置，改革教学方法和培养模式，加强教育学科建设，强化实践环节，提高教师培养专业化水平，增强毕业生的教育教学水平与自我发展能力。

2. 进行学历补偿教育

由于历史的原因和农村现实条件的限制，农村基础教育教师队伍中存在着大量学历不合格的教师。所以，提高教师队伍素质，首先要解决学历不合格问题。政府和教育主管部门要给予经济上和政策上的支持，学校也要给予鼓励和帮助，优先安排学历不合格教师进行学历教育，确保教师队伍的整体合格。学历补偿教育可通过到各级教师进修院校进修和运用现代远程教育培训等多种途径进行。

3. 学历教育和非学历教育并举，进一步提高业务水平

非学历教育旨在提高教师能力，而不以提高学历为目的。加强农村教师继续教育工作，将学历教育和非学历教育并举，构建农村教师终身教育体系，实施"农村教师素质提高工程"，开展以新课程、新知识、新技术、新方法为重点的新一轮教师全员培训。从教师培训途径的多样化出发，对教师进修与教育资源进行整体规划，要注意每一位教师的进修、提高，除了教育行政部门建立一些正规的、法定的进修、函授制度以外，应因地制宜地在学校内部、学校与学校之间开展一些非正式的合作交流、讲座、报告会、参观考察等。具体可采取以下措施：

（1）在各级教师进修院校进修。这是目前广泛采用的学历教育和非学历教育形式。教师继续教育经费以政府财政拨款为主，多渠道筹措，在地方教育事业费中专项列支。地方教育费附加应有一定比例用于义务教育阶

段的教师培训。省、自治区、直辖市人民政府教育行政部门要制定中小学教师继续教育人均基本费用标准。中小学教师继续教育经费由县级及以上教育行政部门统一管理，不得截留或挪用。地方各级人民政府教育行政部门要建立中小学教师继续教育考核和成绩登记制度。考核成绩作为教师职务聘任、晋级的依据之一。

（2）校本培训。校本培训适合农村中小学教师培训实际。农村地区学校分散，集中培训困难，培训经费紧张，任务繁重，而校本培训立足学校，教师全员参与，解决了工学矛盾，降低了培训成本，是较实际的教师继续教育方式。而且校本培训实效性强，能有针对性地解决教师教学中的问题，促进教师专业发展。

（3）针对教学实践问题开展教育科研。农村学校应结合本校的教学实践，对教师进行有关教育理论和教育科研方法的培训，使农村教师认识到教师开展教育科研，是应用教育理论和方法反思和研究自己的教学实践，改进教育教学实践，提高自身素质的过程。

（4）运用现代远程教育。现代远程教育既可进行学历教育，又可进行非学历教育。现代远程教育能够突破地域和时空的局限，快捷、高效地对农村教师进行培训。充分开发和利用现有的卫星电视和有线广播电视网资源，依托中国教育科研网，形成卫星广播电视网和计算机培训网相结合的现代远程教育网络，发挥现代教育技术和信息技术等多种媒体的特有优势，扩大受训规模，提高培训质量。发挥远程教育等先进培训手段在农村、少数民族和边远贫困地区教师培训中的重要作用，保证这些地区教师同样接受高水平的培训。开展中小学教师现代远程教育是实现大容量、广覆盖、跨越式发展农村中小学教师培训工作的有效途径。

（二）提高农村中小学教师的待遇

农村教师待遇问题主要集中在教师工资低、拖欠工资、社会保障体制不健全方面。具体应采取如下策略：

1. 国家采取措施提高农村中小学教师工资水平

国家采取强有力的措施，努力提高农村中小学教师的工资水平，提供各种福利政策，并给予优惠帮助，减少农村教师生活开支。帮助解决单职工教师家属或子女的就业困难，启动安居工程，给教师提供住房。国家应加大对农村教育的倾斜力度，采取优惠条件引进关键学科、薄弱学科的带头人。学校要加大对优秀教师、骨干教师的奖励力度。

2. 确保农村中小学教师工资足额发放

省级人民政府要统筹制定农村义务教育发展和中小学布局调整的规划，严格实行教师资格制度，逐县核定教师编制和工资总额，对财力不足、发放教师工资确有困难的县，要通过调整财政体制和增加转移支付的办法，解决农村中小学教师工资发放问题。县级人民政府要强化对教师工资的管理，将农村中小学教师工资的管理上收到县，并按规定设立"工资资金专户"。财政安排的教师工资性支出，由财政部门根据核定的编制和中央统一规定的工资项目及标准，通过银行直接拨入教师在银行开设的个人账户中。在此基础上，为支持国家扶贫开发工作重点县等中西部困难地区，建立农村中小学教师工资保障机制，中央财政应给予适当补助。

3. 建立农村艰苦边远地区中小学教师津贴制度

根据农村学校所在地的生活、交通条件、医疗卫生和邮电通讯条件确定若干个地区类别，分别按教师职务工资和津贴之和的一定比例，向在农村地区任教的教师发放农村教师津贴。有条件的地区要因地制宜，积极采取措施，不断提高教师待遇。

4. 建立和完善农村中小学教职工工资保障机制

采取系列措施，完善教师工资的保障机制，按照核定的编制和工资标准全额列入预算。根据农村中小学教职工编制和国家有关工资标准的规定，省级人民政府要统筹安排，确保农村中小学教职工工资按时、足额发放，进一步落实省长（主席、市长）负责制。安排使用中央下达的工资性转移支付资金，省、地（市）不得留用，全部补助到县，主要补助经过努力仍有困难的县用于工资发放，在年初将资金指标下达到县。

5. 健全农村社会保障

国家应逐步建立健全农村社会保障体系，覆盖范围不仅仅是公办教师，而且应覆盖到民办教师。

（三）优化农村中小学教师队伍结构

1. 改善教师年龄结构，解决教师队伍老化问题

加强农村中小学编制管理。在核定编制时，应充分考虑农村中小学区域广、生源分散、教学点多等特点，保证这些地区教师编制的基本需求。核定编制时，不能以一个标准衡量。目前教师编制大多按师生比为准，一个地区内城市、乡镇、农村学校相同。城乡学校差异大，对农村教师编制的核定就不能与市镇相同，而应区别对待。另外，要坚决清理在编不在岗

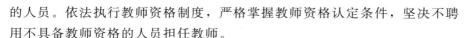

的人员。依法执行教师资格制度，严格掌握教师资格认定条件，坚决不聘用不具备教师资格的人员担任教师。

2. 采取超常规措施，更换不合格教师

必须坚决清理并归还被占用的教职工编制，对各类在编不在岗的人员，要限期与学校脱离关系。农村教师队伍存在大量过剩教师，这类教师占用教师编制，又不能辞退；另外，还有大量年龄较大的不合格教师。对于这两类教师，可采用超常规办法来解决：选派大量师范毕业生到学校，使得编制饱和并超编，使得学校在短期内不再引进教师，这样，通过自然淘汰法，过剩教师和不合格老龄教师逐步退休，然后教师编制又恢复合理。

3. 加大高级职称的比重

农村中小学教师队伍合理的职称结构对中小学教师队伍建设具有重要的意义。所以，农村中小学要创造条件提升教师的学术水平和科研能力，以适当提高中小学教师中的高级职称的结构占比。保证教师的结构合理、层次均衡，就要鼓励教师寻求自我发展，并为其创造一切有利于发展的条件，重视对优秀人才的培养和提拔；引进优秀的具有高级职称的人才；在教师中形成竞争的环境，形成学术科研的氛围，加快教师成长进程，逐渐平衡职称比例。

4. 齐全各学科教师

解决农村中小学学科教师不齐全的问题，可采取以下两种方法：第一，引进教师。提供各种优惠政策，引进所缺学科教师；第二，"一师多能"。鼓励现有教师学习第二专业，培养多种技能，以适应多学科教学。这两种方法的选择，主要根据学校的自身条件，乡镇学校可采用引进的方法，条件差的农村学校可采取"一师多能"的方法。

（四）严格实行教师资格制度

严格掌握教师资格认定条件，严禁聘用不具备教师资格的人员担任教师。通过实施教师资格制度，严格掌握教师资格标准，把住教师队伍入口关。即使在西部边远山区，也要通过各种培训方式，尽可能落实教师资格制度，使农村教师取得教师资格。教师资格制度的落实重点在民办教师。只要取得教师资格证，民办教师可以转为公办教师。各地的教育行政部门及学校在录用新教师时，必须把具备相应的教师资格作为选聘教师的必备条件，并对应聘者进行学科专业知识水平、教育科学知识水平，以及教育教学能力的全面考核，择优录用，以确保具有较高素质和较强能力的人员进入教师队伍，提高农村中小学教师的整体素质。

通过开展面向社会认定教师资格工作，拓宽教师来源渠道，实现教师补充来源多元化，逐步提高新聘教师的学历层次，形成高质量的教师储备队伍，为实施教师聘任制、优化教师队伍奠定基础。积极探索建立教师资格定期考核制度。要将师德修养和教育教学工作实绩作为选聘教师和确定教师专业技术职务的主要依据。

（五）逐步取消代课教师，推行教师聘任制

2006年3月7日举行的教育部2006年第四次新闻发布会上，教育部师范教育司司长管培俊在回答记者提问时表示，不允许使用代课教师，代课教师不能沿用民办教师的解决办法。已有的代课教师随着教师的补充，随着义务教育制度的逐步完善，要逐步清退。[①] 教育部副部长章新胜表示，我国将逐步取消代课教师，全面推行农村的教师聘任制，积极引导和鼓励教师和其他具备教师资格的人员到乡村任教。代课教师是在历史条件下产生的，在改进农村中小学教师待遇的问题上，全面推行农村的教师聘任制，依法实施教师资格制度，这样才能保证有质量的全民教育。

今后，代课教师要逐渐被清退，进而全面推行农村的教师聘任制，积极引导和鼓励教师和其他具备教师资格的人员到乡村任教。教师聘任实行按需设岗、公开招聘、平等竞争、择优聘任、科学考核、合同管理。学校可以结合教师资格制度的实施，面向社会招聘教师，经县级以上教育行政部门审批后聘任。实行教职工告诫制度，对聘任期内不能履行聘用合同的人员，首先进行告诫，要求限期改正，告诫期满仍不能达到合同要求的要予以解聘。

（六）建立优秀教师农村流向制度

积极鼓励并组织落实高校毕业生支援农村教育工作。就像国家实施的大学生支援西部行动计划一样，国家也可以实施大学生农村支援计划。我国省际差异小于省内城乡差异，从某种意义上说，支援农村更加紧迫。另外，建立城镇中小学教师到乡村任教服务期制度。通过教师交流制度，加

---

① 关莹. 教育部再重申不许使用代课教师［EB/OL］.（2006-03-07）［2007-03-05］http：//edu. people. com. cn/GB/4174211. html.

强农村学校和薄弱学校的建设与发展，缓解农村边远地区中小学教师不足的矛盾，改善薄弱学校合格师资及高水平师资缺乏的状况。国外实行的城乡教师"轮岗制"可以为我们所借鉴。我国大中城市与小城市之间，小城市与农村乡镇之间，也可以试行"轮岗制"。城镇中小学教师晋升高级教师职务，应有在乡村中小学任教一年以上的经历。适当提高乡村中小学中、高级教师职务岗位占比。地（市）、县教育行政部门要建立区域内城乡"校对校"教师定期交流制度。对于师范院校的毕业生，还可以实施"师役制"，即到农村学校服教役，完成1～2年的短期教役后，就可以有优先被城市学校聘用的资格。

〔原文刊载于《中小学教师培训》2007年第6期（曲铁华　朱永坤）〕

第五专题

国外教师教育研究

21 世纪美国教师教育改革的新举措
及对我国的启示

进入 21 世纪以来，作为教育改革重头戏的教师教育，迎来了自身改革发展的机遇。2008 年，澳大利亚政府通过教育改革基金计划，增加了对教师教育的资金支持；2009 年，英国政府提出教师将成为未来国家教育改革的关键；2010 年，法国政府开始实施教师资格硕士化。世界各国基于当前的发展趋势，在教师教育的重要地位方面达成一致认同：教师教育对一个国家未来的全面发展意义重大。教师教育战略地位在世界范围内得到提高，为美国 21 世纪的教师教育改革提供了良好的外部环境，有利于各国间的沟通交流，以及成功经验的分享借鉴。

尽管美国的教师教育已经取得了很大的成就，然而，回顾历史，作为教育"母机"的教师教育，到了 20 世纪才真正获得世界范围的认可和追捧。进入 21 世纪以来，经济发展与社会转型等因素带来的诸多问题，向 21 世纪的美国教师教育改革，又发起了新一轮挑战。

一、美国教师教育改革的新举措

（一）教师教育培养模式改革

进入 21 世纪以来，美国的教师教育培养模式走过了一个逐渐改进的发展过程。在此期间，美国不断调整教师培养的理念，发掘更为多元和互补的培养渠道，以弥补传统培养模式的不足。

1. 教师教育培养理念的更新

传统"大学本位"的模式，在进入 21 世纪以来饱受争议，随着全美社会对于教师职业认可度的提升，更为适应时代需求的培养理念也在不断更新。近年来，从培养"学者型教师"到培养"临床实践专家"，再到培养"反思型教师"，而结合当前教育国际环境和美国自身的情况来看，"反思型教师"无疑是最符合教师职业专业化与社会化要求的选择。一个具有反思意识，并且懂得培养反思能力的教师，其角色定位要求其要作为"教育理论的批判者、个性化理论知识的构建者和合作共生关系的创造者"。①
而历史经验和实践证明，教师教育培养理念的发展变化，也会深刻影响培
养模式的选择。

2. 教师教育培养模式的创新

美国的教师教育培养模式主要包括传统的大学本位培养模式以及一些
补偿性模式，如：选择型教师培养计划、教师专业发展学校以及近年来新
兴的城市教师驻校培养模式等。而由于传统培养模式存在着偏重理论而缺
乏实践锻炼且无法有效满足大范围教师培养的弊端，选择型教师培养计划
低门槛、快餐式培养的质量缺陷，以及教师专业发展学校实行培养计划的
不平衡和不成熟，使得城市教师驻校培养模式（Urban Teacher Residency
Models，简称 UTR）备受关注，并且得到了奥巴马总统的强烈支持和教
育部的 4300 万的资金支持。②

UTR 模式在 2001 年首次被正式提出，主要针对的是城郊教育资源不
均衡和城市教师大量流失的问题，它规定住校生在城市学校带薪学习一
年，这段时间内他们将获得专业教师进行的教学实践指导，以及课余时间
来自合作院校提供的研究生课程的学习，毕业后他们将被派往城市学区工
作 3~5 年，并接受入职培训，以成长为具备实践能力的专业教师。UTR
模式强调理论与实践的结合、经验丰富的教师进行指导、建立合作伙伴关
系以及服务学区的明确目标。回顾城市教师驻校培养模式十余年间的发
展，可以预见的是，这种模式在未来将被赋予新的内涵，但是其在实效上
的优势依然会引领当前美国教师教育培养模式的走向。

（二）教师教育课程改革

在美国教师教育的历史上，"学术性"与"专业性"的矛盾由来已久，
在当前科学主义的导向下，培养教师宽广的多元教育视野和具体的教学能
力成为公认的目标，这也就决定了其教师教育的课程改革也要基于此来
落实。

1. 多元文化的教师教育课程

美国作为一个移民型国家，教育是体现民主平等和理解包容精神内涵
的载体，也是实现这一精神的手段。要想培养出适应在多元文化环境里教

---

① 尚莎莎. 美国反思型教师培养研究 ［D］. 河北大学硕士论文，2013.
② Boggess，LAURENCE B. Home growing teacher quality：district partnerships with urban teacher residencies ［D］. The Pennsylvania State University，2008.

学的教师，改变他们保守的意识形态以及给予他们胜任多元教学的能力十分重要。为此，美国教师教育课程在课时上体现出对多元文化课程的倾斜，并有意识地增加"多元文化教育、多元社会中的教育、多元文化的教育哲学、多元文化教育与研讨、多元文化教育与人类关系以及解决冲突"等讨论课程和专题讲座。① 此外，近年来开设的序列型课程备受关注，这种课程由三个学分的文化多元性课程以及三个学分的培养平等和社会正义的课程组成，体现了由多元文化意识渗透转化为实际教学行动中的理解和包容的课程理念走向。

2. 渗透专业化趋势的课程融合

当前的美国教师教育课程改革，关注在专业性前提下的通识性、在基础性前提下的发散性，即在专业化背景下，体现不同性质的课程间的融合、理论学习课程与教学实践课程的融合。其中，不同性质的课程相互融合，指的是学科知识与教育学知识的内部结合，从而生成一种所谓的"学科教学知识"（Pedagogical Content Knowledge，简称PCK）。舒尔曼认为，PCK"是将学科内容与它的可教性方面的知识综合起来形成的一种认知，掌握这种知识可以使教师懂得根据不同的主题灵活开展教学以满足学生兴趣和能力的差异"②。因而，这也就从一定程度上缓解了教师教育课程"学术性"和"专业性"的冲突，也成为当前世界范围内受到广泛认可的课程设置理念。而理论学习课程与教学实践课程的融合，指的在是美国各地方的教师教育课程安排中，理论学习和实践教育实现了有机结合，共同构成了完整的教学过程，即在每个学期都会安排类似教育见习、实习的环节，在最后一学期安排学生集中进行考学实践。这样就易于使培养出来的"准教师"们迅速进入教学角色，熟练运用所学到的知识和方法。而在近年来美国教师教育课程的改革中，对于实践课程的重视有增无减，呈稳步上升的态势。

（三）教师资格认证改革

进入21世纪以来，美国的教师教育改革，在教师资格认证层面，体现着对标准与质量的崇尚。

---

① 杜静. 流变与走向：美国教师教育课程的检视 [J]. 教育科学，2007（03）：84-87.

② SHULMAN L S. Those who understand: knowledge growth in teaching [J]. Educational Researcher, 1986, 15 (2): 4-14.

1. 教师资格认证的取向

"追求卓越"始终是进入 21 世纪以来美国教师教育改革的重中之重。《不让一个孩子掉队》法案中对"优秀教师"的标准进行了界定，这种标准在当时侧重于对教师学科知识能力的考察。然而，随着近些年美国基础教育中 STEM（科学 Science，技术 Technology，工程 Engineering，数学 Mathematics）教育质量问题的突显，奥巴马总统上任后，于 2012 年宣布设立教师专家团，要求这些教师除了要具备过硬的教学能力，还要带领整个学区的发展。①

2. 教师资格认证的内容

进入 21 世纪以来，美国的教师资格认证，从认证标准到认证机构，都趋向综合和多元。在认证标准方面，2005 年，联邦教育部在年度教师质量报告中明确提出了其教师需要达到的标准，即"精通学科知识，使用合适的教学策略，运用各种来自学生的信息指导教学，个性化教学，使用最新的教育技术"。②尽管美国各州都有自己的一套涵盖多种课程任务和认证能力的认证办法，但可以肯定的是，在近些年的发展中，永久有效的认证将逐渐消失，即便含金量再高的证书，也将根据情况定期考核和更换；此外，各州之间资格认证无法通用的情况也在不断改善，通过签署协议和加入区域契约的方式，教师的州际流动越发便捷和灵活。此外，还有一些其他国家性教育组织，通过联合出台认证系统形成认证机制。

在认证机构方面，除了各州指定的认证机构以外，制定相关资格认证标准的机构、进行资格认证的机构，甚至教师培训的有关机构和教师团体，都可以对教师进行资格认证。如在 2001 年成立的美国优秀教师证书委员会（ABCTE），其认证十分灵活，主要针对其他领域想要转行做教师的人员，需要在获得学士学位的基础上，通过学科认证的笔试。而这种机构提供的资格认定的好处就在于，它把教师的职前和职后培训有机地结合起来，既为申请者的职业转换提供一定的条件，也注重对教师职后教学技能的培养，帮助他们快速适应一定的教学需要。再如纽约州立大学在 2010 年更新了战略发展计划《纽约州立大学的力量》，建立了纽约州立大学城市—农村教师组织，将在校生输入相应的城市和农村地区进行实习，并通过严格的考核标准和教师资格认证标准，为纽约州提供了一批批专业

---

① Seadler，Abby. Obama introduces plan to increase U. S. STEM undergraduates [J]. Earth，2012 (6).

② 王晓波，赵憬. 美国教师教育的最新动态与发展趋势 [J]. 世界教育信息，2006 (9)：37-39.

知识与教学实践能力兼具的优秀教师。可见，美国教师资格认证在具体内容上，正体现着趋向合作的走势。

（四）教师培训模式改革

美国的教师培训，最早开始于 20 世纪 80 年代。随着终身教育思潮的兴起以及终身教育时代的来临，当前的教师培训改革，逐渐呈现入职培训与职后培训一体化的趋势。

1. 校本培训为主，多种方式并存

实行分权制的美国，由于各州都掌握着相对独立的教育大权，加之美国高校都具有不俗的教育质量和实力，因此，校本培训模式在 21 世纪依然是担当主流的教师培训模式。许多高校建立起了教师培训中心，承担这一任务，在此基础上，美国的校本培训也呈现出一些新的发展趋势。以芝加哥大学为例，芝加哥大学教学中心（Center for Teaching and Learning，简称 CTL）是为本校教师和研究生学员提供学习资源的机构。[①] 在 CTL，新教师和在职教师被作为培训对象，将入职培训和之后培训结合起来，通过有针对性的课程讲授、研讨讲座和校内资源，帮助这些教师解决教学中的困难，提高教学水平。此外，新的教师专业发展学校（Professional Development School，简称 PDS）模式，是美国大学的教育学院联合地方公立中小学合作运行的一种培训学校，[②] 目的在于改善高等教育的服务条件，调整大学和中小学之间的关系，推动两者共同发展，这也使得教师教育模式呈现出多样化发展趋势。

2. 终身化培训

值得关注的是，美国相当一部分高校的校本培训突破了时间限制，正在向终身化迈进。这也是当下全美高校校本培训的走向。芝加哥大学教学中心就为教师提供职业发展每一阶段的培训资源，不仅每一个培训周期是完善的、有针对性的，而且贯串每位教师职业生涯的始终。这种终身化培训的趋势，不仅能帮助教师确立长远的职业生涯规划，也有利于教师培训的连续性和一致性，能促进他们教学能力的稳步提升。

---

① SCHUMANN D W，PETERS J，OLSEN T. Cocreating value in teaching and learning centers [J]. New Directions for Teaching and Learning，2013（133）：21-32.

② IRLMEIER J L. Mentor teachers in professional development schools：The motivations，benefits，and challenges [J]. Dissertations&Theses Gradworks，2014.

3. 关注教师专业发展的差异化和个性化

美国的教师培训逐渐呈现个性化特点，不仅关注教师群体角色的差别，也关注每一位教师的个体差异。根据新教师和在职教师的角色差异，为新教师提供细致实用的指导，帮助他们迅速适应新的教学环境，为在职教师提供有助于能力提升和创新的教学方式；根据教师的个体差异和不同的专业发展规划，提供多样的培训课程资源，任其灵活地依照自己的意愿进行学习。这种对教师专业发展的关注，体现了以人为本的职业关照，也表明了对于教师地位和意志的尊重与认可，更利于教师的专业成长。

4. 重视教师培训质量评价

进入 21 世纪以来，美国学者开发了多种教师培训质量评价模式，越发关注对于教师培训的反馈机制。其中，水平模式作为一种质性评价，主张收集能够说明培训质量的证据，其评价的落脚点是对于学生结果的影响；多站点评价模式作为一种量化评价，目的在于说明培训质量的优劣以及影响的显著因素；行为性评价模式同样作为一种质性评价，但是，其关注点在于帮助培训者和学员在行动过程中进行反思，并以此为依据对培训做出及时有效的调整。上述模式各有优劣，体现的是美国教师培训模式的一种发展趋势，即对于效果评价和反馈的重视，这种模式有助于对教师培训模式的改进和提升，能够更多地参考一线教师和学员的意见，使培训更具实践性和操作性。

（五）教师质量保障体系改革

美国的教师质量保障体系经过不断完善和发展，逐渐形成了"专业取向或传统的教师质量保障体系，以及选择性路径的教师质量保障体系"这两大保障系统[①]。就当前联邦政府采取的措施来看，其在吸取前者部分理念的基础上，更加倾向于后者。不同于美国教师质量保障体系的教学团体自我监控，进入 21 世纪以来，联邦政府通过对《高等教育法》进行修正，正式建立起对于教师质量保障的监控体系，并在 2001 年出台的 NCLB 中，对"高质量教师"做出明确的规定，使联邦干预步入了新的阶段，并且呈现不断强化的趋势。

当前，选择性路径的教师质量保障体系已进入新的发展时期，结合教

---

① 洪明. 美国联邦政府教师质量保障政策探析：聚焦《高等教育法》和《不让一个孩子掉队法》[J]. 比较教育研究，2010，32（02）：69-73.

育改革市场化的时代背景，在方向上，呈现多种认证机构共同提升教师质量的多元融合趋势；在实质上，更注重不同组织和团体相互合作，提升教师实践教学能力的走向。当前美国选择性路径取向下的机构有教师教育认证委员会（TEAC）以及美国优质教师证书委员会（ABCTE），前者是相关培养方案的认证机构，后者则侧重于教师对学生学习成绩的提升水平。

TEAC 作为美国专业性认证的补充，更多地强调申请者主动地选择评价标准，收集能够说明自身水平的证据进行自我评估，而这种方式选择上的灵活性，对应的是成果评估的高信度。与之不同的是，ABCTE 更多的是通过对参与者背景和能力的评估，为他们提供相应的达标计划，吸引其他领域的人员转入教育行业。总之，不管未来美国会建构什么样的教师质量保障体系，基于此的关注和研究，都会引领美国教师教育的改革方向。

二、美国教师教育改革新举措的特点分析

（一）追求卓越的发展取向

进入 21 世纪以来，美国将培养"高质量教师"作为教师教育的目标，在培养模式、资格认证等方面均有所渗透。其中对于培养模式上的卓越取向，体现在其选择性和多元性中。20 世纪中期之后，大学本位的教师培养模式独领风骚，在当时，"教育学院、独立学院或州属公立大学的教育系，承担了绝大部分的教师培养任务"①。然而，随着这种模式的弊端逐渐显现，联邦政府开始认识到仅仅实行本科层次的师范教育并不能培养出大批优秀的教师。此后，联邦支持并采纳了前教育部长罗德于 2002 年提交的《应对优秀教师挑战》报告，采取更为灵活、务实的选择性培养模式，使准教师们迅速进入岗位角色。

而对于资格认证的卓越取向，则始于《不让一个孩子掉队》法案。其中对于"优秀教师"的界定，体现出美国社会在竞争越发激烈的 21 世纪对于优秀教师寄予的更高期望，这种卓越，也始终围绕着"标准"与"质量"这两大关键词。这一界定加上前文提到的近些年 STEM 领域的教师标准，都是不同发展时期对于评判优秀教师的参照标准，对于教师的要求，也从掌握足够的学科知识转变为具有相关学科领域的综合能力，以及

---

① 杨捷，吴路珂. 追求卓越：当代美国教师教育的发展取向 ［J］. 教师教育学报，2014，01（05）：15-20.

肩负推动所在学区发展的责任。由此可见，追求卓越已经成为 21 世纪美国教师教育改革的价值取向，引领着当前对于优秀教师的培养。

（二）课程逐步走向多元与融合

随着社会发展和知识时代的来临，单纯掌握学科知识的教师已经不能满足教育的需要，多元化的学生结构和广泛便捷的知识来源，都需要教师掌握多元知识结构，并且在教育方法上更有创造性。为了培养符合时代要求的优秀教师，相应的课程面临着更新和重组，以 PCK 课程为例，新的教师教育课程观倡导教师对于知识的主动建构，根据自身情况和学生实际去组织教学，实现学科专业知识、教育学知识和基础知识的有机结合。此外，更多体现社会价值与人文关怀的课程将被引入，去承担帮助教师建立多元文化视野、提升教师教学能力的任务。为此，21 世纪的教师教育课程改革凸显了多元与融合的特点，使其更加符合美国当前的教育实际。

（三）职前培养与职后培训一体化

教育终身化理念打开了教师职前培养与职后培训并重的局面。终身教育在教师教育领域的表现，就是一方面探索多样化的教师培养模式，另一方面，也要着力开发终身化、特色化的教师培训模式。这一特点最集中的表现，就是教师专业发展学校。在这里，既延长了师范生们教育实习的时间，帮助他们在实践中学到更多的技巧，又为在职的教师提供灵活自由的专业成长辅助，使他们更好地适应教学环境和完成教学任务，并逐步将这种辅助推向终身化。可见，推进教师职前培养与职后培训的一体化，是当前美国教师教育改革的特点之一，而建立专门的培训机构并推动教师培训的制度化，是实现这一目标的有效途径。

（四）联邦政府干预在改革中越发显著

作为三权分立的联邦共和制国家，美国在中央与地方的关系上，也采取分权制，联邦教育部无权直接干涉地方教育事务。然而，与以往联邦政府不干预教育的原则不同的是，进入 21 世纪以来，尤其是在近些年来的教师教育改革中，联邦政府所扮演的角色越发重要，作用也越发突出，这表明其已逐渐认识到政府干预教师教育对于提升教师质量的意义。

奥巴马总统就任后，主要通过经济杠杆的方式来干预各州的教师教育改革，通过资金补助和政策导向的形式，来补充、准备、留任与评价教师。在资金补助上，无论是财政拨款支持教师教育改革的专门项目、科学研究（如 2012 年的"大学校长的教学人员计划"和"总统伙伴项目"），还是定向投资，鼓励少数民族服务机构对少数民族教师的培训工作，以满足学生群体的多样性发展，都体现了联邦政府有计划地逐步改变政府管理美国教师教育的方式，不断扩展其干预教师教育改革的范围和力度。

而在政策导向上，有人说："美国教师教育改革政策的本质是联邦的政治驱动。"① 奥巴马政府一方面在教师评价政策中引入"绩效责任制"，支持各州进行教师评估方式的改革；另一方面，在教师准备政策中，大力倡导"教师驻校模式"，也就是在教师培养的实践层面进行直接干预。从中我们可以看出，联邦政府干预已经成为美国近年来教师教育改革趋势中的一大特点。

三、美国教师教育改革新举措对我国的启示

（一）将教师教育摆在优先发展的战略地位

教育是经济社会发展与变革的晴雨表和驱动器，社会的每一次大变革都牵涉着教育。进入 21 世纪以来，美国越发重视教育事业，尤其是教师教育，提出高层次和严标准，将提升教师质量摆在首位，都表明了其对于教师教育优先发展的深刻认识。我国也坚持推行科教兴国的发展战略，并意识到教师教育的重要性，这就要求我国在新时期积极推进教师教育改革，不仅要加强资金投入和优惠政策的保障，还要发挥和调动师范院校和综合大学开展教师教育的优势和积极性，更要加强国家教师教育基地建设，为提高教师教育质量提供条件保障。②

（二）发展多元教师教育课程，注重实践

当前我国大力提倡全面发展的教育，其中就包括教育要面向全体学生。在这一问题上，我国面临着与美国相似的境地。由城市化带来的农村留守儿童和城市农民工子女的教育问题、我国多民族结构带来的双语教育问题，以及当前我国东西部差距带来的城乡教育资源不均衡问题，都使得我国具有多元化素养的教师培养势在必行，这就要求在教师职前培养的环

---

①　谌启标. 新世纪美国教师教育改革政策述评［J］. 比较教育研究，2013，35（09）：57-61.
②　管培俊. 我国教师教育改革开放三十年的历程、成就与基本经验［J］. 中国高教研究，2009（02）：3-11.

节要有所渗透，在课程的设置上，无疑就需要涵盖多元化的素质培养。因此，我国需要借鉴美国在教师教育课程理念上的经验，发展多元文化的课程，培养教师对于不同成长环境、不同民族文化的学生群体的理解和包容，打开视野，将多元化的意识根植于他们的内心，以保证在教学中能对学生进行有针对性的关注，提高教学的效果。

除此之外，美国教师教育课程对于教师实践能力的重视，也值得我国加以学习。基于我国重理论、轻实践以及对于教育实习有所忽视的现状，增加教师培养中实习课程的时长，提供更多的实践教学机会，才能使培养出来的教师更快地适应教学岗位，拥有更为实用的实践技巧，从而取得更突出的成效。

（三）推动教师培训模式的多样性开发

进入 21 世纪，教师培训不再局限于对知识的传授，只有采取"以人为本，以需为本"的创新型培养模式，才能有效保障教学的质量。因此，我们要学习美国教师教育改革中对于教师培训的重视以及对教师培训模式多样化的探究。我国也应在当前"国培计划"发展的良好势头下，继续开发新的培训模式，完善有关的制度。要做到这些，我国可以借鉴美国的PSD 模式，着力推进大学与中小学的合作，使一线教师获得不断更新教育理论的平台，能将其合理运用到教学实践中，进而在反思中建构自己的教学经验。

此外，我们还应该学习美国关于教师培训目的的理念，即由培训具有丰富知识的教师，转为培训具有创新能力和开放视野的多元文化教师，坚决贯彻《国家中长期教育改革和发展规划纲要（2010—2020 年）》中提到的"创新人才培养模式"理念，使教师能够实施"启发式、探究式、讨论式、参与式教学"，以"帮助学生学会学习"，努力提升我国教师教育改革的质量与水平。

（四）政府要正确把控对教师教育改革的干预方式

尽管我国有着和美国迥异的社会性质，但是，在政府干预教师教育改革的方式上，我们依然能够选择性地借鉴。美国在近些年来不断加强联邦政府宏观调控的同时，依然坚持着集权制与市场制相结合的教师教育改革模式，这样既能够把握其发展方向，又能最大限度地调动地方政府的积极性，灵活有效地进行调整。因此，对于我国来说，更需要正确处理中央和地方的关系，在中央宏观指导的前提下，适度将权力下放，引导地方政府结合当地实际情况，因地制宜，灵活地贯彻国家的教师教育方针。获得一定的自主权，就意味着积极性的提高，那么在当前我国的教师教育改革中，正确把控和适时调整政府的干预方式，分清哪些环节要抓，哪些环节要放，只有这样才更有利于改革的推进。

[原文刊载于《国家教育行政学院学报》2016 年第 3 期（曲铁华　王凌玉）]

基于实践的专业发展理论：
美国 TFA 的教师专业发展模式

　　1999 年，保尔（Deborah L. Ball）和科恩（David K. Cohen）提出了一种基于实践的专业教育理论，试图以综合的发展途径，来结束和改变当时分立的、不充分的教师专业发展。① 虽然过去的十年里，他们的著作在教师培养和专业发展领域的文献中被广泛引用和讨论，但是，将他们的理论付之于实践的尝试却十分有限。本文认为，"为美国而教"（Teach For America，简称 TFA）的教学作为领导力（Teaching As Leadership，简称 TAL）② 的框架和专业发展模式，是保尔和科恩基于实践的教师教育理论的课程与教学法的现实化。TFA 教师专业发展的课程与教学法，可以被教育领域的从业人员作为一种持续的专业教育。

一、保尔和科恩的教师专业发展理论及其发展

　　保尔和科恩的专业教育理论，把教学定义为一种必须通过实践来学习的专业，"否则，其他的提议就像是期望一个人在人行道上学会游泳"。③ 他们的理论基于专业教育的三个基本要求：第一，实践和如何更好地实践是专业教育的基础。第二，在知识、技能和个人态度方面涉及学习进行实践的概念。第三，需要了解如何教教师，这包含了一种"探究的教学法"，即利用成熟的可检验的专业分析工具来引导探究。

　　保尔和科恩解释说，离开大量专业话语的习得以及实践群体的参与，专业教育就不能得到充分的发展。他们指出，"虽然美国在教师发展方面投资巨大，但是大都花费在会议及研讨班上面，这些通常较为肤浅，与课

---

① Linda Darling-Hammond，Gary Sykes. Teaching as the learning profession：handbook of policy and practice [M]. San Francisco，CA：Jossey-Bass，1999：3-32.

② FARR S. Teaching as leadership：The highly effective teacher's guide to closing the achievement gap [M]. San Francisco，CA：Jossey-Bass，2010：1.

③ Linda Darling-Hammond，Gary Sykes. Teaching as the learning profession：handbook of policy and practice [M]. San Francisco，CA：Jossey-Bass，1999：12.

程和学习的深层次问题脱离，支离破碎且不具持续性"。① 教师经常依赖"模糊的术语和语言"，而不是以交流"真实现象的实践"为基础。他们希望发展一种更实用的具有区别性的实践语言，使具体的教学实际成为严肃的脑力劳动的开始。因此，他们建议发展一种不同的教学话语，他们认为教师应通晓以复杂性和现实性为中心的教学理念，而不是"模糊的术语和语言"。② 约 10 年后，教师教育领域的一些研究者仍然响应了他们的号召，建议以大学为基础的教师教育应以实践为核心。③ 斯提格勒（Stigler）所提出的创造、积累运用可以共享的知识来教学的观点，与保尔和科恩的专业教育理论一样蕴含着教师的培训、支持及专业发展。④ 他们指出，美国的教师教育系统"看起来并没有为生产出更深更复杂的关于学生和教师的学问做好充分准备，薄弱的教师教育继承了保守的传统，所培育的教师缺乏学习和改进的专业能力，抑制了教师教育的变革"。⑤

　　理查德森（Richardson）研究发现，尽管研究人员和教师们对保尔和科恩的专业发展理论非常认同，但是基于此的教师教育项目却难以实施。⑥ 韦伯斯特—赖特（Webster-Wright）认为，这一领域内的研究者和教师们虽然被要求，却没有能力去实施各种项目，部分是自然抵抗变革，但大多数是因为对教学语言没有充分理解。⑦ 遍布美国的教育顾问、公司、组织通过开发教学的框架，来处理这一问题，通常包含定义和评价好的教学准则和条款，针对单个学校或区域的专业发展与评价，这成为一种越来越普遍的解决方案。例如，丹尼森（Danielson）的教学框架，马歇尔（Kim Marshall）的评估系统，全国优质教学协会（The National Institute for Excellence in Teaching）针对教师和学生进步的"教师进步计划"

①　Linda Darling-Hammond, Gary Sykes. Teaching as the learning profession: handbook of policy and practice [M]. San Francisco, CA: Jossey-Bass, 1999: 3-4.

②　Linda Darling-Hammond, Gary Sykes. Teaching as the learning profession: handbook of policy and practice [M]. San Francisco, CA: Jossey-Bass, 1999: 18.

③　GROSSMAN P, MACDONALD M. Back to the future: Directions for research in teaching and teacher education [J]. American Educational Research Journal, 2008 (45): 184-205.

④　STIGLER J, THOMPSON B. Thoughts on creating, accumulating and utilizing a shareable knowledge base for teaching [J]. Elementary School Journal, 2008 (109): 442-457.

⑤　Linda Darling-Hammond, Gary Sykes. Teaching as the learning profession: handbook of policy and practice [M]. San Francisco, CA: Jossey-Bass, 1999: 5.

⑥　RICHARDSON V. The dilemmas of professional development [J]. Phi Delta Kappan. 2003 (84): 401-406.

⑦　WEBSTERWRIGHT A. Reframing professional development through understanding authentic professional learning [J]. Review of Educational Research, 2009 (79): 702-739.

（Teacher Advancement Program，简称 TAP）系统，它们都通过研发和销售教师评估和发展的框架，来满足这样一种共享的、基于实践的教学理论框架的需求。

不同于上述几个评估与发展框架，TAL 框架则从 TFA 教师招聘与甄选开始，被运用在 TFA 教师服务之前，并作为它们的部分教师培训项目。正如韦伯斯特－赖特所指出的那样，改变有关教学的论述，重构专业发展，对于那些已经进入教学领域多年的教师，并不是一个直截了当的方法。向新教师们介绍 TAL 框架并用专业的话语体系来支持，可以成为促成他们产生富有成效的教学理念的新开端。近些年来，在对教学的有效途径的分析研究中，格罗斯曼（Grossman）和勒布（Loeb）也建议"更好地选择应征教师"与"针对核心的教学实践进行职业培训"，是发展高效教师的两种最有前途的现实方案。① 因此，在新教师的选择和培训方面，培训应重新思考基于实践的教学框架的应用。

二、TFA 与教师培养的替代性路径

TFA 基于 TAL 对教师的支持与发展模式（具体包括：对学生的成就设定大的目标；对学生以及能影响他们努力学习达成目标的人进行投资；针对性地计划；有效地执行；系统地进行反思并不断提高；努力工作克服障碍），为我们提供了一种思考和讨论教学的独特方式。虽然这种教师教育的模式已经被长期讨论过，但无论是传统的还是替代性的教师培养和发展路径，都很少对其进行实践，最终由 TFA 将其付诸实践。值得注意的是，如果不是传统的惯性或者害怕在资格认证方面有所损失②等一些对教师教育创新的阻碍因素，任何教师教育的替代性途径都有重构教与学的潜力。

尽管如此，教师培养和发展的创新潜力，仍然很难在这些教师培养的替代性路径中被发掘。作为教师培养项目的一部分，博伊德（Boyd）等人在 2008 年，研究比较了纽约所有的专业教师培养途径，他们发现，尽管选择是多样的，同质化的制度却让这些组织变得越来越趋同，最充分的研

---

① GROSSMAN P，LOEB S. Learning from multiple routes：The variation in teacher preparation pathway scanpropelour understanding of how best to prepare teachers ［J］. Education Leadership，2010（67）：22-27.

② M COCHRAN SMITH，S FEIMAN NESMER，D MCINTYRE，K DEMERS. The Handbook of research on teacher education ［M］. NewYork，NY：Routeledge，2008：981-986.

究就在于培养教师的不同路径，在实质的内容和支持方面缺乏多样性。[①]
这些教师认证项目最大的差别，不在于教师们上了什么样的课程，而是什么时候进行影响教师实践经验的实践课程的学习。TFA 作为一种培养教师的模式，也在他们对纽约市教师培养的分析中，但是，关注点在于职前和在职培训，并没有涉及 TFA 模式中对教师的持续支持，以及专业发展的部分。

在某种程度上，教师培养的替代性路径体现了保尔和科恩的观点，让未来的教师从一开始就接受基于实践的教师教育。尽管保尔和科恩没有明确提倡教师培养的替代性路径，但他们认为，教师的教学类似于表演，学习任何与表演相关的内容，专业要求有任务和思考方式方面的经验，实践都非常基础。因此，在教师开始教学之前或者在他们参加认证课程的最初阶段，应该为他们创造实践的机会，从而让他们能够从实践中学习，在实践产生的问题中学习。

教师培养的替代性路径，在对学科知识价值的强调方面也与保尔和科恩一致。通过对替代性的教师培养项目进行考察，博伊德等人发现，替代性路径培养的教师，更多来自于对学生更挑剔的大学，在州测试中取得的分数也更高，他们主修的是某一专业科目，而非教育。这种途径吸收职业中期的专业人员，依靠他们的工作经验来给未来的教师提供满足教学要求的更深层的学科知识。TFA 对教学作为领导力的概念进行重建，引导了专业探究工具的开发及对实践的讨论，让保尔和科恩十年之前对教师教育的课程与教学的设想变成了现实。

三、TFA 的教学作为领导力（Teaching As Leadership）

TFA 在建立之初就宣称要为消灭美国教育的不公而努力，其真正使命不仅仅是为偏远地区的学校提供高素质的临时教师，而是让最优秀的大学生通过支教的切身体验发现教育中存在的问题，并最终选择留在教育系统内推动教育的全面变革。他们的教学理念，充分体现在斯蒂芬·法尔（Farr）的《教学作为领导力：缩小学业差距之高效教师指南》（Teaching As Leadership：The Highly Effective Teachers Guide to Closing the Achievement Gap）一书中。该理念把教学视为一种领导，因此力图选择、

---

① BOYD D, et al. Surveying the landscape of teacher education in New York City [J]. Educational Evaluation and Policy Analysis, 2008 (30): 319-343.

发展和培训课堂的领导者，从而指引学生达到学习目标。这种 TAL 框架把保尔和科恩所说的"实践的理念"融入教师教育的内容和教学法中，使得卓越教师的成长变成一种可复制的路径，被广泛运用于 TFA 教师的日常培训与反思的实践中（见表1）。

表 1　TFA 成员暑期每日培训时间表（样例）

6:00 am—6:30 am	早饭
6:30 am—7:30 am	到达学校
7:30 am—8:00 am	布置教室，帮助服务，迎接学生
8:00 am—9:00 am	在数学和文化课时间教一个小组的学生（所有成员）
9:00 am—10:15 am	教导与教学
10:15 am—1:30 pm	没有教导和教学时，成员们可以进行以下活动：1）参加不同的课程学习，关注特定的课程目标，在成员需要的时候予以支持；2）成员之间互相听课，并撰写教学反思与评价；3）与指导教师见面，听取他们课堂观察的报告；4）运用 TAL 的准则进行评价与自我评价；5）进行教学计划或备课；6）通过运用个人行动指南或时间表在战略上区分优先次序
1:00 pm—1:30 pm	监督学生午餐，吃午餐，督促学生休息
1:30 pm—2:45 pm	参与核心课程，关注特定的课程目标
2:45 pm—4:00 pm	参与指导教师组织的小组讨论，反思进程和挑战，参与课程相关问题的讨论
4:00 pm—5:00 pm	返回大学驻地
5:00 pm—6:00 pm	自由支配（健身、休息、晚餐、放松等）
6:00 pm—9:30 pm	完成第二天的课程计划并进行演练，批改作业，或做下列事项：1）参加研讨会；2）参与地区会议；3）参加一个学习组织的团体会议
9:30 pm—10:30 pm	个人或小组活动：1）撰写下周的教学计划，如有必要可以利用资料室；2）与合作成员见面，讨论学生的进步，分析学生的作业；3）与团员的指导教师见面，讨论合作调查研究

法尔解释说，通过研究美国 TFA 内外的优秀教师，TAL 的准则被进一步发展。它包含了一个五点的分级范围，覆盖了从新手到卓越教学（教学是可持续的、严密的，能够为消除教室、学校、社区范围内的学业差距做出贡献）的不同层次。法尔认为，准则中采用了成就取向的语言，而非过程取向，以免对不同地区、年级、学科教师的教学过程进行限制，而是针对教学的结果进行一种典范性的指导。

表 1 是 TFA 成员暑期每日培训的时间表，培训结束之后，TFA 的成员（Corps Members，简称 CMs）就已经习惯了准则划分的多种时间段。他们参加的课程研讨会，也以涉及的准则命名（例如执行、计划），从而更有利于在课堂的主题、准则和教学实践中建立明确的联系。为增加有效性，CMs 设立每周的目标运用一个反思的方案，引导他们根据准则对近期的表现进行评估。他们设立的目标也以他们对准则的多个方面想要进行的改进为基础。在暑期，CMs 熟悉了 TAL 的普遍框架和语言，从而更好地理解有效教学。在未来的两年内，这些将继续实行，不仅在一对一的成员见面中，也在每月的学习小组会议中，CMs 可以与他们所在地区内同一学科或同一年级的指导教师会面。就当前来说，对 TAL 理念的转化以及对教学的分类已经实现了，但是准则语言的普遍性贯串了教师的准备、支持与发展的全程，这就呼唤一种新的基于实践的教与学的专业性论述。

四、TFA 模式的教师准备、支持与发展

通过把教学定义为领导力，TFA 在三个领域内践行了保尔和科恩的理念。第一个领域，即教师的准备，包含了五周暑期培训。在此期间，CMs 首次接受教育课程的学习，在学区指导教师和一个 TFA 导师的指导下，他们将在一所暑期学校的班级中进行班组教学。他们在培训的一开始就参与到实践的学习中去，向他们的指导教师汇报情况并听取意见，这也是为了确保他们能在"合作探究"的过程中从实践中学习。这种"合作探究"通常每周一次，导师们将对成员的教学进行参与观察，包含围绕一个事先拟定的草案的讨论，引导 CMs 运用 TAL 的准则反思学生的学习以及他们的行为又是如何影响学生的学习和最终的学业成就的。这种用于反思的草案，就是保尔和科恩所说的以实践为基础的"探究教学法"的专业分析工具。

TFA 模式践行保尔和科恩理念的第二个领域，是对教师的支持。在学年中，TFA 项目的董事们，被分配到 CMs 的各个小组，通过观察、合

作探究讨论，以资源整合的方式，联系小组成员，安排 CMs 参观优质学校或者提供其他的参观机会，对小组的成员进行支持。项目董事也会参与到一系列的会议中，与每一位团员交流，这是对 CMs 已经在暑期培训中熟悉的"观察—反馈"的继续，他们一起在合作探究的实践中发现问题，运用 TAL 准则的框架和语言，来讨论教学的有效性。项目董事也要运用 TAL 准则，对他们所观察的成员教师进行分级评定、获取数据，发现 CMs 的优势与需求动态，这些搜集的数据，也有利于对未来专业发展规划的策略选择。这样，在暑期培训就介绍给 CMs 的基于教学实践的共享分类，成为未来两年支持 CMs 的基础和依据。①

TFA 对保尔和科恩理念的第三个实现的领域，是他们的教师发展模式。TFA 在美国有 35 个不同的地区，每一个地区与 TFA 校友（完成两年服务的 TFA 成员）沟通的方式不同，对地方教育资源的选择、与地方的学区和大学的关系也不尽相同。以华盛顿特区小组为例，TFA 校友已经大范围地遍布首都的政府、高等教育等各个部门。其他的一些主要城市（包括费城、巴尔的摩等城市）也一样。TFA 通过设置"专业发展周六"（Professional Development Saturdays，简称 PD Saturdays）项目，很好地利用他们的校友关系网络和地方的教育资源。PD Saturdays 包含了多种多样的专业发展主题和形式，CMs 可以根据成员的需求和兴趣进行分组。这一天通常可以被分成三到四部分，讨论最近学区动态和问题的全体 CMs 会议、两个循环进行的研讨会以及一个学习小组会议可供会员选择。学习小组会议按年级或者学科划分为不同的实践小组，每月召开一次会议，惠及该学区的所有 TFA 成员。研究表明，对于特殊教育的教师而言，这种学区范围内的学习小组特别有价值，因为通常同一所学校同一个年级的特殊教育教师非常少。②

TFA 的成员选择参加各种各样的研讨会，这些研讨会内容基于成员对教学的反馈、课堂观察的数据，以及上一个月任务执行情况的报告。研讨会由当地各种背景的专家设计组织，包括实习教师、管理者和大学教授，还有当地的商人、TFA 的管理人员或者社区的领导。这些人有许多是 TFA 的校友，他们在当地的教育、政治、法律或者商业领域工作，不仅扩大了实践的群体，也扩展了新手教师群体对教育教学的交流。

---

① SAWCHUCK S. Growth model [J]. Education Week，2009（29）：27-29.

② GABRIEL R. The case for differentiated professional development [J]. Journal of Curriculum and Instruction，2010（4）：86-95.

尽管短短的一次研讨会并非专业发展的显著有效形式，但仍然为新手教师们提供了分享教学的具体工具和资源的平台。研讨会的结构不断改进，下午的部分通常会有学科或者年级的学习小组见面会。这些会议根据项目董事获得的数据资料来决定主题，TFA 的成员们一起合作讨论，共同制定下个月的计划。"PD Saturdays"是专业发展教学法的又一例证，以数据资料为基础进行分级，为成员提供多样的选择，包含基于 TAL 论述的批判性反思等。这种对 TFA 成员需要和兴趣的响应能力，建立在对成员学习的研究之上，强调学习的内在动机。① 他们同时也通过为成员教师提供"广泛的讨论，扩大了当地同事的圈子，扩大了教育者的群体和支持教师工作的教育资源"②，从而实现了保尔和科恩的愿景。

在没有 PD Saturdays 的地区，由 TFA 校友或者当地的指导教师组织的学科或年级性的学习小组，也会定期开会。除此之外，全国的 TFA 成员，也可以通过 TFA 的官方网站来达到团体实践的目的。这个网站为成员的自主学习而设计，TFA 成员之间可以通过多种方式结成合作的小组，有博客、讨论组、视频剪辑、访谈证明 TAL 的不同方面，以及对 TAL 准则的互动等。该网站实质上是一个全天候的 PD Saturdays 的虚拟形式。

五、TFA 模式的未来研究方向

前文概述了 TFA 如何将保尔和科恩十年前的建议付诸实践，但是，这样的框架在创造一种如保尔和科恩所期望的专业教育的教学法方面是否成功，仍然需要进一步的证明。TFA 成员离开时伴随的知识、技能、心态、教学用语、实践群体，以及他们利用 TAL 框架的自我反思的能力，还有待进一步研究。未来的研究也必须对 TAL 教学框架的每一个元素（准则、指导、合作的机会）进行检验，并确定它们对彼此的影响。

韦恩（Wayne）等学者曾于 2008 年对教师专业发展方面的研究进行了综述，他们呼吁关注那些在州和地区间可以复制的项目，而不是细化针对特定地区或人群的项目。③ TFA 在全美有超过 30 个服务地区，他们所

① MEZIROW J，et al. Learning as transformation：critical perspectives on a theory in progress [M]. San Francisco，CA：Jossey-Bass，2000.
② Linda Darling-Hammond，Gary Sykes. Teaching as the learning profession：Handbook of policy and practice [M]. San Francisco，CA：Jossey-Bass，1999：18.
③ WAYNE A，et al. Experimenting with teacher professional development：Motives and methods [J]. Educational Researcher，2008（37）：469-479.

做的很多事情，都容易转移到新的地区和环境中。未来的研究，应该调查 TFA 模式中对教师发展和支持的哪一部分能够移植到该项目之外，针对职业中期的教师和经验丰富的教师的项目，TFA 专业发展项目的哪些特征仍然会有所启示等问题。

　　教师教育工作者经常遗憾于大学和地方学校的薄弱联系，以及他们与那些没有参与到他们项目中的实习教师的薄弱联系。由于大学的教师和研究生研究学习的深度和多样性，大学是唯一有机会提供类似 PD Saturdays 一样灵活的、快速的、多层次的专业发展的机构。经过最初几年的教学，这些研讨会和学习研究小组，可以转向利用 TAL 的条款，来检查学生的作业，探究课程教学的深层次问题，或者进行学校或地区的知识性探究，或者增加的大学选修课程（Advanced Placement courses，这是特别为高中生设计的一种课程，完成这种课程并通过考试的学生，可以获得大学的学分基点，或者在进入大学后可以进入高级班学习）。尽管学校或学区与当地大学的联系比较微弱，但基于教师和他们指导教师的反馈而开设的课程，仍会有助于培养合作的精神，建立探究的主题和现实问题的有力联系。

　　PD Saturdays 的设置适应了不同层次教师的专业成长，即使是对于从来没有接受过教师教育的初学者和新手老师来说同样适用。一些大学拥有自己的教师教育项目，他们关注教师发展、当地学校的动态与问题，PD Saturdays 收集信息并听取教师的反馈，对这些大学来说具有不可估量的价值。如果学习是以实践为中心，而非坐在教室里等待学习行为的发生，实习教师和教师教育工作者直接的联系也会因此增强。在线社区、基于对教师的兴趣和自我评估需要的学区范围内的研讨会、大学主导的研究和探究小组，将是实现基于探究的教师教育的教学法的强有力途径。

　　综上所述，TFA 建构的教师专业教育的课程和教学论，无论是学科教学法还是一般教学法，在很大程度上和高校教师向他们的学生传授复杂的技能相似：划分不同的层次、一对一的、针对个体兴趣和需要的从小组到大组的指导、通过合作把不同的学习者结合在一个广泛的实践团体内。教学与评价教学的框架成为提高教师效能的越来越流行的解决方案。作为一个综合的、国家范围内的案例，TFA 对保尔和科恩的基于实践的专业教育理论的实现，值得教育教学工作者们进行深入的研究。

［原文刊载于《外国教育研究》2013 年第 2 期（曲铁华　王莹莹）］

日本教师继续教育的特色及对我国的启示

日本教师高度的敬业精神、出色的综合能力和突出的社会地位，素来被世界公认，这与日本高质量的教师教育密不可分。日本政府重视教师职前培养与职后培训一体化，且不断将师资培养的重点从职前向职后转变，教师继续教育系统完备，特色鲜明，尤其是其重视培养"高度实践型"的教师，对我国具有重要的启示。

一、日本教师继续教育的特色

（一）在研修目标上，培养"高度实践型"教师

1. 培养"高度实践型" 教师研修目标的确立

日本教师的"研修"是指"研究和修养"，用"研修"一词来定位教师继续教育，其实质就是使教师在继续教育中学以致用，在获得更多的教学知识与技能、更好地适应学科教学的同时，还注重提高教师的个人修养，提升内在价值，形成人格魅力。20世纪90年代以来，日本经济迅速发展，其教师研修制度日趋完善和规范，但也暴露出教师实际教学能力不足、现场处理能力欠缺等问题。因此，日本从20世纪90年代后期开始，着手进行以培养实践能力、处理现场问题能力为主要目的的教师研修改革。

早在1996年，日本中央教育审议会在《21世纪展望我国之教育》的报告中就强调，日本今后的教育旨在培养人的"生存能力"，"生存能力是一种实践性能力，这种能力的发展是将来教育的基本方向"。因此，必须在教师教育的各个阶段采取相应措施，在品德高尚、知识广博和专业水平优秀的基础上，提高教师的实际指导能力。[①] 而后，真正奠定了日本教师

---

① 中央教育審議会.21世紀を展望した我が国の教育の在り方について（第1次答申）[EB/OL].（1996-07-19）［2015-05-21］http：//www. mext. go. jp/b ＿ menu/shingi/old ＿ chukyo/old ＿ chukyo ＿ index/toushin/1309579. htm.

研修目标实践取向的是教师养成审议会随后公布的三份报告。

1997年7月，教师养成审议会在经过一系列研究和探讨后，发表了第一次报告——《面向新时代的教师养成改革策略》，报告中用较大篇幅描述了教师应该具备的资质和能力，指出教师应注重个人的专业、特长及个性的发挥和处理实际教学问题的能力。① 此后，1998年10月，发表了第二次报告——《积极利用硕士课程的教师培养的理想方式》，报告中着重探讨了采取多种形式对在职教师进行硕士水平课程的再教育，加强理论与实践的结合。② 1999年12月，该审议会又发表了第三次报告——《关于培养、录用以及研修之间的顺利连接》，该报告作为总结性的报告，明确指出了要加强职前培养和职后研修的教师教育一体化，包括合格教师的录用、初任教师研修制度的完善、在职教师的进修以及教育现场的体验、教学中实际问题的处理等具体事项。③ 进入21世纪后，实践性、现场性已经成为日本教师研修的最大特点并积极地付诸实践。

2. 培养"高度实践型" 教师研修目标的实施

为提高教师的实际教学及现场问题处理能力，日本设立了极具特色及成效的"教职研究生院"。创设"教职研究生院"的设想，是在《关于今后教师培养、资格证书制度改革目标》（2006年）报告中正式提出的："教职研究生院"以在职教师为对象，旨在培养"学校领导者"和"高度实践型教师"。④ 其具体机制如下：

（1）招收对象与培训目标

教职研究生院以应届大学毕业生与在职教师作为招收对象，其目的在于：第一，对已经完成本科学业并且具有较好的资质能力的大学毕业生，进行进一步的培养，以使他们更具实践指导能力与发展能力来胜任以后的

---

① 教育職員養成審議会. 新たな時代に向けた教員養成の改善方策について（第1次答申）［EB/OL］.（1997-07-15）［2015-05-22］http：//www. mext. go. jp/b _ menu/shingi/old _ chukyo/old _ shokuin _ index/toushin/1315369. htm.

② 教育職員養成審議会. 修士課程を積極的に活用した教員養成の在り方について—現職教員の再教育の推進—（第2次答申）［EB/OL］.（1998-10-29）［2015-05-22］http：//www. mext. go. jp/b _ menu/shingi/old _ chukyo/old _ shokuin _ index/toushin/1315375. htm.

③ 教育職員養成審議会. 養成と採用・研修との連携の円滑化について（第3次答申）［EB/OL］.（1999-12-10）［2015-05-23］http：//www. mext. go. jp/b _ menu/shingi/old _ chukyo/old _ shokuin _ index/toushin/1315385. htm.

④ 文部科学省. 専門職大学院制度の概要［EB/OL］.（2015-07-20）［2015-05-25］http：//www. mext. go. jp/a _ menu/koutou/senmonshoku/ _ _ icsFiles/afieldfile/2015/11/11/1236743 _ 1. pdf.

工作，以此相当于完成对新任教师的培训，使他们成为对学校发展有贡献的一员。第二，对在职教师进行再教育，使其成为既有扎实的指导理论，又有出色的实践能力和应用能力的学校领导者或核心骨干教师，以使他们能够在该地区和学校中起指导作用。当时，日本教育界对学校教育中存在的学生学习热情、社会意识、自立精神偏低与不上学等问题进行反思，认为在学校教育日趋复杂的问题中，亟须高度专业性与富有人性化力量的教师。因此，培养能够处理学校各种疑难问题的教师，便成为教职研究生院的具体目标，这也反映了教职研究生院培养"高度实践型"教师的宗旨。

（2）课程设置

教职研究生院的课程，由"共通科目""选修科目""教育实习"三部分组成。"共通科目"，即所有教职研究生院必须开设、所有教师必修的科目。该部分课程为 20 学分，具体分为五个领域。第一，教育课程的编制与实施领域。该领域主要包括"学校教育课程的设置""各科目的学习内容"等。第二，学科实践的指导方法领域。该领域主要包括"学生创造力培养的方法""教科书实践操作的方法"等。第三，学生指导与教育咨询领域。该领域课程旨在加深教师对学生社会化、情绪化发展的理解，通过对此类课程的学习，掌握恰当处理此类问题的实践指导能力，并引导学生通过教育领域中的各种活动寻求自立。第四，班级管理与学校管理领域。该领域主要是指对班级与学校管理内容与方法的学习。第五，学校教育与教师的应有状态领域。该领域的课程，是对上述四方面的总揽，主要是对当代社会中学校教育定位的理解，以及对教师作用的思考。"选修科目"，即根据各教师的专业和所擅长的领域选修的课程，以把其培养成某一领域的专才。如课程开发专家、学生指导专家、班级管理专家等，该部分共占 15 学分。"教育实习"占 10 学分。

为了提高教师的实践指导能力，各教职研究生院所在地区有义务设定"联合协力校"为其提供实习基地。教育实习具体又分为实习学校访问、实践观察、实践参加、学校实习四个步骤。第一，实习学校访问。对实习学校的访问包括两个方面的内容，一是对实习学校整体（包括设施设备、校舍等）的把握，二是对实习方针、课程构成与性质等教务事项的把握。第二，实践观察。观察也分为两个方面，一是对授课、学生课外活动、学生指导等学校教育活动整体的观察和理解，二是着眼对学生儿童等个人的观察，以及对班级和年级全体的观察。第三，实践参加。这是指以授课为主要形式实际参与到实习中。第四，学校实习。此步骤是指在前三个步骤完成的基础上，通过大学教师的指导，参与到授课之外的学生指导、校外活动等课外活动中，以完成整个教育实习。

（3）教学方式

教职研究生院采取理论与实践相结合的方式进行教学。除了理论的讲授外，主要采取事例研究、课堂观察与分析、现场作业等形式提高教师的实践能力。"事例研究"是指根据具体的事例，各学员自由讨论并发表意见；"课堂观察与分析"即观摩课，是指对具体的授课环节进行观察与记录，并在课后分析其优点与不足；"现场作业"是指根据指定的题目，到中小学教育现场进行调查，最终结合自身观点提交报告。

（4）毕业条件与学位授予

教职研究生院的标准学制为两年，其毕业条件为：在校时间两年以上并修完 45 学分（其中必须有 10 学分以上为教育实习），并上交一份事例研究报告书，无须撰写论文及答辩。此规定一是为改善教师培训过程中重学术轻实践的现状，二是为保障实习的时间。从教职研究生院毕业的学员，会被授予"教职硕士"专业学位，并授予现行的专修教师许可证。同时，为了具有实际指导能力的骨干教师及带头人的培养、研修场所水平的维持与提高，已毕业的学员每五年就要到认证机构进行认证。①

由此可以看出，教职研究生院将重点放在在职教师实践能力的培养上。日本对其现状进行反思，从而确立了教职研究生院培养具有恰当处理学校各种疑难问题能力的教师的具体目标，甚至为保障实习时间、纠正重学术轻实践的教师培养状况，而取消毕业论文的撰写，改为撰写事例研究报告书。可见，其目标直接指向"实践指导能力"，集中体现了日本创设教职研究生院培养"高度实践型教师"的宗旨。

（二）在研修体系上，建立纵横交错的研修网络

1. 纵向联动

从纵向上看，目前日本全国形成了国家、都道府县、市町村三级教师研修网络。2001 年 1 月 1 日，日本文部省和科学技术厅合并改组为文部科学省，统筹国内教育及科学技术等事务。在此之前，日本一直没有全国的教师研修机构。2001 年 3 月，日本成立了独立行政法人教师研修中心（National Center for Teacher's Development），作为文部科学省直属的公

---

① 八尾坂修. 教職大学院—スクールリーダーをめざす［M］. 东京：協同出版社，2006.

办事业单位，负责组织开展全国的教师研修工作。

日本全国共 47 个都道府县都成立了"教师研修中心"，同时，中央政府政令指定的 21 个市，如爱知县的名古屋市、宫城县的仙台市等，以及被称为"中核市"（即核心市）的 41 个城市，也都成立了市教师研修中心，这些中心归各地教育委员会管理，负责开展本地区的教师研修工作。因此，从纵向上看，日本全国目前共有各级教师研修中心 109 个①，覆盖全国各地区，形成了国家、都道府县、市町村三级教师研修体系。

日本的教师研修体系，在纵向上分工明确却又衔接紧密，其研修类别、对象广泛而全面。据文部科学省统计，2013 年（平成 25 年）初任教师研修数为 28361 人，较前一年增加 474 人②；具有 10 年经验的教师研修数为 15842 人，比前一年增加 1216 人③。且这一年中，全国对 2—5 年、5—12 年、12—15 年、15—20 年教龄的教师（初任教师及具有 10 年教龄的教师除外）进行培训的"教师研修中心"，分别为 66 个、79 个、27 个、21 个。④

2. 横向并行

日本教师研修从横向上来看可分为行政研修、自主研修、校内研修三种。

行政研修是指都道府县、市町村等各级教育委员会下属的教师研修中心，从教育行政、理论和实践的不同角度所实施的研修。根据工作年限可分为新任教师研修，5 年、10 年、15 年等教龄者研修；根据任职结构可分为校长研修、副校长研修、学生指导主管研修、教职员研修等；根据培训地点可分为校内研修、校外研修，校外研修又可分为国内研修和国外研修。

---

① 文部科学省. 初任者研修実施状况（平成 25 年度）调查结果［EB/OL］.（2015-04-22）［2015-06-03］http：//www. mext. go. jp/component/a ＿ menu/education/detail/ ＿ ＿ icsFiles/afieldfile/2015/04/22/1314653 ＿ 2. pdf.

② 文部科学省. 初任者研修実施状况（平成 25 年度）调查结果［EB/OL］.（2015-04-22）［2015—06—03］http：//www. mext. go. jp/component/a ＿ menu/education/detail/ ＿ ＿ icsFiles/afieldfile/2015/04/22/1314653 ＿ 2. pdf.

③ 文部科学省. 10 年经验者研修実施状况（平成 25 年度）调查结果［EB/OL］.（2015-04-22）［2015-06-07］http：//www. mext. go. jp/compo-nent/a ＿ menu/education/detail/ ＿ ＿ icsFiles/afieldfile/2015/04/22/1314654 ＿ 2 ＿ 1. pdf.

④ 文部科学省. 教職经験者研修実施状况（平成 25 年度）调查结果［EB/OL］.（2015-04-22）［2015-06-07］http：//www. mext. go. jp/component/a ＿ menu/education/detail/ ＿ ＿ icsFiles/afieldfile/2015/04/22/1222321 ＿ 016 ＿ 2. pdf

自主研修是指包括教师在内的大小团体的自主性研修体系。如规模较大的"日本教职员组合""日本高等学校教职员组合""全日本教职员联盟"等组织，上到全国总会、下至市町村支会，各层级每年都召开多次自主性的教学研讨会，对提升日本在职教师的素养做出了重要贡献。

校内研修是以教师所在学校为基地，研修不离岗，工作与进修同步进行，相互促进。其中最具特色和卓有成效的即"授业研究"（也称课例研究）。它是一种合作式教学研究，其具体操作过程是：第一，小组内全体教师确定教学内容；第二，集体备课；第三，其中一位教师授课，其他教师观察记录并录像；第四，授课教师自我评价和反思并听取其他教师的意见和建议；第五，合作修改教案；第六，用修改后的教案在另一班授课，全体教师听课；第七，进一步评价和反思；第八，分享成果。

从横向上来看，三种研修方式并行，相互影响与促进，其中行政研修因其权威性而居于主导地位，但随着教师主体性的不断加强，以教师主动参与、积极计划为特点的校内研修发挥着越来越重要的作用。

由此，日本在职教师研修体系在纵向上各级教师研修中心上下联动，在横向上各类教师研修并行，从而形成了严密、健全的教师研修网络，在组织上保障了在职教师研修工作的顺利进行。

（三）在研修机制上，建立合作机制

建立合作机制是指建立大学、教育委员会与中小学的合作机制。

在日本，一直以来负责教师职前培养的大学和负责教师入职考试、在职培训的教育委员会之间缺乏联系，这严重影响了教师教育的质量。一方面，教育委员会认为由于大学重学术轻实践的取向，导致所培养的教师缺乏实践能力，不能很好地满足学校教育对教师的要求；另一方面，大学对教育委员会进行的教师入职考试的问题设置和在职教育内容的科学性提出了质疑。因此，如何建立大学、教育委员会、中小学的合作体制，就成为日本教师教育改革的重要议题。

早在20世纪90年代末，日本教师养成审议会就发表了一系列报告，强调三者合作的重要性。其中尤以1999年发表的《关于培养、录用以及研修之间的顺利连接》的总结性报告最具代表性，报告中不仅重申了大学与教育委员会合作的重要性，而且建议在大学与教育委员会之间设立"联络协议会"，建立长期的合作体制，使教师的职前培养、录用和培训紧密连接，以有效提高教师的素质能力。最终，在这一系列报告的基础上，文

部科学省对全国的 59 个教育委员会、195 所大学进行了"大学与教育委员会合作的理想状态"的问卷调查，并于 2001 年 8 月，发表了调查报告《为了促进教师培养中大学与教育委员会的合作——大学、学校、教育委员会联起手来》。[①] 这份报告是促进日本大学与教育委员会、中小学合作的重要文件，其后许多有关教师教育的报告中，也都反复强调合作的重要性。

2012 年，中央教育审议会发表了《关于通过综合的教职生活提高教师素质能力的方针》的报告，不仅提出新时代要培养具有"继续学习和持续发展能力"的教师，而且将大学与教育委员会、中小学的合作作为实现这一目标的重要途径。这样一来，在一系列报告文件的推动下，大学与教育委员会、中小学的合作体制的建立，逐渐成为日本教师教育改革的核心。

日本大学、教育委员会、中小学的合作机制，表现在具体实践中主要有四种形式：利用大学实施硕士水平的在职教育，大学与教育委员会合作开展短期培训项目，大学与教育委员会合作开发培训课题，大学协助中小学进行校内研修。

1. 利用大学实施硕士水平的在职教育

这种合作形式最具代表性且最有成效的即是上文中提到的"教职研究生院"的创设。在职教师在这种"教职研究生院"中接受一般为期两年的硕士课程的学习，因为教职研究生院的目标在于培养"高度实践型"教师，而实践能力的培养最不可或缺的即教育现场的支持。所以，日本的教职研究生院一般都会选择与教育委员会、中小学合作，以合作学校为基地展开教育活动，让其获得必需的"教育实习"10 学分，同时提高其实际教学能力，改善教学。

2. 大学与教育委员会合作开展短期培训项目

这种短期培训项目大致可分为两类：一类是地方教育委员会委托大学开展教师培训。在这个过程中，大学是培训主体，教育委员会参与并监督。如 2015 年，宫城教育大学受独立行政法人教育委员会的委托，实施以培养产业、信息技术领导人为目的的短期培训项目，培训对象是各学校的产业、理科教育教员，规模为 20 人，时间为 7 月末的五天，培训结束

---

① 文部科学省初等中等教育局教職員課. 教員養成等における大学と教育委員会の連携の促進にむけて一手を結ぼう [R]. 大学・学校・教育委員会，2001.

后颁发结业证书。① 另一类是大学教师协助教育委员会实施在职教育。这种模式又可以进一步分为两种形式：一是邀请大学教师到教师研修中心担任培训讲师；二是教师研修中心的负责人，带领在本中心接受长期派遣培训的教师，到大学开展问题研讨会。

3. 大学与教育委员会合作开发培训课题

这种合作是指大学与教育委员会合作开发、实施、评价新的培训课题，并推广到各地教育委员会作为今后在职培训的参考方案。例如山口大学与山口县教育委员会合作开发的"人事教员的活用"的课题，并于2015 年 4 月 16 日在茨城县筑波市的"独立行政法人教师研修中心"做了汇报，报告中着重强调了在教师培养和教职生活的人才育成各阶段中，大学和教育委员会都负有责任，希望通过此类研修取得良好的人才养成效果。②

4. 大学协助中小学进行校内研修

"校内研修"是日本教师研修的重要形式，并逐渐成为教师主体性研修的基本途径，但也存在"实践技能丰富、理论知识相对缺乏"的问题。因此，许多中小学寻求大学的援助。近年来，很多大学开始构建中小学校内研修的支援体制，例如宫城教育大学已经与仙台市、气仙沼市、栗原市、登米市、大崎市、岩沼市、角田市 7 个市的中小学建立了支援体制，并派遣教授对其校内研修进行指导援助。③

二、对我国在职教师培训的启示

（一）加强政策引导，确立教师培训的实践取向

目前，我国关于教师培训的法令主要有《中华人民共和国教师法》《教师资格条例》《中小学教师继续教育规定》等，但是，这些法案中都较少提及对教师实践能力的培养，我国的在职教师培训目标大多停留在"良

---

① 独立行政法人教员研修センター. 平成 27 年度独立行政法人教员研修センター主催研修実施予定［EB/OL］.（2015-04-21）［2015-06-15］http：//www. nctd. go. jp/centre/h27 _ kens-hu _ yn1104. pdf.

② 独立行政法人教员研修センター. 全国教育（研修）センター等協議会の様子［EB/OL］.（2015-04-21）［2015-06-15］http：//www. nctd. go. jp/education/file/h27 _ kyougikai _ top. pdf

③ 宫城教育大学［EB/OL］.（2014-07-20）［2015-06-17］http：//renkei. miya-kyo—u. ac. jp//suisin/pdf/H25demaejiss-ijyoukyou. pdf.

好的师德修养、较高的文化素养和较强的自学能力，教育思想正确，有较强的教育科研能力和教学改革意识"等理论层次上，表现出了"重理论，轻实践"的倾向，一定程度上脱离了教育实际，不能满足广大教师的真正需求。虽然近年来我国实施的"国培计划"等项目，强调了对教师实践能力的培养，但还没有上升至政策层面，也没有形成制度体系。而日本在此方面的法律政策较为完备，且积极付诸实践。因此，我国不仅要加强教师培训的相关法令法规建设，突出教师培训的实践取向，还应加强对实践型教师培训模式的探索，做到理论与实践相结合，从而发挥教师培训的最大效用，促进教师专业化发展。

（二）完善培训体系，构建严密联动的培训网络

日本的教师研修体系，在纵向上分为国家、都道府县、市町村三级，在横向上分为行政研修、自主研修、校内研修三类，各级各类培训组织层次分明、分工明确，但又注重各组织之间的联动与配合，因此形成了纵横交错的严密的教师研修网络。目前，我国教师培训自上而下主要有国家、省（区、市）、县（乡）、校四级体系。其中，国家级培训的实施，对提高中小学尤其是农村中小学教师队伍素质发挥了重要作用，同时推动了高等师范院校面向基础教育，服务基础教育。但我国教师培训体系中仍存在较多问题：教师培训组织领导机构的缺口；教师进修学校功能单一、目标不明确、培训方式方法落后；乡镇级教师培训辅导站不足；各组织之间缺少必要的联动；等等。这就造成部分培训内容重复、培训断层等问题。因此，在现有培训组织上，应不断完善组织体系，鼓励培训互助组织的设立，为广大教师提供必要的设施和资源，辅导和帮助广大教师利用各种资源展开自主学习，同时加强各级组织机构之间的联系与互动，形成动态的培训组织机制。

（三）建立合作机制，强化大学在教师培训中的作用

在日本，大学、教育委员会与中小学的合作机制，大大提高了日本教师研修的水平和质量，尤其是大学，不仅改善自身的课程结构和体制，而且广泛参与到教师研修中，致力于研修课题的开发、中小学校本培训的支援等，其在日本教师研修中的作用不断增强。日本教师研修也由此取得了良好的效果。和日本相比，我国在此方面还有欠缺，虽然从政策层面看我国在 20 世纪 90 年代也开始了大学、政府、中小学间的合作，但一直到

2014 年教育部发布的《教育部关于实施卓越教师培养计划的意见》中才有了对合作策略相对明确的规定。

从实践层面来看，我国目前具有开创性的大学、政府、中小学间的合作模式，即是东北师范大学构建的"U—G—S"教师教育新模式。"U—G—S"（University—Government—School）模式是东北师范大学设计并实施的"师范大学主导、地方政府协调、中小学校参与"的合作的教师教育新模式。东北师范大学于 2007 年分别与东北三省的教育厅签署协议，与东北三省教育厅及其下辖的 22 个县（市）教育局的 110 所中小学校开展合作，创建了教师教育东北实验区。大学承担在职教师培训，中小学接受大学生到校实习，大大加强了二者的互动与联系，实现共赢。但此种模式目前还主要集中于东北三省。因此，加大此模式的区域辐射，唤醒众多大学的培训服务职能，强化大学在教师培训中的作用，是我们努力的方向。

［原文刊载于《中小学教师培训》2016 年第 6 期（曲铁华　郝秀秀）］

德国职前教师教育质量保障体系改革新举措
——基于莱比锡大学的分析

进入 21 世纪以来，德国职前教师教育领域开始了一场全面改革，职前教师教育的质量保障问题被放在首位。2005 年 6 月和 11 月，德国大学校长会议颁布《学士—硕士学位制度的教学质量保障的建议》（Empfehlung zur Sicherung der Qualität von Studium und Lehre in Bachelor—und Masterstudiengängen）和《质量保障不是免费的：认证委员会需要足够和可靠的资金》（Qualitätssicherung gibt es nicht zum Nulltarif：Akkrditiefungsrat benötigt ausreichende und verlässliche Finanzierung）；2013 年 4 月和 7 月，德国联邦教育与研究部提出《教师教育质量攻势行动》（Qualitätsoffensive Lehrerbildung）和《教学质量契约计划》（Qualitätspakt Lehre）；2013 年 3 月，德国各州文化教育部部长联席会议提出了《职前教师教育第一阶段能力倾向确认指南》（Empfehlungenzur Eingungsabklärung in der ersten Phase der Lehrerausbildung，以下简称《指南》），莱比锡大学积极响应并提出多项质量保障措施，这些措施对顺利推动改革起了积极作用，但也出现了一些阻碍和瓶颈。

一、质量保障体系改革的重要举措

（一）成立教师教育与学校研究中心

2006 年，莱比锡大学创立了教师教育质量保障机构——教师教育与学校研究中心，它承担着教师教育领域的教学、研究、评价、服务、协调等工作。中心最初设有五个部门：办事处、秘书处、学校实践学习部、活动部和研究部。2013 年，中心新增设了心理咨询服务部和教学部。办事处内部设有三位董事和若干一般理事。办事处负责确定中心的日常工作，定期召开董事会会议，对中心的具体任务和财政支出等问题进行探讨和决策；秘书处由 20 位雇佣秘书组成，负责财务预算和第三方资金管理、讨论会的安排和组织以及工作资源的使用等；学校实践学习部负责全面组织和协调职前教师的实习工作，帮助职前教师解决在实习过程中遇到的问题和困难；活动部定期组织不同主题的公众活动，促进教师教育相关人员的交流和沟通；作为核心部门的研究部负责研究工作，如优质教师能力研究、跨文化教师教育研究、学校实践研究、职业选择动机研究、教师教育课程评价研究、自我概念建立研究等，这些研究项目为新课程改革提供参考；心理咨询服务部是免费服务部门，定期开展单独辅导和主题研讨；教学部与各学院共同承担教学工作，教学部负责补充学习模块的常规教学。

（二）建立自我评价和自我导向体系

在莱比锡大学多元本科——教师专业硕士的培养体系中，质量保障已经不再依靠显性的选择性评价体系，而是采用隐性的满足自我需求和自我发展的自我评价和自我导向体系。传统的质量保障体系，以通过国家考试为前提，职前教师和教师培训人员所做出的一切努力，都是为了职前教师通过国家考试，呈现出"我不得不学"和"我不得不教"的被动现象。新体系打破了传统考试规则，废除了传统考试制度，实行学士—硕士两级学位制度，只设模块考试，不设其他评价手段。[①] 在学习过程中，职前教师需要为自己准确定位并对自我能力水平做出正确判断，从而做出职业选择，实现职前教师和教师培训人员"我要学"和"我要教"的角色转换。[②]

为进一步确保教与学的质量，保障自我评价和自我导向体系的建立，研究部对教与学的情况进行定期评估调查，被调查的主要对象为教授、教师培训人员、职前教师、中小学领导、指导教师、学科教师。通过调查研究，大学对职前教师教育质量有了一个全面的认识和了解，进而对培养计划进行重新调整，为职前教师自我评价和自我导向体系建立提供重要保障。

（三）开展能力倾向资格测试

该测试对职前教师候选人在入学前以及职前教师在第一阶段接受培养过程中的能力倾向确认活动提出了指示。能力倾向确认提出的原因，在于职前教师容易在入学前低估教师职业对教师能力的需求，直到职前培养的

---

① HERFTER C，SCHROETER E. Die Wahl von Lehramtsstudiengängen：Gründe für die Wahl der Schulform ［J］. Pädagogische Rundschau，2013（3）.
② HERFTER C，SCHROETER E. Die Wahl von Lehramtsstudiengängen：Gründe für die Wahl der Schulform ［J］. Pädagogische Rundschau，2013（3）.

第一阶段或第二阶段，才会对教师职业所需能力有所反思。[①] 莱比锡大学进一步深化《职前教师教育第一阶段能力倾向确认指南》所提出的内容，举办能力倾向资格考试，其目的，一是考查职前教师候选人在艺术、音乐、体育等方面的兴趣和能力，了解他们在这些方面能力发展的可能性，为其在未来修习艺术、音乐、体育等课程以及与之相关的教学法课程提供质量保障；二是了解候选人的学习动机和职业动机，从而确定是否为其提供职前培养机会。

此后，大学通过教学实践、档案袋法、咨询谈话与在线自我评估等方法，持续测试并反馈职前教师的能力发展情况。通过教学实践，帮助其体会自身专业能力的变化，学会用科学视角看待教学活动；通过档案袋法，帮助其及时了解学习和发展状况，积极改进；通过咨询谈话与在线自我评估，帮助其分析和反思能力发展，获得准确的反馈结果。

（四）采用新模式第一次国家考试制度

2013 年 3 月 7 日，各州文化教育部部长联席会议提出了新模式的第一次国家考试学位制度，与学士—硕士两级学位制度并存，颁布了《新模式的第一次国家考试学位制度和学士—硕士两级学位制度相互承认方案》。萨克森州政府颁布《萨克森州教育部关于新模式的第一次国家考试的决定和规章》（以下简称《决定和规章》），提出考试目的、考试条件、考试内容、审核机构、考试评估、考试不通过办法等内容。

在州政府的强力要求下，莱比锡大学接受州政府颁布的《决定和规章》，放弃大学校长会议倡导的学士—硕士两级学位制度，并于 2012—2013 年冬季学期开始实行新模式的第一次国家考试制度。该制度重在考查职前教师在教育科学、专业学科、学科教学法、学校实践等内容的学习情况，以保障职前教师在大学阶段的培养质量，从而顺利进入第二阶段进行实习。[②] 与传统的第一次国家考试制度相比，新模式的考试制度在一些方面发生了改变，如模块化考试成绩属于国家考试成绩的一部分、考试成

---

① Kultusministerkonferenz. Empfehlungen zur Eingnungsabklärung in der ersten Phase der Lehrerausbildung，http：//www. kmk. org/fileadmin/veroeffentlichungen ＿ beschluesse/2013/2013-03-07.

② Sächsischen Staatsministeriums für Kultus. 2013Lehramtsprüfungsordnung I，http：//www. spowi. unileipzig. de/fileadmin/studium/studiendokumente/Staatsexamen/LAPO ＿ I ＿ vom ＿ 29082012. pdf，2014-06-14.

绩合格后即获得新模式的第一次国家考试学位等。

（五）贯彻《关于萨克森州高校自由的决议》

2008 年，萨克森州颁布《关于萨克森州高校的决议》（Sächsisches HochschulgesetzSächs HSFG），提出在研究、教学、学习等方面，大学享有一定的管理和质量保障权利。职前教师教育领域根据此决议对质量保障的具体事务，进行了详细的责任划分和规定。①

2013 年 1 月，新政府对《关于萨克森州高校的决议》进行修订和完善，将其更名为《关于萨克森州高校自由的决议》（Sächsisches Hochschulfreiheitsgesetz—Sächs HSFG）。② 其主要内容和框架没有实质性变化，只是进一步扩大高校和教师的自主权利和教学弹性，取消国家对科学和文化研究的立法权力。根据新决议，大学在研究、教学、学习等方面享有绝对的管理和质量保障权利。在研究方面，职前教师教育领域的管理和质量保障权利体现在：提出保障问题、选择教学内容、选择研究方法、评价和传播研究成果等。在教学方面，职前教师教育领域的管理和质量保障权利体现在：组织教学活动、设计教学内容和方法、理解和表达科学或者艺术教学理论概念等。在学习方面，职前教师教育领域的管理和质量保障权利体现在：保障职前教师遵守学习和考试规定、选择课程、确定课程重点、理解和表达科学或者艺术概念等。

二、质量保障体系改革的利弊分析

（一）改善和优化职前教师培养结构，满足不同学科和院系的统整需求

中心的建立，首先改善了理论和实践脱节的问题，在课程、实习、科研等多个层面促进了理论与实践的整合。在课程上，从教与学两个角度，定期调研模块化课程的开展情况，发现教与学过程中存在的问题，组织课程研讨，从而优化职前教师教育课程。在实习上，实现安排和管理流程的制度化，为职前教师提供指导和说明，使职前教师了解应该达到的标准，

---

① Sächsisches Staatsministerium für Kultus. Gesetzüber die Hochschulen im Freistaat Sachsen，http：//www. smwk. sachsen. de/download/Hochschulgesetz（3）. pdf，2014-07-19.

② Sächsisches Staatsministerium für Kultus. Bekanntmachung der Neufassung des Sächsischen Hochschulfreiheitsgesetzes，http：//revosax. sachsen. de/Get XHTML. do? sid = 1434515631351，2014-09-01.

明确如何达到这些标准，从而全面认识实习。在科研上，开展教育学科、学科教学论、教材与教法、教师职业规划等领域的研究，促进了培养计划的研发和实施，影响了政策和规章的制定以及具体策略的提出和落实。

其次，中心提出了大学与中小学以及其他教师教育相关部门合作的理念，定期进入学校进行调研，深入了解学校、教师、学生的真实情况和存在的问题。中心与萨克森州内的中小学以及教师教育相关部门结成伙伴关系，建立资助项目，为职前教师的培养开辟了一条新道路。

再次，中心的建立减少了各学院高度自主的现象，缓解了不同学院所设学科的相互冲突，促进了多学科和跨学科的发展，推动了不同学科和院系之间的互动和整合。中心积极为教育院系及其他院系的教师培训人员，创造共同交流、共同协作的机会，逐渐打破学科间沟通的藩篱，使其有机会商定统一目标，共同推动职前教师的专业发展。

（二）增强职前教师的自我意识，促进自我反思性学习

首先，自我评价和自我导向体系可提高职前教师的自我意识、个人兴趣与能力，影响职前教师的目标选择、学习期望和学习动机。在教学过程中，须为职前教师创设更多的自由空间，使之建立个人主体观念、明确个人兴趣、满意自主决定。职前教师主体观念的增强，主要体现在他们能对课程内容进行自主预习和复习，主动与教师培训人员联系以帮助其分析考试和作业；同时，职前教师高度关注自己的前途和未来，主动与教师教育及学校研究中心联系，寻求就业指导。

其次，自我评价和自我导向体系增强了职前教师的自我意识，促进了自我反思性学习。在自我评价和自我导向体系下，自我反思方法会得到合理的运用，即帮助职前教师了解自己的真实想法，推翻错误假设，建立科学合理的行动理论。这种方法使职前教师不仅在职前培养阶段受益，而且在其未来从业后的学习和教学过程中，都会得到很大的启发。

（三）能力倾向资格测试的有效设立

在能力倾向资格考试制度推行之前，大学对职前教师的职业兴趣没有予以足够重视，导致很多职前教师在入学后自身职业定位不清晰，缺乏学习兴趣和动力。能力倾向资格测试的设置，为职前教师培养提供必要的甄选和评价平台，评测结果可使大学及职前教师候选人了解其对教师职业是否有较强的兴趣，以及在艺术、音乐、体育等方面是否有足够的兴趣和能力倾向。这个测试，有助于激发候选人自我开发动机，为大学阶段学习创

造一个良好的开端。

同时，这个测试是一个持续性评价过程，并以首次测试作为评价基点，在大学阶段学习中会持续对职前教师进行评价，通过不同方式描述和考查职前教师的成长过程和各自特点，对其能力进步的完整过程进行反馈。能力倾向资格测试为职前教师提供了自我评估的机会，职前教师对其能力进行批判和反思有助于自我反思能力的发展；帮助大学教师及时准确地把握每个人的能力发展情况，提供更有针对性的指导；有效地促进教学与评价有机结合，使之贯串教学过程，成为教学不可分割的部分。

（四）自我评价和自我导向体系的发展受到限制

自我评价和自我导向体系的发展并不顺利，原因主要有以下两点。第一，无法得到相关部门的理解和配合。从现实情况看，只有教育科学学院的教师，理解并应用了自我评价和自我导向体系，其他各学院和组织机构没有将其理解和应用，一些部门在思想认识上还存在一定偏差，重视程度不够，影响了评价体系的全面发展。第二，政府对评价体系发展的限制和干涉。自我评价和自我导向体系的应用，使学生明确自己想要什么，帮助其在获得学士学位后做出职业选择。然而，这种体系无法保证市场每年对中小学教师的大量需求，部分学生的流失是一个很大的隐患，政府已经意识到其严重性，所以，一直在干涉和限制这种评价体系的发展。

（五）新模式第一次国家考试缺乏新意

与传统的第一次国家考试相比，新模式的第一次国家考试并没有体现出更强的优越性。面对成本巨大且无法满足市场需求的学士—硕士两级学位制度，政府再一次恢复对职前教师教育领域的管控，并恢复第一次国家考试制度，使职前教师教育又一次陷于僵化、缺乏弹性和特色的局面。通过第一次国家考试再次成为职前教师培养的目标，使《教师教育标准：教育科学部分》（以下简称《标准》）变成国家考试内容，不再以能力为导向，而是以掌握考试答题内容、方式、技巧为导向。这样的模式，很难说通过了国家考试就具备了担任教师的能力。

与此同时，政府希望职前教师选拔和考试的设计能顺应市场需求。目前，市场对职前教师教育领域提出了无法达到的目标，如果政府强力干涉，通过考试来控制和调整合格教师的数量，那么，新模式的第一次国家考试将成为政府调整市场需求的一个有力工具，对职前教师教育质量的提高并没有体现出更强的推动作用。

（六）政府高度控制和管理的后果

虽然《关于萨克森州高校自由的决议》提出了大学在研究、教学和学习等方面的管理与质量保障权利的进一步扩大，但事实上，职前教师教育领域的所有方针、计划的制定，都要以政府态度为导向。因此，管理和质量保障权利并没有增强，反而减弱了。在很多情况下，政府新法规和条例颁布后，会引起教师教育领域的强烈不满甚至抗议。事实也多次证明：接受新法规和条例意味着会产生不利于职前教师发展的策略，但政府为了达到政治目的，不得不要求大学顺应政府的思路。但政府没料到会出现诸多问题，如投资金额远超出预算、师资短缺等。

因此，政府提出终止多元本科——教师专业硕士培养模式，采用新的培养模式。这种突然的转向根本没有考虑大学的实际情况，未来的发展着实令人担忧。对于大学来说，经过长时间的探索和研究，学士—硕士两级学位制度改革，刚刚从萌芽阶段过渡到初步成熟阶段，却要重新恢复第一次国家考试学位制度，使培养陷入困境。虽然大学已经认识到这个问题，但要依靠萨克森政府所提供的资金支持。所以，又不得不受制于政府的态度，使大学陷入了两难的窘境。

三、质量保障体系改革对我国的启示

（一）成立教师教育中心

莱比锡大学的教师教育与学校研究中心，改善和优化了课程组织，满足了各学科及各院系的统整需求，促成了大学和中小学及其他与教师教育相关部门的合作，推动了研究领域的发展，为实现理论与实践的整合起到了积极的促进作用。

目前，我国很多师范院校都建立了教师教育研究中心，其主要任务在于承担教师教育领域的研究工作，但并没有体现出对师资培养的组织和协调功能。因此，为确保职前教师培养工作获得可持续性发展，我国也应该建立具有统整功能的教师教育中心，为职前教师提供职业指导和咨询服务；组织和安排职前教师实习和研讨，定期开展有针对性的、专业化的评价和考核；建立跨学科专家团队，推动不同学科和院系教师的交流互动；与中小学及其他教育机构合作，为职前教师提供实习平台和优质的教育资源；组建课程研究小组，定期对课程进行评价和研究，根据研究结果对课程进行调整；提供职业咨询和职业生涯指导服务，引导职前教师对自身及教师职业进行全面评估，从而做出正确的职业选择；关注职前教师的心理健康，为其提供必要的心理辅导和心理健康培训，增强其职业信念和职业责任感。

（二）确立内部评价与外部评价相结合的评价体系

在多元本科——教师专业硕士的培养模式下，莱比锡大学采用了自我评价和自我导向的评价方式，以解决问题为评价的根本出发点，其目的在于提升职前教师质量。[①] 在新模式的第一次国家考试培养模式下，采用了内部评价与外部评价相结合的多样化评价手段，增强评价的客观性和真实性。

目前，我国的职前教师评价多注重外部评价机制，评价的价值取向为管理主义，核心在于有效控制评价对象；评价方式往往采用事后评价，缺乏诊断性和形成性的评价，评价标准单一，对职前教师的综合素质没有给予客观真实的判断。鉴于我国国情和借鉴德国的经验，我国也应该建立内部评价与外部评价相结合的培养方式，形成多元化客观评价机制：重视职前教师的学业成绩，更关注职前教师在知识、技能、情感、态度、价值观等方面的发展。对职前教师培养质量进行全面了解，从而更好地把握改革方向，为职前教师设计更加合理的培养方案。

（三）推行能力倾向考察机制

莱比锡大学的能力倾向资格测试制度，为职前教师教育提供了一个延续性的能力考察平台，对候选人的能力倾向和职前教师在第一阶段学习中的能力发展状况有清楚的把握和了解，从而根据实际情况制定符合职前教师个人成长规律的培养方案，帮助职前教师实现符合个人特点的专业化发展目标。

我国尚未建立能力倾向考察制度，对能力标准的理解仍停留在职前教师整体层面，缺乏对职前教师个体成长的关注。故应建立能力倾向考察机制，如设立入学前能力倾向测试、建立档案袋制度等；考察目的不在甄选，而是帮助职前教师提高能力；在考察标准上，要充分考虑不同职前教师的能力类型、能力倾向的差别，根据个体差别制定有效的个体发展方

---

① ENZELBERGER S. Sozialgeschichte des Lehrerberufs: Gesellschaftliche Stellung und Professionalisierung von Lehrerinnen und Lehrern von den Anfängen bis zur Gegenwart ［M］. Weinheim，München：Juventa，2014：96-112.

案，促进其特长与优势的发挥，提升职前教师队伍的整体能力水平。

（四）完善以能力为导向的资格认证制度

根据《教师教育标准：教育科学部分》要求，莱比锡大学将以能力为导向的概念纳入培养体系。在第一次国家考试资格认证体系中，能力本位的思想没有得到应有的重视，导致新模式第一次国家考试资格认证体系没能解决传统资格认证体系所存在的固有问题。鉴于德国的改革经验，我国应该在资格认证体系中继续强化对教师能力的基本要求。2013 年，我国出台的《中小学教师资格考试暂行办法》提出，坚持育人导向、能力导向、实践导向和专业化导向。该《办法》虽提出了以能力为导向的考核目标，却没有提及如何将考核目标贯串资格认证体系考试。①

因此，我国必须确立"以能力为导向"的资格认证价值地位，做好教师资格认证条例和法规的修订和完善工作。在考核过程中，不仅要强调胜任教师职业所需的知识，更要关注相关技能以及情感、态度和价值观的考察，同时要建立具有系统性、完整性、科学性和逻辑性的能力考察体系，采用理论与实践相结合的能力考察方式，重视对兴趣特长养成、问题解决、创新思维等方面的能力考察。

（五）建立政府和大学平等民主的合作保障关系

虽然萨克森州政府在协议中加入了"自由"的概念，但莱比锡大学和教师的自主权利和地位，并没有因此而凸显。大学必须在政府允许的范围内实行计划、组织、实施工作，不能完全按照自身的意志决定其发展目标和框架，真正的控制权力仍掌握在政府手中。

长期以来，我国政府和大学的关系一直都是改革的核心问题。在中国特色现代师范高校制度建设中，应重新审视政府在师范高校发展中的控制和管理地位。政府应尊重市场导向，不可过多干预师范高校的办学行为。要建立政府与大学的新型关系，形成政府与大学的合作保障机制。要明确政府角色——保障师范高校日常工作运转的投资者和监督者，确定高校改革方向的引导者，政策与方针的制定者。

［原文刊载于《教育研究》2015 年第 7 期（于喆　曲铁华）］

---

① 教育部. 中小学教师资格考试暂行办法［EB/OL］. （2014-09-19）［2014-11-22］http//www.
ntce. cn/uploads/soft/131230/20131230Anhui-app3. doc.

法国教师继续教育制度对我国的启示

当前，我国的教师继续教育存在培训满意度低下、教师参与继续教育的积极性不高和意愿性匮乏的问题。[①] 因此，有必要分析问题缘由，寻求化解思路。法国作为一个具有悠久师范教育历史的国家，在近百年师范教育发展史中，在师资的养成和培训方面，始终进行着不懈的探索。如今法国已经在师资培养方面形成了一套比较稳定的、完备的教师教育制度，不仅保障了师资的有效供给，还实现了师资水平有计划、有步骤的提升，同时通过合理的措施和积极的手段，有效地刺激了教师参与在职培训的积极性。尤其是其在调动教师主体性、满足教师发展需求方面的思路和做法，为我们改进教师在职培训、提升教师参与度方面提供了有益的借鉴。

一、体贴设计、减负增效的保障制度

教师继续教育是教师走上工作岗位后接受的再教育与培训，对于接受在职培训的教师而言，教师继续教育与本职工作是一项并行的活动。因此，协调好二者在教师时间与精力上的分配关系，避免冲突与矛盾的产生，不仅是教师参与培训的前提条件，更影响着教师参与培训的热情。从目前普遍的状况来看，教师继续教育对教师休息时间的挤占和与本职工作的冲突，已经成为教师参加在职培训的主要障碍。除了时间冲突外，经济上是否构成较重负担也是影响教师参与意愿的主要问题。根据我国的相关规定，教师参加继续教育经费应由政府、学校和教师三方面共同承担，然而，由于缺乏具体实施规则的保障，教师承担培训经费过高的现象随处可见，根据国家教育督导报告调研显示，"65.7%的教师反映个人承担了半数以上的培训费用"，个人负担过重成为参加在职培训的教师普遍反映的问题。[②]

---

① 顾明远，檀传宝. 2004：中国教育发展报告：变革中的教师与教师教育 [M]. 北京：北京师范大学出版社，2004：157.

② 国家教育督导报告 2008（摘要）关注义务教育教师 [N]. 中国教育报，2008-12-05.

法国在教师培训保障方面的制度设计，体现出体贴与人性化的特点，为教师参与在职培训提供了有效保障。

根据法国政府颁布的《继续教育组织法》规定，继续进修是教师的权利，每个教师每年有权享受学习进修假两周，教师职业生涯总计有带薪学习进修假两年。[①] 法国不仅将在职进修作为一种法定权利予以保护，而且在具体操作过程中，也切实地为这一权利的行使创造了条件。在法国，如果教师参加脱产式进修，对于教师离岗时的工作问题，教育部已有明确的制度安排，如初等学校短期进修教师的工作由实习生代为完成，参加较长时间进修的教师的工作，由专门招聘的代课教师负责。而在教师继续教育的经费方面，则更是因为法国政府的大力投入和多渠道的经费筹措而变得资金充裕，个体无忧。为了能够更好地保障教师继续教育的发展，法国政府不断加大经费的投入，在教师继续教育方面的预算经费约为全国普通教育经费的 1/6。[②]

除此之外，来自于企业依法承担的对继续教育的投入，也成为教师继续教育发展经费的重要保障。因为得到了国家投入的强力保障和社会组织的有效供给，法国中小学教师继续教育的发展，获得了充分的资金支持和保障，这些经费不仅用于教师培训的日常开支和相关团体的补助、教育机构的设备投入，还保障了教师的带薪进修和个人经济负担的免除，解除了教师参与培训的后顾之忧。

作为教师教育有机组成的教师在职培训，不仅是教师专业发展的内在要求，更是实现专业发展的有效途径。在我国，虽然教师"参与进修或其他方式的培训"作为教师的一种权利被写入了《中华人民共和国教师法》中，然而，这种权利的实现不仅需要法律的保护，更需要相关政策与制度的保障。法国教师继续教育制度在这方面的安排显得体贴周到且全面细致。一方面，它以国家投入与社会资助的方式，筹措了充足的继续教育资金，无论是教师培训机构的经费，还是教师教育的学费、差旅费，都能够得到有效的保障，免除了教师个体的经费负担；另一方面，国家、学校对参加培训教师的工作分担和时间避让，化解了培训与本职工作在时间和精力上的冲突，切实解决了教师参加培训的工作负担，真正帮助教师实现了对继续教育无障碍投入和全身心参与。因此，完善和细化相关的制度体

---

① 戚锦阳. 欧洲发达国家中小学教师继续教育考察培训的若干启示 [J]. 宁波大学学报（教育科学版），2005（12）：61-64.

② 姚琳，彭泽平. 当前法国中小学教师继续教育的特点 [J]. 继续教育，2004（03）：53-54.

系，为教师参加继续教育保障性措施的落实提供制度依据，是法国教师继续教育制度对我国的重要启发，只有真正减轻教师参加培训的各种负担，才能够实现教师的积极参与及全心投入。

二、以师为本、切合需求的培养制度

教师继续教育属于一种成人教育，与普通教育相比具有更强的目的性和更明确的要求，因为受教育者大多很明白自己需要的是什么。因此，作为成人教育的教师继续教育，能否从内容到形式上满足教师的需求，是否具有实用性和效率，成为决定教师是否具有参与热情和积极性的关键因素。

而从我国目前教师对继续教育质量普遍不满的反应来看，教师继续教育从内容到形式，从实用性到针对性，都不能与教师参与培训的需求相切合，对教师参与培训的积极性形成了打击。总体而言，问题反映为继续教育的目标错位、内容陈旧、方式单一。

对于教师的在职培训来说，形式和内容的适合性，是决定培训效果的另一重要因素，也是影响教师参与培训积极性的重要原因。因此，培训形式的设计是否有利于在职教师的参与，培训的内容能否为教师所需要，是教师在职培训需要重点考虑和解决的。法国为了满足和实现不同类型、不同级别教师参与在职培训的不同需求和目标，无论是从内容的安排上，还是形式的设计上，都体现出灵活多样的特点，在针对性、广泛性和时效性方面，显示出了突出的优势。

教师的继续教育，是一个在教师既有基础上的递接式教育。既有基础构成了教师再教育的起点，不同的既有基础，也使得教师参加继续教育的目标、需求不尽相同。因此，如何甄别需求、实现按需培训是决定培训效果的关键因素。法国的做法是对参与培训教师的既有基础和培训方向进行划分，从而决定教师培训的形式和内容。法国教育部对教师继续教育的多层次目标进行了合理划分，例如：对专业知识欠缺的教师进行基础性学科培训；对专业知识达标的教师，从其原有基础出发，结合其实际需要进行补充性培训，培养内容包括专业知识和教学方法；为使教师达到一定学历或学位要求而对其进行培训；为应对教育改革或教学变化，针对各类人员进行集体培训；为使新教师尽快熟悉教育工作、掌握教学技巧而对其进行培训；等等。在培训前，教师可以根据自己的实际状况和需求，评判自己需要的培训项目，然后选择培训的形式和内容。而国家则根据不同层次需求的教师状况，设计和安排培训的课程和方式，使得教师的在职培训内容能更好地满足各层次教师的实际需求。

由于法国教师的继续教育内容丰富、形式多样，教师对继续教育完全实现了按需参与。从教育时间来看，教师可以选择参加短期培训（1个月以内）、中期培训（1～2个月）和长期培训（4～12个月）；从形式来看，可以参加脱产、半脱产和在职进修等；从学习方式来看，有系统学习、专题讨论、自学、小组研讨、调查访问等。形式上的灵活多样，满足了教师的多种需求，内容上则以菜单式选择切合需要。法国教师的继续教育，为了真正了解教师的需要，在开展培训前，首先会由培训单位对培训教师进行咨询或调研，根据教师提出的需要解决的实际问题，制定培训目标，研究培训内容和方案，再对教师开展相应培训。以这样的方式确定的培训方案，既能使培训机构做到有的放矢、目标明确，同时因为切合了教师的真实需求，更能够激发他们的参与热情与积极性。

当前我国虽然已经建立了发达的师资培训网络体系，但是，从教师参与的积极性与热情不高的现实状况来看，教师在职培训并没有成为他们工作中不可或缺或是迫切需要的有益补充，这就说明我国教师的在职培训，无论是内容还是形式，都未能切合教师的真正需要。而法国教师继续教育，不仅形式灵活、内容丰富，还采取积极调研、与教师保持互动的做法，实现了教师继续教育的按需选择，使得教师培训能更好地满足教师的需要，并有效激发教师的参与热情和积极性。

三、考核、晋升与继续教育紧密相连的激励制度

通过激励机制调动教师参与继续教育的积极性，是当前国际上比较通用的方法，也是效果比较显著的手段。

在我国，由于教师继续教育相关制度还不完善，措施推行的执行细节考虑不足。因此，许多观念和想法还无法真正得到落实。譬如，通过激励机制促进教师参加继续教育的观念已经形成，然而，对于如何将教师继续教育的情况计入具体的考核和晋级，还缺乏细致的规划，也没有相应的、具有可操作性的规定。因此，教师参与继续教育的激励机制形同虚设，在保障性措施缺失和培训质量低下的情况下，教师失去了参与继续教育的外部刺激，形成了我国当前教师参与继续教育意愿不足、动力缺失的状况。

如今世界各国都很重视教师的在职进修，也普遍采用物质激励的方式，提升教师参与培训的热情和积极性。英国有"没有进修就没有升薪"

的说法；美国则建立了进修与获学位、涨工资相结合的激励机制；法国在进修与教师晋级升职的关联方面，则安排得更为紧密与巧妙，体现出三者显性联系与隐性相关的关系。

　　教师参与在职进修的热情和积极性是提升培训效率和质量的有效保障。为此，法国将教师的继续教育与教师人事制度配套，把参加继续教育作为教师晋级的必要条件，形成了推动教师继续教育发展的有效机制。[①]将参加继续教育作为晋级的必要条件，这无疑是提升教师参与在职培训积极性的有效途径，然而，这一举措更多的是在形式上实现了教师的积极参与，却无法从质量和效率方面保证教师对在职培训的有效投入。因此，如何将激励措施与培训质量和效益相连接，才是激励机制能否发挥作用的关键所在。法国在教师考核与晋级时实行的持续教学考核，实质上是对教学能力背后在职培训质量的隐性考察。

　　在法国，无论是对教师进行日常工作考核，还是晋升考察，都要依靠教师获得的教学评分，有所不同的是，中小学日常工作的考核由学区视察员评判，而晋升考察的评分则由学区督察来评判。对于法国的中小学教师而言，日常获得的教学评分构成考核的主要指标。其中，教学评分是小学教师考核的唯一指标，在中学教师的考核中，教学评分则占有 60％ 的比重。对于考核评分达到同级最高点的教师，可以在工资水平上实现跳升一级，这一比例占到同级教师的 1/9。而对于教师晋升的考察而言，唯一依据就是负责本学区的国民教育督学给予的教学评分。根据教师的晋升评分，按照"高分选择（30％）"、"普通选择（50％）"或"工龄升级（20％）"三种办法晋升，其中第一种晋升最快，工作满 20 年就可达到最高级，而最后一种升级最慢，满 30 年工龄才可升到最高级。

　　众所周知，对教师教学质量的考察，实际是一种对教师专业能力的全面检验。而根据教师专业发展规律来看，"优秀教师的各种专业能力，包括对教学内容的处理能力、运用教学方法和手段的能力、教学组织能力和管理能力、语言表达能力以及与学生交往的能力等，绝大部分（65％ 以上）是在职后形成的"。[②] 而作为教师专业发展实现途径的教师继续教育在其中的作用与影响自然是不可小觑。一个教师若想在教学考察中获取较好的评价结果，除了在发展的过程中要加强自身修养与自我反思、自我总

---

① 李玉芳. 法国中小学教师教育制度评介 [J]. 辽宁教育研究，2006（07）：90-92.
② 王邦佐，陆文龙. 中学优秀教师的成长与高师教改之探索 [M]. 北京：人民教育出版社，1994：95.

结外，作为其实现专业发展重要途径的教师教育，也是其成长过程中不能忽视的环节和步骤。

因此，以教学评分为依据的法国中小学教师的考核和晋升制度，考察的不仅是反映教师综合能力的教学效果，更是通过对综合能力的考核，实现对教师在职培训效果的隐性考察。这种由不同系统进行的教学方面的经常性考核，不是单纯的检查，而是与教师的实际利益结合起来，对晋级和升迁有直接的决定意义，同时它也不单指向教学，而是通过对教学的考察与教师的在职培训建立隐性相关的联系，成为对教师培训质量的有效指引。

法国在教师继续教育制度的设计中，充分考虑到教师的利益需求，并将其与制度激励相结合，通过物质刺激的方式促进教师参与继续教育，同时通过对教学效果的评判，将教师继续教育的成效与教师的晋升隐性关联，实现了对继续教育量与质的等价提升。众所周知，吸引教师参加继续教育，促进教师专业发展，是开展教师继续教育的根本要求，然而，我们如何实现对教师参加培训的引导，成为制定教师教育制度首先需要考虑的问题。促进教师的选择和参与，不能光靠宣传教育，也不能通过行政命令；充分尊重教师的自主权，正确对待教师的利益需求，才是实现对教师行为有效规引的关键所在。法国教师继续教育的激励机制，就完全地体现了这一理念，也为我国教师教育制度的改进提供了思路：尊重和正确看待教师的利益需求，将培训与教师的物质及精神激励相结合，能够有效地提升教师的积极性，因而在教师继续教育制度中，应该充分体现这种对教师利益需求的尊重。

综上所述，法国教师进修制度的先进性，不仅在于其已经形成的稳定、完备的制度体系，还体现在制度实施中保障性措施的细致与完善，更在于对主体需求和利益的有力实现和保护。这些显然是我们当前教师教育改革中需要进一步发展与完善的地方。

[原文刊载于《外国教育研究》2009 年第 5 期（马艳芬　曲铁华）]

21 世纪俄罗斯教师教育现代化面临的
机遇、挑战及发展策略

进入 21 世纪以来，俄罗斯政治、经济形势的好转以及国际化进程的深入，为教师教育的改革和发展提供了条件，并注入了新的活力。新的时代发展，要求教育必须为社会发展提供更为有力的科技支撑和人才支持，教师作为人才培养过程中知识传递和能力培养的引导性力量，已成为俄罗斯教育现代化发展的关键性因素，教师教育现代化发展成为新时期俄罗斯教育改革的重中之重。

一、俄罗斯教师教育现代化面临的时代机遇

"转型—稳定—发展"是俄罗斯整体社会发展重要的轨迹特征，无论是政治、经济，还是教育的改革，都是循着这个轨迹进行的。2000—2007 年，俄罗斯的政治、经济形势基本实现好转，彻底摆脱了苏联解体后的混乱与危机，新的价值理念初步形成，为教师教育现代化发展提供了社会基础，标志着俄罗斯的教师教育发展进入了新的历史机遇期。

（一）政治、经济形势的好转为俄罗斯教师教育现代化提供了保障

首先，政治形势实现好转，宪政制度得以完善和巩固，社会日趋稳定，为俄罗斯教师教育现代化提供了良好的社会环境保障。普京执政期间，俄罗斯通过加强中央权力以推动政党制度的完善与发展，加强总统权威以稳定政局，加强中央联邦制以调整联邦关系，加强培育扶持政党力量以打击分裂势力，打击寡头势力以维护国家主权，整顿宪法以明确国家地位，打击腐败以维护国家权威……这一系列强力措施，初步实现了"强有力的国家政权体系"，社会得以稳定，政治形势实现好转。

其次，经济全面复苏，实现恢复性发展，为教师教育现代化的推进提供了经济保障。在经济上，普京政府通过改善投资环境，优先发展科技，建立有效金融体系，积极推动俄罗斯融入世界经济体系，强化对外贸易等改革措施，成功将市场经济纳入国家宏观调控之下，俄罗斯开始走出经济

危机泥潭，进入相对平稳的复苏增长时期。随着经济形势的持续好转和法制建设的不断完善，特别是国际债务问题的根本性解决，俄罗斯的国家主权信用评级得以提升，投资环境趋于好转，经济参与国际竞争的能力不断加强。这些都标志着俄罗斯的经济增长进入了"恢复性增长"阶段。政治的稳定和经济的复苏，使国家可以有精力、有能力关注教育和社会文化的发展，从而为俄罗斯教师教育的现代化发展提供了良好的社会政治、经济环境。

（二）博洛尼亚进程为俄罗斯教师教育现代化提供了新的动力

俄罗斯通过积极推进教育现代化进程和积极融入欧洲教育一体化空间，进一步深化教育改革，完善教育体制和机制，不断提升教育质量，为教育人才的培养和保证社会经济创新发展创造了条件，同时也为俄罗斯教育实现与国际接轨、积极参与国际竞争打开了通道。

2003 年 9 月，俄联邦签署了《博洛尼亚宣言》，正式加入博洛尼亚进程。俄罗斯加入博洛尼亚进程对于俄罗斯高等教育改革有两方面重要的作用：一方面，为了尽快实现加入欧洲教育一体化空间战略目标，俄罗斯高等教育就必须在包括学位、学分、培养目标、培养质量等因素在内的教育培养体制、机制上实现与欧洲的对接，从而使得俄罗斯高等教育内部改革获得外部的推动力。另一方面，进一步推动了俄罗斯与欧洲的教育交流，使俄罗斯与欧洲的关系获得了良性的发展。

俄罗斯出台了《俄罗斯联邦教育系统优先发展方向》等包括学制、课程、认证、标准和评价等要素在内的一系列教育改革行政法规、法令，并对联邦教育法和《高等和大学后职业教育法》进行了修改和补充，积极推动两级学位体制、学分转换、强化教学质量保障、鼓励支持教师和学生参与国际流动等教育改革。可以说，融入博洛尼亚进程，推动欧洲教育一体化空间建设，是俄罗斯高等教育适应新经济、转变人才培养模式的重要途径之一。在这一改革过程中，教师教育作为高等教育的重要部分，必然受到博洛尼亚进程中各方面因素的影响，并需要努力调整自身与之相适应，这就注定其不仅不能游离于外，更应在此次俄罗斯教育改革的过程当中起到重要的引领作用。

（三）教育优先发展战略为教师教育现代化提供了政策支撑和法律依据

进入 21 世纪以来，教育与科技的发展已经成为俄罗斯国家发展战略中的优先发展环节。俄罗斯联邦政府和教科部连续出台多部法律法规来保障教育现代化战略的实施。2000 年，《有质量的教育》成为俄罗斯推行的《国家规划》中最重要的四个组成部分之一，其任务是促进教育质量的提升和教育的创新发展；2002 年，俄罗斯政府颁布《2010 年前俄罗斯教育现代化构想》，提出了关于教育现代化新阶段的发展思路和具体措施，这是俄罗斯教育现代化发展的奠基性文件。

2005 年，俄联邦政府通过《2006—2010 年联邦教育发展规划》，这是《2010 年前俄罗斯教育现代化构想》框架下又一个关于教育发展的综合性文件，提出了这一期间教育发展的重点问题和具体改进措施，将改善教育内容和教育方法、完善教育质量评价体系等问题，提上教育改革日程；2006 年，俄罗斯发布《教育的创新发展是提高俄罗斯竞争力的基础》重要报告，对教师教育现代化问题给予了高度关注，阐述了当前俄罗斯教师教育发展现状及其存在的问题，并提出了解决问题的必要措施；2008 年，俄联邦政府通过《2012 年前基本行动方向》法令，将根据劳动力市场的现代需求调整人才培养的内容和结构，提高公民接受优质教育的机会，作为 2012 年前教育领域的优先发展方向。

2011 年，俄罗斯通过了《2011—2015 年联邦教育发展专项规划》，目的是确保提供高质量的教育，使教育符合俄罗斯创新型社会发展的要求；2012 年 5 月，俄罗斯总统普京签署《关于教育科学领域国家政策实施的措施》，目的是进一步完善教育领域发展的国家政策，为经济创新发展培养专业人才，其中的重要举措之一就是要尽快通过最新版的《俄罗斯联邦教育法》，为俄罗斯教育现代化发展从律法层面提供保障；2012 年 12 月，俄罗斯批准实施《2013—2020 国家教育发展纲要》，其中《职业教育发展子纲要》部分，明确提出职业教育发展目标是加快俄罗斯社会经济和文化现代化进程，提高俄罗斯的全球竞争力，并对职业教育的大纲结构、教育内容和技术、继续教育体系和教育模式等提出了现代化要求。上述系列政策的颁布和实施，使俄罗斯的教育发展成为其国家战略中的重要组成部分，推动其教育现代化的不断建设。

二、俄罗斯教师教育现代化面临的新挑战

（一）高中毕业生对教师教育专业的消极选择导致教师教育优质生源不足的危机

高中毕业生对教师教育专业的消极选择，是俄罗斯教师教育面临的

"双重消极选择"问题之一，进而导致教师教育的优质生源不足，从而使得教师培养质量提升缺少了前提和基础。

首先，国家和地方教育拨款不足，导致教育机构经费短缺，教师工资偏低甚至不能足额发放；其次，由于预算经费的保障体系并不完善，中小学校的教育经费多依赖于市级财政拨款，导致各地区教师工资收入的不平衡。另外，相对于工资而言，俄罗斯的教师还面临着繁重的工作。2011年，俄罗斯教师平均工作量达到了每周 18 个课时，并且还在近几年呈现出逐年增长的趋势，在偏远乡村，问题就更为严重，有些老师甚至身兼数职。低廉的工资待遇和沉重的工作负担，使得教师职业在社会上的地位和声望受到沉重打击。正是此种环境因素，导致俄罗斯青年学生对于教师教育专业消极选择，特别是优秀的、有发展潜力的学生选择教师专业的更是少之又少。优质生源危机已经成为掣肘俄罗斯教师教育现代化发展的主要问题之一，也是俄罗斯教育制度中急需解决的难题之一。

（二）师范毕业生对教师职业的消极选择，导致教师教育效益低下

俄罗斯师范类院校普遍实施的是免费教育，国家投入成本相对较高，但实际情况是俄罗斯在教师教育上投入产出比严重失衡。教师教育低效的最明显体现，就是师范毕业生不愿从事教师职业，导致国家教育资源的大量浪费。俄罗斯学者经过调查发现，很多师范类高校的毕业生，并没有选择从事教师职业，而是通过补充教育方式转修第二专业，从而到其他行业就业，能到农村中小学就业的师范毕业生仅有 10％～20％。[①] 2011 年 2月，俄罗斯联邦政府颁布的《2011—2015 年联邦教育发展专项规划》，也对俄罗斯教育现存问题进行了描述：在一些联邦主体内，工作 3 年以上还留在中小学的年轻教师仅有 1/6；师范院校毕业生只有 30％进入中小学工作；而职业教育领域的师资情况更不乐观，初步计算可能将减少 20％到 30％。[②]

工资待遇低下、劳动负荷过重和职业威望不足造成的后果，不仅仅是高中毕业生对教师教育专业的消极选择和师范毕业生对教师职业的消极选择，这一双重危机问题，同时导致了教师教育领域的另外一个负面效应，即在职教师的流失，更是对俄罗斯教育发展造成了严重影响，也使得俄罗

---

① А Н ТИМОФЕЕВ. Проблемампедагогическогообразования Современныйэтап ［J］. Педагогика，2012（1）：90.

② Федеральная целевая программа развития образовАния на 2011—2015гг［J］. 2011.

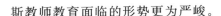

斯教师教育面临的形势更为严峻。

（三）师范生职业能力不足，教师培养质量有待进一步提升

"教师职业的最重要的社会职能，就是借助于教育活动的过程和方式，使得学生在教育过程中形成独立、创造和具有责任感的品质，并为其终身教育的动机提供条件。"[①] 俄罗斯的中小学生，在掌握数学和自然科学类课程能力方面已经具有较高水平，但他们缺乏在实践中及各种活动中利用知识的能力，包括表达和论证自己的观点、利用多方面的信息和资源等方面的能力。[②] 国际 PISA 知识测验结果也同样显示出俄罗斯学生对自然科学和数学知识实践运用能力较低。这些现象表明，俄罗斯教师培养还未能突破过去知识本位观的束缚，教师培养范式仍受苏联时期教育习惯的影响，教学过程过于强调教师对学生的知识传授，对学生的创造性培养不足，学生应用知识解决问题的能力有待提升。

与此同时，由于教育环境分化日趋显著，特别是全纳教育理念的深入，教师所处的社会环境和学生的心理生理状况，都发生了巨大的变化，学生对教师和学校的各种不适应明显增加，同样，教师对学生的不适应也在增加。教师教育的知识本位价值取向，使得现行的教师教育职业目标定位过于偏向知识的获得和理解，这与现代社会对学生所要求的人文精神、创新意识、个性培养等理念存在很大差距，使得俄罗斯教师职业目标和家长的价值期待与学生的价值取向还有相当差距。

研究显示，有 25% 的学生可以归类为无社会能力群体，在认知过程和活动中出现屏幕刺激依赖现象，对课文理解能力下降。目前，学校情绪焦躁问题学生增多，心理疾病学生也呈上升趋势。与此同时，在智商、高情、艺术和体育方面的天才儿童也越来越多。这些都要求教师要建立新的知识体系，要具有教育领域和心理学方面的经验，包括与这些天才儿童和表现失衡儿童打交道的能力。[③]

教师职业能力缺乏还存在另一个原因，即过于繁重的工作量剥夺了教师思考的时间。我们都知道，反思性教学是现阶段公认的提升教师专业能力的有效模式，通过实践与反思，实现教师教育能力的巩固与提升。在俄

---

① Е В ПИСКУНОВА. Изменения в профессиональной деятельности учителя как ориентир изменений в педагогическом образовании ［М］. СПБ，2005：233.

② Федеральная целевая программа развития образовАния на 2011—2015гг ［Z］. 2011.

③ БеспалькоВ. П. Структурированиеучебныхпрограмм，Вестник. высшиешколы ［J］. 2006（3）：19.

罗斯，因材施教同样是教师教育中理想的教学模式，但要在教育过程中真正实现因材施教理念，则需要教师仔细分析和考虑学生的个性差异，认真策划教学方案，从而实现既定的个性培养目标。而"个性化的学生培养模式"实现的首要条件，就是教师要有时间去深入思考和分析自己的教学实践过程，创新教育方法。但过度的工作强度和经济负担，使得教师不得不为了自身和家庭的生存而疲于奔命，有的教师为了增加经济收入甚至还要去做兼职，把过多的时间和精力消耗在了维持生计之上，也就减少了思考的时间。

（四）教师教育发展现状脱离欧洲教育一体化战略的现实

俄罗斯教师教育自身的独特性和局限性，使其跟不上欧洲教育一体化战略的现实。博洛尼亚进程是俄罗斯高等教育国际化战略的重要环节，包含教育的各个层面和不同领域，教师教育作为教育发展的"母机"所在，更应在这一过程中起到引领作用。然而，俄罗斯教师教育自身的独特性和局限性，使得其师范人才培养并没有面向世界劳动市场。特别是由于经费投入不足等原因，俄罗斯的师资培养，无论在规模上还是在质量上，都还不能满足俄罗斯自身发展的需要，"由于教师教育实践中的保守性、低收入性、语言和文化差异等原因，俄罗斯的教师教育还谈不到全球化竞争问题"①。

另外，俄罗斯大量中师院校等中等教师培养机构的存在，及其与师范大学的合作互动，也是俄罗斯教师教育所独有的。这些中等教师培育机构并未能真正实现与高等教师教育机构的良好契合，使得俄罗斯的教师教育体系和培养质量，并不能适应博洛尼亚进程，其培养的学生距离欧洲教育一体化空间的市场要求还有较大的差距。

三、新时代背景下俄罗斯教师教育现代化的发展策略

（一）确立俄罗斯教师教育现代化的战略地位

俄罗斯的教育改革，通常都会带有明显的自上而下的特质，俄罗斯教师教育现代化战略地位的确立，同样是通过出台宏观层面的国家政策来实

---

① А Г БЕРМУС. РоссийскоепедагогическоеобразованиевКонтекстеБолонскогопроцесса［J］. Пед агогика，2005，（10）：105.

现的。俄罗斯教师教育现代化建设始于 2001 年教育部颁布的《2001—2010 年俄罗斯连续教师教育体系发展纲要》，其中明确提出了教师教育在俄罗斯教育发展中的优先发展理念，突出了教师教育体系的基础性、一体性、实践性、连续性和动态性特点；之后，教育部又于 2003 年出台了《2010 年前教师教育现代化发展纲要》，提出要建立符合 21 世纪俄罗斯教育发展的教师教育体制，培养符合时代需要的师资力量；2006 年，俄联邦教育发展国家委员会报告《教育创新发展是提高俄罗斯竞争力的基础》中关于《俄罗斯教师教育的根本现代化》部分，则再次强化了教师教育的优先地位。至此，教师教育现代化理念逐渐成熟并成为俄罗斯教育改革的主导思想。

（二）构建现代化的连续的教师教育体系

为了进一步适应教育发展的需要，完善连续教师教育体系，2001 年，俄罗斯联邦政府发布了《2001—2010 年俄罗斯连续教师教育体系发展规划》，提出构建包括中等教师教育、高等教师教育和高等后教师教育及补充教师教育之间相互衔接的、连续的教师教育体系计划，特别是为推动俄罗斯与欧洲教育一体化进程，实现"到 2010 年，在成员国内互相承认大学文凭及其他高等教育普遍标准"的目标，俄罗斯国家杜马于 2007 年 11 月通过了在俄罗斯实施学士—硕士两级高等教育制度的联邦法律，开始实行新学制，但同时保留了五年制的俄罗斯高等教育传统"专业人才培养"学制。至此，俄罗斯教师教育形成了中等教师教育—高等教师教育—高等后教师教育和补充教师教育的连续教师教育体系。

为了保证整个教师教育体系的连贯性，实现中等师范教育和高等师范教育的有效衔接，提升教师培养质量，俄罗斯教育部门还推出了"中等师范学校—师范大学"一体化改革措施，采取师范大学与中等师范学校联合的方式，组建中等师范学校与师范大学综合体，双方通过制定相互衔接的教学大纲和教育内容、提高中等师范学校教师能力、开展科学研究合作和学术出版等方式，保持着密切的合作。同时，为了保证教师培养质量，针对教师教育受大学综合化影响而导致的逐渐边缘化和薄弱化趋势，俄罗斯提出了保留和恢复部分师范院校的主张，以稳定教师教育队伍，进一步强化了教师教育体系的独立性和自主性。

（三）制定现代化的教师教育内容

教师教育的人本化教育理念强调，教育不仅是传授和掌握知识的过程，更是培养学生实现其个性化发展的过程。教育为学生提供人本化发展条件的同时，还为其提供了个性化发展的基础。^① 教师教育原本应为基础教育服务，引领基础教育改革。然而，俄罗斯的教师教育在转型之初，却始终处于"追赶式"的尴尬境地。由于在转型之初，俄罗斯出现了许多新型学校，为了能在新环境下生存和发展，这些新型学校纷纷对原有的教学计划和教育内容进行改革，不断引进新专业知识，创新教学范式。特别是2002年俄罗斯高中阶段实行侧重专业式教学改革以来，对俄罗斯教师教育内容提出了新的要求，新型的教师在必须具有相应的专业知识和掌握现代教学技能的基础上，实现由知识传授者角色向管理者、组织者、促进者、设计者和合作者角色转变。

现代俄罗斯教师教育，正处于一种由大量的实验、创新、构建新范式和教学技术等诸多现代社会变革因素交织在一起的状态。其主要任务之一就是要提升教育机构的人力资源水平和职业素养。^② 俄罗斯的高等教师教育国际标准，是国家对教师教育的培养理念和目标选择，实际上就是国家和社会对于当下以及未来合格教师要求的集中反映。2009年12月，俄罗斯教育与科学部颁布了第三代教师教育国家标准，新标准根据教师职业活动的类型，在教师教育内容上，分别就教育教学和文化教育活动两个方面能力提出了任务要求。一方面，作为教育教学的执行者，教师应具备因材施教的能力，与社会、学生以及家长之间的交流能力，使用新教学手段的能力以及学会反思教学、实现职业自我教育和个性成长的能力。另一方面，教师作为文化活动的组织者，还需要学会创建良好社会心理氛围、组织文化活动空间的能力，培养制定和实施文化教育方案、普及文化知识和专业技能推广的能力。

（四）强化教师教育现代化保障机制

1. 完善教师引入机制，优化师资队伍结构

2008年3月，俄罗斯颁布的《2020年前的俄罗斯教育：服务与知识经济的教育模式报告》中强调指出，俄罗斯将更新高校教师队伍，提高教师待遇。2008年7月，总理普京签署通过《关于实施〈创新俄罗斯的科

---

① БитинасБ. Оструктурепроцессакоммунистическоговоспитанияиееисследовании ［A］. Исследован иеметодологическихпроблемкомпле—ксногоподходаквоспитанию ［C］. Москва，2008：31.

② В. А. Ильков. Перспективныенаправления. вразвитиипедагогическогообразования ［J］. Педаго гикаипсихология，2017（4）：53.

技人才和科学—教育人才（2009—2013 年）〉国家目标纲要》政府决议，提出鼓励和吸引优秀高校毕业生到俄罗斯普通教育机构工作的任务要求。同年，俄罗斯联邦教育与科学部颁布的《教育和创新经济的发展：2009—2012 年推行现代教育模式》国家纲要中，提出对教师和教育机构行政管理人员实行兼顾其工作质量和成绩的薪酬制度，并将月平均工资高于当地经济部门平均工资的教育工作者所占比例，纳入国家纲要重要的指标体系，预期到 2012 年所占比例由 12％增长到 27％。2010 年 6 月，《关于吸引优秀高校毕业生到俄罗斯联邦主体的国立和市立普通教育机构工作的保障》法令，获得俄罗斯教育与科学部通过，使得俄罗斯各联邦主体都有机会挑选优秀高校毕业生到各联邦主体所辖的国立普通教育机构工作。

2. 完善教师培训机制，提高教师业务素质

提高教师的业务素质，是俄罗斯教师发展的另一重要内容。俄罗斯现已形成从中央到地方完整的教师进修体系，包括最高级别的国家教师进修学院、次一级的各地区（联邦主体）进修学院以及最基层的各城市所开设的市立教学法研究指导中心。《俄罗斯联邦补充教育法》规定，教师教育的在职培训，属于职业补充教育范畴，目的是不断提高已获得职业教育的人们技能等级和职业再培训水平，从而促进其业务能力和创造才能的发展以及文化水平的提高。为进一步提升中小学教师教育培养质量，俄罗斯在深化教师教育改革的同时，不断强化中小学教师在职培训的力度。

3. 完善优秀教师评选和奖励机制

为了进一步提升教师职业的声望，吸引和支持毕业学生到学校和教学机构等教育行业任职，俄罗斯政府于 2006 年 2 月启动了"国家优先教育工程"项目，旨在提高普通教育机构教师的工作效率。根据该项目规划，每年平均将会有 10000 名最好的教师，获得来自联邦政府的资助。根据俄罗斯相关法律的规定，普通教育机构中最好的教师，将有资格获得联邦政府的资助，他们必须具有高水平的专业技能，并对教育的发展做出了重要贡献。在申请资格上规定，必须具有至少 3 年以上在普通教育学校工作的经历，并且只是针对普通教育机构从事教学工作的教师，行政管理职务工作人员不在资助范围之内，相关的财政奖励经费须通过竞争来获得。

2006—2009 年，俄罗斯联邦政府《教育优先发展计划》先后为 57 所高校、9000 所创新学校、340 所初等和中等职业教育机构，提供了经费支持，奖励了 40000 名优秀教师和 21000 名卓越青年代表，超过 80 万名教育者每月获得班导师奖金。而在 2011 年，各项措施的总投入达到了 1379

亿卢布，其中的联邦预算超过了 542 亿卢布。

　　2010 年，俄联邦政府连续颁布了《关于向优秀教师颁发奖金的决定》和《关于举办评选优秀教师的竞赛及物质奖励的规定》法令，目的是通过奖金等物质奖励方式，吸引优秀人才选择教师职业，稳定教师队伍。具体内容包括：每年评选出 1000 名优秀教师，奖励金额为每人 20 万卢布，每年教师节前发放。另外，对负责班级管理工作的教师，也实施补偿性奖励，大约有 80 万名班主任每月能得到 1000 卢布的补助。颁奖经费由俄联邦教育与科学部从联邦预算中划拨给各联邦主体，再由各联邦主体的教育行政管理机关颁发给教师，同时，还可以在联邦层面奖励的基础上，向优秀教师发放地方性奖励，具体金额由各地自行确定。

　　　　　　　　［原文刊载于《现代教育管理》2018 年第 7 期（夏辽源　曲铁华）］

主要参考文献

[1] 陶知行，陈宝泉，胡适. 孟禄的中国教育讨论［M］. 上海：中华书局，1922.

[2] 王卓然. 中国教育一瞥录［M］. 上海：商务印书馆，1923.

[3] 中华民国大学院. 全国教育会议报告［R］. 上海：商务印书馆，1928.

[4] 陈翊林. 最近三十年中国教育史［M］. 上海：太平洋书店，1930.

[5] 唐钺，朱经农，高觉敷. 教育大辞书［Z］. 上海：商务印书馆，1930.

[6] 教育部中国教育年鉴编审委员会. 第一次中国教育年鉴（甲编 教育总述）［G］. 上海：开明书店，1934.

[7] 古楳. 乡村教育新论［M］. 上海：民智书局，1930.

[8] 古楳. 乡村师范概要［M］. 上海：商务印书馆，1936.

[9] 教育部教育年鉴编纂委员会. 第二次中国教育年鉴［Z］. 上海：商务印书馆，1948.

[10] 舒新城. 中国近代教育史资料：上册［G］. 北京：人民教育出版社，1981.

[11] 舒新城. 中国近代教育史资料：中册［G］. 北京：人民教育出版社，1981.

[12] 舒新城. 中国近代教育史资料：下册［G］. 北京：人民教育出版社，1981.

[13] 陶行知. 陶行知全集（第 1 卷）［M］. 长沙：湖南教育出版社，1983.

[14] 陶行知. 陶行知全集（第 2 卷）［M］. 长沙：湖南教育出版社，1983.

[15] 陶行知. 陶行知全集（第 5 卷）［M］. 长沙：湖南教育出版社，1983.

[16] 邵瑞珍，等. 教育心理学［M］. 上海：上海教育出版社，1983.

[17] 李友芝，等. 中国近现代师范教育史资料（第 2 册）[G]. 内部交流，1983.

[18] 李友芝，等. 中国近现代师范教育史资料（第 4 册）[G]. 内部交流，1983.

[19] 中央教育科学研究所. 中华人民共和国教育大事记（1949—1982）[G]. 北京：教育科学出版社，1984.

[20] 中华人民共和国教育部计划财务司. 中国教育成就（1949—1983）[M]. 北京：人民教育出版社，1984.

[21] 《中国教育年鉴》编辑部. 中国教育年鉴（1949～1981）[Z]. 北京：中国大百科全书出版社，1984.

[22] 刘问岫. 中国师范教育简史 [M]. 北京：人民教育出版社，1984.

[23] 朱有瓛. 中国近代学制史料（第一辑：下册）[G]. 上海：华东师范大学出版社，1986.

[24] 朱有瓛. 中国近代学制史料（第二辑：下册）[G]. 上海：华东师范大学出版社，1989.

[25] 中国教育年鉴编辑部. 中国教育年鉴（地方教育）（1949—1975）[Z]. 长沙：湖南教育出版社，1986.

[26] 《中国教育年鉴》编辑部. 中国教育年鉴（1982～1984）[Z]. 长沙：湖南教育出版社，1986.

[27] 藏乐源. 教师学 [M]. 天津：天津人民出版社，1987.

[28] 《中国教育年鉴》编辑部. 中国教育年鉴（1985～1986）[Z]. 长沙：湖南教育出版社，1988.

[29] 邓金. 培格曼最新国际教师百科全书 [M]. 北京：学苑出版社，1989.

[30] 宋恩荣，章咸. 中华民国教育法规选编（1912—1949）[G]. 南京：江苏教育出版社，1990.

[31] 金海观. 金海观教育文选 [M]. 杭州：浙江教育出版社，1990.

[32] 中国第二历史档案馆. 中华民国史档案资料汇编（第三辑 教育）[G]. 南京：凤凰出版社，1991.

[33] 中国第二历史档案馆. 中华民国史档案资料汇编（第五辑 第一编 教育）[G]. 南京：凤凰出版社，1994.

[34] 中国第二历史档案馆. 中华民国史档案资料汇编（第五辑 第二编 教育）[G]. 南京：凤凰出版社，1997.

[35] 叶澜. 教育概论 [M]. 北京：人民教育出版社，1991.

[36] 李桂林. 中国现代教育史 [M]. 长春：吉林教育出版社，1991.

[37] 约翰·杜威. 我们怎样思维·经验与教育 [M]. 姜文闵，译. 北京：人民教育出版社，1991.

[38] 潘懋元，刘海峰. 中国近代教育史资料汇编（高等教育）[G]. 上海：上海教育出版社，1993.

[39] 宋恩荣. 近代中国教育改革 [M]. 北京：教育科学出版社，1994.

[40] 王炳照，等. 中国教育思想通史（第七卷 1927—1949）[M]. 长沙：湖南教育出版社，1994.

[41] 苏林，张贵新. 中国师范教育十五年 [M]. 长春：东北师范大学出版社，1996.

[42] 中华人民共和国国家教育委员会计划建设司. 中国教育事业统计年鉴（1995）[Z]. 北京：人民教育出版社，1996.

[43] 贺麟. 文化与人生 [M]. 北京：商务印书馆，1996.

[44] 巴格莱. 教育与新人 [M]. 袁桂林，译. 北京：人民教育出版社，1996.

[45]《中国教育年鉴》编辑部. 中国教育年鉴（1997）[Z]. 北京：人民教育出版社，1997.

[46] 亚里士多德. 政治学 [M]. 吴寿彭，译. 北京：商务印书馆，1997.

[47] 宋嗣廉，韩力学. 中国师范教育通览（上卷）[M]. 长春：东北师范大学出版社，1998.

[48] 何东昌. 中华人民共和国重要教育文献（1949～1975）[G]. 海口：海南出版社，1998.

[49] 何东昌. 中华人民共和国重要教育文献（1976～1990）[G]. 海口：海南出版社，1998.

[50] 何东昌. 中华人民共和国重要教育文献（1991～1997）[G]. 海口：海南出版社，1998.

[51] 何东昌. 中华人民共和国重要教育文献（1998～2002）[G]. 海口：海南出版社，2003.

[52] 何东昌. 中华人民共和国重要教育文献（2003～2008）[G]. 北京：新世界出版社，2010.

[53] 中国学前教育研究会. 中华人民共和国幼儿教育重要文献汇编 [G]. 北京：北京师范大学出版社，1999.

[54] 孙培青. 中国教育史 [M]. 上海：华东师范大学出版社，2000.

［55］叶澜，等. 教师角色与教师发展新探［M］. 北京：教育科学出版社，2001.

［56］马克斯·范梅南. 教学机智：教育智慧的意蕴［M］. 李树英，译. 北京：教育科学出版社，2001.

［57］孙绵涛，等. 教育政策论：具有中国特色的社会主义教育政策研究［M］. 武汉：华中师范大学出版社，2002.

［58］Joanne M. Arhar，等. 教师行动研究：教师发现之旅［M］. 黄宇，等，译. 北京：中国轻工业出版社，2002.

［59］怀特海. 教育的目的［M］. 徐汝舟，译. 北京：生活·读书·新知三联书店，2002.

［60］刘捷. 专业化：挑战21世纪的教师［M］. 北京：教育科学出版社，2002.

［61］李其龙，陈永明. 教师教育课程的国际比较［M］. 北京：教育科学出版社，2002.

［62］金长泽，张贵新. 师范教育史［M］. 海口：海南出版社，2002.

［63］瞿葆奎. 中国教育研究新进展·2001［M］. 上海：华东师范大学出版社，2003.

［64］左藤学. 课程与教师［M］. 钟启泉，译. 北京：教育科学出版社，2003.

［65］教育部师范教育司. 教师专业化的理论与实践［M］. 北京：人民教育出版社，2003.

［66］顾明远，檀传宝. 2004：中国教育发展报告：变革中的教师与教师教育［M］. 北京：北京师范大学出版社，2004.

［67］F. 迈克尔·康纳利，D. 琼·克兰迪宁. 教师成为课程研究者：经验叙事［M］. 2版. 刘良华，等，译. 杭州：浙江教育出版社，2004.

［68］石中英. 教育哲学导论［M］. 2版. 北京：北京师范大学出版社，2004.

［69］中国教育年鉴编辑部. 中国教育年鉴（2004）［Z］. 北京：人民教育出版社，2004.

［70］陶行知. 陶行知全集（第8卷）［M］. 成都：四川教育出版社，2005.

［71］约翰·杜威. 确定性的寻求：关于知行关系的研究［M］. 傅统先，译. 上海：上海人民出版社，2005.

［72］柳海民. 现代教育原理［M］. 北京：人民教育出版社，2006.

［73］廖其发，等. 中国农村教育问题研究［M］. 成都：四川教育出

版社，2006.

[74] 杨会良. 当代中国教育财政发展史论纲 [M]. 北京：人民出版社，2006.

[75] 徐辉. 教师教育研究与评论 [M]. 杭州：浙江大学出版社，2006.

[76] 汤志钧，等. 中国近代教育史资料汇编（戊戌时期教育）[G]. 上海：上海教育出版社，2007.

[77] 璩鑫圭，等. 中国近代教育史资料汇编（实业教育 师范教育）[G]. 上海：上海教育出版社，2007.

[78] 璩鑫圭，等. 中国近代教育史资料汇编（学制演变）[G]. 上海：上海教育出版社，2007.

[79] 黄明东. 教育政策与法律 [M]. 武汉：武汉大学出版社，2007.

[80] 梅新林. 中国教师教育 30 年 [M]. 北京：中国社会科学出版社，2008.

[81] 梅新林，杨天平. 教师教育：实践与思考 [M]. 重庆：重庆大学出版社，2008.

[82] 顾明远. 思考教育（顾明远自选集）[M]. 北京：首都师范大学出版社，2008.

[83] 克里斯·阿吉里斯，唐纳德·A. 舍恩. 实践理论：提高专业效能 [M]. 邢清清，赵宁宁，译. 北京：教育科学出版社，2008.

[84] 金忠明. 教师教育的历史、理论与实践 [M]. 上海：上海教育出版社 .2008.

[85] 朱旭东，胡艳. 中国教育改革 30 年（教师教育卷）[M]. 北京：北京师范大学出版社，2009.

[86] 肖非，等. 共享阳光：共和国特殊教育报告 [R]. 长沙：湖南教育出版社，2009：68.

[87] 高奇. 中国教育史研究（现代分卷）[M]. 上海：华东师范大学出版社，2009.

[88] 胡松柏. 中国教育改革与发展六十周年辉煌历程 [M]. 北京：中国教育出版社，2009.

[89] 庞丽娟. 中国教育改革 30 年（学前教育卷）[M]. 北京：北京师范大学出版社，2009.

[90] 靳希斌. 教师教育模式研究 [M]. 北京：北京大学出版社，2009.

[91] 高平叔. 蔡元培教育论著选 [M]. 北京：人民教育出版社，2011.

［92］褚宏启. 教育政策学［M］. 北京：北京师范大学出版社，2011.

［93］顾明远，等. 中国教育大百科全书（第 2 卷）［M］. 上海：上海教育出版社，2012.

［94］费孝通. 乡土中国 生育制度 乡土重建［M］. 北京：商务印书馆，2015.

［95］陆如俊. 教师教育：精神的事业［M］. 上海：上海教育出版社，2016.

［96］《中国教育年鉴》编辑部. 中国教育年鉴（2015）［Z］. 北京：人民教育出版社，2016.

［97］杨跃. 教师教育学［M］. 北京：北京师范大学出版社，2016.

［98］王邦佐，陆文龙. 中学优秀教师的成长与高师教改之探索［M］. 北京：人民教育出版社，1994.

［99］John Dewey. How we think［M］. D. C. Heath&Co.，1910.

［100］M POLANYI. The study of man［M］. Routtledge&KeganPaul，1957.

［101］A W COMBS. The professional education of teachers［M］. Allyn&Bacon，Inc.，1965.

［102］Elbaz. Teacher thinking：a study of practical knowledge［M］. Croom Helm，1983.

［103］Gadamer. Hermeneutics and social science［A］. Matthew Foster. Gadamer and practical philosophy［C］. Atlanta：Scholar Press，1991.

［104］GIPPS C，MURPHY P. A fair test?［M］. Open University Press，1994.

［105］DAVID C，ROBERT C，Calfee. Handbook of educational psychology［M］. Macmillan，1996.

［106］GILLBORN D. Race，nation and education，Unpublished manuscript［M］. University of London，Institute of Education，1997.

［107］WHITTY G，POWER S，HALPIN D. Revolution and choice in education［M］. Open University Press，1998.

［108］Linda Darling-Hammond，Gary Sykes. Teaching as the learning profession：handbook of policy and practice［M］. San Francisco，CA：Jossey-Bass，1999.

图书在版编目（CIP）数据

教师教育研究新视界/曲铁华等著. —长春：东北师范大学出版社，2019.12
　（元晖学者教育研究丛书）
　ISBN 978 - 7 - 5681 - 6634 - 8

Ⅰ. ①教… Ⅱ. ①曲… Ⅲ. ①教师教育—研究 Ⅳ.
①G65

中国版本图书馆 CIP 数据核字（2019）第 283021 号

JIAOSHI JIAOYU YANJIU XIN SHIJIE

□策划编辑：张晓方

□责任编辑：王　晶　　□封面设计：上尚印象

□责任校对：霍优优　　□责任印制：许　冰

东北师范大学出版社出版发行
长春净月经济开发区金宝街 118 号（邮政编码：130117）
电话：0431—84568046
传真：0431—85691969
网址：http：//www.nenup.com
东北师范大学音像出版社制版
辽宁新华印务有限公司印装
沈阳市张士经济技术开发区
中央大街六号路 14 甲－3 号（邮政编码：110021）
2019 年 12 月第 1 版　2019 年 12 月第 1 次印刷
幅面尺寸：169 mm×239 mm　印张：26　字数：464 千

定价：80.00 元